冷战后的日本与
中日关系研究丛书

国际日本
研究述论

贺平◎著

上海人民出版社

编委会名单

主编：胡令远

顾问：郑励志　林尚立

编委：（以姓氏笔画为序）
王少普　王　勇　李　玉　李　薇　杨伯江　杨栋梁
吴心伯　吴寄南　胡令远　贺　平　徐　平　徐静波
高　兰　高　洪　韩东育　蔡建国　樊勇明

丛书序

以冷战结束为分际，世界政治、经济之理念与格局均发生巨大而深刻的变化。塞缪尔·亨廷顿指出，21 世纪国际政治角力的核心单位不再是国家，而是文明，是不同文明间的冲突。"冲突的主要根源将是文化，各文明之间的分界线将成为未来的战线"。

冷战结束后，伴随着民族主义的抬头，全球化、国际化浪潮的风起云涌及其逆流，新兴国家群体的快速发展，美国、欧洲、俄罗斯等进入多事之秋，实力相对走低，加之恐怖主义等非传统安全因素的凸显等等，一系列新要素催生了新的国际格局和地缘政治版图。在巨大而深刻的变化背后，作为推手的原动力究竟为何？其在多大程度上能够印证亨廷顿"文明的冲突与世界秩序的重建"？虽目下尚难给出答案，但文明的交流与互鉴在人类发展历史进程中所起的巨大作用，却为我们昭示了不同的路径选择。

在以断言"冷战"结束标志历史终结而暴得大名的弗朗西斯·福山看来，苏联解体，东欧剧变，冷战的结束，标志着共产主义的终结，历史的发展只有一条路，即西方的市场经济和民主政治。人类社会的发展史，就是一部"以自由民主制度为方向的人类普遍史"。自由民主制度是"人类意识形态发展的终点"和"人类最后一种统治形式"。但反观冷战后国际政治的实践，历史并未沿着福山所指方向顺利前行，其结论或正在被终结。所以，近年福山也不得不由未终结的历史引申出他对未来的预测。其指出：全球政治未来的重要问题很简单，那就是谁的模式会奏效？如果"一带一路"倡议达到中国的预期，那么从印尼到波兰，整个欧亚大陆将在未来二三十年内发生变化。对此，世人足可拭目以待。

弹指间冷战结束已近 30 年，旧秩序与新常态，现实与历史的交错与蝉蜕，特别是近年，世界的各种变化令人眼花缭乱乃至瞠目结舌。由历史的巨眼以观之，这或许是一种征兆——所谓"风起于青萍之末"：冷战结束后，一方面伴随着以信息技术为代表的科技的巨大进步和人类社会自身的发展，人们的生活方式、思维模式必然发生相应的变化，并投射到国家间乃至不同文明间的关系上。与此同时，世界政治权力观念的变化与权力转移也会成为伴生物。而具有古老文明并焕发出新的生机的中国的崛起，是冷战结束后世界与世推移的最大变量。百年变局的中国梦，首先是中国自身的变化外化为推动世界变革的内在逻辑与动力。中国曾经为人类与世界文明做出过杰出的贡献，但那既不是历史的绝唱也非余响，在实现中华民族伟大复兴的同时造福人类，两者既互为表里，更并行不悖。

在战争与和平、全球治理等关乎人类命运与前途的重大历史与现实课题方面，当世界的目光更多地聚焦中国时，习近平主席提出了"构建人类命运共同体"的历史与哲学命题，并辅之以"一带一路"作为践行平台，获得世界积极回应。其中，推动建设相互尊重、公平正义、合作共赢的新型国际关系，不言而喻是摒弃冷战思维、避免"修昔底德陷阱"的重要理念与路径选择。

"构建人类命运共同体"和新型国际关系，是全人类共同努力的一个历史性过程。其中，中国的一代学人，无疑对此肩负着重要的历史使命。千里之行，始于足下。作为以日本和中日关系为术业的专门研究机构，复旦大学日本研究中心将以日本为案例，探究构建人类命运共同体、新型国际关系的理论建设、实践路径等。此即出版本套丛书之初心。

冷战结束后，日本的政治、经济、社会意识等均发生了重大变化，并对中日关系产生了深远影响。随着中日两国综合国力的逆转，中日关系也随之发生了急剧而深刻的变化。面对这一历史性重大变局，需要两国发挥高度政治智慧。如何使中日关系平稳度过焦虑期，在新的历史条件下达成新的平衡，从而行稳致远，这不仅事关两国人民的根本福祉与利益，同时对于东亚地区乃至世界的和平与繁荣，均具有重大意义。

我国学界虽然对第二次世界大战后至冷战结束的日本及中日关系研究成

果甚丰，但对冷战后近三十余年来的日本及中日关系的变化及未来趋势尚缺乏系统而深入的研究。本套丛书拟从政治、经济、外交、社会、文化诸方面，对冷战后的日本与中日关系做一系统梳理与分析，以求抛砖引玉之效。

本套丛书以复旦大学日本研究中心专职研究人员的专著为主体，以中心兼职研究员、中心的博士后和培养的博士生之专著为辅构成系列。此外，对本中心具有特殊价值或纪念意义的论文集，也适当择取收录。

本套丛书延聘国内外资深专家学者为顾问和编委，惠予指导与监督。

2020 年，复旦大学日本研究中心将迎来创建 30 周年，本套丛书也是向本中心发展历史上这一重要节点的献礼之作。

近 30 年来，复旦大学日本研究中心的成长，离不开中日两国众多相关机构与友人的鼎力支持与指导，我们期待能以高水平高质量的系列研究成果，来副大家多年来给予的厚望与厚爱！

未来的中国不仅要在经济上继续造福世界，更要在思想和理念上为人类的进步做出应有贡献！

"不积跬步，无以至千里"，而"路漫漫其修远兮，吾将上下而求索"！

是为序。

复旦大学日本研究中心主任胡令远
2018 年 6 月吉日于复旦燕园

目　录

▶▶▶ 第一部分　别境集益：文献与数据

第一章

中国的日本研究：学科梳理与资料盘点

中国的日本研究历史悠久，在长期的发展过程中呈现出鲜明的阶段性特征，积累了丰硕的文献。因此，对于中国日本研究的学科梳理和资料编撰也成为一个重要的学术工程。

对于中国日本研究的系统整理主要可分为整体研究、机构和人员、杂志与译文三大部分，彼此存在一定的交叉和关联。本章将简要介绍既有文献对中国日本研究的学科梳理，列举其主要的综述性文献和资料汇编。在后续章节中，将陆续对国际日本研究特别是美国的日本研究作相应的梳理和介绍，以期形成相互的观照和借鉴。

第一节　中国日本研究的整体状况

1989 年，作为《东亚中的日本历史》系列丛书的一册，武安隆和熊达云编著的《中国人的日本研究史》在日本出版。对于中国人在 1989 年之前出版的日本研究著作，该书有着详尽的梳理和介绍，且由于直接以日文写作出版，成为日本学者了解中国对日研究的经典书目。①此后，不少中国学者借赴日参加国际会议、合作项目、访问研究之际，以专文的形式，对中国的日本研究陆续有过引介和宣传。例如，2015 年 10 月，日本科学技术振兴机构（JST）在东京主办"现实与意象的交错——中国中的日本"国际学术研讨

① 武安隆、熊達雲『中国人の日本研究史』、東京：六興出版、1989 年。

会，由中日学者共同探讨"现代中国的日本研究"，并在此基础上形成公开发行的长篇报告。①

在中国国内，1991 年《中国日本学论著索引：1949—1988》由北京大学出版社出版。该索引收录 1949 年至 1988 年中国大陆出版、发表的日本研究的论著、译著目录，计有专著 580 条、论文 8 119 条、译著 1 147 条、译文 2 942 条，共 12 788 条。②同年，北京日本学研究中心编辑出版《中国日本学年鉴：1949—1990》。该年鉴对中华人民共和国成立之后近半个世纪的中国日本研究做了编目，除著作之外，还对译著进行了整理，分为历史、政治、日本社会、法律、中日关系、军事、经济、文化、科学技术、教育、体育、日语教材、文学、艺术、人物传记、工具书等 16 大类。③在此基础上，北京日本学研究中心又于 1992 年出版《中国日本学年鉴：1992》，梳理当年出版的日本研究专著、译著、论文、译文，并对部分海外日本学研究机构做简要介绍。④遗憾的是，这一年鉴项目并未持续下去。为了部分弥补这一缺憾，1995 年北京日本学研究中心又再次编辑出版《中国日本学文献总目录》。该目录收录自先秦时期到 1993 年 3 月 31 日在中国（包含香港、台湾地区）出版的，中国学者撰写或翻译的日本研究著述、译作目录，共 3 万余条。其中，书籍部分分为哲学、社会科学总论、政治、法律、军事、经济、文化、科学技术、教育、体育、语言和文字、文学、艺术、历史、地理、综合共 16 大类，著作与译作的整理合二为一，并不单列。⑤2016 年 12 月，中国社会科学院日本研究所《日本学刊》编辑部出版题为《中国的日本研究著作目录（1993—2016）》的增刊。从 2019 年开始，《日本学刊》又相继以增刊的形式，对前一个年度中国出版的日本研究著作及各个学科的研究综述进行系统

① 国立研究開発法人科学技術振興機構中国総合研究交流センター『中国の日本研究』、2016 年 3 月。

② 李玉、刘玉敏、张贵来主编：《中国日本学论著索引：1949—1988》，北京大学出版社 1991 年版。

③ 北京日本学研究中心编：《中国日本学年鉴：1949—1990》，科学技术文献出版社 1991 年版。

④ 北京日本学研究中心编：《中国日本学年鉴：1992》，科学技术文献出版社 1992 年版。

⑤ 北京日本学研究中心编：《中国日本学文献总目录》，中国人事出版社 1995 年版。

整理。在此基础上，拟从 2022 年起，创办《中国日本研究年鉴》。这无疑是嘉惠学林之举，也有望弥补前述《中国日本学年鉴》未能赓续的缺憾。

2019 年 3 月，由王志松编著的《中国当代日本研究（2000—2016）》在传统的社会、经济、政治、外交、历史等领域的基础上，对于 2000—2016 年间中国学者在日语语言学、日语教育、汉日翻译、文学艺术、民俗学、宗教等研究领域的成果做了较为详尽的评述，有查漏补遗之用。[1]

除上述综合性的目录和整理之外，中国学者还对日本研究的若干特定细分研究领域做过不少梳理。[2]其中，又以对日本历史研究的梳理最为突出。[3]无论是论文集中的分论，还是发表于学术期刊的专论，抑或是访谈式的评论[4]，这些梳理都对各个阶段、各个领域的中国日本研究做了详析缕述，为厘清其学术谱系做出了积极的贡献。部分研究梳理的内容又经日译后收入在日本出版的相关著作，或在日本的相关学术期刊上发表，有助于日本学者了解中国的日本研究。[5]

① 王志松编著：《中国当代日本研究（2000—2016）》，社会科学文献出版社 2019 年版。
② 例如李玉、汤重南、林振江主编：《中国的日本史研究》，世界知识出版社 2000 年版；李玉主编：《新中国日本史研究的回顾与展望》，天津古籍出版社 2012 年版；李薇主编：《当代中国日本研究（1981—2011）》，中国社会科学出版社 2012 年版；王向远：《20 世纪中国的日本文学译本目录（1898—1999）》，载王向远：《日本文学汉译史》，宁夏人民出版社 2007 年版；李芒：《新中国的日本文学研究和翻译出版概况》，载中华日本学会、北京日本学研究中心：《中国的日本研究》，社会科学文献出版社 1997 年版，第 36—46 页；邵继勇：《新中国日本史研究六十年有感》，载李玉主编：《新中国日本史研究的回顾与展望》，天津古籍出版社 2012 年版，第 251—252 页；宋成有：《近十余年来的中国日本史研究概述》，载李玉主编：《新中国日本史研究的回顾与展望》，第 442—443 页；王向远：《二十世纪中国的日本翻译文学史》，北京师范大学出版社 2001 年版；楊棟梁「中国の日本研究の現状と展望」、国立研究開発法人科学技術振興機構中国総合研究交流センター『中国の日本研究』、2016 年 3 月、13—14 頁。
③ 可参见邵建国、冯晓庆：《日本历史研究》，载王志松：《中国当代日本研究（2000—2016）》，社会科学文献出版社 2019 年版，第 389 页。
④ 例如可参见初晓波、李尧星：《中国的日本研究：历史、现状与展望——初晓波教授访谈》，《国际政治研究》2020 年第 2 期。
⑤ 例如可参见李玉「中国の日本研究―展望―」、法政大学国際日本学研究所編集『中国人の日本研究：相互理解のための思索と実践』、東京：法政大学国際日本学研究センター、2009 年、3—32 頁；李玉「中国の日本史研究―日本研究論著の統計的分析を中心に―」、法政大学国際日本学研究所編集『中国人の日本研究：相互理解のための思索と実践』、東京：法政大学国際日本学研究センター、2009 年、33—61 頁；魯義「中国における日本研究」、『日本研究：国際日本文化研究センター紀要』、第 10 集、1994 年 8 月、25—30 頁。

随着大数据等技术手段的发展，一部分学者也尝试着超越传统的描述性、汇总式的梳理，对中国日本研究的专著、论文、课题等做初步的量化分析。①

第二节　中国的日本研究机构与人员

改革开放之后，对中国的日本研究机构和人员进行过至少四次较为全面的调查。第一次为 1984 年 9 月至 12 月。中国社会科学院日本研究所在日本国际交流基金的支持下，对全国范围的日本研究机构和研究者进行了较为细致的排摸，并在 1985 年编辑了上下两册的《中国的日本研究》，1987 年又推出日文版。

在此基础上，中华日本学会和北京日本学研究中心在日本国际交流基金的资助下，于 1995 年 11 月至 1996 年 12 月对中国的日本研究机构进行了更为全面的问卷调查。问卷显示，当时中国共有日本研究机构 98 个、日本研究学会 43 个、日本研究学者 1 260 人。1997 年和 1999 年，该目录的中文版和日文版相继在中国国内出版。②根据其统计，1949 年 10 月 1 日至 1993 年3 月底期间，中国共出版日本研究相关著作 3 529 册，其中 1979 年至 1993 年3 月底之间共出版 3 157 册，占总数的 89%。③该书还对早期中国日本研究著作和论文索引书目做了简要的介绍。

2008 年 5 月至 2009 年 3 月，中华日本学会、南开大学日本研究院与日本国际交流基金合作，在时隔 12 年之后，进行了第三次全国日本研究调查，并将其资料作为内部出版物用于学界交流和参考。④根据其统计，截至

① 例如可参见赵晋平、王婧：《基于大数据的日本学研究现状分析》，《日本问题研究》2018 年第6 期。
② 中华日本学会、北京日本学研究中心：《中国的日本研究》，社会科学文献出版社 1997 年版；中華日本学会、北京日本学研究センター監修『中国における日本研究』，北京：世界知識出版社、1999 年。
③ 中华日本学会、北京日本学研究中心：《中国的日本研究》，社会科学文献出版社 1997 年版。
④ 中华日本学会、南开大学日本研究院、日本国际日本交流基金：《中国的日本研究（1997—2009）参考资料》，2010 年 5 月。

2009 年 4 月，中国的日本研究机构达到 100 家，研究者为 1 040 人。

第四次全国日本研究调查刚刚结束不久。2017 年，南开大学日本研究院、教育部国别和区域研究基地南开大学日本研究中心设立"全国日本研究调查"项目，与中国国内的各个主要日本研究全国性学会合作开展调查。2019 年 6 月，其成果《中国的日本研究（2009—2018）参考资料》问世，汇集的调查信息主要包括中国大陆的日本研究者个人、具有硕士学位及以上授予权的教学机构、专业研究机构以及主要学术团体。[1]基于这一资料汇总及大数据工具，课题组成员及其他学者等也对改革开放 40 年来中国日本研究的成绩、问题与趋势做了解读。[2]

此外，部分学者个人也曾结合特定的主题，做过小规模的问卷调查。例如，旅日学者王敏曾在 2007 年 10 月—2008 年 2 月对中国的日本研究者作过问卷调查，但样本规模较小。[3]

第三节　中国的日本研究杂志与译著

中国大陆出版的日本研究类杂志是中国学者发表对日研究的主要阵地，其发展历程也成为中国日本研究史的重要组成部分。在历次中国日本研究杂志学术交流会议的基础上，数本会议论文集的出版对于回顾和规划中国日本研究的学术期刊建设起到积极的作用。

1995 年，马兴国和崔新京主编出版《中国的日本研究杂志历史回顾与展

---

[1] 南开大学日本研究院、教育部国别和区域研究基地南开大学日本研究中心：《中国的日本研究（2009—2018）参考资料》，2019 年 6 月。

[2] 宋志勇、郭循春、丁诺舟：《我国日本研究现状的调查与解析》，载宋志勇主编：《南开日本研究 2020》，天津人民出版社 2020 年版，第 333—343 页；园田茂人：《现代中国的日本研究：以研究机构与研究人员变迁为基础的发展特征分析》，载宋志勇主编：《南开日本研究 2020》，天津人民出版社 2020 年版，第 344—361 页；杨栋梁、郭循春：《改革开放 40 年来我国的日本史研究——基于"大数据"统计的分析》，《历史教学问题》，2019 年第 3 期；郭循春：《中国改革开放 40 年来的日本研究——基于"大数据"统计的分析》，载宋志勇主编：《南开日本研究 2018》，天津人民出版社 2018 年版。

[3] 王敏「『日本と日本文化に関する』調査についての報告」、『国際日本学』、第 6 号、2009 年 3 月。

望》一书。①据 1997 年版的《中国的日本研究》统计，当时中国大陆共有 34 种日本研究杂志。②2001 年和 2012 年林昶分别撰写和主编《中国的日本研究杂志史》和《杂志视点：中国日本研究的深化及其与世界的链接》二书，根据其统计，1979 年至 2001 年，中国大陆共创办 57 种日本研究杂志（包括已停刊或更名的，但不包括纯自然科技杂志），除少数外大多为改革开放以后创刊。③

在特定的历史时期，译著和译文在中国的日本研究中扮演了十分重要的角色。例如在新中国成立之后的特殊时期，经由俄语转译的社会科学和自然科学的研究一度占据主导地位，对日本的研究也不例外。据统计，从新中国成立到改革开放之前，中国的日本史研究领域中，本国学者撰写的书籍约为 20 余种，而翻译自苏联、日本、欧美学者的译著则高达 40 余种。改革开放初期的 20 世纪 80 年代，这一领域的译著数量也不下 50 种。④又如在改革开放之后的前十年，中国出版的 13 种主要日本研究杂志中，论文数量为 1 354 篇，而译文数量也高达 164 篇。⑤

在第二次世界大战之前，日本著名的中国研究学者实藤惠秀即着手编辑《中译日文书目录》，录得 2 000 余种，但因战火而未能持续。战后，实藤惠秀、小川博、谭汝谦等学者在原稿基础上加以增订并分类梳理。从 1978 年 11 月开始，谭汝谦正式着手编辑工作，其成果得到日本国际交流基金、美国亚洲协会、香港中文大学等机构的资助，于 1980 年和 1981 年分别以《中国译日本书综合目录》和《日本译中国书综合目录》为题在香港出版。⑥前者收录 1883—1978 年间中译日文书 5 765 种，后者收录日本宽文年间（1661—

---

① 马兴国、崔新京：《中国的日本研究杂志历史回顾与展望》，辽宁大学出版社 1995 年版。

② 中华日本学会、北京日本学研究中心：《中国的日本研究》，社会科学文献出版社 1997 年版。

③ 林昶：《中国的日本研究杂志史》，世界知识出版社 2001 年版，第 117 页。

④ 万峰：《中国日本史研究的历史沿革胪述》，载中华日本学会、北京日本学研究中心编：《中国的日本研究》，社会科学文献出版社 1997 年版，第 4、11 页。

⑤ 林昶：《中国日本研究杂志沿革初探》，载马兴国、崔新京主编：《中国的日本研究杂志历史回顾与展望》，辽宁大学出版社 1995 年版，第 19 页。

⑥ 譚汝謙主編、小川博編輯：《中國譯日本書綜合目錄》，香港中文大学出版社 1980 年版；譚汝謙主編、小川博編輯：《日本訳中國書綜合目錄》，香港中文大学出版社 1981 年版。

1672）至1978年在日本和中国出版的日译中文书3 335种。谭汝谦还撰写长文《中日之间译书事业的过去、现在与未来》对其进行解读。两书出版后不久，即有国内学者予以介评，并陆续提供了少量补遗和修正的信息。①这两部目录卷帙浩繁，颇具历史功绩，但遗憾的是出版于40年前，且受流通所限，并未得到大陆学者的广泛利用。前述由武安隆和熊达云编著的《中国人的日本研究史》对于中国国内翻译的日本研究也有过初步的整理，但同样仅关注由日文翻译成中文的著作，并不涉及第三方语言的中译。

在中国大陆，中国新闻出版总署翻译局曾于1950年编印出版《全国翻译图书总目录——中华人民共和国成立以前》，收录1911—1949年间在中国国内出版的翻译图书6 686种，其中汉译日文图书达1 200种。1986—1995年，北京图书馆相继出版了共21册的《民国时期总书目》，共收得1911—1949年间中国出版的各类中文图书共计124 000余种。根据王奇生的进一步梳理，其中包括译著13 700种，内含日文中译2 692种，这一数字比前述《中译日文书目录》收录的民国时期的译著多出约800种。②2012年，张晓编著的《近代汉译西学书目提要：明末至1919》收录汉译西学5 179种，其中汉译日文图书1 919种。③

2015年田雁主编出版四卷本的《汉译日文图书总书目：1719—2011》，收录从1719年到2011年中国翻译出版的超过25 000种日文图书。④2017年，由他编撰的《日文图书汉译出版史》又告问世，从跨文化交流的角度聚焦近代以来日文图书的汉译出版历程，并利用SPSS软件等对25 000余种汉译日文图书书目做了梳理。⑤王奇生曾对民国时期的日文汉译做过较为深度的研

① 例如可参见周启富：《中日文化交流的硕果——〈中国译日本书综合目录〉、〈日本译中国书综合目录〉评介》，《图书馆杂志》1986年第1期，第55—58页；张磊：《〈中国译日本书综合目录〉订补刍议》，《图书馆工作与研究》2000年第3期，第54—56页；邹振环：《中日书籍交流史上第一套互译目录——〈中国译日本书综合目录〉和〈日本译中国书综合目录〉述评》，《东方翻译》2017年第3期，第33—37页。
② 王奇生：《民国时期的日文汉译》，《近代史研究》2008年第6期，第46页。
③ 田雁：《日文图书汉译出版史》，南京大学出版社2017年版，第2—3页。
④ 田雁主编：《汉译日文图书总书目：1719—2011》，社会科学文献出版社2015年版。
⑤ 田雁：《日文图书汉译出版史》，南京大学出版社2017年版。

究，指出了《中译日文书目录》的若干错漏之处，并根据时代分期，对日文汉译与其他汉译做了相应的比较。①蒋立峰、李玉、李卓、金熙德、郭定平、王勇、王向远等不少学者也对日本研究各个细分研究领域在特定时间段内的译著，做过梳理和评析，兹不备举。

---

① 王奇生：《民国时期的日书汉译》，《近代史研究》2008 年第 6 期，第 45—63 页。

第二章

美国的日本研究：基础资料与文献汇编

在前一章中，我们对中国日本研究的主要文献汇编做了初步的整理和介绍。中国的日本研究是"国际日本研究"的有机组成部分，对后者的系统整理和整体把握也是中国学者开展日本研究的基础性工作之一，有助于我们从国际和比较的视角下对日本研究辨章学术、考镜源流。

学依国势，一般认为，在二战之后的"国际日本研究"中，美国的日本研究规模最为可观，成就和影响也最为突出。因此，本章希望对美国日本研究的基础资料与文献汇编做一简要介绍，举其荦荦大者，希冀能为学界同仁按图索骥提供些许线索，也期待在此基础上考订刊谬、拾遗补阙。

对于"国际日本研究"的文献梳理体裁众多、形式各异，除了一般的论文、报告、专著之外，还包括综述（review）、调查（survey）、指南（guide）、参考书目（bibliography）、索引（index）、目录（catalog）、名录（directory）、词典（dictionary）、传记（biography）等。对于日本研究机构、人员及其研究成果的盘点和梳理，既有阶段性、一次性的，也有连续的、长期的，不知凡几。以下主要从英语学界和日本国内两方面对美国的日本研究史文献作一介绍，并扼要提及"国际日本学"语境下的新发展，部分文献可能存在重叠之处。

第一节　美国的日本研究：英语学界的文献梳理

自 15 世纪中期开始，世界各国的日本研究铢积寸累，延续至今卷帙浩繁，已近乎汗牛充栋。根据藤津滋生的统计，至 1992 年，以欧陆语言为主（也包括部分汉语、俄语）的日本研究相关文献就已经达到 16 万件，其中从 1542 年到 1992 年出版的日本研究书籍约为 3 万种。①1992 年至今，又过去了 30 年，大量新的研究不断涌现，"国际日本研究"的文献更为丰富、规模更为庞大，客观上使文献梳理的难度也日增月益，尽管技术手段日趋先进，但仍存在挂一漏万的风险。

英语系国家、法语系国家、北欧国家、东亚国家等不同类型的国家对日本的研究，在知识传统、学术脉络和研究风格上，往往不尽一致。即便是在某一个类型国家的内部，国别和地区的差异也所在多有。例如在英语系国家内部，美国与传统强国英国、近年来颇为活跃的澳大利亚，以及其他国家（如部分东南亚国家）相比，各自在日本研究的视角、方法、立论等诸方面表现出程度不一的特色。

在美国，对日本研究的首次大规模梳理当属 1935 年高木八尺受"太平洋国际学会"（Institute of Pacific Relations）委托所做的调查。②高木八尺是其母校东京帝国大学"美国宪法、历史和外交讲座课程"的创立者（1918 年），又是 1925 年成立的国际性学术团体"太平洋国际学会"的常务理事，在日美两国学界和政界均有深厚的人脉，可谓担当这一开创性调查的不二人选。根据该调查的统计，当时对日本研究抱有兴趣的美国学者有 107 人，美国的日本研究尚在起步阶段。

"二战"之后，首次较为全面的调查则属 1970 年社会科学研究理事会（SSRC）和美国学术团体协会（ACLS）联合委员会的调查。③这一报告在耶鲁大学教授约翰·霍尔（John Whitney Hall）的指导下得以完成，霍尔是 20 世纪

① 藤津滋生「外国語による日本研究文献の書誌学的研究」、『日本研究：国際日本文化研究センター紀要』、第 10 集、1994 年 8 月、403—418 頁。

② Yasaka Takagi, "A Survey of Japanese Studies in the Universities and Colleges in the United States," *Institute of Pacific Relations*, 1935.

③ "Japanese Studies in the United States: A Report on the State of the Field, Prospect, Resources and Future Needs," Prepared by the SSRC-ACLS Joint Committee on Japanese Studies, New York: Social Science Research Council, February 1970.

研究日本历史最为知名的学者之一。[1]根据这一报告，1968 年在 135 所美国大学和研究机构中，共有 416 名日本研究学者，其中 65％的学者从属于人文学科。

1961 年，为彰显并进一步巩固日美之间的"平等伙伴关系"，池田勇人首相与肯尼迪总统同意设立美日文化和教育交流会议（CULCON）。1974 年，在美日文化和教育交流会议内又设立日本研究特别小委员会，由后者对美国高等教育机构中的日本研究实施全面的调查。该报告最终发表于 1977 年，也被称为"CULCON 报告"。报告对 1972—1976 年美国日本研究学界发生的最新变化做了整体分析，并辅以较为详尽的量化数据统计。[2]

如果说上述的调研偏重于美国的日本研究整体状况及研究机构、研究人员，那么不少学者和机构的文献梳理则对日本研究的主体内容更为重视。大体上可划分为以下几个方面。

第一，综合性的文献梳理。早在 1940 年，日本史专家休·博顿（Hugh Borton）等学者就曾为哈佛燕京学社选编过日本研究书目和论文目录，包括英语、法语和德语等多个语种的文献，1954 年又推出了更新和扩展后的版本，涉及 1 781 个词条。[3]1965 年，约翰·霍尔和密歇根大学日本人类学家理查德·比尔兹利（Richard K. Beardsley）编撰出版《通向日本的十二道门》（*Twelve Doors to Japan*）一书。该书成为战后早期日本研究入门的经典著作，其中不乏对既有美国日本研究的梳理。[4]同样身为日本史教授的约翰·道尔（John W. Dower）在 1986 年编撰《日本历史文化研究书目提要》，涵盖从古代史到 1986 年的五个历史时间段，涉及书目提要、研究指南和期刊出版物信息，并对部分书目提要加以简短评语。1995 年，道尔又与另一位日本史

---

① 另可参阅 John Whitney Hall, "Thirty Years of Japanese Studies in America," *Transactions of the International Conference of Orientalists in Japan*, 1971, pp.22—35。

② Elizabeth T. Massey and Joseph A. Massey, "CULCON Report on Japanese Studies at Colleges and Universities in the United States in the Middle-70s," published by the Japan Society for the Subcommittee on Japanese Studies, New York, 1977.

③ Hugh Borton, Serge Elisseeff, William W. Lockwood and John C. Pelzel, *A Selected List of Books and Articles on Japan in English, French, and German*, Cambridge: Published by the Harvard University Press for the Harvard-Yenching Institute, 1954.

④ John W. Hall and Richard K. Beardsley, *Twelve Doors to Japan*, New York: McGraw-Hill, 1965.

专家蒂莫西·乔治（Timothy S. George）合作推出更新版，涉及 5 000 余个词条。①此外，亚洲研究协会（Association for Asian Studies）曾整理过"亚洲研究参考文献"（The Bibliography of Asian Studies），主要涉及 1971 年之后的文献，包括期刊论文和著作章节，日本研究自是其中的重要组成部分，这些文献现均可通过 EBSCO 数据库在线查找和使用。②

在美国日本研究的文献整理中，一大批书志学家、图书馆员或许未必如大牌学者那样声名显赫，但凭借其默默无闻的辛勤耕耘，为学科的发展助力甚大，可谓功不唐捐。③弗兰克·舒尔曼（Frank Joseph Shulman）即为其中的一员。1989 年，作为"世界书目系列"的第 103 卷，弗兰克·舒尔曼编撰的《日本卷》问世，厚达皇皇 873 页。④此外，弗兰克·舒尔曼等编撰的历年美国博士论文目录和专题性参考书目也对相关日本研究做过长期、系统的统计。⑤不少

---

① John W. Dower, *Japanese History & Culture from Ancient to Modern Times*：*Seven Basic Bibliographies*, New York：M. Wiener Pub.；Distributed by Publishers International Corporation for Japan, 1986；John W. Dower with Timothy S. George, *Japanese History & Culture from Ancient to Modern Times*：*Seven Basic Bibliographies*, 2nd ed., rev. and updated, Princeton：Markus Wiener, 1995.

② The Bibliography of Asian Studies, Association for Asian Studies, https：//www. asianstudies. org/publications/bibliography-of-asian-studies/.

③ 曾担任耶鲁大学东亚图书馆馆长的艾伦·哈蒙德（Ellen H. Hammond）曾基于自身对日本研究目录学的教学和工作实践，对其有颇为精要的回顾和思考，参见 Ellen H. Hammond, "Thoughts on Teaching Japanese Bibliography/Research Methods Courses," North American Coordinating Council on Japanese Library Resources, August 2002。莱斯利·皮特曼（Lesley Pitman）于 2015 年出版的新书，尽管目标读者是图书馆员，涉及主题也是英美的区域研究整体而非单纯的日本研究，但颇有触类旁通之效，参见 Lesley Pitman, *Supporting Research in Area Studies*：*A Guide for Academic Libraries*, Oxford：Chandos Publishing, 2015。

④ Frank Joseph Shulman, *Japan*, World Bibliographical Series v. 103, Oxford, England：Clio Press, 1989.

⑤ 例如 Frank Joseph Shulman, *Japan and Korea*：*An Annotated Bibliography of Doctoral Dissertations in Western Languages*, *1877—1969*, Chicago：American Library Association, 1970；Frank Joseph Shulman, *Doctoral Dissertations on Japan and Korea*, *1969—1974*, *a Classified Bibliographical Listing of International Research*, Ann Arbor, Mich.：University Microfilms International, 1973；Robert E. Ward and Frank Joseph Shulman eds., *The Allied Occupation of Japan*, *1945—1952*：*An Annotated Bibliography of Western-Language Materials*, Chicago：American Library Association, 1974；Frank Joseph Shulman, *Doctoral Dissertations on Japan and on Korea*, *1969—1979*：*An Annotated Bibliography of Studies in Western Languages*, Seattle：University of Washington Press, 1982。ProQuest 和 WorldCat 的硕博士论文全文数据库仍是查阅这些论文的最佳出处。

美国大学和研究机构附属图书馆的日籍或日裔馆员在这一领域同样做出了值得铭记的贡献，时至今日在不少图书馆仍能发现她们的身影。[1]这方面尤以密歇根大学、哥伦比亚大学、夏威夷大学、哈佛大学等关注日本研究的美国主要大学的图书馆为代表。此外，1992年，苏格兰阿伯丁大学资深讲师理查德·佩伦（Richard Perren）也曾编撰了截至20世纪90年代之前的部分日本研究书目提要。[2]在这方面，2001年约瑟夫·罗加拉（Joseph Rogala）出版的《一位藏书家的英文日本书籍指南》是一部与众不同的作品。正如书名所示，该书从藏书家的视角罗列了逾2 500部著作，书目信息按照作者的姓氏音序排列，并附有部分作者的人物简介。[3]

第二，除了上述综合性的文献梳理之外，聚焦某一学科或具体研究领域的综述也不断涌现，对于各个时期、各个侧面的日本研究做了相当细致和深入的评析，取材宏富、考订详瞻。例如，1988年，在日美贸易摩擦不断高涨的背景下，由加兰德出版社（Garland Publishing, Inc.）出版的一本参考书目尽管以"美日贸易"为题，但事实上包含与之相关的诸多著作和论文，侧重从1970年到1987年初出版和发表的英文文献，且为每一个文献提供了言简意赅的内容介绍。2018年该书由劳特利奇（Routledge）出版社再版。[4]截至2021年11月，由乔舒亚·莫斯托（Joshua S. Mostow）担任主编的"博睿日

① 例如可参见 Herschel Webb, with the assistance of Marleigh Ryan, *Research in Japanese Sources：A Guide*, New York：Columbia University Press, 1965；Sadao Asada ed., *Japan and the World，1853—1952：A Bibliographic Guide to Japanese Scholarship in Foreign Relations*, New York：Columbia University Press, 1989；Yasuko Makino and Masaei Saito, *A Student Guide to Japanese Sources in the Humanities*, Ann Arbor, Mich.：Center for Japanese Studies, University of Michigan, 1994；Yasuko Makino and Mihoko Miki, *Japan and the Japanese：A Bibliographic Guide to Reference Sources*, Westport, Conn.：Greenwood Pub Group, 1996。

② Richard Perren, *Japanese Studies from Pre-History to 1990：a Bibliographical Guide*, Manchester and New York：Manchester University Press, Distributed exclusively in the USA and Canada by St. Martin's Press, 1992.

③ *A Collector's Guide to Books on Japan in English：a Select List of over 2 500 Titles*, compiled and annotated by Joseph Rogala, Richmond：Japan Library, 2001.

④ Rita E. Neri, *U. S. /Japan Foreign Trade：An Annotated Bibliography of Socioeconomic Perspectives*, New York and London：Garland Publishing Inc. 1988；Abingdon：Routledge, 2018.

本研究书系"（Brill's Japanese Studies Library）已出版 70 部作品，其中不仅涉及综述性和资料性的汇编，还包括专题性作品。1998 年由哈佛大学日本宗教社会学教授海伦·哈达克（Helen Hardacre）编辑的《战后美国日本研究的发展》、1997 年由哈达克和亚当·克恩（Adam L. Kern）主编的《明治日本研究的新方向》就是其中的重要代表。①2015 年由詹姆斯·巴布（James D. Babb）主编的《赛奇当代日本研究手册》（The SAGE Handbook of Modern Japanese Studies）分为土地、历史和文化，社会，医药和保健，政治和对外关系，经济等五个部分，涉及 33 个子领域。其作者尽管大部分来自欧洲和亚太地区，但在每一篇的文献综述中也较为充分地反映了美国学者的研究成果。②劳特利奇出版社、牛津大学出版社等在社会文化、商业管理、哲学、历史、政治、外交、电影、媒体、语言学等日本研究领域已出版为数众多的研究手册（handbook），每一本手册都可视为该研究领域的文献综述。

第三，在美国学界，与自然科学类似，社会学、人类学、政治学等人文学科也会定期邀请该领域的权威专家撰写阶段性综述或"趋势报告"（trend report）。例如，早在 1953 年，罗伯特·斯卡拉皮诺（Robert A. Scalapino）就为刚刚改名为《年报政治学》的日本政治学会会刊撰写了关于美国学界对日本政治研究的综述。③1970 年，理查德·比尔兹利等学者编撰了关于日本社会学和社会人类学的研究指南和资料汇总。④此外，耶鲁大学教授威廉·凯利（William W. Kelly）对人类学的研究综述、旅居澳大利亚的日本学者杉本良夫对社会学的研究综述、伦敦政治经济学院教授珍妮特·亨特（Janet

---

① Helen Hardacre ed., *The Postwar Developments of Japanese Studies in the United States*, Leiden and Boston: Brill, 1998; Helen Hardacre and Adam L. Kern eds., *New Directions in the Study of Meiji Japan*, Leiden and Boston: Brill, 1997.

② James D. Babb ed., *The SAGE Handbook of Modern Japanese Studies*, London: SAGE, 2015.

③ ロバート・A・スカラピーノ「アメリカにおける日本政治研究—進歩と課題—」、『年報政治学』、第 4 巻、1953 年、209—223 頁。

④ *Japanese Sociology and Social Anthropology: a Guide to Japanese Reference and Research Materials*, compiled by Richard K. Beardsley and Nakano Takashi; contributions by Morioka Kiyomi, Okada Yuzuru, Ann Arbor: University of Michigan Press, 1970.

Hunter）对日本现代经济史研究的综述等，都是这方面的例子。①一些专业类期刊也会间歇性地发表综述或评述，甚至出版特集或专辑。这些文献综述和"趋势报告"成为各个细分议题领域的基础性文献，爬梳剔抉、考订正误，也由于更加专业和细致，往往成为后续研究的必读之作。

第四，大量日本研究入门教材或概论性著作，也大多会对相关文献和学术资源进行系统整理。这一类的专著或合著数量甚多，以单篇论文形式呈现的文献回顾更是不计其数。

值得一提的是，在不少美国的大学和研究机构，出于课程建设和图书馆资源开放的需要，相关资源还可以在线获取，颇为便利。例如，哥伦比亚大学的"日本研究参考书目"就包括相当丰富的内容，不仅涉及一般意义上的既有研究综述，还包括简报、字典、统计数据、可视化资源等各个领域和各种载体的文献。②密歇根大学图书馆的"日本研究指南"内容更加宏富，涵盖了日本研究所需的各方面文献需求，区分胪列、靡不所载。③杜克大学等美国其他知名大学的图书馆亦有类似的资料汇编和服务于初学者的介绍。④

---

① 例如，关于社会学可参见 *Current Sociology*，Volume 44，Issue 1，March 1996；Yoshio Sugimoto，*An Introduction to Japanese Society*（Fourth Edition），Melbourne：Cambridge University Press，2014，Chapter one：The Japan Phenomenon and the Social Sciences，pp.1—37。关于人类学可参见 William W. Kelly，"Directions in the Anthropology of Contemporary Japan，"*Annual Review of Anthropology*，Vol.20，1991，pp.395—431；Gorden Mathews，"On the Tension between Japanese and American Anthropological Depictions of Japan，" in Shinji Yamashita，Joseph Bosco，and J. S. Eades eds.，*The Making of Anthropology in East and Southeast Asia*，New York：Berghahn Books，2004，pp.114—135。关于民族学可参见スミス・ロバート「米国における日本研究-民族学」、『民族學研究』、第 54 卷第 3 号、1989 年、360—374 頁。从文化人类学的角度，对 90 年代之前日本研究的简要评述可参见 J・G・ファン・ブレーメン「人類学からみた日本研究」、『対象と方法—各専門から見た日本研究の問題点—』、国際シンポジウム（報告書）第 2 集、国際日本文化研究センター、1989 年、43—60 頁。关于日本现代经济史可参见 Janet Hunter：《关于日本现代经济史的思考：一些基于英文文献的个人观点》，载宋志勇主编：《南开日本研究 2020》，天津人民出版社 2020 年版，第 283—299 页。

② Japanese Bibliography，Columbia University，http://www. columbia. edu/～hds2/BIB95/contents. htm.

③ Japanese Studies，University of Michigan Library，https://guides. lib. umich. edu/c. php? g = 282909&p = 1885176.

④ Japanese Studies，Duke University Libraries，https://guides. library. duke. edu/japanesestudies-EAL.

第二节　美国的日本研究：日本国内的文献梳理

在日本国内，对海外日本研究的关注颇早，相关著述也为数不少。这其中既有以英文出版、服务于整个国际学界的资料汇编，也有以日文撰写、主要针对日本学界自身的文献梳理，部分整理还备有多语种版本，以下择其精要略述。

一、英文资料

在英文资料方面，国际文化会馆的成绩有目共睹。国际文化会馆成立于1952 年，旨在促进以国际相互理解为目的的文化交流和知识合作。作为国际文化会馆的首任图书馆长，福田なをみ从 20 世纪 60 年代开始就陆续编撰了大量西方日本研究的工具书。①1989 年和 1997 年，国际文化会馆图书馆又相继编辑出版《日本研究参考图书指南》等资料。②

这一方面贡献和产出最为突出的无疑是日本国际交流基金（Japan Foundation）。自 1972 年成立以来，日本国际交流基金就长期致力于对"国际日本研究"的系统整理。目前为止，包括北美在内，编撰出版的"日本研究系列"丛书已达数十册，主要包括基于问卷调查的专论（monograph）和名录（directory）两大类。从 1974 年至今，日本国际交流基金已至少出版 15 卷《日本研究入门文献》（An Introductory Bibliography for Japanese Studies），每一卷分为社会科学和人文两大部分。其中，社会科学部分包括法律、政治

---

① Naomi Fukuda, *Libraries for Japanese Studies：a Report of a Survey*, Tokyo：International House of Japan Library, 1963; Naomi Fukuda, *Union Catalog of Books on Japan in Western Languages*, Tokyo：International House Library, 1967; Naomi Fukuda ed., *Bibliography of Reference Works for Japanese Studies*, Ann Arbor：Center for Japanese Studies, University of Michigan, 1979; Naomi Fukuda, *Survey of Japanese Collections in the United States*, Ann Arbor：Center for Japanese Studies, University of Michigan, 1980; Naomi Fukuda ed., *Japanese History：a Guide to Survey Histories*, Ann Arbor：Center for Japanese Studies, University of Michigan, 1984—1986.

② *A Guide to Reference Books for Japanese Studies*, Tokyo：International House of Japan Library, 1989; *A Guide to Reference Books for Japanese Studies*, Tokyo：International House of Japan Library, 1997.

学、国际关系、经济、商业管理、社会学、地理学、文化人类学和教育，人文部分包括考古学、历史、宗教与哲学、日语语言、文学、艺术等。①这一入门文献的主要目的是向国际学界介绍在日本出版、以日文为载体的日本研究。其可贵之处在于，基本以两年为期，邀请知名的日本学者就各个细分领域或主题在这一时间段中的日本研究文献做精要的综述，每篇之后辅以日文和英文双语的完整文献目录。在 1972 年合并进入日本国际交流基金之前，财团法人国际文化振兴会也编撰了大量日本研究的文献目录，《日本研究标准参考书目目录》（K. B. S. Bibliography of Standard Reference Books for Japanese Studies）就是其中的代表。这一目录按学科领域分为多卷，还附有相关说明。②

具体到美国的日本研究上，进入 80 年代之后，日本国际交流基金开展了第一次全面的调查，并在 1984 年发表首份报告。③1988 年又分别对加拿大和美国的日本研究进行梳理。此后，日本国际交流基金又与亚洲研究协会（Association for Asian Studies）、加拿大日本研究学会、夏威夷大学等机构以及日本社会学家帕特里夏·斯坦因霍夫（Patricia G. Steinhoff）等学者合作，在 1985 年、1989 年、1995 年、2005 年等多次开展了更为全面的后续调查，④并在数据分析的基础上，分别于 1996 年和 2007 年出版了相关综述性研究。⑤2010 年，日本国际交流基金与夏威夷大学合作开展新一轮调查，并在 2015—2016 年更新了部分数据。值得一提的是，与传统的纸质材料不同，这

① An Introductory Bibliography for Japanese Studies, The Japan Foundation, https://www.jpf. go.jp/e/publish/intel/biblio/.

② K. B. S. Bibliography of Standard Reference Books for Japanese Studies with Descriptive Notes, Tokyo: Kokusai Bunka Shinkokai (The Society for International Cultural Relations).

③ The Japan Foundation, Japanese Studies in the United States: the 1980's, Tokyo: The Japan Foundation, 1984.

④ The Japan Foundation, Directory of Japan Specialists and Japanese Studies Institutions in the United States and Canada: Japanese Studies in the United States, Tokyo, Ann Arbor, MI: Association for Asian Studies, 1989, 1995, 2007.

⑤ The Japan Foundation, Japanese Studies in the United States: the 1990s, Tokyo: The Japan Foundation and Ann Arbor, MI.: Association for Asian Studies, 1996; The Japan Foundation, Japanese Studies in the United States and Canada: Continuities and Opportunities, composition by Patricia G. Steinhoff, Tokyo: Japan Foundation, 2007.

一轮的调查数据已转为电子化，实现了全文公开的在线查询。①鉴于全球金融危机的持续影响和 2011 年的东日本大地震，在 2010 年时隔仅仅两年之后，日本国际交流基金又于 2012 年进行一次全面的调查，基于此形成 2013 年出版的新一份综述性研究。②

在对包括美国在内的世界各个国家和地区日本研究的文献梳理方面，日本国际交流基金的上述成果无疑是迄今为止最为全面和深入的，其特点有三。首先，这些调查带有一定的官方色彩，权威而系统，掌握的数据也细大不捐、极尽翔实。其次，长期的跟踪调查和数据的阶段性更新，不仅有助于在横向上了解某个时间段的美国日本研究现状，以及其与其他国家和地区日本研究的对比，也得以在纵向上解读和判断美国日本研究的发展趋势和重要节点的变化，形成动态的认知。第三，这些调查在追求数据完备性的同时，往往还辅之以深度的学理分析和专业解读。除了前述的帕特里夏·斯坦因霍夫之外，马里乌斯·詹森 (Marius B. Jansen)、查莫斯·约翰逊 (Chalmers Ashby Johnson) 等一大批美国知名的日本研究专家都曾参与其中，为其撰写文献述评。

此外，日本国内的不少机构也出版过关于海外日本研究特别是美国日本研究的资料汇编。例如，福冈联合国教科文组织协会编辑出版的《海外日本研究机构要览》截至 2007 年已发行 7 版，该协会还在其会刊《福冈联合国教科文组织》(FUKUOKA UNESCO) 中陆续刊载与之相关的论文、会议纪要、文献整理等。③

不少学者和机构也相继编撰了类似的英文书目汇编和文献索引。例如，1974 年，市村真一在担任京都大学东南亚研究所所长期间，与矢野畅编撰出版了 100 余页的日本研究精选参考书目。④

---

① Directory of Japanese Studies in the United States and Canada, The Japan Foundation, http://japandirectory.socialsciences.hawaii.edu/.

② The Japan Foundation, *Japanese Studies in the United States：The View from 2012*, Japanese Studies Series XXXX, Tokyo：The Japan Foundation, 2013.

③ Fukuoka UNESCO Association, *Overseas Japanese Studies Institutions*, Fukuoka：Fukuoka UNESCO Association；福冈ユネスコ協会、http://fukuoka-unesco.or.jp/fukuoka-unesco-1%ef%bd%9e47%e5%8f%b7.html。

④ *Books on Japan：an Assorted Bibliography*, compiled by Shin-ichi Ichimura and Toru Yano, Kyoto：Center for Southeast Asian Studies, Kyoto University, 1974.

二、日文资料

1961—1962 年，筑摩书房就曾推出过五卷本的《外国人眼中的日本》，对"南蛮渡来"、幕末维新、明治、大正昭和、战后等五个时期的海外日本研究名著做过介绍。①1970 年，大阪大学教授宫本又次主编《美国的日本研究》一书。该书尽管侧重于经济史和经营史，但对现代化研究等领域的重要作者和著作做了颇为详尽的梳理分析。②广岛大学则在 20 世纪 80 年代初相继出版《知日家相关文献目录》、《知日家人名辞典》以及论文集《知日家的诞生》，这些文献均源于同一研究项目。③1987 年，作为"中公新书"的一册，同为东京大学教授的佐伯彰一与芳贺彻编撰了《外国人的日本论名著》，该书收录并评析 1858—1984 年间 42 个国外学者及其日本研究名著。④2005 年，著名的参考书籍出版机构"日外 Associates"编辑出版《"日本研究"图书目录：1985—2004——世界中的日本》。该目录收录由"外国人"在 1985—2004 年的近 20 年间撰写的、以日文出版的日本研究专著和论文集，共计5 360 条目录，并配有简要的内容介绍。⑤

此外，《年报政治学》《利维坦》等日本国内各个学科的核心期刊或专业学会的会刊也通过"学界展望"、长短书评等形式，在第一时间梳理和介绍最新的日本研究成果，其中自然也涉及非日本学者的最新研究。以单篇论文呈现的文献综述更是不可胜数。⑥

---

① 『外国人の見た日本』、東京：筑摩書房、1961—1962 年。

② 宮本又次編『アメリカの日本研究』、東京：東洋経済新報社、1970 年。

③ 『知日家関係文献目録』、広島：広島大学教育社会学研究室、1983 年；新堀通也監修『知日家人名辞典』、東京：有信堂高文社、1984 年；新堀通也編著『知日家の誕生』、東京：東信堂、1986 年。

④ 佐伯彰一、芳賀徹編『外国人による日本論の名著：ゴンチャロフからパングまで』、東京：中央公論社、1987 年。

⑤ 日外アソシエーツ株式会社編『「日本研究」図書目録：1985—2004 世界の中の日本』、東京：日外アソシエーツ、2005 年。

⑥ 例えば、関于美国对日本投票行为的研究可参见田中愛治「米国における日本の投票行動研究の現状『The Japanese Voter』の意義」、『選挙研究』、第 7 巻、1992 年、149—167 頁。

第三章

美国的日本研究：世代更替与学术流变

与中国研究相比，美国的日本研究是否日渐式微、风光不再？美国的日本研究与中国研究之间呈现怎样的互动关系，彼此有何启示和借鉴？美国的日本研究面临哪些瓶颈和挑战，出路何在？① 这些问题是近年来美国社会科学界颇为关心的问题，对于中国的日本研究和美国研究也具有一定的参考意义。为此，有必要对美国的日本研究知识谱系做系统梳理，从中窥视其整体状况和演变脉络。作为一种"对研究的再研究"，对学术史的回顾盘点也是任何一个研究领域健全和发展的重要组成部分。②

正如"汉学"（Sinology）与"中国研究"（Chinese Studies）的区分一样，"日本学"（Japanology）与"日本研究"（Japanese Studies）也大体以研究对象的时间为界，"日本学"着重考察近代之前的日本，遵循传统的整体研究路径，而"日本研究"则侧重现当代日本，更多采用现代社会科学的研究方法和学科路径。两者在发展阶段上基本呈现一种接续关系，但不乏重叠，后者越来越具有涵盖前者的倾向。但近年来，日本国内不少机构在表述国际学界的日本研究（Global Japanese Studies）时，又往往兼用"国际日本学"和"国际日本研究"，可见在当今的语境下，"日本学"大体与"日本研究"同

---

① The Japan Foundation, *Japanese Studies in the United States*: *the 1990s*, Tokyo: The Japan Foundation and Ann Arbor, MI.: Association for Asian Studies, 1996; The Japan Foundation, *Japanese Studies in the United States and Canada*: *Continuities and Opportunities*, composition by Patricia G. Steinhoff, Tokyo: Japan Foundation, 2007.

② 谷垣真理子、伊藤徳也、岩月純一編『戰後日本の中国研究と中国認識：東大駒場と内外の視点』、東京：風響社、2018 年。

义。在此，不妨以"日本研究"作为统一指代。在下文的分析中可以发现，上述名实移转事实上也反映出日本研究范式的代际差异。①

所谓"国际日本研究"，难以一概而论，在不同的国家和地区、不同的时间段、不同的功能（例如意识形态功能、接触功能、异文化理解功能、学术职业功能、批判功能）等方面，存在较为显著的差异。②在分析世界各国的日本研究时，学术研究本身（如学科的影响）、该国的知识传统（如偏重实用主义还是强调文献研究）、研究制度（如高等教育制度、研究机构的设置）、国际关系（如该国与日本关系的变化）等因素也都颇为重要。③

大体而言，美国的日本研究存在着彼此交错的两条发展脉络。一是学者的代际传承，④二是随着国际格局调整和日本社会变迁，美国对日认知的变化。在此背后，又存在其他一些影响因素，如日本和美国国内的政治经济状况、美国学界对于日本的主导性的学术旨趣、区域研究的评价体系变化等。⑤这些因素共同作用，造成美国的日本研究呈现出较为明显的时代特征和阶段性变化。为此，本章将首先梳理美国日本研究的代际更替，重点从"区域研究"与"学科研究"互动的视角，考察其演变过程中所反映的核心学术争论。⑥在此基础上，分析美国的日本研究与中国研究的异同。

---

① J. V. Neustupný, "On Paradigms in the Study of Japan," *The International Journal of Anthropology*, No.5/6, December 1980, pp.20—28.

② J. V. ネウストプニー「日本研究のパラダイム——その多様性を理解するために——」、『国際シンポジウム（報告書）』第 1 集、国際日本文化研究センター、1989 年、79—105 頁。

③ 加野芳正「アメリカにおける日本研究の発達構造」、新堀通也編著『学問の社会学』、東京：有信堂高文社、1984 年、215 頁。

④ 关于美国的日本研究学者的代际传承和人际谱系可参见アキタ ジョージ「アメリカの日本研究の第一世代」、『世界の日本研究』、No.3、1991 年、9—45 頁。

⑤ Helen Hardacre, "Introduction," in Helen Hardacre ed., *The Postwar Developments of Japanese Studies in the United States*, Leiden and Boston：Brill, 1998, pp.VII—VIII.

⑥ 矢野暢曾从"区域研究"和"政治学"关系的整体视角，对美国的"区域研究"做过颇为全面和深入的梳理，并对"区域研究"容易陷入的"陷阱"提出过清醒的建议，如加强语义的精确性、重视"被政治化"的风险、遵循文化相对主义等，但该文并非专门针对美国的日本研究。参见矢野暢「地域研究と政治学」、『年報政治学』、第 31 巻、1980 年、111—140 頁。

第一节　美国日本研究的代际更替

小熊英二在《"民主"与"爱国"：战后日本的民族主义与公共性》一书中曾尤为强调"代际差异"。尽管在分析社会变动时不应过于放大代际更迭的因素，但显然从战后初期的历史来看，十年甚至五年左右的年龄差就能够造成相当不同的战争体验和战争记忆，由此不仅对个人的立场而且对由这些个体占据主导的社会动向造成微妙但重要的影响。①与之类似，美国的中国研究曾表现出一个鲜明的特点，即新的研究范式的出现，与美国国内政治思潮的变迁以及学者代际转换过程中的人际关系因素息息相关。②这一判断也完全适用于美国的日本研究。从年龄结构、学术生涯、研究风格而言，美国的日本研究学者主要可以分为以下几个世代。③值得注意的是，前面四代学者的分界和更替虽不无争议，但整体上较为清晰，第四代之后则相对模糊得多。

第一代西方日本研究者包括莱昂·佩奇斯（Léon Pagès，1814—1886）、莱昂·罗尼（Léon de Rosny，1837—1914）、阿斯顿（William George Aston，1841—1911）、萨道义（Ernest Mason Satow，1843—1929）、威廉·格里菲斯（William Elliot Griffis，1843—1928）、张伯伦（Basil Hall Chamberlain，1850—1935）、小泉八云（Lafcadio Hearn，1850—1904）、厄内斯特·芬诺洛萨（Emest Francisco Fenollosa，1853—1908）、乔治·桑塞姆（George Bailey Sansom，1883—1965）、马里乌斯·德菲索（Marinus Willem de Visser，1875—1930）等人。这些研究者早期多为外交官、旅日学者、明治政府雇请的外籍人士等，后期也渐渐出现了魁特（Payson J. Treat，1879—1972）等职业意义

---

① 小熊英二：《"民主"与"爱国"：战后日本的民族主义与公共性》，黄大慧等译，社会科学文献出版社 2020 年版。
② 张杨：《冷战与学术：美国的中国学：1949—1972》，中国社会科学出版社 2019 年版，第 126 页。
③ 在这些划分代际分布的诸多因素中，生理年龄与进入日本研究界的时间不一定是同步的，因此，在不同代际之间，有部分学者的年龄重叠。例如罗伯特·沃德（Robert Ward）原来研习巴尔干地区的语言，二战期间由于特殊需要才转向日语学习，因此年长于大部分同时代的日本研究者。

上的日本研究学者。此外，詹姆斯·柯蒂斯·赫本（James Curtis Hepburn，1815—1911）等传教士也在日文研究、翻译等领域做出了贡献。这一代研究者多为欧洲人，真正的美国学者屈指可数，上述举例中只有威廉·格里菲斯和厄内斯特·芬诺洛萨来自美国，其声名也不及其他学者。①

在日本研究的"发轫期"，这些研究者通过个人著述以及《日本亚洲学会学刊》② 等刊物，对日本这一西方眼中相当神秘的远东岛国作了初步但又全景式的研究。因此，这一代的研究者往往具有"全才"或"通儒"的特征，虽然也以日本历史等某一特定议题作为研究重点，但往往在数个人文社会科学领域均有所涉猎。沙畹、伯希和、葛兰言等早期汉学家大多涉猎诸学，被戏称具有"沙畹综合征"。这一时期的日本研究者亦如此。同时，这一代日本研究奠基者中，对于大部分人而言，学术研究事实上并非其本业或主业，而只是在强烈兴趣的驱使下、在繁重公务之余投身的一种志业。③这其中，桑塞姆被誉为既是西方日本研究中最后一位"杰出的业余爱好者"，又是"第一代专家中的一员"。④这一赞誉或许也适用于同时代的其他几位饱学之士。日本著名的美国研究者五十岚武士曾将社会科学称为"知"，将区域研究视为"爱"，前者建立在专业的概念和方法组合之上，而后者需要将对研究对象的善恶好恶都包含在内，对其进行整体性理解。⑤这一分类和表述看

① 值得注意的是，除了小泉八云之外，这一代西方日本学者的作品过往在中国较少得到关注，但在近年来却出现了"井喷式"的中译热潮。例如可参见萨道义：《明治维新历险记》，谭媛媛译，文汇出版社 2017 年版；乔治·贝利·桑瑟姆：《日本文化简史：从起源到江户时代》，郭玉红译，社会科学文献出版社 2020 年版；乔治·贝利·桑瑟姆：《日本史：律令国家的兴衰与武家政权的建立》，石杰夫译，社会科学文献出版社 2021 年版；乔治·贝利·桑瑟姆：《日本史：分裂与统一的 280 年》，黄霄龙、余静颖、葛栅婷译，社会科学文献出版社 2021 年版；乔治·贝利·桑瑟姆：《日本史：江户时代》，孙婧译，社会科学文献出版社 2021 年版；乔治·桑塞姆：《日本史：从南北朝到战国（1334—1615）》，北京大学出版社 2021 年版。

② 可参见聂友军：《日本学研究的"异域之眼"：以 1872—1922 年〈日本亚洲学会学刊〉为主线》，北京大学出版社 2016 年版。

③ George Sansom, "Address Delivered by Sir George Sansom at the Annual Ceremony 1956," *The Journal of Asian Studies*, Vol.24, No.4, August 1965, pp.563—567.

④ Marius B. Jansen et al., "Sir George Sansom: An Appreciation," *The Journal of Asian Studies*, Vol.24, No.4, August 1965, pp.561—562.

⑤ 五十嵐武士「『知』としての社会科学、『愛』としての地域研究」、『地域研究論集』、Vol.1、No.2、1997 年 8 月、53—56 頁。

似略显文学化，甚至不免武断，但套用到这一代学者身上却颇为合适。

第二代学者多诞生于 20 世纪初，出身于传教士家庭，或为驻日外交官或其后裔。休·博顿（Hugh Borton，1903—1995）、查尔斯·法斯（Charles Burton Fahs，1908—1980）、赫伯特·诺曼（E. Herbert Norman，1909—1957）、赖肖尔（Edwin O. Reischauer，1910—1990）、约翰·霍尔（John Whitney Hall，1916—1997）等为其代表。特殊的家庭背景以及由此带来的某种"双重身份"对这批学者的日本研究产生了重大影响，①也造就了大量长盛不衰的经典作品。②作为知日派学者甚至是亲日派学者，休·博顿等学者还在美国对日作战和战后对日政策制定中（如是否保留天皇制）起了重要作用。③

这一代学者可以视为真正意义上美国日本研究的第一代学者，不仅表现为出身于美国的学者日益增多，也由于现代社会科学方法渐渐融入日本研究。在这一时期日本研究中比较突出的历史学、人类学等学科中，传统的人文学科的、描述性的方法仍占据主流，但社会科学的、规范性的研究逐渐依稀可辨。受其影响，美国学者的"日本研究"逐渐与传统的欧洲学者的"日本学"分道扬镳，显示出较为明显的差异，但两者仍存在若即若离的联系，因为这一代的美国学者中有相当部分在欧洲接受教育，或其在美国本土接触的理论体系仍带有强烈的欧陆色彩。例如，作为 20 世纪 30 年代美国唯一一个获得日本人类学博士学位的学者，约翰·恩布里（John F. Embree，1908—

---

① 馬場伸也『アイデンティティの国際政治学』、東京：東京大学出版会、1980 年、39—96 頁。但值得关注的是，这种身份的作用不是绝对的。例如赫伯特·诺曼与赖肖尔在年龄、家庭背景、幼年经历上十分相近，但在政治取向和学术风格上却大相径庭。

② 对此，哈里·哈鲁图尼安（Harry D. Harootunian）等学者批判性地指出，恰恰是这批学者以及之后一个世代中那些出身美军和占领当局的特殊身份，使战后美国对日本的研究延续了"殖民者"与"被殖民者"的等级秩序。在他们看来，作为"帝国主义的代理"，这些"传教士与士兵"奠定了美国日本研究的始源，使美国的日本研究和日本的美国研究一方面有尊卑贵贱之分，另一方面又形成了"共谋"。参见 Harry D. Harootunian and Naoki Sakai, "Japan Studies and Cultural Studies," *Positions：East Asia Cultures Critique*, Vol.7, No.2, Fall 1999, pp.593—647；「特殊体制、縺れ合い　あるいは米国による日本の形象化について」、ハリー・ハルトゥーニアン『歴史と記憶の抗争：「戦後日本」の現在』、東京：みすず書房、2010 年、1—16 頁。

③ 参见 W. 拉夫伯尔：《创造新日本：1853 年以来的美日关系史》，史方正译，山西人民出版社 2021 年版，第 289—291 页。

1950）的研究就受到英国社会人类学及其导师阿尔弗雷德·拉德克利夫-布朗（Alfred Radcliffe-Brown）等人的长期熏陶。①

在这一代美国学者中，鲁思·本尼迪克特（Ruth Benedict，1887—1948）尽管年长于上述大部分人，也并非完全意义上的日本研究者，但其名著《菊与刀》却成为日本研究中一个不可替代的历史性标志，事实上也引领了 20 世纪 40 年代之后在人类学领域进行对日本研究的一轮高潮。与本尼迪克特类似，无论是否作为专业的日本研究者，这一代学者大多亲身经历了第二次世界大战期间的美日对抗，也凭借其对日研究的才智在战时或在对日占领时期发挥了特殊的作用。当然，战争对这些学者的对日认知和日本研究的影响因人而异。②

整体而言，第一和第二代学者的日本研究中，理论和方法的意识并不突出。但也有罗伯特·霍尔（Robert B. Hall，1896—1975）、约翰·恩布里等杰出学者以田野调查、跨学科研究等闻名于世，在社会人类学特别是对日本农村的研究中扮演了卓越的先驱者角色。③在罗伯特·霍尔的主导下，密歇根大学在 1947 年成立日本研究中心，并于 1950 年 4 月在冈山县设立田野调查的工作站，成为将日本研究作为"区域研究"的一个重要据点和模板。

第三代日本研究者主要是在太平洋战争爆发后参加日语特训班，④或在战后取得博士学位并走上日本研究之途。位于密歇根大学的陆军日语学校及位于科罗拉多大学的海军日语学校为培养战后第一批美国对日研究者贡献了大

---

① スミス・ロバート「米国における日本研究-民族学」、『民族學研究』、第 54 巻第 3 号、1989 年、362 頁。

② Richard H. Minear, "Cross-Cultural Perception and World War II: American Japanists of the 1940s and Their Images of Japan," *International Studies Quarterly*, Vol.24, No.4, December 1980, pp.555—580.

③ 桑山敬己「第 2 次世界大戦前後のアメリカ人研究者による日本村落の研究」、『民博通信』、No.139、2012 年 12 月、10—11 頁。

④ 关于美国陆军日语学校可参见 The Center for Japanese Studies, the University of Michigan ed., *Japan in the World, the World in Japan: Fifty Years of Japanese Studies at Michigan*, Ann Arbor, Mich.: Center for Japanese Studies, The University of Michigan, 2001, 关于美国海军日语学校和其他大学日语培训项目的研究亦众多。二战期间，英国也有类似的日语学校，如伦敦大学亚非学院（SOAS）开设的日语强化班等。

量的人才。①用费正清的话来说，"珍珠港事件的后果之一"在于培养了一大批杰出的日本研究专家，为此，甚至要感谢日本陆军和海军"使日本研究和中国研究在 20 世纪 40 年代一夜之间得到了过去二十年和平时期都难以企及的支持和鼓舞"。②约翰·佩尔泽尔（John C. Pelzel，1914—1999）、罗伯特·沃德（Robert Ward，1916—2009）、霍华德·希贝特（Howard Hibbett，1920—2019）、唐纳德·夏夫利（Donald Shively，1921—2005）、爱德华·塞登施蒂克（Edward G. Seidensticker，1921—2007）、马里乌斯·詹森（Marius Jansen，1922—2000）、唐纳德·基恩（Donald Keene，1922—2019）、詹姆斯·阿贝格伦（James C. Abegglen，1926—2007）、罗伯特·史密斯（Robert J. Smith，1927—2016）等为第三代日本研究者的代表，也是夯实战后美国日本研究的中坚力量。

从这一时期开始，有越来越多的学者尽管未必完全从事日本问题研究，但也带着各自的学科视角和问题意识观察和分析日本。例如，罗伯特·贝拉（Robert N. Bellah，1927—2013）将日本作为比较研究和理论整合的一个案例对象，试图回答一个问题——集体主义能否与资本主义和世俗民主共存。③贝拉的名著《德川宗教》脱胎于其在 1955 年向哈佛大学远东语言系和社会学系提交的博士学位论文，这是哈佛大学首次由上述两个系共同授予联合学位。这也从一个侧面反映出在日本研究上，传统的"区域研究"与"学科研究"正在开始出现微妙的接近乃至融合。

第四代学者主要在 20 世纪六七十年代开始进入日本研究领域，涉及的学科范围和议题领域更为宽泛，但学者个人的研究领域日益聚焦，与前述的"通才"相比，"专才"的身份特征更为明显。傅高义（Ezra F. Vogel，1930—

---

① 杰拉德·柯蒂斯回忆，在其于 60 年代中期学习日语时，仍使用的是 20 年前陆军和海军日语学校的教材。ジェラルド·カーティス『政治と秋刀魚——日本と暮らして四五年』、東京：日経 BP 社、2008 年、49 頁。
② John K. Fairbank, "A Note of Ambiguity: Asian Studies in America," *The Journal of Asian Studies*, Vol.19, No.1, November 1959, p.3.
③ Amy Borovoy, "Robert Bellah's Search for Community and Ethical Modernity in Japan Studies," *The Journal of Asian Studies*, Vol.75, No.2, May 2016, pp.467—494.

2020）、查莫斯·约翰逊（Chalmers A. Johnson，1931—2010）、杰拉德·柯蒂斯（Gerald L. Curtis，1940—　）、亨利·史密斯二世（Henry D. Smith II，1940—　）、约翰·坎贝尔（John Creighton Campbell，1941—　）、彭佩尔（T. J. Pempel，1942—　）等学者均为其中翘楚。

如果把日本研究分成主要基于自我兴趣的"个人阶段"、主要出于咨政目的的"政策阶段"、更加追求学术性的"学科阶段"①，则可从上述各个世代的演变较为清晰地看出由前者向后者转化的脉络。②第四代之后的日本研究者世代固然还可以细分，但由于阵容更为庞大，情况更为复杂，已难以一一列举。若大体以二三十年的年龄差异作为世代的划分标准，那么或许可以将美国日本研究的第五个世代称为"平成世代"。这个世代的起步时间和研究对象与冷战结束、泡沫经济崩溃、日本社会动荡调整等重大时代背景相交织。在"令和时代"伊始的今天，对"平成时代"各个侧面的回顾和总结乃风会所趋，对于第四个世代之后学术理路的梳理恰逢其时，条件也已经相对成熟。

随着时间的推移，日本研究在美国开枝散叶，成果蔚为可观。由于日本研究数量的急剧增加，出现了两个现象：差异化（differentiation）与常态化（normalization）。③前者是指日本研究中涌现出诸多新兴的领域，日本研究者彼此之间的分化和差异日益明显；后者是指日本研究的成果中，"猎奇"的色彩渐渐褪去，充满异域风情、曲高和寡的高深研究逐渐转变为一种主流研究或日常研究，研究本身也迈上正轨，产生出自我进化的持续动力。差异化

① 新堀通也「『日本研究』研究のわく组：科学社会学からの試論」、『日本研究：国際日本文化研究センター紀要』、第 10 集、1994 年 8 月、333—350 頁。

② 柯蒂斯将赖肖尔等战前的日本研究者称为第一代，将太平洋战争爆发后开始日语学习的那一代称为第二代，而自身则作为美国日本研究的第三代。他认为，与第一代的传教士背景和第二代的战争经历不同，第三代学者大多从兴趣出发开展对日本的研究，也被认为相对更为冷静和客观。以"对日修正主义"为代表，第四代学者对日本更具批判和怀疑的立场，而之后的第五代学者尽管也出于对日本的好奇，但与第三代不同，试图探究的是日本政治经济体系失败而非成功的奥秘。ジェラルド・カーティス『政治と秋刀魚——日本と暮らして四五年』、51—58 頁。

③ The Japan Foundation, *Japanese Studies in the United States：the 1990's*, Tokyo：The Japan Foundation and Ann Arbor, MI.：Association for Asian Studies, 1996, pp.10—11.

与常态化的共同作用又导致一个突出的结果，即在第三和第四代研究者逐步建立起来的学科范式和指导原则出现了急邃多元化乃至碎片化的发展趋势，很难再找到一个占据主导性或统摄性的日本研究范式。①

第二节 美国的日本研究：演变脉络与核心争论

纵观这一个多世纪美国日本研究的发展，有数对关系或者说数个争论贯穿其中："客位"（etic）与"主位"（emic）、特殊主义与普遍主义、经验研究与理论研究。在这些争论背后，美国学术界反复思考和争论的一个焦点在于，日本研究该如何定位，理论和方法在日本研究中处于何种位置。由此，其核心争论突出地表现为"区域研究"（area study）与"学科研究"（disciplinary study）之争。两者的博弈构成美国日本研究发展的一条主线，也成为分析和评判其整体演变的关键视角。②

在不同学者的笔下，不少借喻被用来形容"区域研究"与"学科研究"之间的差异，例如"档案"与"主义"、"搬砖"与"建楼"、"手工艺劳动"与"建筑学"、"淘金者"与"金匠"等，不一而足。③丸山真男把战后美国对日本的研究分成"对象主义"和"方法主义"两大类，认为前者是传统的地域研究，"不太关注作为分析工具的范畴和其相互关系的精确化"；后者则试图在高度精确严密化的学科框架中用日本的经验去检验各种理论假说。④也有

---

① John W. Dower, "Sizing up (and Breaking down) Japan," in Helen Hardacre ed., *The Postwar Developments of Japanese Studies in the United States*, Leiden and Boston: Brill, 1998, pp.1—36.

② 从历年亚洲研究协会（Association for Asian Studies）的主席致辞即可发现，相当一部分演讲都以此为主题。

③ 彼得·伯克：《历史学与社会理论》，李康译，上海人民出版社 2019 年版，第 75 页；Andrew Gordon, "Taking Japanese Studies Seriously," in Helen Hardacre ed., *The Postwar Developments of Japanese Studies in the United State*, Leiden and Boston: Brill, 1998, pp.387—405；Chalmers Johnson, "Preconception vs. Observation, or the Contributions of Rational Choice Theory and Area Studies to Contemporary Political Science," *PS: Political Science and Politics*, Vol.30, No.2, June 1997, p.172.

④ 丸山真男：《评贝拉的〈德川宗教〉》，贝拉：《德川宗教：现代日本的文化渊源》，王晓山、戴茸译，生活·读书·新知三联书店 2003 年版，附录三，第 259—263 页。

学者将传统的"区域研究"称为强调学科整合（synthesis）的"事实派"，而将后者称为强调学科并接（conjunction）的"理论派"。①

在美国的日本研究中，"区域研究"与"学科研究"之间的矛盾事实上自战后初期即有所显露。本尼迪克特及其《菊与刀》是早期的一个例子，颇具代表性。很难把本尼迪克特视为一个日本问题专家，但恰恰由于这一"局外人"的身份，其通过人类学路径和短时间集中访谈方法所勾勒出的日本人样貌，却成为家喻户晓的日本研究作品。可以说在不经意间，本尼迪克特用"学科研究"的理论和方法塑造了一个"区域研究"的经典形象，也由此开启了日本研究中"区域研究"与"学科研究"间的反复争论。在此之后，几乎所有学者都承认，"方法"和"材料"不是互斥的，但另一方面，"区域研究"与"学科研究"具有各自的重心偏向也是不争的事实。这一重心的摇摆成为美国日本研究阶段性演变的重要变量。

一、从"区域研究"到"学科研究"的转向与偏重

在前述第一代和第二代的学者中，日本研究是一个传统意义上的"区域研究"领域，这一定位大体是没有争议的。战后初期，"区域研究"日益感受到来自"学科研究"的压力。作为传统的区域研究者，费正清与赖肖尔等在主持哈佛大学的东亚研究时，也经常邀请塔尔科特·帕森斯（Talcott Parsons）等社会科学家参与活动，对"区域研究"与"学科研究"的融合和互补持积极的立场。费正清多次强调，自己所从事的"区域研究"是"一个多学科的研究课题"，即"通过社会科学的相关技能来研究世界某一地区"。②尽管如此，如果细读他们的著述和发言，从其字里行间仍可清晰看到区域研究者对于"学科研究"的警惕乃至批判，认为后者频频生造术语、概念晦涩，且过于强调普遍性而忽视不同地区的差异。③作为费正清的学生，本

---

① 立本成文「地域研究の構図——名称にこだわって」、『地域研究論集』、Vol.1、No.2、1997 年8 月、19—33 頁。

② 《费正清中国回忆录》，闫亚婷、熊文霞译，中信出版社 2013 年版，第 321、373 页。

③ 例如可参见 Edwin O. Reischauer and John K. Fairbank, "Understanding the Far East through Area Study," *Far Eastern Survey*, Vol. 17, No. 10, May 1948, pp. 121—123; John K. Fairbank, "A Note of Ambiguity: Asian Studies in America," *The Journal of Asian Studies*, Vol.19, No.1, November 1959, pp.3—9.

杰明·史华慈（Benjamin I. Schwartz）也批评学术研究对学科的"迷恋"，强调任何一个学科都不是"与人类经验的其他方面相隔绝、自成一体的封闭体系"。①类似的质疑事实上都可以视为"区域研究"的抵抗和反击，试图捍卫日本研究的传统，减轻"学科研究"及其所强调的理论和方法所带来的冲击。

20 世纪 60 年代初，国际学界对日本的研究日盛，由于超群的国家实力和特殊的双边关系，美国学者自然在其中起到了近乎主导的作用。现代化理论是这一时期美国日本研究的统领性议题，也引起巨大的反响和激烈的争论。②通过国际学术交流以及"箱根会议"等机制，美国学界不但在国内推动日本研究的发展，甚至在一定程度上形塑了战后日本在现代化等重要议题上的学术研究和政策范式。③根据箱根会议的发言，1961 年 1 月约翰·霍尔在日本重要的人文社科杂志《思想》上发表了《日本的现代化——概念构成上的诸问题》一文。④两年之后的 1963 年 11 月，《思想》又组织了"现代化"问题的特辑。围绕"日本现代化"这一主题，普林斯顿大学在 20 世纪 60 年代出版了六卷本日本研究系列著作，涉及历史学、经济学、社会学、政治学、文学等多个领域，对战后日本社会科学的发展产生了深远影响。⑤

---

① Benjamin Schwartz, "The Fetish of the 'Disciplines'," *The Journal of Asian Studies*, Vol.23, No.4, August 1964, pp.537—538.

② 不少学者从"区域研究"的视角，对 20 世纪六七十年代以现代化理论为中心的美国日本研究作了梳理，例如可参见 Yukiko N. Bedford「アメリカにおけるエアリア・スタデイによる日本研究と日本の近代化」、『人文地理』、第 32 巻第 6 号、1980 年、504—517 頁。

③ 哈里·哈鲁图尼安认为，只有到了 70 年代现代化目的大体实现之时，"美国人的日本"才变回了"日本人的日本"。对现代化理论的批判可参见 H. D. Harootunian, "America's Japan/Japan's Japan," in Masao Miyoshi and H. D. Harootunian eds., *Japan in the World*, Duke: Duke University Press, 1993, pp.196—221.

④ J. W. ホール「日本の近代化——概念構成の諸問題」、金井円・森岡清美訳、『思想』、1961 年 1 月。

⑤ Marius B. Jansen ed., *Changing Japanese Attitudes toward Modernization*, Princeton, New Jersey: Princeton University Press, 1965; William W. Lockwood ed., *The State and Economic Enterprise in Japan: Essays in the Political Economy of Growth*, Princeton, New Jersey: Princeton University Press, 1965; R. P. Dore ed., *Aspects of Social Change in Modern Japan*, Princeton, New Jersey: Princeton University Press, 1967; Robert Ward, ed., *Political Development in Modern Japan*, Princeton, New Jersey: Princeton University Press, 1968; Donald Shively ed., *Tradition and Modernization in Japanese Culture*, Princeton, New Jersey: Princeton University Press, 1971; James Morley, *Dilemmas of Growth in Prewar Japan*, Princeton, New Jersey: Princeton University Press, 1971.

毋庸讳言，现代化理论难脱"目的论"的立场，带有较为强烈的意识形态色彩，也不免具有理论凌驾于对象或"主义"套用"案例"的倾向。甚至有学者批评认为，现代化理论如日中天的这段历史证实，当所谓的西方理论与日本现实不相符时，被丢弃的往往是后者而非前者。①现代化理论在当时已是相对成熟的理论体系，日本案例主要是印证而非修正这一理论。但由此也导致日本研究学术风格的一个重要变化：既然要解释日本现代化得失的特殊经验，就势必辅之以比较研究和理论提炼，进而形成更为普适性的一般性结论。因此，在现代化理论等欧美社会科学的影响下，日本研究中的理论色彩日益增强。日本经济学家原田三喜雄指出，美国对日本近代史及其现代化进程的研究具有三个特点：首先，将日本放在亚洲一员的位置，进而将其与欧美和亚洲各国进行比较研究；其次，在历史研究的基础上，结合经济学、政治学、社会学、文化人类学等多学科研究取向；第三，通过对历史的研究，试图对当下的问题进行回答，并努力从整体上把握研究的普遍意义。②不难看出，这些都是"学科研究"而非传统"区域研究"的特征。

因此，从六七十年代开始，在美国学界，当代意义上具有明确学科范围和专业导向的日本研究逐渐成形。这一转型主要是在上述第三代特别是第四代研究者群体中确立起来的。换言之，日本研究固然仍是"区域研究"的一个分支，但越来越具有自身的学科色彩。以 1965 年约翰·霍尔和理查德·比尔兹利编撰的日本研究经典入门著作《通向日本的十二道门》为代表，日本研究中的学科倾向越来越明显、细化和多元。③以至于在 60 年代编写《东亚文明史》的系列教科书时，费正清就已经看到，相比中国研究，美国的日本研究不仅有着大量的学术出版物作为立论基础，而且在对社会科学的运用

① Patricia G. Steinhoff, "Review on The Postwar Development of Japanese Studies in the United States by Helen Hardacre," *The Journal of Japanese Studies*, Vol.26, No.2, Summer 2000, pp.531.

② 原田三喜雄「日本の近代化と経済発展」、宮本又次編『アメリカの日本研究』、東京：東洋経済新報社、1970 年、119 頁。

③ John W. Hall and Richard K. Beardsley, *Twelve Doors to Japan*, New York：McGraw-Hill, 1965.

方面也更为突出。①

1970 年，美国学界为了摸排国内的日本研究现状，开展了战后首次较为综合的调查。②这一社会科学研究理事会（SSRC）和美国学术团体协会（ACLS）联合委员会的调查报告对 1934 年至 1969 年间美国日本研究发展的状况进行了全面梳理，更重要的是对之后一个时期美国日本研究做出了重要规划，因而具有分水岭的意义，③成为美国的日本研究从"区域研究"向"学科研究"转变的一个重要转折点。1974 年，位于华盛顿大学的《日本研究杂志》（Journal of Japanese Studies）创刊，与《日本文化志丛》（Monumenta Nipponica）（创刊于 1938 年）等传统日本学期刊显示出明显的差异，逐渐成为在"学科研究"中开展日本研究的最主要期刊之一。

受此影响，传统的"区域研究"越来越处于守势，表现出一种"且战且退"的姿态，即尽管对"学科研究"的认同度和接受度日益提高，但并不完全拱手相让、退避三舍。即使到了 1980 年，本杰明·史华慈在美国亚洲学会的主席致辞中仍延续了他在 60 年代的主张。史华慈批评萨义德将"东方主义"与"区域研究"混为一谈，使后者遭受了不应有的指责。他强调，"事实"与"理论"、"经验归纳"与"理论生成"本就不是互斥的，"区域研究"的"模糊性"值得珍视。"问题事实上不在于区域研究者是否可以适应其他的学科，而在于这些学科是否准备好了接纳区域研究者的需求"。④不难看出，尽管史华慈突出了两者的共融性，但仍偏重于强调区域研究自身的独特价值。

进入 80 年代之后，传统的"区域研究"进一步式微，而"学科研究"已

① 《费正清中国回忆录》，第 374 页。

② "Japanese Studies in the United States: A Report on the State of the Field, Prospect, Resources and Future Needs," Prepared by the SSRC-ACLS Joint Committee on Japanese Studies, New York: Social Science Research Council, February 1970.

③ 对于这个报告的批判性评价另可参 H. D. ハルートゥニアン「曖昧なシルエット——イデオロギー、知、そして米国における日本学の形成」（上）、遠藤克彦訳、『みすず』、1998 年 5 月号、2—21 页。

④ Benjamin I. Schwartz, "Presidential Address: Area Studies as a Critical Discipline," *The Journal of Asian Studies*, Vol.XL, No.1, November 1980, pp.15—25.

处于舍我其谁的主导地位。1994 年，查莫斯·约翰逊等人不无揶揄地宣告，在理论与区域研究的竞争中"区域研究"已"近乎败退"。他慨叹，在美国的学术界，从事区域研究的人士很少得到像理论学家那样的地位和尊重，两者的境遇差别如同"工程师"与"真正科学家"之间的差别。[1]约翰逊本人的《通产省与日本的奇迹》（1982 年）等著作不但成为日本研究的经典，而且在比较政治学等相关学科中产生了深远的影响，远远超出了日本或东亚等特定区域，成为其他地区和国别研究中都不得不提及的必读之作。[2]

二、"区域研究"的变体回潮及其与"学科研究"的融合

进入 20 世纪 90 年代，"区域研究"与"学科研究"之间的钟摆似乎以一种特殊的方式向前者回摆。"后现代主义""后殖民主义""后结构主义""批判理论"等诸多理论成为美国区域和国别研究中的新兴力量，在美国对日本和中国等国的研究中均有所体现。[3]语言学、心理学、符号学、传播学等学科不断渗透进入日本研究领域，使得"区域研究"与"学科研究"的矛盾和互动呈现出新的面貌。[4]此外，在全球化发展日益深入的背景下，日本研究中也出现了"去地方化"（deprovincialization）甚至是"反区域研究"的身影。所谓的"反区域研究"事实上与"全球史"的研究路径相对接近，意在打破区

[1] Chalmers Johnson and E. B. Keehn, "Disaster in the Making: Rational Choice and Asian Studies," *The National Interest*, No.36, Summer 1994, p.19.

[2] 古森義久『透視される日本：アメリカ新世代の日本研究』、東京：文芸春秋、1999 年、134—135 頁。

[3] 关于中国研究中"文化转向"及其阶段性演变可参见 Judith B. Farquhar and James L. Hevia, "Culture and Postwar American Historiography of China," *Positions: East Asia Cultures Critique*, Vol.1, No.2, Fall 1993, pp.486—525。对于美国的日本研究从现代化理论主导到文化研究的转变，亦可见以下简要梳理ヴィクター・コシュマン「グローバル化と地域化の進む世界におけるアメリカの日本学研究」、東京外国語大学国際日本研究センター編『世界の日本語・日本学：教育・研究の現状と課題』、東京外国語大学国際日本研究センター、2010 年、97—102 頁。

[4] 这方面的代表作品可参见 Dorinne K. Kondo, *Crafting Selves: Power, Gender, and Discourses of Identity in a Japanese Workplace*, Chicago: University of Chicago Press, 1990; Stefan Tanaka, *Japan's Orient: Rendering Pasts into History*, Berkeley, Calif.: University of California Press, 1993; Louise Young, *Japan's Total Empire: Manchuria and the Culture of Wartime Imperialism*, Berkeley: University of California Press, 1998; Tessa Morris-Suzuki, *Re-inventing Japan: Time, Space, Nation*, Armonk, N. Y.: M. E. Sharpe, 1998。

域或地域的界限，将多个地域和多个学科有机地纳入同一个研究中。①另有一部分学者则试图在传统"区域研究"的基础上，强化"文化研究"的视角和批判的取向，以此构筑日本研究的"第三种势力"。②在一定意义上，"文化研究"超越并调和了不同学科和理论之间的界限，也丰富了传统的"区域研究"模式。③不少研究旨趣相近的学者还形成了"芝加哥学派"等特征鲜明的学术共同体。④在1993年创刊的《立场》（Positions）等期刊以及杜克大学出版社等出版机构的推动下，日本研究的新兴力量不断发出自己的声音。

"批判理论"在学科系谱上与传统的美国学界貌合神离，更多地吸收和借鉴来自欧陆的理论元素。米歇尔·福柯（Michel Foucault）、雅克·德里达（Jacques Derrida）、皮埃尔·布尔迪厄（Pierre Bourdieu）、安东尼·吉登斯（Anthony Giddens）等学者的理论给美国的社会科学带来一轮新的冲击乃至颠覆，日本研究也无法置身事外。日本研究的主流"建制派"受到"批判理论"的批判、反抗、敌视，被后者认为忽视理论乃至刻意抗拒理论，过于强调日文能力和研究细节，且长期把持日本研究的机构和发表刊物。⑤反过来，传统的日本研究学者似乎也对"批判理论"等敬而远之，暗示或明示其理论芜漫庞杂、行文佶屈聱牙，貌似高深，实则不知所云。一些学者批评道，后现代主义的不良倾向在于"任意使用抽象概念和创新词汇"，由此树起一道学术之墙，使人难解其意。⑥

耐人寻味的是，正是在上述理论争鸣和门户分野的背景下，在美国的日

① Tessa Morris-Suzuki, "Anti-area Studies," *Communal/Plural*, Vol.8, No.1, 2000, pp.9—23.
② H. D. ハルートゥニアン「曖昧なシルエット——イデオロギー、知、そして米国における日本学の形成」（中）、遠藤克彦訳、『みすず』、1998年6月号、68—86頁。
③ Alan Tansman, "Japanese Studies: The Intangible Act of Translation," in David L. Szanton ed., *The Politics of Knowledge: Area Studies and the Disciplines*, Berkeley: University of California Press, 2004.
④ 哈里·哈鲁图尼安、酒井直树、奈地田哲夫、三好将夫、伯纳德·西尔伯曼（Bernard Silberman）等否认"芝加哥学派"的集体身份，甚至将其视为恶意的、"种族主义的"标签。
⑤ Harry D. Harootunian and Naoki Sakai, "Japan Studies and Cultural Studies," *Positions: East Asia Cultures Critique*, Vol.7, No.2, Fall 1999, pp.593—647.
⑥ 柯文：《英文平装再版序言》，载《在中国发现历史：中国中心观在美国的兴起》，林同奇译，社会科学文献出版社2017年版，第87—88页。

本研究中，"区域研究"与"学科研究"在长期的分庭抗礼后又呈现出某种相向而行的迹象。其原因和表现主要有以下三个方面。

首先，"学科研究"的加速发展，使不少学者担心，由于各个学科畛域分明、界限森严，对于某一区域的研究变得过于精细和专业，呈现出高度"碎片化"的倾向，既减少了不同问题领域间的交流，又缺乏对于该区域的整体观照和大的问题意识。①例如，约翰·道尔批评认为，与赫伯特·诺曼等前一代的研究相比，战后美国的日本研究尽管也提倡所谓的"跨学科"，但实际上却日益形成人为的"阻隔"，由此也渐渐失去了对于宏大问题意识的追问和反思。②从近年来"国际日本研究"的发展趋势来看，选题越来越专门、细小乃至冷僻，也确实体现出这一特点。③

由此，日本问题的"学科研究"着力朝着跨学科、多元学科、边缘学科的方向发展，文化研究中还出现了"后学科"（post-discipline）的倡议。这一趋势无形中产生了"学科弱化"甚至是"去学科化"的作用，因而也缓和了"学科研究"与"区域研究"的紧张对立。这种"学科研究"与"区域研究"之间的分歧和相互求全责备，曾几何时也出现在社会学、历史学等不同学科的学者之间。④尽管类似的争论远未平息，但历史社会学等交叉学科的出现部分弥合了两者之间的鸿沟和歧见。不同学科之间的彼此交叉乃至融合，或所谓"文类的混淆"，不仅发生在原先就处于"人文科学"与"社会科学"边界处的人类学等学科内，而且在几乎所有的人文社会科学中均有所体现。⑤美国的日本研究也表现出这一发展趋势。

---

① Kevin J. O'Brien, "Studying Chinese Politics in an Age of Specialization," *Journal of Contemporary China*, Vol.20, No.71, September 2011, pp.535—541.

② John W. Dower, "E. H. Norman, Japan, and the Uses of History," in John W. Dower ed., *Origins of the Modern Japanese State：Selected Writings of E. H. Norman*, New York：Pantheon Books, 1975, p.71.

③ 例如可参见野本京子、坂本惠、東京外国語大学国際日本研究センター編『日本をたどりなおす29の方法：国際日本研究入門』、東京：東京外国語大学出版会、2016 年。

④ 彼得·伯克：《历史学与社会理论》，上海人民出版社 2019 年版，第 5 页。

⑤ 克利福德·格尔茨：《文类的混淆：社会思维的重新揣摩》，载克利福德·格尔茨：《地方知识——阐释人类学论文集》，杨德睿译，商务印书馆 2018 年版，第 29—56 页。

其次，不少学者认识到有必要"把日本找回来"。对于"学科研究"的偏重使得某一领域日本研究学者的交流对象往往不再是日本研究界，而是所在学科的同行。和其他区域和国别一样，日本仅仅是这一学科研究比较分析的一个出发点或落脚点。例如在日本思想史的研究中，越来越多英语学界的学者不再仅仅从日本学者的原典中寻找灵感，而是从西方的思想史研究中汲取议题、样式和方法，比较研究日益受到重视。①不少学者担心，这有可能使作为研究对象的日本变得越来越模糊、中空和虚幻，脱离"日本研究"的本来含义。

第三，"批判理论"以及"后现代主义"等尽管在理论和概念上比主流的"学科研究"走得更远，但物极必反，又与传统的"区域研究"不乏共通之处。从表面上看，"批判理论"与主流理论分属两大阵营，拥有各自的志同道合者、话语体系和学术阵地。从"批判理论"对主流的进攻，以及后者对前者著作的书评回应中可以看出，两者之间沟壑林立、对峙鲜明。从本质上而言，这种对立也是"批判理论"安身立命之所在。但当"元史学"更受哲学和文学批评学者的赏识，当人类学纷纷强调"社会诗性"时，原有的学科界限也在无形中泛化。同样悖论的是，尽管后现代的日本研究作品在语言精确性和文化细节上频频遭到正统日本研究者的诟病，但就其研究路径的初衷而言，却十分强调语言和文化分析的重要性，而日文能力和原始文本恰恰是"区域研究"的重点之一。此外，"后现代主义""后殖民主义""后结构主义"在文艺理论和文学批评中尤为突出。这些理论视角下的日本研究也因此强调"话语"（discourse）、"修辞"（rhetoric）、"叙事"（narrative）、"情节设置"（emplotment）等概念，在这点上，似乎又与第一代的"前现代"日本研究有近似之处。因此，20世纪八九十年代之后不断呈现的语言转向、文化转向、后现代转向等，使日本研究某种程度上带有"复古"的意味，在另一

---

① M. William Steele, "Japanese Intellectual History in the 1990s: Modernity, National Identity, and the Contemporary," in Martin Collcutt, Katō Mikio, and Ronald P. Toby eds., *Japan and Its Worlds: Marius B. Jansen and the Internationalization of Japanese Studies*, Tokyo: I-House Press, 2007, p.60.

个理论空间中实现了对传统日本的趋近乃至回归。

综上所述，在美国的日本研究中，"区域研究"与"学科研究"呈现出主客易势和角色反转的阶段性转变。在早期，所谓的理论和方法是基本缺位的，或是隐含的，并非学术争论的焦点。从 60 年代中期开始，"地域研究"和"学科研究"之间的矛盾逐渐呈现。70 年代以后，理论与方法声势日隆，更多地从学科的视角将日本作为比较研究的一个国别对象，基于日本特性的专业知识和本土细节越来越服从于理论的"指导作用"和宏大叙事。到了 90 年代，随着"批判理论"、"后现代理论"等新兴理论的兴起，客观上使暌违已久的理论与方法、"区域研究"与"学科研究"呈现出新的融合。[1]

第三节　反思"区域研究"与"学科研究"之争：
兼与美国的中国研究比较

早在 20 世纪 60 年代，萧公权就将"区域研究"与"学科研究"喻为"双胞胎"：两者都源于求知的渴望，不过是后天成长环境不同，终究还是要殊途同归、兄弟相见。[2]事实上大多数学者也都认同，两者绝不是"科学"与"人文"之间的二元对立，只有与多侧面、大量的经验信息相结合，理论本身才有可能发展和修正，否则就会成为僵硬的、程式化的解释，失去价值。[3]

在一般意义上，"区域研究"与"学科研究"的互补和融合自然是至善之道，但两者之间张力的长期维持和反复也反映了各自的价值取向。上述在日本研究领域表现出来的"区域研究"与"学科研究"之间的争论，显然与

[1] Andrew Gordon, "Taking Japanese Studies Seriously," in Helen Hardacre ed., *The Postwar Developments of Japanese Studies in the United States*, Leiden and Boston: Brill, 1998, p.389.

[2] Kung-Chuan Hsiao, "Chinese Studies and the Disciplines—the Twins Shall Meet," *The Journal of Asian Studies*, Vol.24, No.1, November 1964, pp.112—114.

[3] Jennifer Robertson, "Introduction: Putting and Keeping Japan in Anthropology," in Jennifer Robertson ed., *A Companion to the Anthropology of Japan*, Malden, MA: Blackwell Pub., 2005, pp.3—16.

美国社会科学的整体风格演变息息相关。①

首先，在"美国例外论"的影响下，对实用主义的重视、对工具实证主义等科学方法的强调、对历史差异性和复杂性的相对轻视、注重个体化的理解是美国的社会科学自其建立之初就逐渐定型的特征。②日本研究的变化亦受这一特征的影响，例如 60 年代强调客观化、科学化的"新史学"的兴起、③五六十年代出现和盛行的科学行为主义、六七十年代勃兴的理性选择理论等也都在日本研究上留下了痕迹。此外，还与美国学术市场的特性有关，重视学科定位的学者相比重视区域国别定位的学者在职位晋升、机构所属、组织交流等方面更为有利。④因此，尽管大部分日本研究学者事实上兼具两种身份，但在实践中更加突出其学科身份，而非"日本研究者"的身份。

其次，美国学术界内部并不反感甚至相当程度上崇尚学术批判和理论创新。无论是同辈学人之间的争鸣，还是代际之间的修正乃至颠覆，都使理论推演的力度大大提升，也显著地提高了理论更新换代的可能和频率。例如，在中国研究中，费正清的"冲突—回应"模式尽管在战后初期居于显赫的学术地位，但也催生了后续一代代学人对这一理论的挑战和批驳。日本研究与中国研究一样，自然也受到这一学术生态的影响。从研究机构而言，除了综合实力超群的常春藤大学之外，密歇根大学、华盛顿大学、夏威夷大学等也成为日本研究的重镇，并且通过学术传承维系了自身的学科专长和特色领域。但从研究个体而言，美国学者中虽然不乏门生师承和克绍箕裘，但后辈学者往往不愿承袭前人、陈陈相因，不忌于挑战主流观点和学界耆宿，甚至以此作为在学术界开疆拓土的重要手段。这使得美国的日本研究学界始终处

---

① 关于美国区域研究的整体演变，可参见 David L. Szanton, "Introduction: The Origin, Nature, and Challenges of Area Studies in the United States," in David L. Szanton ed., *The Politics of Knowledge: Area Studies and the Disciplines*, Berkeley: University of California Press, 2004。

② 多萝西·罗斯：《美国社会科学的起源》，王楠、刘阳、吴莹译，生活·读书·新知三联书店 2019 年版。

③ "New Ways in History," *Times Literary Supplement*, April 7, 1966, pp.275—310.

④ 山野井敦德「米国の日本研究を取り巻く環境について：組織·市場·キャリア形成を中心にして」、『日本研究：国際日本文化研究センター紀要』、第 10 巻、国際日本文化研究センター、1994 年、391—401 頁。

在一种动态的发展过程之中。在《日本研究杂志》《亚洲研究杂志》（*Journal of Asian Studies*）等日本研究重要期刊上，每期都有大量书评，部分批评指谬相当严厉，这使日本研究始终保持着旺盛的学术活力，也使相关理论和概念不断推陈出新，并经过学术争论去芜存菁。值得注意的是，与中国研究等其他国别研究相比，美国的日本研究受麦肯锡主义、越南战争、"文化大革命"等本国和对象国事件的影响较小，其自身的发展处在一个相对平稳、顺畅和连贯的环境之中，非学术因素对学术争论的干扰并不突出。

美国的日本研究与中国研究自其诞生之初就紧密地交织在一起。在前述第一代和第二代的美国日本研究学者中，不少人亦曾长期在中国游历或生活。"区域研究"和"学科研究"成型之后，日本研究与中国研究在语言训练、研究议题、机构设置等诸多方面仍颇有重叠之处。罗伯特·斯卡拉皮诺（Robert A. Scalapino）、查莫斯·约翰逊（Chalmers A. Johnson）、马里乌斯·詹森（Marius Jansen）、傅高义（Ezra F. Vogel）、阿尔伯特·克雷格（Albert M. Craig）、亚历克斯·克尔（Alex Kerr）等相当一部分学者事实上兼具日本问题专家和中国问题专家的双重身份，或从更宽泛的东亚或亚洲视角研究日本或中国。[1]不少学者之间还有直接或间接的师承关系，例如阿尔伯特·克雷格曾师从杨联陞学习中文，而赖肖尔也与杨联陞多有专业的交流。周一良曾协助叶理绥教授在哈佛大学开办美国陆军特别训练班（ASTP）的日文课程，也曾参加海军军官的日文培训班。[2]

从学术史的角度而言，美国的日本研究与中国研究的演进过程尽管不是全然同步的，但有着明显的关联和类同。日本研究中"区域研究"与"学科研究"之争在中国研究中也有程度不一的体现，至少表现出以下两个方面的相似性。

首先，在中国研究和日本研究中，"区域研究"与"学科研究"动态发展的变化趋势和时间节点存有大致吻合的痕迹。这并不难理解，因为两者都

---

[1]　这种中日兼具或对比的视角在不少欧陆学者身上也有突出的表现，罗兰·巴特（Roland Barthes）、弗朗索瓦·于连（François Jullien）等人皆如此。

[2]　周一良：《毕竟是书生》，天津人民出版社 2016 年版，第 40—41 页。

是在美国社会科学整体演变的背景下展开的。1958 年，汉学家爱德华·谢弗（Edward H. Schafer）向《美国东方学会会刊》（*Journal of the American Oriental Society*）和《亚洲研究杂志》投书了同一封公开信，信中呼吁，研究一个区域并不是严格的方法，是时候抛弃"汉学"和"汉学家"这两个用词了。①1964 年 8 月，《亚洲研究杂志》出版了关于中国研究及其学科问题的专辑。施坚雅（G. William Skinner）在其文中开篇便引用"汉学已逝；中国研究万岁"（Sinology is dead; long live Chinese studies）一语。②在这一特集中，不少学者反复争论两个问题："社会科学能为中国研究做什么"，以及"中国研究又能为社会科学做什么"。对这两个问题的思考贯穿于之后近半个世纪的美国中国研究。从上文的梳理可以看出，如果把这里的"中国"替换为"日本"，也完全成立。

其次，在各个阶段的变化中，不同阵营之间的争论焦点和批评攻错也具有较高的相似性。例如，本杰明·艾尔曼（Benjamin A. Elman）强调中国研究中的语言能力和对原始文本的阅读能力，认为"只有懂得语言，才能进行诠释"，"语言是一种先决条件"。他批评道，太多的历史学家"不懂语言，不懂史料"，"只是作外部诠释"，而汉学家则"关注内部理解，两者不相往来"。③与日本研究一样，部分中国研究者也被认为在句读识字上能力欠缺、错漏频频，由此被质疑进行对话的资格，其理论创新和突破的可信度也大打折扣。④前有傅斯年批评拉铁摩尔、且频频被萧公权和杨联陞等人引用的"误把天际浮云当作地平线上的丛林"，后有周锡瑞（Joseph W. Esherick）批评何

---

① Edward H. Schafer, "Communications," *The Journal of Asian Studies*, Vol. 17, No. 3, May 1958, pp.509—514; Edward H. Schafer, "Open Letter to the Editors, Journal of the American Oriental Society, Journal of Asian Studies," *Journal of the American Oriental Society*, Vol.78, No.2, April-June 1958, pp.119—120.

② G. William Skinner, "What the Study of China Can Do for Social Science," *The Journal of Asian Studies*, Vol.23, No.4, August 1964, pp.517—522.

③ 卢汉超：《儒学与科学：和艾尔曼一席谈》，《海外中国学评论》第 5 辑，上海辞书出版社 2015 年版，第 208、210 页。

④ 杨念群：《中层理论：东西方思想会通下的中国史研究（增订本）》，北京师范大学出版社 2016 年版，第 242—243 页。

亚伟（James Hevia）《怀柔远人》的"望文生义，方为妥善"。①杨联陞在给自己长女的家信中还提到，"西洋人译古汉语出的错处，可以出一本《笑林广记》。"②这些在上述梳理的日本研究中都有几乎镜像的反映。

尽管如此，与中国研究相比，美国的日本研究仍表现出显著的特殊性，原因有三。

第一，对对象国的认知变迁在很大程度上影响了学术路径、理论建构和研究议题，在这方面中日可谓大相径庭。在美国的中国研究中，中国的形象和战略地位在相当长时间内是基本稳定的；在各个历史阶段，特别是中华人民共和国成立之后，中国的身份较为单一，较少由于多元身份而导致的复杂性和模糊性。与之相对，日本的形象则远为斑斓迷蒙。马里乌斯·詹森指出，美国对日本的看法"最不规律"，在不同时期有着迥然不同的各种印象。③爱德华·塞登施蒂克等学者也认为，从20世纪初开始，美国人对日本的认知一直是相当不连贯的、碎片化的、反复多变的，普通民众对日本的兴趣和关切亦是如此。整体而言，相比日本人眼中的美国形象，美国人眼中的日本形象要混沌得多。④战争期间，日本是一个令美国人颇为费解的特殊对手，由此造成战时和战后初期美国的"敌国研究"方兴未艾，但随即日本又由一个俯首称臣的"敌国"变身为美国极力借重的"盟国"。即便是在战后，在美国人的日本印象中，诡异感（paradoxicality）和异己性（alienness）仍始终挥之不去。日本也往往被视为一个"反复无常的""难以预料的"国家。⑤这种万花筒式的印象也部分表现在日本学者对本国的认知中，并间接助

① 周锡瑞：《后现代式研究：望文生义，方为妥善》，《二十一世纪》第 44 期，1997 年 12 月，第 105—117 页。
② 杨联陞著、蒋力编：《莲生书简》，商务印书馆 2017 年版，第 130—131 页。
③ 马里乌斯·詹森：《日本的世界观》，柳立言译，上海三联书店 2020 年版，英文初版序，第 iv 页。
④ Edward Seidensticker, "How They Have Looked to Us," *Daedalus*, Vol. 119, No. 3, Summer 1990, pp. 279—298; Yoshio Sugimoto, *An Introduction to Japanese Society*, Melbourne: Cambridge University Press, 2014, pp. 1—37.
⑤ Nathan Glazer, "From Ruth Benedict to Herman Kahn: The Postwar Japanese Image in the American Mind," in Akira Iriye ed., *Mutual Images: Essays in American-Japanese Relations*, Cambridge, Mass. & London: Harvard University Press, 1975, pp. 138—138.

推了美日关系爱恨交加、毁誉参半的动态变化。①

这其中，与美欧等严格意义上的西方国家"同中有异"是日本国家身份的一个重要特点，进而对美国日本研究的议程设置产生了重要影响。例如，日本是第一个取得高度工业化和现代化成就的非欧美国家，也是亚洲首个发达经济体，因此，日本在现代化研究中非常自然地成为一个突出的案例。又如，二战之后在政治体制、意识形态、民主制度上，日本与欧美各国日益趋同，但同时又保留了大量自身的特点，且具有比较鲜明的东亚国家的特征，由此成为比较政治经济学的重要研究对象。这一"同中有异"的悖论又因20世纪60年代之后不断高涨的日美贸易摩擦、日本国力的与日俱增而进一步显现。因此，破解"日本之谜"、揭示日本"独特性"始终是日本研究中一个长盛不衰的议题。②对自民党长期政权的研究、对日本社会冲突的学理分析、对日式企业经营特点的探究等都是这方面的例子。这也是"学科研究"在分析日本这一区域国别对象时始终具有内在动力的一个重要原因，大量的研究命题和理论概念也随之产生。

第二，与对象国学术界的接触和互动是美国国内学术演进的重要因素，受制于国际格局和国家身份，中日在这一条件上殊为不同。在冷战的大部分时期，中国与西方世界的学术交流是隔绝的，中国学者在中美关系解冻和改革开放之前基本置身于国际学术圈之外，并未参与美国对中国研究的学术讨论，在此之后的不少阶段也受到程度不一的限制。可以说，在相当长时期内，美国学术界的中国研究是一种"单行道"，其学术争鸣的展开和学术脉络的递进受到中国学术界的影响较小。

与之相对，关于日本研究的学术争论尽管主要也是在美国学术界内部展开的，但不乏与日本学者和其他国家日本研究者的互动。一方面，无论是田

---

① Yoshio Sugimoto and Ross E. Mouer, "Reappraising Images of Japanese Society," *Social Analysis：The International Journal of Anthropology*, No.5/6, December 1980, pp.5—19.

② 例如可参见 Peter N. Dale, *The Myth of Japanese Uniqueness*, London：Croom Helm, 1986；Karel van Wolferen, *The Enigma of Japanese Power：People and Politics in a Stateless Nation*, New York：Knopf, 1989；Steven R. Reed, *Making Common Sense of Japan*, Pittsburgh：University of Pittsburgh Press, 1993.

野调查、集中访谈等"在地"调研方法，还是基于当地基础数据开展的量化研究和实证研究，一直为美国的日本研究学界所重视，也留下了不少经典作品。①在实践中，美国学者赴日访问调研、开展合作研究十分便利，与日本学界有着广泛的接触。相当一部分美国学者在实地调研和学术探讨中得到过日本学者的帮助，他们的研究离不开日本学者的贡献和影响，甚至可以被视为双方共同合作的产物。②例如，作为一个社会学家，傅高义在日本长期生活调研，留下了《日本新中产阶级》等经典作品，但其对改革开放前中国的研究则只能从外围或边缘间接着手。另一方面，大量在美国的日籍或日裔学者，以及丸山真男、中根千枝、祖父江孝男等置身日本国内的学者也在西方学界产生了重大影响。因此，尽管日本学界与西方学界之间的相互影响和权力结构并不对称，但毕竟存在着频繁的作用与反作用，这一动力机制使美国的日本研究变迁中来自日本学界的影响也成为一个不可忽视的因素。

第三，"区域研究"与"学科研究"的学术争辩所产生的外溢效应在中日两国也表现各异。对于美国学界的研究成果，特别是概念建构和理论阐述，日本学界与中国学界的接纳程度存在一定的落差。改革开放初期，中国学界对于美国的中国研究整体上采取了一种引介吸收、学习借鉴的姿态，近年来对其优劣良窳则不乏争辩，补偏救弊之说所在多有。日本学界尽管对于美国学界的研究成果同样高度关注、密切追踪，但自其伊始，抗拒心态和

---

① 例如可参见 Ezra F. Vogel, *Japan's New Middle Class: the Salary Man and His Family in a Tokyo Suburb*, Berkeley: University of California Press, 1963; Gerald L. Curtis, *Election Campaigning, Japanese Style*, New York: Columbia University Press, 1971; Theodore C. Bestor, *Neighborhood Tokyo*, Stanford, Calif.: Stanford University Press, 1989; Dorinne K. Kondo, *Crafting Selves: Power, Gender, and Discourses of Identity in a Japanese Workplace*, Chicago: University of Chicago Press, 1990; Theodore C. Bestor, *Tsukiji: the Fish Market at the Center of the World*, Berkeley: University of California Press, 2004.

② 桑山敬己「英語圏日本研究におけるイエ・モデルの形成—日本の学者の見えざる貢献—」、ヨーゼフ・クライナー編『近代〈日本意識〉の成立—民俗学・民族学の貢献—』、東京：東京堂出版、2012年、261—278頁。例如人类学领域的合作研究可参见 Hirochika Nakamaki, "Joint Research Projects as a Tradition in Japanese Anthropology: A Focus on the 'Civilization Studies' of the Taniguchi Symposia," in Joy Hendry and Heung Wah Wong eds., *Dismantling the East-West Dichotomy: Essays in Honour of Jan van Bremen*, London and New York: Routledge, 2006, pp.56—63。

"平行意识"便颇为突出，隐含着一条不让西人独擅胜场的伏流。

　　日本学界并非完全忽视美国日本研究的学理价值。在与美国学者的交流中，如何开展跨学科的研究、如何强化和改进比较研究等方法论意识、如何批判性地借鉴西方的日本研究成果、如何提高日本自身研究的国际化水平等议题日益成为日本学者关注和思考的问题。①丸山真男等不少日本学者承认，"在学问艺术领域，日本人缺乏想象力、没有自由想象的翅膀"，"只专注于对细枝末节的样式和形式的锤炼"，"这一点恰恰与日本的学问属于训诂式的序文相映成趣"。②为此，来自美国的日本研究创见特别是"学科研究"的路径和方法对日本不无触动。对于中根千枝、土居健郎等国际知名的日本学者个人而言，其成果与作者的海外经历、比较视野和对西方理论的纠错意识也息息相关。③又如，旅美学者酒井直树的文化研究路径根植于对日本思想史的分析，但在方法论上为传统的日本学界带来了颇为新鲜的话语和视角，甚而不乏挑战意味，也带动了小森阳一等同好的彼此切磋和激励。④在历史研究中，受到《拥抱战败》等著作的触动，"从日本研究者的立场来看，清楚地知道日本的近现代史研究不深入向国外学者学习便无法进步。"⑤又如在政治学领域，通过对现代政治学的引进和接纳，日本学者自身的研究也实现了方法上的自觉，极大地改变了传统的政治评论式的、印象主义的研究方式。⑥在国际关系理论中，日本同样试图在理论进口与理论独创之间寻求某种平衡。⑦特别是 20 世纪 80 年代之后，日本研究日益呈现"国际化""全球化"

---

① 祖父江孝男「『米国における日本研究』シンポジウムに参加して（I）」、『民俗學研究』、第 34 巻第 1 号、1969 年、88—91 頁；中根千枝「『米国における日本研究』シンポジウムに参加して（II）」、『民俗學研究』、第 34 巻第 1 号、1969 年、92—93 頁。

② 丸山真男：《丸山真男讲义录》第 6 册，唐永亮译，四川教育出版社 2017 年版，第 203—204 页。

③ 关于土居健郎的可参见 Amy Borovoy, "Doi Takeo and the Rehabilitation of Particularism in Postwar Japan," *The Journal of Japanese Studies*, Vol.38, No.2, Summer 2012, pp.263—295。

④ 赵京华：《日本后现代与知识左翼》，生活·读书·新知三联书店 2007 年版，第 200 页。

⑤ 永原庆二：《20 世纪日本历史学》，王新生等译，北京大学出版社 2014 年版，第 227 页。

⑥ 田口富久治『戦後日本政治学史』、東京：東京大学出版会、2001 年、423—424 頁。

⑦ 大矢根聡編『日本の国際関係論：理論の輸入と独創の間』、東京：勁草書房、2016 年。

或"超越国界"的特点。① "外部的"或曰"国际的"日本研究对于日本学者自身的日本研究打破惯常的思维方式、形成不同风格的文脉，具有积极的意义。②

尽管如此，日本学界对于美国同行的理论建构经常表现出敬而远之的态度，不无批判意识乃至抵触情绪。不少日本学者也强调"区域研究"中的方法，甚至将"区域研究"本身视为一种方法。③但这里所谓的"方法"，仍具有传统日式人文科学的色彩，意在强调主客观的结合，与欧美社会科学中的"方法"实则并非同一所指。因此，前述美国学界内部"区域研究"与"学科研究"之间的分野反映到日美学界的差异上，往往变异成另一种形式，即所谓的"本国研究"和"他国研究"（又谓"国际研究"），前者表现为传统的"区域研究"，后者则更多地定位于"学科研究"。④在进一步细分的各个研究领域，这种矛盾和争论更为突出。⑤

第四节　结　语

与 20 世纪八九十年代相比，在美国，对日本研究的关注度或许有所减弱，在资金投入、机构设置、人员队伍等方面，也日益受到中国研究等其他

① Patricia G. Steinhoff, "Japanese Studies In, Of, From, and Through the United States," in Martin Collcutt, Katō Mikio, and Ronald P. Toby eds., *Japan and Its Worlds*: *Marius B. Jansen and the Internationalization of Japanese Studies*, Tokyo: I-House Press, 2007, p.30.

② 辻本雅史「『国際日本学』研究にむけて：日本の外から日本研究を考える」、『日本思想史研究会会報』、第 32 巻、2016 年 3 月、1—4 頁。

③ 押川文子「方法としての地域研究」、『地域研究論集』、Vol.7、No.1、2004 年 6 月、5—12 頁。日本学者从国际关系研究的角度对于"区域研究"的方法论思考可参见山影進「地域にとって地域研究者とは何か—地域設定の方法論をめぐる覚書—」、『年報政治学』、第 37 巻、1986 年、1—25 頁。

④ 例如可参见園田英弘「自国研究としての日本研究・外国研究としての日本研究—二つの日本研究の協調的競争の可能性—」、『国際シンポジウム（報告書）』第 1 集、国際日本文化研究センター、1989 年、253—272 頁。

⑤ Helen Hardacre, "Japanese Studies in The United States: Present Situation and Future Prospects," *Asia Journal*, Vol.1, No.1, June 1994, p.30.

区域国别研究的竞争，但两者并非截然对立、非此即彼。①一方面，日本研究自有魅力与底蕴，这是其安身立命和世代赓续的基础，不易受到其他国别研究的影响。另一方面，"区域研究"与"学科研究"的日益融合，事实上也使各自的发展获得了持续的生命力，不断有新的理论视角和概念范式去剖析"新问题"、回答"老问题"，法无定法、新见迭出。因此，回到本章一开始提出的问题：美国的日本研究与中国研究所呈现的是一种并行不悖、彼此攻错的关系。

与此同时，其他国家和地区的日本研究也为美国的日本研究提供了诸多借鉴。例如，近年来欧洲的日本研究非但没有降温，反而大有方兴未艾之势。与政治和经济视角相比，欧洲学者对于历史、社会、文化等日本研究领域更为偏重，整体研究和传统研究的色彩也更为强烈。以欧洲日本研究协会（EAJS）为主要载体，其学术共同体的规模日益壮大，也吸收了越来越多日本学者和美国学者参与。此外，以杉本良夫、罗斯·摩尔（Ross Mouer）等学者为代表，在澳大利亚等英语国家，对日本文化和日本社会的研究也取得了长足的发展。他们甚至呼吁抛却传统的以西方为中心的"中心主义方法论"（centalist methodology），代之以"全球主义方法论"（cosmopolitan methodology）。②这些都使美国在国际日本研究中维持某种主导地位的同时，不得不抱有一种更为开放包容的心态。

前述美国日本研究中的"区域研究"与"学科研究"阶段性地呈现一时风貌变异之势。这一动态演进并不是线性的，也非"进化论式"，而是呈现一种交错发展、螺旋迂回的状态。在美国学者对当代中国的研究中也不乏类似的发展：在短短的近二十年时间经历了三代的变迁。在研究的深度和细度、材料的广度、理论化的程度、与比较政治研究的关联度、跨学科研究的

---

① 对于海外日本研究的"停滞"和"衰退"等，不少日本学者和世界各国从事日本研究的学者不无警惕和忧虑。参见「海外での日本研究の停滞」、『わたしの構想』、第 48 号、2020 年 6 月。

② Yoshio Sugimoto, "Turning toward a Cosmopolitan Japanese Studies," in Kaori Okano and Yoshio Sugimoto eds., *Rethinking Japanese Studies: Eurocentrism and the Asia-Pacific Region*, London: Routledge, 2018, p.181.

泛度等方面，新一代的研究都比前一代有所突破。在如何将欧美学界的社会科学和区域研究理论与中国的实践真正对接、如何实现双向的互动、如何避免前者套用到后者等方面，也经历了一个不断深化和反思的过程。①

展望未来，美国的日本研究能否以及如何旧域维新？这既取决于"学科研究"中的范式突破与学风丕变，也要看作为"区域研究"对象的日本呈现何种前所未有的样貌。回顾历史，在中国、美国、日本的"学术三角"中，任意一国对另一国的研究都具有悠久的历史和多彩的学术变迁，美国的日本研究无疑为其他五组研究提供了有益的参照和借鉴，反之亦是如此。改革开放之后，中国的"日本研究"作为"国际问题研究"的一个重要国别分支，具有较强的传统"区域研究"的色彩。进入 21 世纪，相当数量的国际问题研究机构从国别和区域导向转为议题和领域导向，部分设在高校内的机构则更强调"学科属性"和"专业定位"。近年来，在原有少数"人文社会科学重点研究基地"的基础上，一大批"国别区域研究备案中心"和"培育中心"应运而生。这些机构的名称变更、建制改革、取向调整，事实上也反映了中国的日本研究在"区域研究"与"学科研究"之间的权衡和调适。事实上，无论是美国的日本研究还是中国的日本研究，都不是对"区域"与"学科"的"单选题"。但咸做此言，又不免略有空疏浮泛之嫌。在日本研究日益国际化和多元化的今天，对其方法和方法论的思考或可在双边与全球、定性定量与复合交叉、多学科与跨学科等多个视角下层层推进，同时也需要结合具体的研究议题和实例做更深的案例解析。

---

① Harry Harding, "The Study of Chinese Politics: Toward a Third Generation of Scholarship," *World Politics*, Vol.36, No.2, January 1984, pp.284—307.

第四章

以数论政：若干日本政治研究数据库简介

量化政治研究是日本研究中一个颇为特殊的领域，整体上展示出强调理论、重视方法的特征。日本学界与国际学界在其中高度同步、密切接轨，研究成果也不遑多让。本章将介绍部分与日本政治相关的数据库建设，尤其是近十年左右以来的最新成果，以期提供些许线索。

第一节　相对早期的调查与数据库建设

舆论调查是战后日本政治社会生活中一个重要而普遍的事项。战败后不到一个月，每日新闻社就于1945年9月进行了战后日本第一次舆论调查，主题为"关于决定知事的方法"。紧接着，1949年6月《朝日新闻》开展了"政党支持调查"。1949年，日本正式设立了隶属于总理府的"国立舆论调查所"。①在相对狭义的政治研究方面，战后日本堪称选举的"万花筒"，不仅各类选举周期频繁、次数众多，而且选举制度也经历了一系列重大调整，尤其是以1994年的改革为代表。②客观上，这为研究日本选举政治提供了不可多得的现实条件和无比丰富的生动素材。③

---

① 西平重喜『世論をさがし求めて：陶片追放から選挙予測まで』、京都：ミネルヴァ書房、2009年、1—2、87—88頁。
② 关于战前等早期民调的分析和整理，可参见日本世論調査協会編『日本世論調査史資料』、東京：日本世論調査協会、1986年；谷口将紀『政党支持の理論』、東京：岩波書店、2012年。
③ 部分研究综述可参见小林良彰「わが国における選挙研究の系譜と課題」、『選挙研究』、第14卷、1999年、5—18頁；小林良彰「わが国における選挙研究の系譜と課題・II—1999年～2003年」、『日本政治研究』、第1卷第1号、2007年、171—180頁。

在基础数据上，日本的数据覆盖率、可得性、透明度虽一度遭受指摘，但整体的数据水平不断提高。20 世纪 60 年代，日本学术会议就讨论了建立数据库的必要性，但并未付诸实施。1991 年，日本著名的政治学期刊《利维坦》（レヴァイアサン）曾设立"利维坦数据库"，定期以有偿的方式公开相关数据。《日本政治研究》也设有"资料与数据之道"（資料・データの工夫）栏目。但相当长一段时间内，日本政治研究面临的一个问题是"有数据而无数据库"，大量数据以纸质的形式存在，且散落在各个地方和部门，无法得到便捷的统一使用。①长期从事舆论调查研究的猪口孝等学者曾痛感日本研究环境的贫弱，认为与欧美相比，日本在社会科学的基础设施建设上亟待正本清源、以一持万。②

经过多年的努力，这方面的缺陷得到一定程度的改善。社会各界的诸多主体参与了国政选举和地方选举的数据资料编撰，这些数据资料大多具有连续性，不少还有历史回溯。在学术界之外，涉及的主体包括但不限于：内阁广报室、总务省等政府行政部门；参众两院等立法部门；宪政资料编撰会、日本国政调查会、推进公平选举协会（明るい選挙推進協会）③ 等特定的机构。此外，《朝日新闻》、《读卖新闻》、日本广播协会（NHK）等媒体在民意调查和即时报道的基础上④，也对相关数据进行汇总归档和整理分析，并发挥自身的优势，在数据的可视化等方面做出了积极的贡献。例如，NHK 在其主页中专门设有事关"选举"的网页，不但对参众两院等所谓"国政选

---

① 小林良彰「五五年体制下の有権者―政治家関係に関する計量分析」、『年報政治学』、第 47 巻、1996 年、250 頁；小林良彰「政治関連アグリゲートデータベースシステムの開発と利用」、『法学研究』、第 65 巻第 1 号、1992 年、225―257 頁。
② 猪口孝「社会科学の研究インフラ構築―紙と鉛筆論と枝豆論―」、『学術の動向』、第 9 巻第 1 号、2004 年、64―66 頁。
③ 值得一提的是作为推进公平选举协会的会刊，《公明选举时报》（《我们的广场》）在创刊 800 期之后，于 2011 年 6 月改名为 Voters，其上不乏短小精悍的选举数据和学理分析。情报誌「Voters」・「私たちの広場」、明るい選挙推進協会、http://www.akaruisenkyo.or.jp/061mag/。
④ 从方法论的角度对舆论调查的分析可参见前田幸男「世論調査と政治過程―調査方法の変化との関係を中心に―」、『年報政治学』、第 64 巻第 1 号、2013 年、215―235 頁。松本正生对此亦有长期研究。

举"有详尽的报道和分析，对于地方知事选举和市长选举等也给予特别关注。①部分营利性机构还对舆论调查等不同来源的公开数据进行了汇总和对比，PMLab 株式会社运营的"日本现实政治"（Real Politics Japan）网站即为一例。②

如下所列，一些在日本全国范围内开展的大型选民调查由来已久，也较为人熟知。得益于此，经过数个世代的持续努力，日本的政治学界形成一大批学术成果，高质量的研究论文和专著不断涌现。

● "密歇根调查"

1967 年第 31 届众议院选举前后由密歇根大学日本研究所开展的固定样本调查。③

● "JABISS 调查"

1976 年第 34 届众议院选举前后，由五位日美学者领衔开展的关于日本人政治意识和行动的调查。JABISS 为五位学者的姓名首字母缩写，其中 J 指日本（Japan）和绵贯让治（Joji Watanuki），A 指美国（America），B 指布拉德利·理查德森（Bradley Richardson），I 指三宅一郎（Ichiro Miyake），两个 S 分别指斯科特·弗拉纳根（Scott Flanagan）和公平慎策（Shinsaku Kohei）。④

● "JES 调查"

关于日本人选举行动的调查（Japanese Electoral Study，JES）从 1983 年开

① 参见 NHK，https://www.nhk.or.jp/senkyo/。

② 参见 https://www.realpolitics.jp/。

③ 可参见村山皓司、三宅一郎『投票行動と政治社会化（ミシガン調査）：1967 年衆議院総選挙のパネル調査コードブック』、筑波大学多目的データ・バンク、1991 年。

④ JABISS：The Japanese Election Study，1976（ICPSR 4682），https://www.icpsr.umich.edu/web/ICPSR/studies/4682.基于这一调查的相关研究众多，例如可参见 Scott C. Flanagan, Shinsaku Kohei, Ichiro Miyake, Bradley M. Richardson, and Joji Watanuki, *The Japanese Voter*, New Haven：Yale University Press, 1991。对于该书的长篇评述可见田中愛治「米国における日本の投票行動研究の現状『The Japanese Voter』の意義」、『選挙研究』、第 7 卷、1992 年、149—167 頁。作为该书的前期补充，可参见 Scott C. Flanagan and Bradley M. Richardson, *Japanese Electoral Behavior：Social Cleavages，Social Networks，and Partisanship*, Beverly Hills, Calif.：Sage, 1977。

始第一期，1993—1996 年为第二期（JES II），2001—2005 年为第三期（JES III），2007—2011 年为第四期（JES IV），2012—2016 年为第五期（JES V），2017—2019 年为第六期（JES VI）。2021 年开始第七期调查（JES VII）。①

一些国际大型民调往往包含日本的数据，如"东亚晴雨表调查"（East Asian Barometer Survey）、"亚洲晴雨表调查"（Asian Barometer Survey）、"世界价值观调查"（World Values Survey）、"国际社会调查项目"（ISSP）和"选举制度比较研究"（CSES）等。一些日本学者还开展了中小规模的跨国民调，如 1980 年对日本、瑞典、美国三国的精英平等观调查。②日本版综合社会调查（JGSS）等社会调查的数据中也含有大量与政治相关的内容。③除此之外，不少研究机构、项目团队乃至学者个人也长期致力于日本政治数据的采集、整理和分析，涉及政治参与、政治态度、政治进程等多个领域，且多有交叉。大学等研究机构与媒体共同开展的联合调查为数众多，成效也颇为明显。试举数例。

● 庆应义塾大学关于选举的政治意识调查

1974 年之后，庆应义塾大学组织过多次关于国政选举和统一地方选举的政治意识调查。

● 对官僚、议员和利益集团领袖的访谈调查

京都大学教授村松岐夫等学者组织的大型访谈调查。调查分别针对官僚（1976—1977 年、1985—1986 年、2001 年）、议员（1978—1979 年、1987 年、2002 年）和利益集团的领袖（1980 年、1994 年、2003—2004 年），各计 3 次，

---

① 前六期的相关资料不可计数，关于最新的第七期调查，可参见庆应义塾大学教授小林良彰等学者组织的"投票行动研究会"的网页。投票行动研究会、https://jesproject.wixsite.com/jesproject。

② 三宅一郎、綿貫譲治、嶋澄、蒲島郁夫『平等をめぐるエリートと対抗エリート』、東京：創文社、1985 年；Sidney Verba, Steven Kelman, Gary R. Orren, Ichiro Miyake, Joji Watanuki, Ikuo Kabashima and G. Donald Ferree, Jr., *Elites and the Idea of Equality: A Comparison of Japan, Sweden, and the United States*, Cambridge, MA: Harvard University Press, 1987.

③ 关于日本版综合社会调查的系列研究参见『日本版総合的社会調査共同研究拠点　研究論文集』、大阪商業大学、https://jgss.daishodai.ac.jp/research/res_top.html。

共计 9 次，意在从实证的角度透视战后日本政治过程的实态和变化。①

● 市区町村的参议院选举数据（MKK 数据）

水崎节文、蒲岛郁夫、甲斐康诚等学者对第 32 届众议院选举到第 39 届总选举的 7 次选举结果做了统计分析，结合各个年度的国势调查和其他经济社会数据，提供了市区町村级别的参议院选举数据。MKK 为三位学者姓氏的首字母。②

● 众议院总选举候选人选区统计（1890—1990）

川人贞史、川人典子对众议院选举候选人的得票和个人信息所作的统计，涉及时间从 1890 年第一届总选举到 1990 年第 39 届总选举，延续整整 100 年。③

● 关于 1996 年众议院选举的舆论调查（Japanese Elections and Democracy Study 96，JEDS 96）

这一调查由布拉德利·理查德森、苏珊·法尔（Susan Pharr）、丹尼斯·帕特森（Dennis Patterson）等美国学者与内田满、田中爱治、池田谦一等日本学者组成的"选举与民主研究会"（JEDS）实施，具有比较突出的日美合作的色彩。2000 年，以日本学者为主，又进行了后续的调查，聚焦日本人的民主主义观和社会资本。④

● "关于 21 世纪日本人的社会与政治意识"的调查

由早稻田大学经济学研究科全球 COE 于 2003—2007 年实施。⑤

---

① 相关研究可参见村松岐夫、久米郁男编著『日本政治変動の30 年：政治家・官僚・団体調査に見る構造変容』、東京：東洋経済新報社、2006 年。
② 蒲島郁夫、甲斐康誠『全国市町村選挙・社会経済情報：MKKデータ・コードブック』、筑波：筑波大学多目的データ・バンク、1995 年。
③ 川人貞史、川人典子「衆議院総選挙候補者選挙区統計 1890—1990」、『北大法学論集』、第 40 巻、第 5・6 合併号上巻、1990 年、663—690 頁；川人貞史『日本の政党政治 1890—1937 年：議会分析と選挙の数量分析』、東京：東京大学出版会、1992 年。
④ 「衆議院選挙に関する世論調査（1996 年総選挙前後調査），1996」、「日本人の民主主義観と社会資本に関する世論調査，2000」。
⑤ 「開かれた社会に関する意識調査（JSS-GLOPE2003-04）」、「21 世紀日本人の社会・政治意識に関する調査（GLOPE2005-07）」、「日本人の社会意識に関する世論調査（Waseda-CASI&PAPI2007）」。

● "关于日本人的社会期待与大选的舆论调查"

接续前者，由早稻田大学与《读卖新闻》于 2009—2010 年联合实施。①

在量化研究中，日本的政治学者具备了比较充分的分析工具和学术训练，且代不乏人。②无论是京极纯一、绵贯让治、三宅一郎、猪口孝、蒲岛郁夫、川人贞史、小林良彰、池田谦一、平野浩等前辈和资深的学者，还是建林正彦、增山干高、福元健太郎、曾我谦悟、今井亮佑、山田真裕、境家史郎等为数更多的中生代和新生代学者，都十分注重并善于选举数据的量化分析。以被誉为"日本投票行动分析第一人"的三宅一郎为例，其学术生涯可以说与日本政治量化研究的发展历程紧密地联系在一起。翻开其长达数页的"简历"，俨然就是战后日本政治社会调查的项目清单和成果目录。③辻中丰、伊藤修一郎、森裕城、山本英弘等学者在对日本市民社会、利益集团的研究方面也做出了不懈的努力，组织了数次全国范围的大型调查，使自治会、町内会、非营利组织（NPO）等在日本政治生活中起到重要作用的主体得到比较充分和深入的分析。④不少学者还提出了具有个人标签的学理分析概念，如松原望和蒲岛郁夫提出的"MK 指数"、水崎节和森裕城在此基础上分别改良

① 早稲田大学・読売新聞共同実施「日本人の社会的期待に関する意識調査」（Waseda-PAPI2009）、早稲田大学・読売新聞共同実施「日本人の社会的期待と総選挙に関する世論調査」（Waseda-CASI&PAPI2009）、早稲田大学・読売新聞共同実施「日本人の社会的期待と選挙に関する世論調査」（Waseda-CASI2010）。相关研究可参见田中愛治、河野勝、日野愛郎、飯田健『2009 年、なぜ政権交代だったのか—読売・早稲田の共同調査で読みとく日本政治の転換』、東京：勁草書房、2009 年。
② 关于选举和政党研究中数据处理的方法论阐述，可参见品田裕「選挙と政党に関するデータの作成について」、『レヴァイアサン』、第 40 号、2007 年、152—159 頁。
③ 「三宅一郎　略歴」、『情報研究：関西大学総合情報学部紀要』、第 15 巻、2001 年 9 月、33—38 頁。
④ 相关数据可参见历次调查的编码集和报告书。相关研究可参见辻中豊、山本英弘編『現代日本の比較都市ガバナンス・市民社会』、東京：木鐸社、2021 年；辻中豊、坂本治也、山本英弘編著『現代日本のNPO 政治—市民社会の新局面』、東京：木鐸社、2012 年；辻中豊、伊藤修一郎編著『ローカル・ガバナンス—地方政府と市民社会』、東京：木鐸社、2010 年；辻中豊、森裕城編著『現代社会集団の政治機能—利益団体と市民社会』、東京：木鐸社、2010 年；辻中豊、ロバート・ペッカネン、山本英弘『現代日本の自治会・町内会—第 1 回全国調査にみる自治力・ネットワークガバナンス』、東京：木鐸社、2010 年；村松岐夫、伊藤光利、辻中豊『戦後日本の圧力団体』、東京：東洋経済新報社、1986 年。

的"TK 指数"和"ZTK 指数"等。进而言之,日本学者不仅对本国的选举政治研究精深,针对其他国家的选举政治及一般化理论,在国际学界也陆续发表了为数不少的高质量作品。[①]此外,1944 年成立的统计数理研究所等机构以及林知己夫、水野坦、西平重喜等数理统计学家、佐藤卓己等社会学家也在舆论调查分析等领域颇有著述。

第二节　近年来的调查与数据库建设

近一个时期以来,一个值得关注的现象是,不少学者在前述公共数据库或大型数据项目的基础上,纷纷着手建立起原创的数据库,或对基础数据进行二次开发,并由此不断产出优秀的学术成果。对于不少高质量的论文而言,往往一篇论文背后就对应着一个乃至数个数据库的建设和完善。

在英语学界,以下列案例为代表,不少数据库相继面世。

● "日本地方选举数据库"(The Japanese Local Elections Dataset, JLED)

由堀内勇作和名取良太等学者发布。这一数据库包括两部分,第一部分是 1986—2004 年日本县议会选举的市级数据,主要由堀内勇作等五位学者收集。另一部分则是 2003—2017 年县议会选举的市级数据,包括各候选人的基本情况,主要由名取良太负责。[②]

● 日本市长选举候选人数据库(Japanese Municipal Elections Dataset, JMED)

由哈佛大学美日关系项目的博士后研究人员查尔斯·麦克林(Charles T. McClean)建立,这一数据库涉及 2004—2017 年间在 1741 个城市举行的 5 770 次市长选举,候选人数据超过一万人。[③]

---

① 例如 Sadafumi Kawato, "Nationalization and Partisan Realignment in Congressional Elections," *The American Political Science Review*, Vol.81, No.4, December 1987, pp.1235 – 1250。

② Yusaku Horiuchiand Ryota Natori, The Japanese Local Elections Dataset (JLED), Version: 28 February 2019, https://dataverse. harvard. edu/dataset. xhtml? persistentId = doi: 10. 7910/ DVN/TLC5R4.

③ Charles T. McClean, "Does It Matter That Politicians Are Older Than Their Constituents? Yes," Working paper, *The Program on U. S. -Japan Relations*, Harvard University, 2019; Charles T. McClean and Yoshikuni Ono, "How Do Voters Evaluate the Age of Politicians?" RI-ETI Discussion Paper Series 20-E-069, August 2020.

● "选区层次的选举文档"（Constituency-Level Elections Archive, CLEA）由密歇根大学建立，包括 1947—2014 年间 25 次众议院选举的数据。[1]

● 日文竞选纲领数据库

由纽约大学助理教授艾米·凯特琳奈克（Amy Catalinac）建立，包括 1986—2009 年间八次众议院选举中 2 356 个候选人的 7 497 份日文竞选纲领（manifesto）。作者对其进行文本分析，考察候选人的竞选诉求是否从传统的"政治分肥"向外交安保等具体的"政策主张"转变。[2]

● "民主国家世袭数据集"（The Dynasties in Democracies Dataset）

这是丹尼尔·史密斯（Daniel M. Smith）在撰写《世袭与民主》一书中充分利用的两个数据库之一。其面板数据包括 12 个工业化民主国家议员的家庭关系。这 12 个国家及其数据起止年份分别是澳大利亚（1901—2013）、加拿大（1867—2015）、芬兰（1907—2011）、（联邦）德国（1949—2013）、爱尔兰（1918—2016）、以色列（1949—2015）、意大利（1946—2013）、日本（1947—2014）、新西兰（1853—2014）、挪威（1945—2013）、瑞士（1848—2011）和美国（1788—2016）。其中，日本与爱尔兰、以色列、冰岛以及美国等国的比较都让人耳目一新。

● "日本众议院选举数据集"（The Japanese House of Representatives Elections Dataset, JHRED）

这是《世袭与民主》利用的另一个核心数据库，其面板数据包括 1947—2014 年间参加大选或中期选举的所有众议员候选人，共涉及 25 次大选（其中的 7 次发生在 1994 年选举制度改革之后）、10 060 个候选人以及27 545 人次的参选记录。每一个候选人的记录包括选举结果、个人和职业背景、世袭

① 该项目原有链接（http://www.electiondataarchive.org/index.html）似乎已失效，基本信息可参见 Constituency-Level Elections Archive (CLEA), Produced and distributed by Ann Arbor, MI: Center for Political Studies, University of Michigan, https://cps.isr.umich.edu/project/constituency-level-elections-archive-clea/。

② Amy Catalinac, *Electoral Reform and National Security in Japan: From Pork to Foreign Policy*, New York: Cambridge University Press, 2016.

家族联系、内阁任职情况等多个数据项。①这一数据库的建立和利用，实现了从个体到整体、从单一样本到大样本的转变。既有对日本"世袭政治"的研究中并不缺乏个案分析，但往往是列举式的。②受益于这一数据库，《世袭与民主》对其所界定的日本"世袭议员"则做到了穷尽式的研究，通过统计回归等方式，呈现了日本"世袭政治家"的全貌。这一数据库由史密斯和史蒂文·里德（Steven R. Reed）共同建构，里德做了大量前期工作。作为一个自称的"选举迷"（junkie），里德不仅在日本政治领域出版了极具影响力的作品，而且在选举政治的数据库建设等方面做了大量泽被学界的基础性工作。③2012 年、2014 年、2017 年三次大选后，里德与罗伯特·帕克南（Robert Pekkanen）、伊桑·沙伊纳（Ethan Scheiner）等其他学者组成的团队都进行了颇为细致的数据分析，出版了题为《日本的抉择》（*Japan Decides*）的系列成果。④史密斯也参与后期的编辑和研究。对于 2021 年举行的大选，这一研究团队也计划推出该系列的第四部作品。

在日本国内，类似的例子也不少。早在 20 余年前，蒲岛郁夫研究室就试图超越传统日本政治研究中的"政党本位"，强调政治分析中"还原到政治家个人"的重要性，对 1990—1998 年各届国会的 814 名参议员和 487 名众议员的个人信息做了全面梳理，并根据各个研究主题进行了细致的解读。⑤田中

---

① The Reed-Smith Japanese House of Representatives Elections Dataset, https://dataverse.harvard.edu/dataset.xhtml?persistentId = doi:10.7910/DVN/QFEPXD.

② 市川太一曾于 1989 年对世袭议员进行题为"日本的政治家族"的问卷调查，但向 141 位众议员发放的问卷只回收 41 份。市川太一『「世襲」代議士の研究』、東京：日本経済新聞出版、1990 年、263 頁。

③ 例如 Steven R. Reed, *Japan Election Data：the House of Representatives*，*1947—1990*，Ann Arbor：Center for Japanese Studies, the University of Michigan, 1992.

④ Robert Pekkanen, Steven R. Reed, and Ethan Scheiner eds., *Japan Decides 2012：The Japanese General Election*，London：Palgrave Macmillan, 2013；Robert Pekkanen, Steven R. Reed, and Ethan Scheiner eds., *Japan Decides 2014：The Japanese General Election*，London：Palgrave Macmillan, 2016；Robert Pekkanen, Steven R. Reed, Ethan Scheiner and Daniel M. Smith eds., *Japan Decides 2017：The Japanese General Election*，London：Palgrave Macmillan, 2018.

⑤ 東大法、蒲島郁夫ゼミ編『現代日本の政治家像』（第 I 巻、第 II 巻）、東京：木鐸社、2000 年。

善一郎对于战后众议院选举的通史性分析和数据解读、水崎节文与森裕城整理的"日本选举数据"（JED-M）及其研究成果等都是这方面的例子。①随着计算机和网络技术的进一步发展，涤故更新的研究接踵而至，同样试举数例如下。

● 对国会议员或候选人的"政治家调查"

东京大学蒲岛郁夫研究室、谷口将纪研究室从 2003 年开始与朝日新闻社合作，开展联合调查。这一调查分为两个部分，既有以国会议员或候选人为对象的"政治家调查"，也有以普通选民为对象的选民调查。②其中最新的是 2019 年对参议院议员及其候选人的调查，调查对象为 491 人，共收到351 位候选人和 77 位非改选议员的有效回答。

● 议员调查

由京都大学与《读卖新闻》在 2016 年联合实施。③

● 市区町村级别的参议院选举数据

由福元健太郎领衔的研究团队梳理和分析，得益于"战后日本的政治变动与参议院选举：基于市区町村数据的实证研究"项目，包括第 1—16 届参议院常规选举中由都道府县发布的市区町村级别的数据。对日本选举研究从中央层面下探至地方层面做了有益的基础研究。④

● "参议院议员常规选举数据库"

由福元健太郎等学者开发，作为上述"战后日本的政治变动与参议院选举：基于市区町村数据的实证研究"和"参议院选举市区町村得票数据建构与分析项目"等两个研究项目的阶段性成果，包括 1968—2013 年 17 次参议

---

① 田中善一郎『日本の総選挙：1946—2003』、東京：東京大学出版会、2005 年；水崎節文、森裕城『総選挙の得票分析：1958—2005』、東京：木鐸社、2007 年。

② 「東京大学谷口研究室・朝日新聞社共同調査」、http://www.masaki.j.u-tokyo.ac.jp/utas/utasp.html。最新的研究成果之一可参见谷口将纪『現代日本の代表制民主政治：有権者と政治家』、東京：東京大学出版会、2020 年。

③ 「京都大学・読売新聞共同議員調査（2016 年 10～12 月）」。相关研究成果可参见建林正彦「比較議員研究への一試論：京都大学・読売新聞共同議員調査の分析を通じて」、『レヴァイアサン』、第 63 号、2018 年。另可参见滨本真辅近年来的研究。

④ 「戦後日本の政治変動と参議院選挙：市区町村別データに基づく実証的研究」、https://kaken.nii.ac.jp/ja/grant/KAKENHI-PROJECT-21330031/。

员常规选举的数据。①

● "地方议会数据库"

由名取良太与其他学者共同开发，仍在不断完善。②

● "国会议员白皮书"在线数据库

由师从蒲岛郁夫的菅原琢建立，包括 1947—2020 年参众两院议员的竞选记录、会议发言、问题陈述（質問主意書）等数据及其统计，极为详尽和便利。③

● 国会审议影像检索系统

由政策研究大学院大学的"比较议会信息项目"（CLIP）开发，主要基于参众两院国会审议的实时影像。增山干高、竹田香织等学者在其基础上做了大量深入的研究。④

● 众议院选举小选区统计数据与地图数据

由西泽明加工整理并在线提供。其中小选区数据主要基于国势调查，而地理数据则为"多边形数据"（polygon data）。⑤

● 关于政党政策立场的专家调查数据

由东京大学加藤淳子研究室实施并分析整理，分别在 1996、2000、2003、2005、2009、2010、2012、2014、2017 年等进行，重点考察日本在各个政党在减税和公共服务、规制缓和、赤字国债等十余个重大政策问题上的政治倾向和立场偏好。⑥

---

① 「参議院議員通常選挙データベース（参院選 DB）」、http://db.cps.kutc.kansai-u.ac.jp/。相关介绍可参见名取良太、福元健太郎、岸本一男、辻陽、堤英敬、堀内勇作「参議院議員通常選挙データベースの開発と利用」、『選挙研究』、第 30 巻第 2 号、2014 年、105—115 頁。

② 相关介绍可参见名取良太、岡本哲和、石橋章市朗、坂本治也、山田凱「地方議会データベースの開発と利用」、『情報研究』、第 44 巻、2016 年 8 月、31—42 頁。最新的进展和成果可参见「地方議会の議会活動に関する定量的研究：地方議会データベースの構築と活用」、https://kaken.nii.ac.jp/ja/grant/KAKENHI-PROJECT-19H01453/。

③ 「国会議員白書」、https://kokkai.sugawarataku.net/。

④ 「国会審議映像検索システム」、https://gclip1.grips.ac.jp/video/。相关研究可参见『レヴァイアサン』、第 56 号、2015 年。

⑤ 「衆議院議員選挙の小選挙区の統計データ及び地図データ（ポリゴンデータ）」、https://home.csis.u-tokyo.ac.jp/~nishizawa/senkyoku/。

⑥ 「政党の政策位置についての専門家調査 DATA」、東京大学加藤淳子研究室、http://www.katoj.j.u-tokyo.ac.jp/。

● 关于选举行为的若干小型统计

隶属于尾野嘉邦领衔的研究项目"关于个人政治行动的实证研究"。浅野正彦、查尔斯·麦克林等日美学者共同参与。在数篇工作论文中，这些学者对日本政治候选人的年龄、性别乃至"颜值"、竞选海报上的"微笑幅度"等因素对选民抉择的影响做了饶有趣味的分析。[①]

值得一提的是，近年来，在欧美大学执教的中青年日本学者日益崭露头角。其中，今井耕介（哈佛大学教授）、堀内勇作（达特茅斯学院教授）、山本铁平（麻省理工学院副教授）、前田耕（北得克萨斯大学副教授）等都是日本政治特别是选举政治量化研究领域的佼佼者，在《美国政治科学评论》（*American Political Science Review*）、《美国政治学杂志》（*American Journal of Political Science*）、《美国统计学会会刊》（*Journal of the American Statistical Association*）、《政治分析》（*Political Analysis*）、《政治学研究与方法》（*Political Science Research and Methods*）、《比较政治研究》（*Comparative Political Studies*）、《选举研究》（*Electoral Studies*）等欧美政治学期刊上发表了诸多与日本政治相关的量化研究作品。

第三节　数据的存储、开放与整合

正如在数字经济中"基于信任的数据自由流动"（DFFT）等概念和实践一样，在学术的数据世界中，近年来对数据开放性和可得性的要求也日益增强。这与进入21世纪之前日本虽不乏数据但难以普遍利用的状况形成了比较鲜明的对比。2001年，待鸟聪史在回顾日本学术界对国会的研究时还在感慨，除了佐藤诚三郎和松崎哲久等少数学者的研究[②]，20世纪90年代之前

① プロジェクト「人々の政治行動に関する実証研究—経済産業面での政策的課題に対するエビデンスベースの処方箋の提示を目指して」、2018年5月7日—2020年6月30日、https://www.rieti.go.jp/jp/projects/program_2020/pg-08/001.html。

② 佐藤誠三郎、松崎哲久『自民党政権』、東京：中央公論社、1986年。尽管名为《自民党政权》，但该书的核心内容实为自民党政党和自民党议员。这一长达416页的作品中，分析部分仅占172页，后续的资料题解和基础资料两部分分别占据120页和88页。

大部分数据处于不公开的状态。①2018 年，庆应义塾大学社会科学数据存储中心主任和第 22 届日本学术会议副会长小林良彰也还在积极呼吁，与欧美乃至亚洲的同行相比，日本的学术界需要在数据集成存储（data archive）迎头赶上，这不仅关系到日本学者自身的研究，而且牵涉到国际学术合作的成效。②如今，上文提到的相当一部分日本学者开发的数据库都可以在东京大学社会科学研究所附属的"社会调查与数据档案研究中心"获取数据和相关信息。③该中心成立于 1998 年 4 月，在其目前收录的 1 486 项调查数据中，政治、行政、选举类调查高达 218 项。

在日本以外，在美国哈佛大学定量社会科学研究中心和哈佛大学图书馆联合创立的社会科学数据库 Harvard Dataverse 中，如果输入"日本政治"（Japanese politics）进行模糊搜索，可发现超过 32 000 项结果。又如，位于密歇根大学的"政治与社会研究校际联合数据库"（ICPSR）成立于 1962 年，现有超过 25 万份数据文档。④同样输入"日本政治"（Japanese politics）进行模糊搜索，可发现 1 966 项结果。在德国的莱布尼茨社会科学研究所（Leibniz Institute for the Social Sciences）中输入"日本政治"（Japanese politics）也可得 768 项结果和 39 项研究数据。⑤此外，密歇根大学的"选举制度比较研究"（CSES）、位于瑞典的"国际民主和选举援助学会"（International IDEA）等机构也涉及部分日本选举的数据。除了可重复利用和验证之外，这些数据的开放和共享有助于打破传统上较为封闭的学术圈，构建更为多元的学术交流网络，实现人际、校级乃至国际和跨界的互动协同。

经过十余年的发展，当前日本政治研究相关数据面临的另一个阶段性课题在于数据的整合。这方面欧美不乏先行之举。例如，欧洲开始推进"艺术

① 待鳥聡史「国会研究の新展開」、『レヴァイアサン』、第 28 号、2001 年、136、140 頁。

② 小林良彰「社会科学データ・アーカイヴの開発」、『学術の動向』、第 23 巻第 7 号、2018 年、56—71 頁。

③ 東京大学社会科学研究所附属社会調査・データアーカイブ研究センター、https://csrda.iss.u-tokyo.ac.jp/。

④ Inter-university Consortium for Political and Social Research, https://www.icpsr.umich.edu/web/pages/.

⑤ Leibniz Institute for the Social Sciences, https://www.gesis.org/.

与人文数字研究基础设施项目"（DARIAH：Digital Research Infrastructure for the Arts and Humanities），并成立了"欧洲社会科学数据档案委员会"（CESSDA：Consortium of European Social Science Data Archives），以期整合现有 22 个成员国和一个观察员国的海量社会科学数据资源，其中不乏与日本政治相关的多语种数据。①2001 年诺贝尔化学奖得主、日本科学技术振兴机构研究开发战略中心主任野依良治呼吁，"我们不能安于支撑日本之魂的学术研究的特质性，从而被国际社会无视和疏远，乃至最终埋没在全球化潮流中。相反，我们应该促进现在趋于停滞的文理融合，提供能催生新轴心的新方法论。"②为此，从 2018 年 11 月开始，日本学术振兴会正式启动了"人文社会科学数据基础设施构筑推进事业"，希望人文社会科学领域的各类相关数据能够超越领域和国别的界限，建立起共享和灵活运用的综合性平台，以此促进国内外的共同研究。前述东京大学社会科学研究所附属的"社会调查与数据档案研究中心"及一桥大学经济研究所、庆应义塾大学经济学部附属经济研究所面板数据设计和解析中心、大阪商业大学 JGSS 研究中心等四家机构作为社会科学的据点机构，东京大学史料编撰所作为人文领域的据点机构成为其中的现有骨干。2021 年 11 月 17 日，其"人文社会科学综合数据分类"系统（JDCat：Japan Data Catalog for the Humanities and Social Sciences）已经开始正式运营。③

第四节　数据与数据库对日本政治研究的意义

"巧妇难为无米之炊"，基础数据是量化研究的重要基础。原创数据库的建立或对既有数据的二次开发，使相关学者对日本政治的研究在数据资料上立于先机、取得主动，并进而体现出"人无我有、人有我优"的优势。第十

---

① Consortium of European Social Science Data Archives, https://www.cessda.eu/.
② 野依良治：《大数据利用和活用的前景展望》，客观日本，https://www.keguanjp.com/kgjp_jiaoyu/kgjp_jy_gdjy/pt20210914000002.html。
③ 「人文学・社会科学データインフラストラクチャー構築推進事業」，https://www.jsps.go.jp/j-di/index.html。

七章将要阐述的丹尼尔·史密斯及其《世袭与民主》正是近来这一发展趋势的典型代表，而从本章简要介绍的几个案例来看，国际学界和日本学界在这方面的努力并非孤例，且彼此多有错位和协同。整体而言，至少在以下三个方面，这些原创数据库的建立及后续研究表现出突出的意义。

第一，由于数据库建设需要的智力、人力、财力投入较大，往往采取团队合作的方式。因此，在无形中为人才培养、学术传承起到了积极的"传帮带"作用。不少学者在初期实践尝试和长期经验积累的基础上，逐渐独当一面，在日后开始承担或开发类似的研究项目。蒲岛郁夫教授的研究团队及其师承关系就是一个颇具代表性的成功案例。蒲岛郁夫虽然自 2008 年之后就连续四届担任熊本县知事，但其"蒲式弟子"却活跃在日本诸多研究机构，薪火相传、弦歌不辍，将"蒲式风格"发扬光大。以类似协作和传承为基础，日本的政治学界形成了若干个颇具凝聚力的学术共同体，彼此砥砺和欣赏，从这些学者论著的参考文献和前言后记中即可一目了然。1998 年，蒲岛郁夫在木铎社出版的系列丛书"变动中的日本人的选举行动"的丛书序言中提到，其研究团队希望秉持选举研究中的"三把火炬"——正确的调查与统计分析、比较研究、对国际学术共同体的贡献，并把这"三把火炬"代代相传。[①]从结果来看，这一期待可谓得偿所愿。

第二，"以数论政"的铢积寸累使各类比较研究的可行性和精确度大大提高。一是纵向时间序列的承接和参照。前述"密歇根调查""JABISS 调查"以及七次"JES 调查"就是其中的代表性例子。这也有助于增强日本政治研究相关数据的连续性和完整性。二是横向的库间比较。由于相关数据库的建立和开放逐渐增多，彼此之间也形成了动态的互补。因此，不少研究不再仅仅利用单一数据库，而是将不同数据库融会贯通地使用，发挥其加乘效应。三是国际比较也由此成为题中应有之义。例如，前述基于"JABISS 调查"的《日本选民》（The Japanese Voter）一书就是对 1960 年出版的《美国选民》（The American Voter）[②] 和后续系列作品的某种参考借鉴。又如著名的美国

[①] 蒲岛郁夫『政権交代と有権者の態度変容』、東京：木鐸社、1998 年、iii 頁。

[②] Angus Campbell, Philip E. Converse, Warren E. Miller, and Donald E. Stokes, *The American Voter*, Chicago: University of Chicago Press, 1960.

政治学家加里·考克斯（Gary W. Cox）尽管并不是严格意义上的日本研究者，但其关于选举政治的研究在日本学界影响甚广，而且本人也利用相关数据撰写了大量关于日本选举政治的作品，并在此基础上开展了深入的多国比较研究。

第三，数据的丰富性促进量化研究方法的推陈出新，并与质性研究等其他方法互补，体现混合研究方法或曰多重研究方法的优势。前文对"颜值即正义?"的分析既是一例。越来越多的数据分析不再局限于传统的回归统计，而是辅之以文本分析、图像分析，并与模拟实验等方法有机结合，可谓相得益彰。在数据的形式方面，除了"数字"之外，照片、海报、网页、视频、文字记录、社交媒体（博客、脸书、推特）、日程安排等各种载体纷纷登场。①

或许是囿于译介难度和受众规模，日本和欧美学者对日本政治的量化研究著作较少被翻译成中文。近年来，这一现象略有改善。蒲岛郁夫的《战后日本政治的轨迹：自民党体制的形成与变迁》、齐藤淳的《政治分肥：自民

① 例如对选举公约的编码研究可参见品田裕「選挙公約政策データについて」、『日本政治研究』、第 3 卷第 2 号、2006 年、63—91 頁；品田裕「地元利益指向の選挙公約」、『選挙研究』、第 16 卷、2008 年、39—54 頁；谷口尚子、クリス・ウィンクラー「世界の中の日本の政党位置—政党の選挙公約に見る左右軸の国際比較研究」、『年報政治学』、第 71 卷第 1 号、2020 年、128—151 頁。对于推特的研究可参见上ノ原秀晃「2013 年参議院選挙におけるソーシャルメディア—候補者たちは何を『つぶやいた』のか」、『選挙研究』、第 30 卷第 2 号、2004 年、116—128 頁；小林良彰「代議制民主主義の機能に関する計量分析—日本を事例として一」、『日本比較政治学会年報』、第 14 卷、2012 年、139—168 頁；三輪洋文「Twitterデータによる日本の政治家・言論人・政党・メディアのイデオロギー位置の推定」、『選挙研究』、第 33 卷第 1 号、2017 年、41—56 頁。对于个人主页的研究可参见山本竜大「日本の国会議員ホームページ開設に関する要因分析」、『選挙研究』、第 18 卷、2003 年、214—228 頁；上ノ原秀晃「日本におけるインターネット政治——国会議員ウェブサイトを事例として」、サミュエル・ポプキン、蒲島郁夫、谷口将紀編『メディアが変える政治』、東京：東京大学出版会、2008 年、207—228 頁。冈本哲和在这一领域亦多有研究。对于首相日程动态的研究可参见待鳥聡史「官邸権力の変容：首相動静データの包括的分析を手がかりに」、『選挙研究』、第 31 卷第 2 号、2015 年、19—31 頁；藤村直史「政党の選挙戦略と党内の資源配分—内閣総理大臣による選挙期間中の候補者訪問—」、『年報政治学』、第 67 卷第 2 号、2016 年、99—119 頁。关于施政演说的分析可参见上神貴佳、堤英敬「民主党政権における政策形成とマニフェスト」、前田幸男、堤英敬編著『統治の条件：民主党に見る政権運営と党内統治』、東京：千倉書房、2015 年、113—146 頁。

党长期政权的政治经济学》等著作被相继引入中国。①甚至今井耕介的方法论教科书《量化社会科学导论》也在第一时间出现了中译本。②我们期待有更多优质的日本政治实证研究和量化作品得到译介，出现在读者的购物车里、学者的参考文献中，也期待中国学者能够充分重视和利用既有的日本政治研究数据库，见贤思齐、革故鼎新。

① 蒲岛郁夫：《战后日本政治的轨迹：自民党体制的形成与变迁》，郭定平、田雪梅、赵日迪译，上海人民出版社 2014 年版；齐藤淳：《政治分肥：自民党长期政权的政治经济学》，杨帆、张帆译，上海人民出版社 2017 年版。

② 今井耕介：《量化社会科学导论》，祖梓文、徐轶青译，上海财经大学出版社 2020 年版。

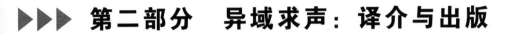 **第二部分　异域求声：译介与出版**

第五章

国际日本研究的中文译介：第三方镜鉴的意义

中国的日本研究历史源远流长，一般认为自《山海经》始，及至近代以来的发展过程中，积累宏富。国际日本研究的中文译介是中国日本研究的重要组成部分，从学术史的角度而言，其自身也是颇有价值的研究对象。迄今为止，中国学术界对于日本研究译著和译文的系统梳理为数有限，且大多为编目和汇总，作为资料汇编具有重要的参考价值，但缺乏对于其内容和特征的深入分析。译介的内容更多地被视为一种已经成型的既有结果，而不是值得被再度研究的分析对象。限于技术手段、信息安全、共享意识等原因，几乎所有的编目和目录都是纸质文本，尚未形成电子数据库，也没有通过网络等实现全面的公开和检索。另外，在译介的内容中，关注的焦点往往是由日文翻译成中文的译著和译文，对于由英文等第三方语言翻译的作品有待重视。

基于近年来中国出版的国际日本研究译著，本章试图探讨以下两个问题。第一，对中国自身的日本研究和对日认知而言，由非日文的多语种翻译成中文的著作，具有何种译介意义？第二，在日本研究这一区域和国别研究的代表性案例中，这些译介成果存在何种内在的共性缺陷，对日本研究的国际化、多元化发展提供了怎样的启示？

译介是"译"与"介"的结合。思想史的研究中，常言"对象"和"方法"的意义。国际日本研究的译介，在研究主体和研究方法上，同样提供了一定镜鉴。如果把国际日本研究译介视为一种知识的生产和消费，那么套用国际贸易的概念，本章意在从全球"知识生产链和价值链"的角度出发，以探究"加工贸易"和"转口贸易"的输入和输出过程中知识的"附加值"和"耗损值"。

第一节 译介的主体意义：通过三方比较看待日本

国际日本研究中文译介的首要作用显然是对日本这一"对象"提供更为多元的认知。在理论和方法的作用下，日本社会文化中的各种"能指符号"经由第三方的抽象、想象、对比，有可能产生一种放大、变形、异化的形象，提供一种新的对日认识。①毋庸讳言，这种"新的对日认知"未必全然是客观的，与既有的对日认知相比，也很难说必然存在高下优劣之分，但对于打破习以为常的传统认知，对日本形象形成一种"再发现"和"再认识"的附加功效无疑是可期的。对中国而言，尽管译介对象的甄别和引进具有高度的选择性，受到不少非学术因素的影响，但源于第三方的译介仍有助于日本研究议题的拓展，有望适当弱化传统的日本研究以及日文翻译所受到的学术视野和政策导向的限制。对研究者而言，了解国际学界的日本研究动态，引入欧美学者的日本研究成果，有助于更加全面、立体、多元地认识日本，深化和发展中国自身的日本研究。②对普通读者而言，这对消解涉日的惯常思维乃至定式偏见，也不无裨益。

在国际日本研究的译介中，至少涉及日本、西方③、中国三个主体，而两两之间又形成一种镜像关系。由此，至少存在着三种比较：日本与西方的比较、中国与日本的比较、西方与中国的比较，各自通过译介的作用串连起来。

一、日本与西方的比较

西方学者从自身的立场和视角出发，在思考和写作的过程中将日本与本国、日本与西方世界整体进行比较，这是颇为自然的，无需赘言。因此，大

---

① 罗兰·巴尔特：《符号帝国》，汤明洁译，中国人民大学出版社 2018 年版。

② 李玉「中国の日本研究—展望—」、法政大学国際日本学研究所編集『中国人の日本研究—相互理解のための思索と実践—』、東京：法政大学国際日本学研究センター、2009 年、30 頁。

③ 此处暂且用"西方"指代非中国、非日本的第三方，主要指涉欧美，尽管也有可能包括韩国等东亚各国以及世界其他国家和地区。

量译著都可归为广义的"日本文化论",即探究日本社会和日本人的特质,进而剖析日本与西方的差异,一些专著还彼此呼应或形成争论,如《附庸国:美国怀抱中的日本》与《拥抱战败:第二次世界大战后的日本》,同样以"拥抱"(Embrace)一词为题,立意却截然相反,对日本国家定位的价值判断也大相径庭。又如《虚幻的乐园:战后日本综合研究》,是时隔 20 年后对《日本第一:对美国的启示》的回应和质疑。

当然,这里的比较未必刻意强调日本的"与众不同"。过于突出日本的特性就不免削足适履,产生极端的"日本人论"。"日本人论"由于过度强调日本文化的一体性、历史的连续性、与西方的差异性,事实上也是一种"自身的东方主义"(auto-Orientalism)。而"自身的东方主义"或曰"反转的东方主义"的自然逻辑即"本土主义"(nativism),展现出对于西方知识和观点的决绝态度。[1]与主张"日本特殊性"乃至"日本异质论"的少数作者相比,相当一部分严肃的学者试图超越和脱离"日本特殊论"。[2]这意味着从中提炼和检验具有普通意义的"一般性理论",分析这些理论与日本实际的关联程度。[3]因此,从日本的案例中梳理和概括其与其他国家的"共性"和"共感",也是比较的重要组成部分。

这其中,除了传统的日美比较之外,日欧比较以及日本与其他西方国家的比较越来越得到重视,后者的"可比性"甚至更为突出。[4]因此,日本也成为 20 世纪 80、90 年代之后不断发展的比较政治经济学研究领域的一个重要国别对象。

---

[1] Syed Farid Alatas, "Indigenization: Features and Problems," in Jan van Bremen, Eyal Ben-Ari and Syed Farid Alatas eds., *Asian Anthropology*, London and New York: Routledge, 2005, pp.236—237.

[2] アンドルー・ゴードン「日本特殊論からの脱却」、日本国際教育協会東京国際交流館・神戸大学国際シンポジウム実行委員会編『世界のなかの日本学』、東京:ぺりかん社、2003 年。

[3] マーガレット・マッキーン「普通理論のなかの日本社会」、『世界の中の日本　文化研究という視点—日本研究の総合について—国際シンポジウム　III』、京都:国際日本文化研究センター、1991 年、145—167 頁。

[4] 古森義久『透視される日本—アメリカ新世代の日本研究—』、東京:文芸春秋、1999 年、205—206 頁。

二、中国与日本的比较

中国与日本的比较，既包括西方学者眼中的中日比较，也包括中国自身与日本的主动比较。关于前者，正如"海外中国研究丛书"的主编刘东在丛书"总序"中所指出的，无论是对中国的研究还是对日本的研究，西方的区域研究"会在同一个地区谱系中，或在同一个参考框架下，把中日当作两个密不可分的文明，来进行更为宏观的对比研究"。对于西方学者特别是美国学者而言，对从比较的视角和方法来分析中日两国，往往带有一种学术自觉。即便只是以日本为研究对象，在问题意识、分析框架、引征文献等方面也往往与中国有着诸多牵连，在日本研究的字里行间，中国的形象"如影随形"，反之亦然。不少学者事实上兼具日本问题专家和中国问题专家的双重身份，或从更宽泛的东亚或亚洲视角研究日本，因此他们在日本研究中对中国的观照往往成为不经意间的常态。20 世纪 90 年代中期，日本国际交流基金曾对美国的日本研究学者进行过一项问卷调查。结果显示，在 1 372 位受访者中，有 643 位回答其对日本的研究与其他国家和地区有关，回答中国大陆的比例最高，达到 50.2%（另有中国台湾，为 25.5%）。①

这里所指的中国自身与日本的主动比较，并非中国学者笔下的中日比较，而是经由译介对象的筛选、移译、出版、阅读所产生的比较，译介的过程尽管是间接的，但文本本身所产生的作用从一开始就是一种主动行为的结果。葛兆光曾言，"任何国家的学术，特别是文史之学，必然是与本国问题有关的领域才是主流"，即便是对域外的研究也必须与"本国"的问题相关。②因此，日本研究与其他研究类似，也容易呈现某种"实用性""功利性"的特征。在国际日本研究的译介中，这种"工具理性"突出地表现为期待通过研究他者反观自身，由单纯的"知日"发展为"以日为镜""以日为师"。中日的相互比较，既有助于克服文化研究中的"内视"倾向，也能够通过双

---

① The Japan Foundation, *Japanese Studies in the United States*：*The 1990's*, The Japan Foundation and Association for Asian Studies, 1996, p.73.

② 葛兆光：《思想史研究课堂讲录》（三编），生活·读书·新知三联书店 2019 年版，第 91—92 页。

向乃至多向的合作实现进一步的开放，建立起彼此学习的知识网络。①由于地理相近、文化相连，也由于漫长历史中的恩怨情仇，对中国而言，或许鲜有另一个国家比日本更具比较和借鉴意义，中国读者对日本这个国家也因此有着异乎寻常的阅读兴趣和求知渴望。有鉴于此，除了大量"海外汉学"著作的回译之外，"西方日本研究"可以说是所有的"西方国别研究"中最受到中国人关注的一个领域。在译介图书引进的初始过程中，出版机构和策划人等也多看重日本研究对中国的潜在启示，使那些具备显著比较意义的著作更有机会出现在中国读者面前。

值得注意的是，相当一部分的日本学者恰恰与西方学者相反，并不重视甚至刻意弱化中日之间的"比较"。这部分源于日本学界与欧美学界在研究方法和学术风格上的差异。"比较"本身是个方法，而欧美学界与日本学界对"理论"和"方法"的偏重程度显然有所不同。因此，欧美学者相对关注中日之间"可比较"的侧面，而日本学者则更为重视"难以比较"的侧面。另外，明治维新以降，日本作为西方文明的学习者和西方社会的一员，不乏"去中国化"的意识，中国作为比较对象的存在感不断下降，这也在一定程度上降低了中日比较的主动性，弱化了对中日比较的关注。与之相对应，在过去几十年的发展中，可以说中国的社会科学在理论上更偏向所谓的"西方"，且从经世致用的角度出发，又不由自主地希望别国的经验对本国有所助益。因此，与日本学者的研究相比，西方日本研究的"比较"意涵恰恰与中国自身研究的偏好有机地结合。这也是日本学者的日文著作与西方学者的日本研究的差异之一。

三、西方与中国的比较

民族志研究描绘的"真相"往往是"不完整的"，但这并不妨碍其提供某种"代表性"。②这也符合中文的"兼听则明"之意。无论是对中国而言，

---

① 王敏『日本と中国—相互誤解の構造—』、東京：中央公論新社、2008 年。

② James Clifford, "Introduction: Partial Truths," in James Clifford and George E. Marcus eds., *Writing Culture: The Poetics and Politics of Ethnography*, Berkeley: University of California Press, 1986, p.7.

还是对西方而言，"日本学"归根到底都是一种"异文化"研究，因此，两者在看待同一对象——日本时，也往往产生某种直接或间接的对话，进而不仅是在本国文化与日本文化之间，而且以日本文化为媒介在两国文化之间，建立起比照和联系。例如，对于"封建主义"在日本的界定和表现，对日本的近代化和现代化历程中的诸多问题，西方学者与中国学者的分析和结论多有不同。而了解和正视这一不同，恰恰是思考其产生原因的第一步，这势必需要获悉别国学者的研究进展及其不足，从单纯的"翻译"向"关系性的诠释学"（relational hermeneutics）[1] 转变。从"文化相对主义"出发，对于日本的"他文化"和"子文化"进行比照，也是从理论上促进日本研究的根本之途。[2]

如果把"民族志的三位一体"（ethnographic triad）套用到国际日本研究的译介上，"西方学者""日本""中国读者"就构成了这一知识关系中的"三位一体"，并由译者将其勾连起来。同样一本《菊与刀》，既是关于"被描述者"——日本的研究作品，成为民族志中"日本人论"的经典，又反映了"书写者"——美国学者眼中的日本形象，因而也可以视作一种特殊的"美国人论"或曰"逆民族志"。[3]作为既非美国人又非日本人的中国读者，因其在阅读过程中的体验、思考及所受的影响，又成为重要的"第三方"。

译介的根本目的之一在于构建更为全面的"自我认知"和"他者认知"。在"他者认知"中存在着"看即是被看""言他即言己"的"相互规定性"。也正因如此，"自我认知"和"他者认知"上，有必要加入"第三者"或"更多的他者"的视角，将原有的双向视角变为多向视角。[4]在宽泛意义上，

---

① 星野勉「『国際日本学』とは何か─『翻訳』から見えてくるもの─」、法政大学国際日本学研究センター編集『国際日本学─ことばとことばを越えるもの─』、東京：法政大学国際日本学研究センター、2007 年、207 頁。

② 星野勉「『日本研究』の研究（＝メタ・サイエンス）の理論的構築に向けて」、『国際日本学』第 3 号、2005 年 3 月、17─43 頁。

③ 「民族誌の逆さ読み─アメリカ人論としての『菊と刀』」、桑山敬己『ネイティヴの人類学と民俗学─知の世界システムと日本─』、東京：弘文堂、2008 年、187─231 頁。

④ 山室信一：《面向未来的回忆——他者认识和价值创建的视角》，载中国社会科学研究会编：《中国与日本的他者认识——中日学者的共同探讨》，社会科学文献出版社 2004 年版，第 17 页。

"海外日本研究"可以视为西方学者对于日本社会的各种解读，而借由其中文译介，创造了新的"多重语境"，使这些解读变得更为多元丰富。如果说地域研究的目的在于促进不同地域和国家间的相互理解，①那么，国际日本研究译介无疑使这种"相互理解"又增加了一个维度，也有助于提升既有"相互理解"的广度和深度。

第二节 译介的路径启示：日本研究的方法论借鉴

在近代以来中国社会科学的发展过程中，翻译起到的积极作用有目共睹。在改革开放初期中国人再一次"开眼看世界"的 20 世纪 80 年代，翻译也不仅仅是一项"技术性"和"学术性"的工作，而被视为一项"思想性"和"精神性"的事业。就"日本研究"而言，这一"精神作用"尽管在形式上有所变化，但其重要性非但没有下降，在平等对话的基础上反而有了新的、更大的意义。

一、方法论意义

别求新声于异邦，在相对技术层面的方法论意义上，国际日本研究突出地表现为理论的镜鉴与研究方法的互参。

日本著名的中国研究者安藤彦太郎在 1980 年访华期间就开诚布公地呼吁中国的日本研究要在理论上进一步加深。②尽管安藤彦太郎从政治体制和意识形态出发，认为区域研究的特点之一是对不同体制的地区进行研究，由此也认为中国的区域研究在传统上本就不发达，但这一忠告仍是颇具价值的，甚至具有一定的超前意识。至少在 20 世纪 90 年代初，不少中国的日本研究者就已经注意到了方法论的问题。1990 年第 1 期的《日本问题》（《日本学刊》的前身）发表了数篇对于中国日本研究的思考，畅谈"具有中国特色的日本学"，对于日本研究的方法论也不无探讨。其中，高增杰曾对日本文化

---

① 青木保『「文化力」の時代—21 世紀のアジアと日本—』、東京：岩波書店、2011 年、118 頁。

② 安藤彦太郎：《日本研究的方法论——为了加强学术交流和相互理解》，卞立强译，吉林人民出版社 1982 年版，第 31 页。

研究的方法论做过颇为细致的梳理，回顾了赖肖尔（60 年代）、傅高义（70 年代）等西方日本研究者对中国学界的触动，提出了若干方法论上的思考和商榷。①彭晋璋、苏德昌等学者也强调方法论特别是比较研究对促进中国日本研究的重要性。②这些是当时中国的日本研究中为数不多的方法论文献，时至今日仍颇具启发。随着中国日本研究的深入发展，中国国内对于日本研究在方法论上的思考乃至争论日益深入。③在学理探讨上，国际日本研究的译介提供了三个有益的对比，有助于中国的日本研究在方法论上的进步。

1. 日本研究与其他国别研究的对比

需要承认的是，我们很难把日本学者的日本研究与欧美学者的日本研究截然割裂。相当一部分欧美学者在实地调研和学术探讨中得到过日本学者的帮助，这种合作关系并不局限于人类学、社会学等学科的学术探讨和实地调研，在政治学、国际关系学等学科中也同样存在。反过来，日本国内社会科学的发展也与其和欧美的交流彼此交织，无论是在友好和顺畅的时期，还是在相对冷淡乃至对抗的时期，都受到后者的影响。④与海外日本研究学者的双向交流促使日本学者突破自身研究的局限性，扩大了视野。⑤

尽管如此，日本学者的日本研究与欧美学者的日本研究确实存在较为明显的差异，这一差异又间接地表现在中国学者的日本研究上。一方面，与中国的其他区域和国别研究相比，日本研究在范式、理论、方法等方面表现出显著不同。与欧美学者的研究相比，传统日本学者的研究较为重视"考据"

---

① 参见高增杰：《日本社会文化研究史上的一次变革——关于日本学研究方法论的一点思考》，《日本问题》，1990 年第 3 期，第 95—106 页；高增杰：《日本学与日本文化研究》，《日本问题》，1990 年第 1 期。

② 参见彭晋璋「日中両国の相互理解にむけて」、梅原猛編『対論「日本探究」—外国人の日本研究—』、東京：講談社、1987 年、191—211 頁；蘇德昌「日本研究—中国の立場から—」、梅原猛編著『日本とは何なのか—国際化のただなかで—』、東京：日本放送出版協会、1990 年、66—77 頁。

③ 刘岳兵：《"中国式"日本研究的实像与虚像：重建中国日本研究相关学术传统的初步考察》，中国社会科学出版社 2015 年版，第 98—107、197—212 页。

④ 石田雄『社会科学再考—敗戦から半世紀の同時代史—』、東京：東京大学出版会、1995 年。

⑤ 梅原猛「日本とは何なのか—日本研究の国際化と日本文化の本質—」、梅原猛編著『日本とは何なのか—国際化のただなかで—』、東京：日本放送出版協会、1990 年、6—22 頁。

和"辞章"，从现代社会科学的角度而言，或许还具有"重事实、轻数据"的倾向。①当然，这并不意味着日本学者完全排斥理论。例如，在经济学上，马克思主义曾经一度盛行乃至占据主流；在国际关系研究中，现实主义的理论浸润已久；在社会学和人类学中，国民性研究中的诸多概念提炼和阐释在国际上也产生了重大影响。此外，在选举制度、投票行为、政党体制、国民意识等国内政治研究上，一部分日本学者充分运用西方学界盛行的博弈论、计量分析技术以及跨学科的综合研究等方法，赢得国际学界的广泛关注。在一定意义上，擅长定量研究方法或从事政治统计研究的学者是日本政治学界"国际化程度"和"国际认可度"最高的一批学者。"量化优势"在经济学等其他学科中也有所体现。同样，战后日本政治学的发展，特别是丸山真男、川岛武宜等具有较强国际影响力的研究，离不开传统的政治学研究与经济史、政治思想史、社会心理学、法社会学等其他学科和研究路径的借鉴和交融。②

尽管如此，整体上日本学者对理论和方法等的重视程度仍有别于欧美学者。即便是在国际关系研究等受欧美学界较大影响的学科和领域，日本学者也仍大多遵循历史分析、区域研究等传统方法，对于理论借用和理论创新的兴趣都相对寥寥。③相对而言，日本学者更为强调文献功底、事实叙述和自我思辨，偏好经验研究和历史逻辑的规范性方法。④这在包括"国际关系"在内的各个人文社会学科中均有所体现。⑤例如，根据 1988 年日本国际政治学会对其会员的一项问卷调查，认为日本学者的研究在"区域研究"和"历史研

① Mary C. Brinton, "Fact-Rich, Date-Poor: Japan as Sociologists' Heaven and Hell," in Theodore C. Bestor, Patricia G. Steinhoff, and Victoria Lyon Bestor eds., *Doing Fieldwork in Japan*, Honolulu: University of Hawai'i Press, 2003, pp.195—213.
② 大嶽秀夫『新装版 戦後政治と政治学』、東京：東京大学出版会、2013 年。
③ Kazuo Ishikawa and Ryo Oshiba, "International Studies in Japan," *Hitotsubashi Journal of Law and Politics*, Vol.19, February 1991, pp.1—19.
④ 曾分别在北京大学和京都大学求学的著名考古学家罗泰（Lothar von Falkenhausen）结合自身的经历和观察提供了一个有趣的解释，他认为，日本学者对方法论的相对轻视是因为在他们看来"方法论是可以随时改变的，重要的是对具体材料的研究"。参见孟繁之编：《罗泰访谈录》，三晋出版社 2019 年版，第 143 页。
⑤ 于铁军：《日本特色的地区研究及其对中国的启示》，《国际政治研究》，2018 年第 5 期，第 35—49 页；初晓波：《日本地区研究的论争与发展》，《国际政治研究》，2018 年第 5 期，第 50—64 页。

究"上优于别国的分别为 39.9% 和 37.2%，而选择"理论研究"的仅为 6.4%。①中国的日本研究学界也或多或少受到了研究对象国及该国学者的影响和熏陶，其研究表现出某种"日式风格"。因此，长期以来，关于方法论的讨论在中国的日本研究中并非重点。

另一方面，由于特殊的历史牵绊、国民感情以及近年来中日关系的起伏不定，中国的日本研究，特别是对当代日本的研究，具有较强的现实导向和政策意图，研究的"理论化"和"模式化"相对不足。②

两方面因素相加产生的结果是，在中国的日本研究中，对于该研究领域所依附的理论母体的国际前沿和最新进展，中国学者的了解和追踪相对较少。③例如，在狭义的国际关系研究领域，中国学者对理论和方法的思辨和争鸣比西方学界大致晚了 30 年，而在国际关系研究内部，日本研究在这方面又大大滞后于美国研究、欧洲研究等其他地区和国别研究。因此，通过译介，西方学者在强调理论和方法的前提下获得的日本研究成果，无疑对中国的日本研究具有特殊的启发意义。

国际日本研究自身在这方面也经历过曲折的摸索。即便在欧美的日本研究界，地域研究也一度被视为"匠人精神"指导下类似于制砖的"手工艺劳动"，而理论化实践则是宏大叙事背景下的"建筑学"。这一比喻体现的是一种止步于表面分工的人为"两分法"，事实上忽视了两者的有机结合和彼此促进。理论与方法在多大程度上具有价值，又如何看待基于日本特性的专业知识和本土细节，两者孰轻孰重，对其判断也曾出现某种程度的变化，甚至反转。在国际日本研究的学术界，20 世纪六七十年代尚强调理论与方法对后者的指导作用，而到了 90 年代，则更为突出理论与方法如何更好地与后者结合。④国际学界已

---

① 石川一雄、大芝亮「一九八〇年代の日本における国際関係研究」、『国際政治』、第 100 号、1992 年、270—285 頁。

② 国立研究開発法人科学技術振興機構中国総合研究交流センター『中国の日本研究』、2016 年 3 月、239 頁。

③ 郭定平：《中国的日本政治研究回顾与展望》，载李薇主编：《当代中国日本研究（1981—2011）》，中国社会科学出版社 2012 年版，第 30 页。

④ Andrew Gordon, "Taking Japanese Studies Seriously," in Helen Hardacre ed., *The Postwar Developments of Japanese Studies in the United States*, Leiden and Boston: Brill, 1998, pp.387—405.

经经历的这种争论乃至反复，有助于中国学界以之为参考，更加理性地看待日本研究中理论和方法的"透镜"作用。

2. 西方学术界内部不同日本研究的特点对比

在欧美学界，日本研究是区域研究的一部分，因此在学科发展上也难以脱离其整体性的特征，对于理论和方法的重视是其表现之一。相比欧洲大陆和英国，这一点在美国表现得更为突出。以日本政治的研究为例，大体可以分为"理论验证"（theory-testing）和"理论生成"（theory-generating）两大目的或路径。而在"理论验证"中又可细分为三类：第一类是"理论印证"（theory confirmation），现代化理论即是其中的代表；第二类是"理论修正"（theory modification），事关选举制度、政党政治、劳工运动等诸多理论；第三类是"理论否定"（theory rejection），主要在围绕特定理论焦点的不同学者和观点之间展开，往往关系到日本在多大程度上具有其特殊性乃至唯一性，如规制缓和等领域的研究。"理论生成"的案例则相对较少，除了"发展型国家"之外，"一党优位""画地为牢的多元主义"（patterned pluralism）等概念亦是其中代表。①以大岳秀夫、村松岐夫、猪口孝等学者为代表，一部分日本学者中的前行者也看到了欧美学者的长处，期待从日本政治的国别研究和比较研究中抽象出更为一般的理论和概念。②从结果来看，该领域的概念创造和理论生成大多是美国学者或在美国学习工作的日本学者在英文学界著述立论的产物。在 20 世纪 80、90 年代，上述学者从比较政治经济学的学科视角对日本的研究为数众多。这些研究围绕日本政治经济的特殊性及其原因、官僚的作用、产业政策、利益输送与寻租等若干议题，形成了相当激烈的学术争论，不但催生了诸多新的概念，也促进了日本研究在方法和理论上的进化与革新。又如在人类学和社会学的研究中，围绕人格特征、国民特性、雇佣关系、家庭结构、政治组织、宗教信仰等议题，欧美学者

---

① T. J. ペンペル「比較の視座から見る日本政治—日本のどこが本当にユニークなのか—」、日本比較政治学会編『日本政治を比較する』、東京：早稲田大学出版部、2005 年、44—63 頁。

② 大嶽秀夫「『レヴァイアサン』世代による比較政治学」、『日本比較政治学会年報』、第 7 巻、2005 年、17—18 頁。

进行了大量学理性的探讨，在提炼日本特殊性的同时，对其做了进一步的理论抽象和比较。①

青木保曾将基础的地域研究分为三种模式，均以美国的对日研究为例加以说明。第一类为"整体论"的取向，从文化相对主义的角度将日本作为一个"异文化"进行研究，代表作如《菊与刀》，因着眼整体，故在细节上难免有些偏差，但瑕不掩瑜。第二类是出于理论验证目的的案例研究，如贝拉（Robert N. Bellah）的《德川宗教：现代日本的文化渊源》，即受到韦伯、帕森斯理论的极大影响。第三类是对于"普通议题"的专业研究，如《拥抱战败》《昭和天皇》等，试图超越单纯的日本研究，描述具有更普遍意义的人类历史、社会和文化。②此外，还有模式强调区域研究中的外部视角，突出地表现在对当代日本文化的研究上。③其他学者的表述尽管略有不同，但也有类似的梳理。例如，园田英弘将日本研究分为"以整体认识为目标的日本学""专业导向型的日本研究"和"课题追求型的日本研究"等，④基本与青木保的三种分类相一致。

这三类模式或类型特别是后两类均十分重视学理意义上的抽象和提炼过程。这些理论化的研究对于日本国内的学界同侪也产生了极大的触动。《拥抱战败》等名著出版和译介后，在日本社会引起了巨大反响，激发了对于相关问题以及更宽泛意义上日美关系、意识形态与知识权力等一系列问题的持续探讨。⑤通过译介，这种研究路径和学理观念上的冲击也正在中国的日本研究学界逐渐显现。

---

① William W. Kelly, "Directions in the Anthropology of Contemporary Japan," *Annual Review of Anthropology*, Vol.20, 1991, pp.395—431.

② 青木保『「文化力」の時代—21世紀のアジアと日本—』、東京：岩波書店、2011年、118—124頁。

③ 青木保「異文化の視点—国際日本研究の可能性—」、徐興慶、太田登編『国際日本学研究の基層—台日相互理解の思索と実践に向けて—』、台北：台湾大学出版中心、2013年、19—34頁。

④ 園田英弘「世界の日本研究」、『日本研究—国際日本文化研究センター紀要—』、第10集、1994年8月、13—19頁。

⑤ 戸邉秀明「『あいまいさ』をいかに抱きしめるか—ジョン・ダワー著『敗北を抱きしめて』と〈戦後日米関係〉の影—」、『Quadrante』、第5号、2003年3月。

3. 本土与海外日本学者的对比

在日本研究的国际化进程中，除了在海外取得博士等学位回到日本的"归日"研究者之外，长期在海外工作、生活、研究的日本学者也值得关注。这其中既有入江昭、酒井直树、三好将夫、杉本良夫、桥本明子、大贯惠美子、玉野井麻利子、今井耕介、栗山茂久等出身日本的学者，也有山村耕造、别府春海、特莎·莫里斯-铃木（Tessa Morris-Suzuki）、迈克·望月（Mike Mochizuki）、伊丽莎白·鹤见（Elizabeth Patricia Tsurumi）、丹尼尔·冲本（Daniel I. Okimoto）、奈地田哲夫、岛津直子等日侨（日系）学者。在欧美学界，这些学者主要分布于两个领域，一为各个大学和研究机构的日本研究、东亚研究、（比较）文化和（比较）文学研究等领域，二是更为宽泛的历史学、人类学、社会学、政治学等基础学科领域。

这些学者游走在日本与欧美之间，对于日本有着别样的体验和观察。在客观看待日本文化并掌握相应语言技能的前提下，其作品呈现出"由内观察、由外书写"的特点。[1]他们的研究具有更为多元的视野，有可能打破较为封闭的日本学界的"体质"，[2]特别是在方法论上，相比日本本土的学者往往具有独到和新颖之处。例如，在批判理论领域，酒井直树、奈地田哲夫等不少研究旨趣相近的学者形成了所谓的"芝加哥学派"。因此，其研究相比单纯在日本出版的日文著作，能够为中国的日本研究学界提供别样的借鉴。葛兆光曾敏锐地提出，海内外对于中国历史和文化的研究者，大体可以分为"中国学者、海外华裔学者和欧美日本学者"三大类。尽管研究的对象都是中国，但因其"所处的位置""比较的背景""研究的方法"和"关怀的问题"不同，在研究取向和价值判断上都会存在微妙的差异，也由此影响到研究过程中"山中人"与"山外人"的不同身份和立场的取舍。[3] 这类的场景

---

① 栗田靖之「解説」、ハルミ・ベフ『日本　文化人類学的入門』、栗田靖之訳、東京：社会思想社、1977 年、310—317 頁。

② 原貴美恵編『「在外」日本人研究者がみた日本外交—現在·過去·未来—』、東京：藤原書店、2009 年。

③ 《葛兆光：对于现实保持批评立场，是每一个人文学者都应秉持的》，《中国新闻周刊》第958 期，2020 年 8 月 3 日。

也发生在日本研究之中。

此外，"归日"或日裔的特殊身份差异也有助于打破门户之见。以"国际关系"研究为例，尽管日本学界对于英美学界的研究相当重视，引用率颇高，但与其他主要国家相比，在引用本国学者研究的比例上，日本又是最高的。①这从一个侧面表明了日本学界的某种"封闭性"。本国学者彼此反复引征，容易固化乃至僵化某种学术风格。更进一步而言，日本学界不同流派、团体之间壁垒较为森严，因此阅读和引征的对象又往往局限在本集团内部的同行之间。而作为一个外来者，第三方学者的研究能够在相当程度上超越这一人为的界限，遵循更为超脱的研究视角。②

二、把日本"作为方法"

前述的三个对比更多聚焦于相对微观和具象的学理探索和研究方法，而在更宏观和抽象的认识论上，通过把日本"作为方法"，有助于中国社会更加理性地看待自身与世界的关系。法国汉学家弗朗索瓦·于连（François Jullien）强调"经由中国"或"以中国为方法"。③沟口雄三曾号召"全世界的历史学家都应该来研究中国"，在他看来，研究中国不是目的，而是通过观察中国，思考人类历史的结构性问题。④在谈到中国研究的方法时，他指出，不能仅仅把中国作为日本的他者，而要将其视为多样化世界中的一员，以多元化的、比较的视角去研究其特质。⑤沟口雄三认为，以竹内好等人为代表的战时和战后初期日本对中国的研究，主要基于对日本近代百年的"反对意识"和"批判意识"，或曰对"日本近代的反命题"，"中国"是一个主观想

---

① 渡边昭夫：《西方国际关系学说在东亚：日本的经验》，载袁明主编：《跨世纪的挑战：中国国际关系学科的发展》，北京大学出版社 2007 年版，第 173 页。

② Andrew Gordon, "Studying the Social History of Contemporary Japan," in Theodore C. Bestor, Patricia G. Steinhoff and Victoria Lyon Bestor eds., *Doing Fieldwork in Japan*, HonoLulu: University of Hawai'i Press, 2003, p.272.

③ 弗朗索瓦·于连、狄艾里·马尔塞斯：《〈经由中国〉从外部反思欧洲》，张放译，大象出版社 2005 年版。

④ 《附录　沟口雄三谈中国研究的认识论问题》，孙歌：《探寻历史的"基体"：沟口雄三的中国思想史研究》，台北：人间出版社 2016 年版，第 209—215 页。

⑤ 沟口雄三：《中国思想和思想史研究的视角》，《文史哲》2002 年第 3 期，第 7—8 页。

象而非客观事实。因此，所谓的"中国论"实则是"日本论"。①加加美光行等学者也多有这方面的阐释和呼吁，强调"主体间性"，重视"把中国作为方法"。②这里的"方法"不同于前文方法论意义上的"方法"，而更多地具有认识论的意义。反其意而用之，国际日本研究的译介事实上也选择了"以日本为方法，以世界为目的"的路径。

国际日本研究的中文译介中，日本史特别是通史类著作为数众多。安德鲁·戈登（Andrew Gordon）在其《现代日本史：从德川时代到 21 世纪》的"中文译者序"中自问，"一本由美国学者撰写的日本史译成中文有什么意义呢？"同样的问题或许可以在此转换成："一个由海外学者撰写的日本研究著作译成中文有何意义？"戈登的自问自答强调要把日本现代史作为世界现代史的一部分，即超越历史的政见争执，通过日本的历史来看待美国自身的历史、世界的历史。这事实上就是把日本"作为方法"之意。不仅是日本史研究，类似的回答亦适用于日本研究整体。既要看到日本与他国的相似点，又要在此基础上解释不同点，注重将日本作为一个"特例"乃至"反例"的价值，直面现有理论不能解释之处，并探究其原因。③从相对论的角度，对日本这一研究对象的特质进行抽象化、理论化的研究，也有助于研究的专业性和学术性。④

第三节　从中文译介看"日本研究的国际化"

国际日本研究的中文译介是"日本研究国际化"的产物，在重视其借鉴

① 沟口雄三：《日本人视野中的中国学》，李甦平、龚颖、徐滔译，中国人民大学出版社 1996 年版，第 2—3、20 页。
② 加々美光行『鏡の中の日本と中国』、東京：日本評論社、2007 年。
③ 猪木武德「社会科学における『人』と『人々』」、坪井秀人・白石恵理・小田龍哉編『日本研究をひらく—「国際日本研究」コンソーシアム記録集 2018—』、東京：晃洋書房、2019 年、72—85 頁。
④ ボート・ヴィム「『日本学』の対象と方法—将来に向けての一考察—」、『日本研究—国際日本文化研究センター紀要—』、第 55 集、2017 年 5 月、131—144 頁。

意义的同时，也需看到现阶段发展的薄弱之处，对其有更为执中的判断、更为全面的反思。

一方面，国际日本研究中文译介的既有成绩和现存不足都提醒，深化日本研究需要从全球化、多元的视角出发，将日本研究置于国际学术体系的框架中。毋庸置疑，中国的每一个日本研究者都有其自身具体的研究领域，在该领域的本国同行和日本同行是其学术交流最主要、最基本的对象。但与此同时，还需要与日本研究其他领域的国内同行以及同一研究领域的国际同行进行交流。国际日本研究的译介是这种交流拓展和知识传导的基础和重要载体。

严绍璗强调，"日本中国学"就其客体对象而言固然属于中国文化，但就研究者的主体观念和方法论而言，是以日本文化素养为背景的，本质上讲仍是"日本文化观念"的特殊表现，是日本文化的一部分。①葛兆光也曾多次阐释，"海外中国学本质上是外国学"，即海外中国学的问题意识、研究方法、研究思路都源自西方背景，是其学术脉络、政治背景、观察立场的反映。这是建立在学术自信基础上颇有见地的提醒，强调海外中国学与中国本土研究的差异，呼吁避免一味跟风和模仿。类似的判断或许也适用于海外的日本研究，而了解这中外日本研究的差异则是甄别、比较和评判的第一步。

注重理论和方法并不是对国外学说和各种"主义"亦步亦趋，"视西人若帝天"，也非理论方法先行，为其杀头便冠或设定先入之见。正如不少中国日本研究学界前辈所告诫的，中国学者的日本学研究要首先立足于"中华文化"，"在把'日本学'研究的多元成果转化为自我进行相关研究的'他者'（'复眼'）时不要误入了'雷区'或'陷阱'"。②否则往往会流于对既有西方理论的简单介绍甚至生搬硬套，无助于日本研究的真正进步。1947年，丸山真男在《政治学作为一门科学——回顾与展望》一文中曾批评，日本"学界的通病是，不从本国的现实中提出问题，而是一味地追随欧洲学界

---

① 严绍璗：《日本中国学史》，江西人民出版社 1991 年版，第 3 页。
② 严绍璗：《序言》，载聂友军：《日本学研究的"异域之眼"：以 1872—1922 年〈日本亚洲学会学刊〉为主线》，北京大学出版社 2016 年版，第 3 页。

的潮流和方法"，"其后果是导致了学术与现实的严重脱节"。在十年后的"追记"中，他指出，尽管为方法论而方法论、为定义而定义的倾向有所减缓，但研究与政治现实之间的鸿沟甚至有增无减。①沟口雄三也警示，所谓"以中国为方法"，目的在于建立"超越中国的中国学"，而"不为方法而方法"，既要反对过分强调为了了解对象这一目的本身，也要防止被各种方法论所束缚反而将作为研究对象的中国置于思虑之外。②

与此同时，传统上强调扎实学风的日本研究同样需要理论关怀。在保持日本研究原有特色的基础上做进一步的学理探索，发挥理论本身的抽象、精炼、思辨之美，这对日本研究的拓展和深化恐怕也不无小补。宋成有在强调"广阔的理论视野与论述框架"和"扎扎实实的史料支撑"应两者兼备的同时，也从"没有理论就没有历史科学"的视角出发，呼吁"在新世纪，尽快推出日本史研究理论方法的研究著作，为当务之急。"③对理论的探讨程度乃至尊崇与否，不能放在"西方"与"非西方"的二元对立中。理论并不是"西方"独有的，也未必是"西方人"的优势所在，正如酒井直树所告诫的，拒绝理论的姿态反过来无异于承认"西方"对这些理论享有"独占权"。④近代以后，中国译自日本的社会科学著作中，介绍西学概念和方法的为数众多。在这个意义上，新时期的国际日本研究译介尽管只是其中一个细微的领域，但也可视为这一事业在一个多世纪之后的延续和发展。

另一方面，辩证地看待国际学界的日本研究，要看到西方学界、日本学界和中国学界的各自长短，避免先入为主强调某国或某地区的"中心论"。

与"政治体系"类似，在知识的"世界体系"中也往往存在着某种权力结构。不少日本学者对于自身的研究遭到西方学界的轻慢和漠视，颇感痛

---

① 丸山真男：《政治学作为一门科学——回顾与展望》，载丸山真男：《现代政治的思想与行动》，陈力卫译，商务印书馆 2018 年版，第 381—402 页。

② 沟口雄三：《日本人视野中的中国学》，李甦平、龚颖、徐滔译，中国人民大学出版社 1996 年版，第 93 页。

③ 宋成有：《新中国日本史研究 70 年综述》，载南开大学世界近现代史研究中心：《世界近现代史研究》（第 16 辑），社会科学文献出版社 2020 年版，第 124—146 页。

④ 酒井直树、陈湘静：《亚洲抵抗的方式：亚洲的知识生产与文化政治——酒井直树教授访谈录》，《现代中文学刊》2016 年第 6 期，第 4—18 页。

心。桑山敬己曾以和辻哲郎与梅棹忠夫为例，做过颇为形象的说明。和辻哲郎的《风土》在欧美学者的助力下英译出版，因而在国际学界声名鹊起，而同样颇具独创意识的梅棹忠夫，其作品和影响力则基本局限在日本国内。①别府春海对此也深有同感。②还有学者以柳田国男、今西锦司等的国际境遇为例，批评西方学界的一部分人不谙日文、不了解日本实际情况却自成一体，构筑自身引用圈子内部的所谓"局部典范"（local paradigm），对此现象唏嘘不已甚至嗤之以鼻。③更有学者从批判欧美中心主义、意识形态论乃至殖民主义的角度，质疑西方学界的日本研究，并认为日本学者事实上与其形成了"共谋关系"。④反过来，部分日本学者也认为欧美同行的研究"近乎常识"、"不过如此"，由此形成了某种相互轻视又各自封闭的"言语空间"。⑤桑山敬己观察到，"日本学者倾向于看不惯海外的日本研究"，除了罗纳德·多尔（Ronald Dore）等学术泰斗的研究之外，"基本上没什么人认真对待外国人的研究成果"。在战后人类学的研究中，日美关系的特点是"互不关心、不在意"。⑥无论是引以为憾还是正面反击，如何更好地"融入全球知识生产体系"是在经历了"失去的二十年"之后日本研究找寻未来出路的一个核心问题。⑦

近年来日本学者又不无忧虑地提出"日本研究的最佳场所不在日本"，

---

① 桑山敬己「境界を越えて―文化人類学的日本研究の場合―」、星野勉編『内と外からのまなざし』、東京：三和書籍、2008 年、33―48 頁。

② ハルミ・ベフ「『文明の生態史観』を通じてみた梅棹忠夫の業績評価」、ヨーゼフ・クライナー編『近代〈日本意識〉の成立―民俗学・民族学の貢献―』、東京：東京堂出版、2012 年、425―440 頁。

③ 中山茂「世界における日本学の成立とそれからの離脱」、『日本研究―国際日本文化研究センター紀要―』、第 10 集、1994 年 8 月、379―389 頁。

④ ハルトゥーニアンH.・酒井直樹「日本研究と文化研究」、『思想』、1997 年 7 月号、4―53 頁。

⑤ 参见桑山敬己「『現地』の人類学者―内外の日本研究を中心に―」、『民族學研究』、第 61 巻第 4 号、1997 年、517―542 頁；祖父江孝男、王崧興、末成道男「日本研究をどう考えるか」、『民族學研究』、第 54 巻第 3 号、1989 年、410―419 頁。

⑥ 桑山敬己：《学术世界体系与本土人类学：近现代日本经验》，姜娜、麻国庆译，商务印书馆 2019 年版，第 51 页。

⑦ 鍾以江「日本研究の未来―グローバルな知識生産体系への参入―」、『日本研究―国際日本文化研究センター紀要―』、第 53 集、2016 年 6 月。

不免让人想起"敦煌在中国，敦煌学在国外"的类似判断。这种"由外至内"的观察指出，日本学者或许在语言上尚存一定的优势，但这一优势也正在加速萎缩，更重要的是，国际学界的"日本研究"在研究主题、分析方法、比较视野等方面可能超越了日本自身的"日本研究"。①这是日本学者对于自身研究的警示和对"日本研究国际化"的反思，也为同属国际学术共同体的中国学者提供了启示。

文化的翻译并不仅仅是文字的翻译，而是一种"媒介"和"交流"的方式，建立在对各种文化差异及其实质的理解基础之上。②"入乎其内，出乎其外"，国际日本研究的中文译介无疑使中日相互理解和中国对世界的理解借由第三方的路径和平台，探寻了更大的接纳空间。

就国际日本研究的译介而言，在西方、日本、中国这一日本研究的"三角关系"中，中国处于明显的"入超"状态：西方的大量研究和部分研究被分别译介至日本和中国；日本的大量研究和部分研究分别被译介至中国和西方；而与之相对应，中国的日本研究被译介至西方或日本的却并不多。这一"赤字"状态促使中国学界在日本研究这一"知识生产"中拥有更为开放和进取的心态。一方面，正如前文所述，目前引进和译介的国际日本研究难言完美，仍存较大的发展余地。另一方面，译介的参考和切磋对于中国日本研究的发展不能说完全没有价值。基于本土经验与理论建构的结合，这对中国自身日本研究认知体系和学术话语体系的演化和拓展也小有补益。

在英语世界的"学术体系"中，无论是日本还是中国，都仍处于"周边"和"本土"的地位，即便是以各自为对象的"日本研究"和"中国研究"也是如此。因此，在讨论中日之间的学术交流、对话、共享之时，往往不能忽视国际学界（特别是英语学界）在其中的特殊作用。③这既关系到本国

---

① 松田宏一郎「『日本研究』の本場は日本ではない」、『中央公論』、2019 年 3 月号、54—59 頁。

② 青木保『文化の翻訳』、東京：東京大学出版会、1978 年、201 頁。

③ 周星：《文化人类学在中国和日本之间的可能性》，《中山大学学报（社会科学版）》2018 年第6 期，第 179—186 页。

的社会科学研究在国际学术体系中的地位和影响，也对建构起真正意义上的本土学术主体性具有重要意义。猪木武德曾呼吁，日本在开展"学术外交"的过程中，学术交流和学术资助不能仅限于双边，而要从三边等更广阔和长远的视野着眼。①这一倡议或许也适用于中国的日本研究。

---

① 猪木武徳「正確で安定した日本理解を生む「学術外交」の重要性」、『をちこち』、第 27 号、2009 年 2 月、10—17 頁。

第六章

国际日本研究的中文译介：
基于样本数据的分析（1993—2016）

本章以中国社会科学院日本研究所《日本学刊》编辑部出版的《中国的日本研究著作目录（1993—2016）》为基础①，选取国外出版的非日文原文且翻译成中文的日本研究著作，建立次级数据库，通过可视化工具直观呈现其特征，并在此基础上进一步分析国际日本研究成果的中文译介的分期、高潮、时滞及形成原因。

第一节　国际日本研究中文译介的整体特征

2016 年 12 月，中国社会科学院日本研究所《日本学刊》编辑部出版题为《中国的日本研究著作目录（1993—2016）》的增刊。这一目录接续1995 年北京日本学研究中心编辑出版的《中国日本学文献总目录》，收录1993 年 1 月至 2016 年 12 月在中国大陆出版的日本研究，共分为历史、政治、外交、经济、社会文化、文学艺术七个大类，最终录得 4 716 种文献。在其中，我们选取了在中国大陆出版的、由非日文翻译成中文的日本研究译著，从中删除了旅行攻略、少儿读物、同时存在多语种版本的论文集等少数样本，最终得到 207 种译著。如果去除各个版本的《菊与刀》，则剩余 152 种译著。

---

① 《中国的日本研究著作目录（1993—2016）》，《日本学刊》2016 年 12 月增刊。

《中国的日本研究著作目录（1993—2016）》包含类别、书名、作者、出版社、出版年份等五项基础数据。基于此，我们建立的数据库包含以下18个数据项：（1）编号；（2）类别；（3）作者；（4）书名；（5）版次；（6）译者；（7）出版社；（8）出版年份；（9）原著语种；（10）原著作者；（11）原著作者国籍；（12）原著书名；（13）原著版次；（14）原著出版社；（15）原著出版年份；（16）原著最早出版社；（17）原著最早出版年份；（18）备注。根据这些数据可以发现所涉译著的以下整体特征。

一、类别分布

从具体类别分布来看，经济、历史、社会文化、外交、文学艺术、政治、综合七大类译著分别为 32、66、77、3、7、16、6 种，社会科学类、历史类、经济类远远高于其他类别。鉴于各个版本的《菊与刀》均被归为社会文化类，因此从单一类别来看，历史类、经济类事实上分居前两位，这也与改革开放以后中国图书出版市场中这两大类别在日本相关图书中的排名一致。

历史类题材的译著又呈现出三个特点。第一，军事史和战争史的译著为数不少，特别是关于第二次世界大战战前以及战中的译著较多，但其中相当一部分并非严格意义上的学术著作。第二，通史类或长时段的大部头译著较多，这类译著往往具有较高的学术水平和思想价值，且翻译难度较大。第三，古代史和近代史的作品较多，与之相对，对于战后日本特别是冷战后日本进行全方位描述的译著较少。整体而言，历史题材的走红与中日历史关系等因素相关，也反映了中国图书市场和普通读者的偏好。同时，历史类译著的故事性、可读性较强，或许也是受到市场青睐的原因之一。

政治类、外交类译著的数量明显低于预期。与之形成鲜明对照的是，在近二十年来中国学者于国内出版的专著和于国内期刊发表的论文中，政治、外交类的日本研究恰恰为数众多。

各个类别的历年出版数量和发展趋势基本相近。比较明显的例外是社会文化类译著，在 2005 年之后出现了突飞猛进的增长，且持续走高。除后述2005 年、2008 年、2015 年和 2016 年的几个整体高峰外，2012 年也是社会文化类译著出版的一个高峰，且在此前后的近十年时间内始终处于出版的高位（见图6-1）。这从一个侧面说明，这一类型的选题比较受到中国读者的青睐，具有通俗性与学术性兼顾的特点，且其翻译和出版的敏感性较低，较少受到中日关系波动的影响。需要指出的是，由于《菊与刀》一书被归为社会文化类，因此，如去除《菊与刀》系列的数据，则社会文化类的译著数量将大大降低，上述特征的显著程度也相对下降。

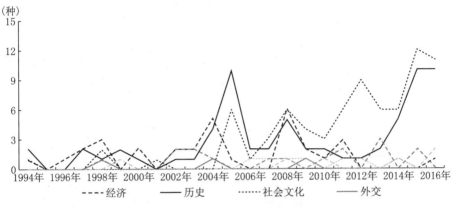

图 6-1　国际日本研究中译的历年类别分布

　　如果把所有译著标题的中文关键词作词频分析，可以发现"日本""刀""菊""文化""日本帝国""经济""日本人""模式""美国""战争""崛起""技术""亚洲""创新""小史"居于前15位。这一结果符合一般的预期，也与前述的类别分布相吻合。如排除《菊与刀》的数据，则不难发现这些关键词反映了中国出版界和读者对于日本问题的主要兴趣：日本文化、军国主义历史、经济成就、日美关系是最受关注的几个议题。

　　耐人寻味的是，如果以相同的方法对原著的标题进行文本分析，可以发现两者并不完全重合。在原著标题中，Japanese、Japan、Culture、Chrysanthemum、Sword、Patterns、War、China、History、Modern、World、State、Economic、Imperial、Industry分居前15位。尽管大部分的中文和英文关键词是重叠的，但其词频及排序都发生了一定的变化。这说明，译著在中国出版时，译者和出版社对包括标题在内的内容作了相应的处理，并未完全按照原文直译。这些改动中既有出于技术原因的调整，甚至不乏若干佳译，但也有部分译著，或许是出于市场营销等商业考虑，将原著译名作了较大改动，其改头换面程度之大使其判若两书。例如，赫伯特·比克斯（Herbert P. Bix）的名著 *Hirohito and the Making of Modern Japan* 一书可直译为《裕仁与现代日本的构建》，日译本将其简化为《昭和天皇》，中译本改为《真相——裕仁天皇与侵华战争》；又如三好将夫的 *As We Saw Them：the First Japanese Embassy to the United States* 一书可直译为《我们眼中的他们：首次访美的日本使节》，日译本为《吾之所见：万延元年遣美使节的旅程》，中译本改为《日美文化冲突》。有的出版社对于同一版本译著的题目在短时间内做了较大调整并再版。例如，彼得·卡赞斯坦（Peter J. Katzenstein）和白石隆编辑的论文集 *Beyond Japan：The Dynamics of East Asian Regionalism* 一书由中国人民大学出版社在 2012 年和 2015 年分别出版，在再版时书名被复原成《日本以外：东亚区域主义的动态》，但在初版时一度被更名为《东亚大局势：日本的角色与东亚走势》。又如上海远东出版社于 2004 年和 2008 年出版的《拯救日本：泡沫崩溃后的银行危机与华尔街行动》和《长银新生：泡沫中的金融战争》实为同一本书，但标题中的关键词竟只有"泡沫"一词相同。

二、原著作者与语种

从这些译著原著作者的国别来看，在 152 种译著中，美国学者占据压倒性优势，达到 101 人次，英国、澳大利亚、加拿大等英语国家次之，分别达到 25 人次、6 人次和 5 人次。此外，还包括 9 人次的日本作者，以及少数其他国家的作者。

与之相应的结果是，在 152 种原著中有 149 种为英语，其他语种屈指可数，仅有 2 种和 1 种分别为法语和俄语。这固然是由于英语学界在国际学术界和出版界占据主导地位，也与其他技术性因素有关。例如，无论是筛选还是翻译这一类著作，都需要既精通"小语种"又对日本有深入了解的编辑和学者。另外值得注意的是，韩国学者在这一目录中似乎缺位，这与其日本研究为数众多形成鲜明的反差。这一方面同样是由于译者难寻的原因，另一方面，可能也源于部分韩国的日本研究学者直接用日文写作或在日本出版专著。例如，李御宁的《日本人的缩小意识》等在中国较具有知名度的韩国学者的日本研究著作大多直接翻译自日文。

在国际日本研究中，英语的"一极独大"在短期内恐怕难以改变，但从中国日本研究的全面国际化而言，对于其他语种撰写的经典日本研究著作仍有充分关注的必要。[①]即便同属"国际日本研究"的范畴，甚至在同为英语圈的不同国家，其学术传承和研究风格也存在明显差异，如牛津大学的尼桑日本研究中心，其成员的研究多聚焦人类学、社会学、教育学等。对于这些研究的适时译介，相信对于中国日本研究的多学科发展、跨学科融合不无启示。

在作者个体方面，如果用词频云图展示，可以发现由于不同版本《菊与刀》的大量重译和再版，鲁思·本尼迪克特在作者频度中遥遥领先，且由于全译和缩译、不同音译等原因，在频度上超过数据直观所示。与之形成对照的是，在本数据库涉及的时间段中，绝大部分的作者仅被译介一部著作。如果排除再版数据，约翰·托兰（John Toland）、加文·麦科马克（Gavan McCormack）、T. J. 彭佩尔（T. J. Pempel）等是极少数有两部以上不同著作被中译出版的作者。这说明，对于国际日本学界的主要学者，国内的出版市场仍缺乏全面的关注和细致的甄别，对于部分知名学者的系列著作值得进一步追踪译介。

三、译者

从译者队伍来看，与原著作者的情况类似，呈现高度分散的格局。排名靠前的大部分译者主要是由于《菊与刀》等同一本原著的多个译本。其中，北塔、晏榕是两个颇为特殊的案例。其翻译的《菊与刀》不但在同一个出版社多次再版，而且短时间内在若干个出版社皆推出不同版本。

尽管不排除部分译者有可能使用了一个乃至多个笔名，但从直观数据来看，很少有译者在这一时间段内翻译出版了两种以上的译著。一方面，译者群体的高度多元说明不断有新生力量加入这项翻译事业，使队伍得以持续扩

---

① 关于非英语学界的部分代表性日本研究论著可参见佐伯彰一、芳賀徹編『外国人による日本論の名著：ゴンチャロフからパングまで』、東京：中央公論社、1987 年。

大和更新；另一方面，日本研究"专业译者"的缺乏、"新人"迭出的现象也使国际日本研究中译的整体翻译水平不容乐观。部分译者既非日本研究的专业人士，在外语能力和中文表达上也多有欠缺，导致硬译、误译、劣译、错译的现象比比皆是。

值得肯定的是，不少译者尽管自身未必从事日本研究，但却是相关领域的专家，在文字翻译质量有所保障或团队协作的条件下，其专业素养对于译文水平的提高起到了积极作用。例如，领衔《日本新中产阶级》翻译的周晓虹是国内知名社会学家，长期从事西方社会学的译介和全球中产阶级发展等议题的研究，因此该书的译文质量颇受好评。此外，令人欣喜的是，曾小楚等专业的自由译者也开始在国际日本研究的中译中崭露头角，其翻译的唐纳德·基恩（Donald Keene）的《明治天皇》、马里乌斯·詹森（Marius Jansen）的《坂本龙马与明治维新》等均评价甚高。

四、出版社

从出版社的分布来看，中国大陆几乎所有涉及人文社科出版的出版社都已经踏足国际日本研究译著这一领域，这是颇为令人鼓舞的结果。这其中，既有综合性的出版社，也有高校的出版社，既有传统的出版巨头，也有新兴崛起的民营出版社等。

与原著选择和译者队伍相比，尽管出版社仍为数众多，但集中化程度更高，且领先者皆为国内颇具影响力和美誉度的大中型出版社。从国际日本研究中文译著的出版数量来看，商务印书馆、新华出版社、江苏人民出版社位列三甲，中国社会科学出版社、上海人民出版社、东方出版社、北京大学出版社、广西师范大学出版社、译林出版社、上海译文出版社等多家知名出版社也紧随其后。这些出版社均在1993—2016年间出版了数种日本研究译著，说明这一选题与其整体出版规划和选题规划相符，甚至形成了系列丛书的规模效应。而这些出版社专业的策划统筹、责任编辑和市场营销队伍，也为译著从筛选、引进、翻译到出版、营销的整个流程提供了相对有力的保障，有助于译著整体水平的提高。这其中，生活·读书·新知三联书店、上海译文出版社等出版社的绝对出版数量虽不突出，但《拥抱战败》《日本新中产阶级》等精品图书的出版有口皆碑。不少民营文化机构也通过与出版社合作等方式，涉足译著策划、引进和出版，建立了反响颇佳的译著品牌。

数据中也不乏不少小型出版社的身影，从频度来看略有浅尝辄止之感。这些出版社多与《菊与刀》等少数专著以及部分战争类题材有关，其译著质量仍有待改进。

第二节　国际日本研究中文译介的时间向度：分期、高潮与时滞

前已述及，《中国的日本研究著作目录（1993—2016）》主要是为了承接《中国日本学文献总目录》，因此其数据编目从 1993 年开始。1990 年，中国开始实施《中华人民共和国著作权法》；1992 年，中国正式加入《保护文学艺术作品的伯尔尼公约》（伯尔尼公约）和《世界版权公约》。同年，邓小平发表南方讲话。受其影响，尽管短期内由于版权市场的规范整顿，中国国内的译著出版数量出现了明显的下降，但此后整体上出版环境更为宽松，出版市场也更为开放，出版规范和法制相对更为严格。这些变化都使 1993 年这个时间节点有了特殊的意义。出版生态与文化生态和政治生态往往交织在一起的，前者在受到后者制约的同时，也反映了后者的动态变化，这在本数据库涉及的译著中得到生动的体现。

一、出版时间

从出版时间来看，在进入 21 世纪之前，每年出版数量均较少，且发展相对平缓。进入新世纪之后，国际日本研究的中文译著出版整体呈上升态势，但起伏较大。其中，2005 年、2008 年、2015 年、2016 年为四个相对高峰，出版译著分别达到 17、20、24 和 24 种（见图 6-2）。

如果在上述译著中去除各个版本的《菊与刀》，则基本情况并未发生根本改变，2005 年、2008 年、2015 年、2016 年仍是相对的出版高峰，尽管每年的出版数量均有所回落。从具体原因来看，2005 年恰逢第二次世界大战结束 60 周年，大量战争类题材的译著初版或再版，质量参差不齐。但其中也不乏知名出版社的若干作品，如中国社会科学出版社推出的《太平洋战场的

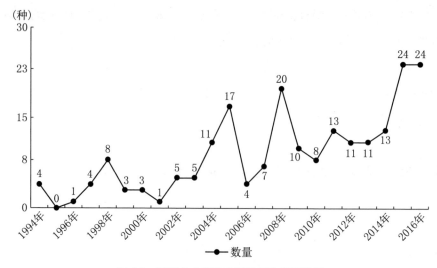

图 6-2　国际日本研究中译的历年出版数量

胜利》三卷本、北京大学出版社的《珍珠港和中途岛》等。2015 年和
2016 年的特征与其相似，同样是借助了第二次世界大战结束的周年热潮，其
中广西师范大学出版社的《罪孽的报应：德国和日本的战争记忆》、商务印
书馆的《神风特攻队、樱花与民族主义：日本历史上美学的军国主义化》、
上海交通大学出版社的《审判山下奉文：战争罪与指挥官责任》等均属反响
上佳的译著。

　　无论是从译著的整体数量还是从译介质量而言，2008 年可谓迄今为止的
一个最高峰。这得益于中日关系的明显改善。在经历小泉纯一郎执政时期的
长期低迷后，中日关系终于在 2006 年和 2007 年迎来了"破冰之旅"和"暖
春之旅"，这一大背景的变化也鲜明地反映在出版市场上。这一年出版的国
际日本研究译著以历史类为主，但以严肃的学术名著居多，且涵盖其他各个
大类，出现了安德鲁·戈登（Andrew Gordon）的《日本的起起落落：从德川
幕府到现代》、康德拉·托特曼（Conrad D. Totman）的《日本史》、约翰·
道尔的《拥抱战败：第二次世界大战后的日本》、加文·麦科马克的《附庸
国：美国怀抱中的日本》、西奥多·贝斯特（Theodore C. Bestor）的《邻里东
京》、S. N. 艾森斯塔特（S. N. Eisenstadt）的《日本文明：一个比较的视角》

等一大批颇具学术价值和市场影响力的佳译。

值得一提的是，2017 年之后，中日关系"重回正轨"。无论是日文还是第三方语言的日本研究译著均出现显著的跃升，质优量增。我们期待，中日关系的发展势头能够为相关成果的译介提供持续的正面激励。

二、译著时滞

如果把译著的出版年份与原著的出版年份数据相减，即可得出该书的译著时滞。而如果把各个译著的数据取其平均值，即可发现中国出版市场对于译介的整体敏感度和反应度。在这 152 种译著中，出版的平均时滞不降反增，从 1995—2004 年的 5—6 年增加到 2005—2012 年的 12 年左右，2013 年之后更是数年超过 20 年（见图 6-3）。与设想或期待的相反，这些译著并未呈现出日益及时和迅捷的状态。原因何在？

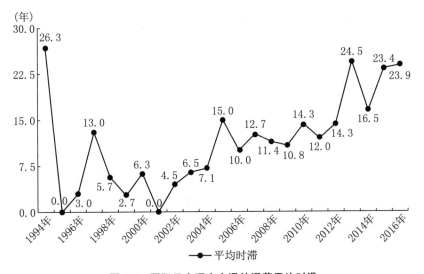

图 6-3　国际日本研究中译的译著平均时滞

注：《核击日本》《见证罪恶：日本的"我的奋斗"》《日落东瀛》《华莱士：日本侵华史调查》等由于无法确认原著出版年份，其数据未在该图中显示。

对此"反常现象"的可能解释在于以下三个方面。首先，从原著的选择、版权的引进、译者的寻找再到编辑和校对、出版审核等，译著的整个流程相对较长。其次，相比从日文直接翻译成中文的译著，由第三方语言翻译的译著，其选择更加慎重，对于原著内容的时效性追求也因此相对降低。再次，由于每年出版的译著数量均有限，大部分年份仅为个位数，因此如该年出现少数时滞明显的译著，就会带动整体数据的大幅上扬。此外，由于《当代日本人：传统与变革》《日本第一：对美国的启示》《日本史》《华莱士：日本侵华史调查》《日本帝国衰亡史：1936—1945》等大量 20 世纪七八十年代的译著再版，形成一定的数据干扰，且《广岛》等早期经典原著确实翻译较晚，造成越接近当下，时滞反而越明显，平均的出版间隔一再攀升。尽管存在这些技术性的原因，但这一现象仍说明，相比译介最新的作品，不少出版社仍热衷于重版或追译旧的作品。对于国际学界的前沿日本研究，中国出版市场的重视程度、反应机制、决策能力仍有待提高。

翻译和出版往往存在影响力的"半衰期"。部分作品时效性较强，在原著出版之日或许一时洛阳纸贵，但其市场热度往往在短时间内急速降温。在原著初版时尚能趁热打铁，在第一时间被翻译成外文，一旦时过境迁，就往往失去了翻译的价值，从此被束之高阁、无人问津。反过来，真正高水平的学术著作往往能够经受住时间的考验，历久弥新。对于这部分著作即便未能在出版初期就行译介，但无论原著出版年限多么久远，仍有翻译的必要，后续补救，为时未晚。

有两种情况可以部分弥补这一时滞的缺陷。一是借助丛书出版的东风，在相近题材、规模效应等因素的作用下，其价值被"重新发现"，得到初译或重译。另一种情况是，随着某一作者的声名鹊起，或对其研究的整体认知上升，除了其最具影响力的代表作、成名作之外，其早期的或相关的其他作品也被陆续翻译，得到市场的青睐，进而产生某种个人的联动效应。傅高义（Ezra Vogel）的著作或许就是这方面的例子。由于其与中国相关的《共产主义下的广州：一个省会的规划与政治（1949—1968）》（2008 年）、《先行一步：改革中的广东》（2008 年）、《邓小平时代》（2013 年）等著作被相继翻译成中文，造成巨大的市场轰动，其与日本（和韩国）相关的早期著作也得到陆续翻译或重译，如《日本新中产阶级》（2017 年）、《日本第一：对美国的启示》（2016 年）、《日本还是第一吗》（2019 年）。上海译文出版社甚至独具慧眼，编辑出版了"傅高义作品系列"。其中，《日本新中产阶级》还获得2018年第十五届"上海图书奖"二等奖，这在译著作品中是不多见的。

整体而言，日本学界对于"国际日本研究"的敏感度和反应性仍高于中国学界，一些主要著作往往在原著出版一两年之内就有日译本问世。例如在人类学领域，旅日的人类学家周星观察到，西方几乎所有重要的人类学著作或人类学所有重要领域的话题，大体在 3—5 年内就会被译成日文，因此日本文化人类学的"学术资源和知识结构"基本与西方是"同步的"。①这是颇为自然的结果，一方面与日本图书出版市场良好的翻译传统有关，另一方面，恐怕没有人比日本读者更希望在第一时间知道他者眼中的日本形象。例如《通产省与日本的奇迹》在原著出版几个月之后就出现了日译本，且译者群体即为通产省官员，由刚刚从通产省事务次官退官的矢野俊比古领衔，而中国大陆的首个中译本则在十年之后方才问世。

就中国的译介而言，情况也不能一概而论。从下表看出，《菊与刀》《德川宗教》《日本的新中产阶级》等战后早期的国际日本研究著作，其日译出版与中译出版的间隔时间颇长，分别达到 39 年、36 年和 49 年。这与中华人民共和国建立之后的中日关系及中国国内状况息息相关。在进入 20 世纪80 年代之后，中国国内对于日本学者的研究以及国际日本研究逐渐重视，例如赖肖尔的《日本人》、傅高义的《日本名列第一：对美国的教训》等著作，中译仅比日译晚了一年。进入 21 世纪之后，译介的反应速度整体较快，《附庸国》等作品的日译与中译甚至在同一年问世（见表 6-1）。

表 6-1　部分经典日本研究专著日译和中译的初版时间

原　　著	原著初版年份	日译初版年份	中国大陆中译初版年份	中日译著相隔时间差（年）
菊与刀	1946 年	1948 年	1987 年	39
德川宗教：现代日本的文化渊源	1957 年	1962 年	1998 年	36
日本的新中产阶级	1963 年	1968 年	2017 年	49

① 周星：《沉思放谈中国人类学》，载高丙中、龚浩群主编：《中国人类学的定位与规范》，北京大学出版社 2015 年版，第 176 页。

原　著	原著初版年份	日译初版年份	中国大陆中译初版年份	中日译著相隔时间差（年）
日本帝国的衰亡	1970 年	1971 年	1982 年	11
日本人	1977 年	1979 年	1980 年	1
日本名列第一：对美国的教训	1979 年	1979 年	1980 年	1
通产省与日本奇迹	1982 年	1982 年	1992 年	10
日本文明：一个比较的视角	1996 年	2004 年	2008 年	4
拥抱战败：第二次世界大战后的日本	1999 年	2001 年	2008 年	7
真相——裕仁天皇与侵华战争	2000 年	2002 年	2002 年	0
犬与鬼：现代日本的坠落	2001 年	2002 年	2006 年	4
现代日本史：从德川时代到 21 世纪	2002 年	2006 年	2008 年	2
附庸国：美国怀抱中的日本	2007 年	2008 年	2008 年	0

略为诡异的是，除了约翰·霍尔的《日本史》、安德鲁·戈登的《现代日本史：从德川时代到 21 世纪》等少数例外，不少在中国翻译出版且颇受好评的日本史研究专著，时至今日并无日译本，其中包括马里乌斯·詹森等人主编的《剑桥日本史》、詹姆斯·麦克莱恩（James L. McClain）的《日本史（1600—2000）》、肯尼思·韩歇尔（Kenneth G. Henshall）的《日本小史：从石器时代到超级强权的崛起》、康德拉·托特曼的《日本史》等日本研究的通史类或断代史力作。由是观之，似乎中国读者对于日本历史的关注更甚于日本读者。当然，已翻译成日文而尚无中译本的日本历史研究其例颇多、不遑枚举，且上述作者的其他著作被翻译成日文的也不在少数。换言之，这一错位只能说明两国翻译的选择略有偏差而已。

三、出版分期

由于前述的时滞，与"国际日本研究"的代际转移相比，其译著在中国的出版既不是同步的，也不是接续的，原著文本的历时性与译著阅读的历时性出现了程度不一的错位。换言之，很难说出版较早的日本研究专著大都已翻译成中文，近年来出版的不少译著事实上仍处于一种向前回溯、查漏补缺的状态。

对于在中国大陆出版的日本研究译著而言，既然原著的历时顺序并非核心要素，那么影响出版分期的主要因素何在？

首要的因素在于"价值判断"，即中日关系的整体变化。就原著而言，日本与世界的关系特别是日美关系是影响国际日本研究的一个重要因素。但是，由于中日关系与其并不完全同步，造成原著与译著的出版往往也存在明显的时间差异。前述 2008 年的最高潮就是明显的例子。

第二个因素在于"评价权重"，即日本国力起伏及其国际地位的变化，由此形成对日本的评价也褒贬不一，出现微妙的阶段性特征。高速经济增长期、日美经济摩擦高涨期、泡沫经济破灭期（"失去的十年"乃至"失去的二十年"）等不同阶段的变化既反映在原著对日本评价的变化上，也间接反映到中国的译著出版数量和选择上。以"日本文化论"为例，战后随着日本经济实力和自信程度的起伏，经历过多个阶段的变化，不同阶段对于日本文化的"特殊性"和"相对性"的判断也与之相对应。[①] 类似的现象也出现在中国，"礼赞日本"或"批判日本"的译著在中国的出版分期往往与当时中国社会对日本的评价有关。

第三个因素可称为"镜像因素"，即中日之间的联想和对比。某些日本研究译著的出版和再版固然讲的是"日本故事"，但促使读者联想的却往往是"中国现实"。因此，"中国现实"发生的时间点决定了这一"日本故事"被译介和复述的时机。傅高义的《日本新中产阶级》（2017 年）和《日本第一：对美国的启示》（2016 年）等均是这方面的代表性案例。

此外，若干关键的时间节点也是一个重要的因素，特别是某个历史事件的周年纪念往往成为催生相关日本研究译著的重大诱因。前述提到的抗日战争胜利、第二次世界大战结束以及明治维新等均是如此。以明治维新为例，2018 年是明治维新一百五十周年，在此前后，一大批相关书籍在中国上市，除了中文著作和日文著作的中译本之外，不少高质量的国际日本研究的中译本也纷纷付梓。其中，马里乌斯·詹森的《坂本龙马与明治维新》出版于

[①]　青木保：《日本文化论的变迁》，杨伟、蒋葳译，中国青年出版社 2008 年版；村上勝敏『外国人による戦後日本論：ベネディクトからウォルフレンまで』、東京：窓社、1997 年。

1961 年，其中译本借此东风终于于 2019 年问世；萨道义（Ernest Mason Satow）初版于 1921 年的《明治维新亲历记》更是时隔近一个世纪才于 2017 年出版中译本，威廉·G. 比斯利（William G. Beasley）的《明治维新》译本在 2017 年再版，贾尼斯·宝莫伦斯·二村（Janice P. Nimura）的《武士的女儿》在 2015 年刚刚出版，在 2019 年便出现了中译本。

第三节　结　语

自 15 世纪中期开始，海外的日本研究不断积累，时至今日已近乎汗牛充栋。在全球图书馆数据集成的 WorldCat 中，若输入"Japanese Study"的关键词，仅英文书籍就可检索到 66 016 种（截至 2022 年 1 月 6 日）。基于上文的数据分析可以看到，在过去的二十余年中，国际日本研究的中文译介尽管取得了一定的积累，但仍有巨大的发展空间。

首先，在 1993—2016 年的 24 年时间内，中国大陆译介出版的国际日本研究仅有 207 种，平均每年不到 10 种。无论是从绝对数量还是从相对质量（相当部分的译著并非严格意义上的学术著作）来看，这样的译介规模很难说令人满意。如果去除《菊与刀》这一特例以及其他相当一部分译著的再版，则情况更不容乐观。不可否认，在近年来引进和译介的日本研究专著中，不乏具有国际知名度的精品，如《拥抱战败》等原著或日译本曾获"三得利学艺奖"、"大佛次郎论坛奖"等日本国内的重要学术和出版奖项。但与《菊与刀》等少数译著的表面繁荣形成鲜明对照的是，有大量在国际学界具有较大影响力的日本研究著作仍待字闺中。

更进一步说，如果将上述译著数量与中国出版市场的整体状况做一对比，就会发现前者事实上处在十分边缘化的地位。以 2016 年为例，国家新闻出版广电总局发布的数据显示，当年中国大陆共新版图书 26.24 万种、重印图书 23.75 万种，两者合计达到近 50 万种，其中社会人文类书籍为 34.52 万种，共引进和输出图书版权 16 587 种和 8 328 种，在图书引进的版权所属国中，美国、英国、日本分别为 5 261、2 966、1 952 种。可见，无论是与出版总量相比，还是与图书进口版权数量相比，国际日本研究译著都仅占极小的份额。

其次，在追求"量"的同时，"质"的保证更为重要。译介并不是完全的市场行为，如何推出更多数量、更高质量的国际日本研究是中国的日本研究学界、出版方、译者及其他相关人士的共同责任。今后一个时期的译介选择也未必需要过于"求新求异"、仅仅关注近年来出版的专著，对于既有的经典作品仍有必要作细致的筛查，并推出高质量译本。在书目引进的筛选过程中，国际学术界和出版界既有的书单和评奖有望提供有益的参考。

第三，就中文译介而言，从版权引进到出版策划，从出版社到译者，都是一个大浪淘沙、去粗取精的过程，需要时间的积累和检验。在过去二十余年实践的基础上，以部分专业译者、知名出版机构为核心的译介队伍正在加速成型，期待其在中日关系持续改善的大背景下发挥更大的比较优势和引领作用。

2008 年，日本财团（The Nippon Foundation）组织了一个由来自学界、产业界、媒体、政府、非政府组织等十人组成的委员会，由著名学者白石隆领衔，挑选出"理解现代日本的 100 本书"。[1]2018 年 3 月，国际日本文化研究中心的《日本研究》推出了"日本研究指南——百册必读书"的特集。[2]类似的书单不胜枚举，均反映出一个共性特征：西方对日本的研究以及日本自身的研究越来越超越传统的、壁垒森严的学科分类，在研究对象和研究主题上日益多样化、精细化，在研究方法上也不断追求跨科学、多学科、交叉学科乃至边缘学科的特性。这不仅对中国的日本研究具有一定的借鉴意义，事实上也引导中国的译介将更多的目光投向这些研究，尽管这势必增加翻译的难度。

作为一种"对研究的再研究"，本章所作的介绍只是对 1993—2016 这一特定时间段既有数据的整理和分析。这一初步的研究成果在诸多方面仍存在改进和深化的巨大空间。例如，对于 1993 年之前和 2016 年之后出版的译

---

① The Nippon Foundation, "100 Books for Understanding Contemporary Japan," 2008.
② 「特集　日本研究の道しるべ：必読の一〇〇冊〉」、『日本研究』、第 57 集、2018 年 3 月。

著仍有回溯研究和追踪研究的必要。又如，如果收集中国国内和欧美著名大学日本研究通识课程或专业课程的课程大纲（syllabus），将其阅读书单建立数据库，就可以分析国外学界对于日本研究经典著作的大致接受度，以及这些书目与现有中译之间的重叠和偏差程度。换言之，国际公认的日本研究专著与中国已经翻译出版的日本研究专著有何错位？是否存在大量应译而未译的状况？这些都将为后续的译介选择和学理研究提供线索。

第七章

国际日本研究的中文译介：
除了《菊与刀》，还有什么？

前一章对 1993—2016 年在中国大陆出版的、由非日文翻译成中文的日本研究译著作了初步的数据分析。从译著的类别来看，社会文化类独占鳌头，其出版数量远远高于历史、经济、外交、文学艺术、政治等其他大类。进一步观察不难发现，社会文化类的译著数量之所以一马当先，主要源于诸多版本的《菊与刀》堆积形成的庞大基数。谈到日本社会文化，不少人的第一印象就是《菊与刀》，《菊与刀》几乎成为日本社会文化研究的同义词。

著名的文化人类学者别府春海把"日本文化论"称为"大众消费品"。[1]这一"大众消费品"不仅在日本国内长盛不衰，在美国等西方社会也风靡一时。改革开放以来，"日本文化论"在中国出版市场也始终占有一席之地：象牙塔内的学术研究与布衣百姓的求知渴望实现了有机结合。无论是一般意义上的日本社会文化研究，还是在日本史等细分议题领域，出版社的利益驱动与普通读者的阅读需求殊途同归，造成相关日本研究的译著出版持续繁荣。但是，随着数量的持续增长，出版质量参差不齐的问题也日益突出。[2]

---

[1] ハルミ・ベフ『イデオロギーとしての日本文化論』、東京：思想の科学社、1997 年、54—67 頁。

[2] 宋成有：《从北大〈日本学〉管窥中国的日本研究》，载林昶主编：《杂志视点：中国日本研究的深化及其与世界的链接》，世界知识出版社 2012 年版，第 40 页。

第一节　译介的热点：再思《菊与刀》的重译

20 世纪 90 年代中前期之后，中国大陆的著作权和版权管理日益完善。在此背景下，中国出版市场的"抢译"现象已逐渐销声匿迹。但部分译著仍存在重复翻译、重复出版的现象，《菊与刀》就是其中的典型案例。

在过去的近三十年中，中国国内出版的《菊与刀》接近百种。①这其中，既有平装版也有精装版，既有中文版也有双语版，既有原文翻译版也有注解版或解说版，既有纯文字版也有图文版，既有单行本也有与《武士道》《日本人论》等其他相关著作捆绑的合订本，可谓五花八门、种类繁多。除了装帧和版式之外，更引人注目的译者和译本数量众多、蔚为大观。

当然，西方的日本研究名著在日本也往往有多个日文译本。如罗伯特·贝拉（Robert N. Bellah）的《德川宗教》在 1957 年出版后，就有 1962 年（堀一郎、池田昭译）、1996 年（池田昭译）等多个日译版本。又如查默斯·约翰逊（Chalmers A. Johnson）的《通产省与日本的奇迹》，在 1982 年日译版本（矢野俊比古监译）的基础上，时隔三十余年又于 2018 年推出了全新的译本（佐佐田博教译）。《菊与刀》的日译本也存在数个版本，并多次再版，如社会思想社在 1948 年、1949 年、1967 年、1972 年的多个版本（长谷川松治译）、2005 年的讲谈社版（长谷川松治译）、2013 年的平凡社版（越智敏之、越智道雄译）等。更宽泛地讲，无论是中国的四大名著等古典文学，还是《万叶集》《源氏物语》等日本的典籍等都曾被两国多次翻译，拥有十几个甚至几十个译本。类似的现象也出现在《武士道》等日本研究名著的翻译中。例如，据张玉萍统计，戴季陶的《日本论》曾前后被 7 位译者译成日文，出版多达 12 次。但像《菊与刀》这样版本数量达到近百个的案例可以说绝无仅有。

---

① 关于《菊与刀》中译的初步梳理可参见胡備「中国における『菊と刀』の翻訳」、シンポジウム报告书『よみがえるルース・ベネディクト—紛争解決・文化・日中関係一』、龍谷大学アフラシア平和開発研究センター、2008 年 12 月 6 日。

《菊与刀》是否值得翻译？答案恐怕是不言自明的，也鲜有争议。本尼迪克特写作《菊与刀》有其特殊的历史背景和个人原因。[①]该书问世之后，国际学界通常将其作为战后"文化相对主义"的代表作，与"西欧中心主义"相对应。从《菊与刀》开始，在分析日本时注重甚至强调文化特性似乎成为一种常态和传统。《菊与刀》为日后的日本研究奠定了两条路径的基础：一是将日本视作一个社会文化的整体，二是探究日本人的人格特性，这些都对后续的"日本人论"产生了潜移默化的重要影响。[②]

众所周知，对《菊与刀》的评价并非众口一词，但并无损该书的价值，甚至在相当程度上是其影响力的体现。对《菊与刀》的评价中，既有从人类学等专业视角出发的激烈批评，也有延续近半个世纪的赞不绝口。前者以克利福德·格尔茨（Clifford Geertz）等为代表。[③]格尔茨认为，作为"敌国研究"，《菊与刀》接近于"如何应对日本人的政治心理训练手册"，且"概念上较多变、经验上较薄弱、道德上较可疑"。[④]后者亦不可胜数。例如，青木保认为在"日本文化论"上，迄今为止超越《菊与刀》的作品尚未出现。[⑤]除了国际学界之外，在日本国内，对于《菊与刀》一书也有着细致的评析和丰富的研究，褒贬扬抑、莫衷一是，自柳田国男、和辻哲郎、津田左右吉、南博、川岛武宜、有贺喜左卫门、副田义也等大家始，至今不衰。梁顺（Sonia Ryang）曾指出，从《菊与刀》的阅读体验中获益最多的恰恰是日本人。通过感知西方人如何认知日本，日本人得到了相应的话语工具和概念框架，了解了如何向西方人更好地解释自己，也对自身文化的特殊性更具反

① 对于《菊与刀》的写作背景及后续的学术争论，保琳·肯特（Pauline Kent）有很好的梳理。参见ポーリン·ケント「ルース·ベネディクトの個人的背景と『菊と刀』の誕生」、シンポジウム報告書『よみがえるルース·ベネディクト—紛争解決·文化·日中関係—』、龍谷大学アフラシア平和開発研究センター、2008年12月6日。

② Sonia Ryang, *Japan and National Anthropology*: *A Critique*, New York: Routledge, 2004, p.72.

③ 从社会人类学的角度对于《菊与刀》的深刻批评可参见 Sonia Ryang, *Japan and National Anthropology*: *A Critique*, New York: Routledge, 2004, pp.15—72.

④ Clifford Geertz, *Works and Lives*: *The Anthropologist as Author*, Stanford, Calif.: Stanford University Press, 1988, p.122.

⑤ 青木保『「文化力」の時代：21世紀のアジアと日本』、東京：岩波書店、2011年、118頁。

思性和敏感度。①根据长期致力于《菊与刀》研究的日本学者福井七子统计，在1998年该书日译本出版五十周年之际，仅在日本就已售出230万本。②

《菊与刀》是否有必要反复重译？这恐怕见仁见智。一方面，尽管各种版本的《菊与刀》层出不穷，但仍有源源不断的中国读者希望购买和阅读这本书。在各大书店和网上图书销售平台，《菊与刀》的整体销量也始终居高不下。这说明，就该书而言，市场远没有饱和。问题是，既然早期的版本略有瑕疵，甚至质量尚佳，后续的版本改动有限、提升不大，是否还需要反复重译？即便考虑到语言的时代差异，有没有必要在短期内由不同的译者一再重复劳动？从知识生产和消费的角度来说，这种劳动的"边际效应"有多大？事实上，这更像是"同人作品的商业化"。各个译本春兰秋菊，很难说后续的译本定然青出于蓝、白璧无瑕。

钱存训在回顾近代外文书籍的中译时曾提到，同一部作品的多个译本，"在译本的品质上，虽然可以比较出优劣，但放弃其他重要的著作未译，而产生许多重复的译本，毕竟是一种人力浪费"。③百年之后，国际日本研究的中译也面临类似的取舍。在自由竞争的市场经济中，对企业而言，相比研发新产品，采取"跟进战略"、投身成熟产品往往风险更小、前景可期。这一策略或许也适用于部分出版机构，对于那些市场反响良好又不存在版权壁垒的原著更是如此，但对译者而言却恐怕需要另当别论。毕竟，中国国内的译介资源并不充裕，与其将大量精力投入同一本书的反复重译，何妨在其他的精品佳作上一试身手。

第二节　问卷调查：《菊与刀》，天下谁人不识君？

在岩波书店供职三十年的马场公彦指出，由于言必称《菊与刀》，日本

---

① Sonia Ryang, *Japan and National Anthropology：A Critique*, New York：Routledge, 2004, p.47.

② Nanako Fukui, "Background Research for The Chrysanthemum and the Sword," *Dialectical Anthropology*, Vo.24, Issue 2, 1999, p.173.

③ 钱存训：《近代译书对中国现代化的影响》，载钱存训：《中美书缘》，中国台北文华图书馆管理资讯有限公司1998年版，第55页。

研究中的个别著作事实上"固化了中国人的日本认识"。①现实的情况如何？为了更有针对性地了解一般读者的阅读习惯，特别是其对日本研究译著的认知，2019 年 9 月 21—24 日，我们以复旦大学在读学生为主要对象，进行了一项在线问卷调查。调查结果基本印证了马场公彦的判断。

此次问卷调查共收回有效问卷 273 份。受访对象的专业分布如下：自然科学类（2.56％）；医学科学类（6.23％）；工程与技术科学类（4.4％）；人文与社会科学类（86.81％），以人文与社会科学类为主。在读学历的分布较为均衡，分别为本科（61.9％）、硕士（27.84％）、博士（10.26％）。

4.4％的受访对象的第一外语为日文，89.74％为英文；而在第二外语中：日文占到 22.34％，英文为 9.52％，其他语种为 22.71％，无第二外语为 45.42％，显示出日文在第二外语习得中仍是最受欢迎和最为主要的外语之一，相当一部分学生通过第二外语课程或自学的方式具备了一定的日文技能。

在阅读日本研究著作的频率方面，阅读中文日本研究的频次相对较高，回答"非常频繁"和"较为频繁"的受访者分别为 3.3％和 17.22％，明显高于翻译自日文的日本研究（分别为 1.47％和 10.99％）和翻译自非日文的日本研究（分别为 2.93％和 6.59％）。但值得注意的是，在"非常频繁"的选项中，翻译自非日文的日本研究甚至高于翻译自日文的日本研究。无论是在日本研究著作中，还是在翻译自非日文的日本研究著作中，历史、社会文化、文学艺术、政治均占据前四位最感兴趣的领域，尽管位次略有差异。整体上，在阅读翻译自非日文的日本研究著作中，主题的焦点分布更为平均。对非日文的日本研究著作的翻译质量，受访者整体上评价较高，回答"较为满意"和"一般"的分别为 30.04％和 61.17％。

关于从非日文翻译成中文的日本研究著作，信息来源较为多元。在该题的多选项中，"学校老师推荐"（71.06％）、"大众媒体宣传"（51.65％）、"豆瓣等图书社交平台"（37.73％）、"同学朋友介绍"（37.73％）占据前四位，均高于"实体书店或网络销售平台的推介"（29.67％）。这符合新媒体时代的

---

① 《马场公彦：四本书固化了中国人的日本认识》，《东方历史评论》2019 年 2 月 20 日。

特点，显示传统实体书店的进一步式微，也反映问卷调查内容的较高学术性和受访者的人际关系特点。这或许也为相关译著的营销提供了一定的启示。

当被问及"印象最深"的从非日文翻译成中文的日本研究著作时，问卷结果颇为耐人寻味。在273个受访者中，共有84位提供了较为明确的答案，占总数的30.8%，不到三分之一，比例并不高。但其中，有65人次提到了《菊与刀》，占该题回答者的比率高达77%。此外，《拥抱战败》《日本第一》《通产省与日本奇迹》《剑桥日本史》《附庸国》是仅被提及2人次以上的译著，分别被提及了14、7、3、2、2人次。作为一道开放性问题，问卷并未事先提供选项，所有的答案均由受访者自行举例，问卷结果也更加反映出《菊与刀》的受众基础。

这一"言必称《菊与刀》"的现象再一次证明，在多语种日本研究的中文译介中，普通读者的认知范围确实较为有限和固化。这一问卷调查相对简单，也未必十分科学，但从中不难看出，及时译介更多、更新的多语种日本研究著作仍任重道远。

第三节　译介的空间：除了《菊与刀》，还能译什么？

就译介而言，"选择引进什么样的原著"其重要性并不亚于"如何翻译"：一本优秀原著常因其劣译而让人扼腕叹息，但译文再晓畅准确也难以从本质上提高原著的学术水平。因此，相比"如何译"，"译什么"的问题亦不可等闲视之。顾炎武讲"著书不如抄书"。其实，译书亦是一种"抄书"的变体，"抄"的对象因此大有讲究。

在今后译介书目的筛选和引进过程中，若干书单和评奖提供了颇为有益的参考。一方面，日本国内的大量学术类奖项中多有海外著作荣登榜单，试举数例：1971年由吉田茂国际基金设立的"吉田茂奖"旨在表彰在日本外交史、中日关系史、美日关系史等领域表现突出的年轻学者。[①]日本国际交流基

---

① 吉田茂賞、https://ja.wikipedia.org/wiki/%E5%90%89%E7%94%B0%E8%8C%82%E8%B3%9E。

金自 1973 年设立的"国际交流基金奖"中几乎每年都有杰出海外日本研究者的身影。①1979 年由三得利文化财团设立的"三得利学艺奖"聚焦人文和社会科学领域的日文出版作品，分为"政治经济""艺术文学""社会风俗""思想历史"四个领域。②由司马辽太郎倡议于 1982 年设立的"山片蟠桃奖"意在奖励为日本文化海外推广和国际理解做出贡献的作者及其著作。此外还有 1985 年开始颁发的"大平正芳纪念奖"。③1988 年由兵库县姬路市设立的"和辻哲郎文化奖"旨在表彰文学、历史、艺术等领域的优秀作品。④2001 年由朝日新闻社设立的"大佛次郎论坛奖"旨在表彰对日本政治、经济、社会、文化和国际关系研究的优秀作品。⑤在这些奖项中，间或有该领域的海外作者及其日本研究成果获奖，但大多未得到中译。

在日本以外的国际学界，类似的榜单、奖项、编目也为数不少。例如，美国历史学会（American Historical Association）自 1968 年开始颁布"费正清奖"（John K. Fairbank Prize），聚焦对 1800 年之后的日本等国家和地区的历史研究。在半个多世纪以来的获奖名单中，除了《拥抱战败》和《明治维新》等极少数特例之外，与日本相关的大部分著作尚无中译本。1948 年设立的"班克罗夫奖"（Bancroft Prize）聚焦美国史，克里斯托弗·索恩（Christopher Thorne）的《同盟：美国、英国及其对日战争（1941—1945）》（Allies of a Kind: The United States, Britain, and the War Against Japan, 1941—1945）、沃尔特·拉夫伯尔（Walter LaFeber）的《冲突：美日关系史》（The Clash: A History of U. S. -Japan Relations）、约翰·道尔的《拥抱战败》等作品也曾获奖。亚洲研究协会（Association for Asian Studies）为纪念日本历史研究的先驱约翰·霍尔，自 1994 年开始颁发"约翰·霍尔图书奖"（John Whitney Hall Book Prize），用于表彰在日本或朝鲜半岛问题上的优秀英文专著，其获奖作品中被译介到中国的也为数寥寥。

① 国際交流基金賞、国際交流基金、https://www.jpf.go.jp/j/about/award/archive/index.html。
② サントリー学芸賞、サントリー文化財団、https://www.suntory.co.jp/sfnd/prize_ssah/。
③ 大平正芳記念賞、公益財団法人大平正芳記念財団、http://ohira.org/info/。
④ 和辻哲郎文化賞、姫路文学館、http://www.himejibungakukan.jp/watuji/kako/。
⑤ 大佛次郎論壇賞、朝日新聞社、https://www.asahi.com/corporate/award/12834987。

为便于更加直观的认识，下文以"山片蟠桃奖"和"费正清奖"为例，稍作展开（见表7-1、表7-2）。①尽管任何一个书单都有繁花入眼、见仁见智的问题，且存在挂一漏万的风险，尽管对于"应译未译"的评判往往各执一是，但这些国际学术界的主流书单无疑为中文译介的扩容和优化提供了按图索骥的借鉴。

表 7-1　山片蟠桃奖历年获奖名单②

年　份	获奖者	获奖代表作或贡献领域	是否已在中国大陆中译出版
2018 年	Haruo Shirane	*Japan and the Culture of the Four Seasons*：*Nature*，*Literature*，*and the Arts*，New York：Columbia University Press，2012	否
2016 年	Willy. F. Vande Walle	*Een geschiedenis van Japan*：*Van samurai tot soft power*，Leuven：Acco Uitgeverij，2009	否
2013 年	Peter Kornicki	*The Book in Japan*：*A Cultural History from the Beginnings to the Nineteenth Century*，Leiden；Boston：Brill，1998	否
2010 年	严绍璗	《日本藏汉籍珍本追踪纪实》，上海古籍出版社2005 年版	
2007 年	Edwin A. Cranston	*A Waka Anthology*，*Volume One*：*The Gem-Glistening Cup*，Stanford，Calif.：Stanford University Press，1998	否
2004 年	Sepp Linhart	*The Culture of Japan as Seen through Its Leisure*，Albany：State University of New York Press，1998	否
2001 年	John W. Dower	*Embracing Defeat*：*Japan in the Wake of World War II*，New York：W. W. Norton & Company，2000	是

①　两表中已获中译的作品均为近年来的译作，例如乔丹·桑德：《现代日本家与居：建筑、家庭空间与中产文化》，刘珊珊、郑红彬译，北京大学出版社 2021 年版；马里乌斯·詹森：《坂本龙马与明治维新》，曾小楚译，上海三联书店 2019 年版；威廉·G. 比斯利：《明治维新》，张光、汤金旭译，江苏人民出版社 2012 年版；约翰·W. 道尔：《拥抱战败：第二次世界大战后的日本》，胡博译，生活·读书·新知三联书店 2008 年版。部分作品已有繁体字译本，如顾若鹏：《从人到鬼，从鬼到人：日本战犯与中国的审判》，中国台北远足文化 2021 年版。

②　1991 年之前获奖的详细信息亦可参见大阪府生活文化部文化課编『山片蟠桃賞の軌跡：1982—1991』增補改訂版、大阪：大阪府生活文化部文化課、1993 年。

年 份	获奖者	获奖代表作或贡献领域	是否已在中国大陆中译出版
2000 年	John M. Rosenfield	*Extraordinary Persons*: *Works by Eccentric, Non-Conformist Japanese Artists of the Early Modern Era*, Cambridge, Mass.: Harvard University Art Museum, 1998	否
1999 年	Barbara Ruch	『もう一つの中世像: 比丘尼・御伽草子・来世』、京都: 思文閣出版、1991 年	否
1998 年	Wiesław Kotanski	对《古事记》的语言学研究等	
1997 年	Augustin Berque	Être humains sur la Terre, principes d'éthique de l'écoumène, Paris, Gallimard, 1996	否
1996 年	周一良	《中日文化关系史论》，江西人民出版社 1990 年版	
1995 年	Josef Kreiner	以奄美、冲绳的田野调查为中心的日本人类文化学研究	
1994 年	Kenneth B. Gardner	*Descriptive Catalogue of Japanese Books in the British Library Printed before 1700*, London: Tenri-shi, Japan: British Library; Tenri Central Library, 1993	否
1993 年	Francine Herail	*Notes journalieres de Fujiwara no Michinaga*, Genève: Droz, 1987—1988	否
1992 年	Marius B. Jansen	*Sakamoto Ryoma and the Meiji Restoration*, Princeton, N. J.: Princeton University Press, 1961	是
1991 年	Edward G. Seidensticker	*Translation of The Tale of Genji*, New York: Knopf, 1976	否
1990 年	Hugh Cortazzi	对日本历史的文明论研究与学术考察	
1989 年	Tetsuo Najita	*Visions of Virtue in Tokugawa Japan*: *The Kaitokudo Merchant Academy of Osaka*, Chicago: University of Chicago Press, 1987	否
1988 年	Jacqueline Pigeot	*Michiyuki-bun*, Paris: G. -P. Maisonneuve et Larose, 1982	否
1987 年	Earl R. Miner	*The Princeton Companion to Classical Japanese Literature*, Princeton: Princeton University Press, 1985	否
1986 年	Vladislav N. Goregliyad	Дневники и эссе в японской литературе X—XIII вв., Москва: Главная редакция восточной литературы издательства "Наука", 1975	否

年　份	获奖者	获奖代表作或贡献领域	是否已在中国大陆中译出版
1985 年	金思燁	日本의 万葉集：그 内包된 韓國的要素，서울：民音社，1983	否
1984 年	Frits Vos	*De Nederlandse taal in Japan*, Leo G. Dalhuisen and H. J. M. van der Geest（eds.）Deshima, een factorij en Japan, 1985	否
1983 年	Joyce Ackroyd	*Lessons from History：Arai Hakuseki's Tokushi Yoron*, New York, University of Queensland Press, 1982	否
1982 年	Donald Keene	*World Within Walls：Japanese Literature of the Pre-Modern Era，1600—1867*, New York：Holt, Rine-hart, and Winston, 1978	否

表 7-2　费正清奖（John K. Fairbank Prize）历年与日本相关作品①

年份	获奖者	获奖代表作	是否已在中国大陆中译出版
2016 年	Barak Kushner	*Men to Devils，Devils to Men：Japanese War Crimes and Chinese Justice*, Cambridge, Massachusetts：Harvard University Press, 2015	否
2012 年	Jun Uchida	*Brokers of Empire：Japanese Settler Colonialism in Korea，1876—1945*, Cambridge, Massachusetts：Harvard University Asia Center：distributed by Harvard University Press, 2011	否
2004 年	Jordan Sand	*House and Home in Modern Japan：Architecture，Do-mestic Space，and Bourgeois Culture，1880—1930*, Cambridge, Massachusetts：Harvard University Asia Center：Distributed by Harvard University Press, 2003	是
2002 年	Julia Thomas	*Reconfiguring Modernity：Concepts of Nature in Jap-anese Political Ideology*, Berkeley, Calif.：University of California Press, 2001	否

① "费正清奖"奖励的研究，在时间上聚焦 1800 年之后，在地域范围上不仅包括日本、中国、韩国等国家，还包括"西域"等地区。即便如此，从表 7-2 中可以看出，获奖的日本研究仍为数众多。

年份	获奖者	获奖代表作	是否已在中国大陆中译出版
1999 年	John Dower	*Embracing Defeat*：*Japan in the Wake of World War II*, New York：W. W. Norton & Co. /New Press, 1999	是
1998 年	Louise Young	*Japan's Total Empire*：*Manchuria and the Culture of Wartime Imperialism*, Berkeley：University of California Press, 1998	否
1995 年	Karen Wigen	*The Making of Japanese Periphery*, *1750—1920*, Berkeley, Calif.：University of California Press, 1995	否
1993 年	Stefan Tanaka	*Japan's Orient*：*Rendering Pasts into History*, Berkeley, Calif.：University of California Press, 1993	否
1991 年	Andrew Gordon	*Labor and Imperial Democracy in Prewar Japan*, Berkeley, Calif.：University of California Press, 1991	否
1990 年	Miriam Silverberg	*Changing Song*：*The Marxist Manifestos of Nakano Shigeharu*, Princeton, N. J.：Princeton University Press, 1990	否
1988 年	Sheldon Garon	*The State and Labor in Modern Japan*, Berkeley, Calif.：University of California Press, 1987	否
1986 年	Carol Gluck	*Japan's Modern Myths*：*Ideology in the Late Meiji Period*, Princeton, N. J.：Princeton University Press, 1985	否
1981 年	Conrad Totman	*The Collapse of the Tokugawa Bakufu*, *1862—1868*, Honolulu：University Press of Hawaii, 1980	否
1977 年	Gail Bernstein	*Japanese Marxist*：*A Portrait of Kawakami Hajime*, *1879—1946*, Cambridge, Massachusetts：Harvard University Press, 1976	否
1973 年	William Beasley	*The Meiji Restoration*, Stanford：Stanford University Press, 1972	是
1969 年	Tetsuo Najita	*Hara Kei in the Politics of Compromise*, *1905—1915*, Cambridge, Massachusetts：Harvard University Press, 1967	否

上述奖项自然只是国际学术界的一个声音、一种立场，但作为参考不无助益。任何一个评奖都无法覆盖所有的杰出作品，各个奖项遗漏的佳作也俯仰皆是。以下爰就目力所及，结合上述榜单略举数例"值得翻译"的国际日

本研究作品。考虑到翻译的专业难度和议题的特殊性，这一书单以英语学界对现代日本的综合性、整体研究为主。在学科领域上，对于人类学、社会学、政治学及其交叉的研究有所侧重，每个分类均以出版时间为序。

这里所选的图书并非一味求新求异，不少"遗珠"的出版时间甚至可以追溯到几十年前。相比《菊与刀》享受的无尽荣宠，相当一部分在过去半个多世纪中问世的国际日本研究佳作，其价值仍值得进一步挖掘。毋庸讳言，这一书单反映的仅仅是某种主观的自我偏好，甚至难免武断和盲目。或许其中有个别著作已获译介，或已进入出版计划，而未曾得知。事实上，自初稿以来，该书单已多次瘦身，盖因我们欣喜地发现，其中的若干书目已接踵付梓。

1. 历史

J. W. Dower, *Empire and Aftermath*：*Yoshida Shigeru and the Japanese Experience*, *1878—1954*, Cambridge, Mass.：Council on East Asian Studies, Harvard University and distributed by Harvard University Press, 1979.

Ronald P. Toby, *State and Diplomacy in Early Modern Japan*：*Asia in the Development of the Tokugawa Bakufu*, Stanford, Calif.：Stanford University Press, 1991.

Stefan Tanaka, *Japan's Orient*：*Rendering Pasts into History*, Berkeley and Los Angeles：University of California Press, 1993.

Eiko Ikegami, *The Taming of the Samurai*：*Honorific Individualism and the Making of Modern Japan*, Cambridge, MA：Harvard University Press, 1997.

Louise Young, *Japan's Total Empire*：*Manchuria and the Culture of Wartime Imperialism*. Berkeley：University of California Press, 1998.

Mark Ravina, *Land and Lordship in Early Modern Japan*, Stanford：Stanford University Press, 1999.

Kenneth J. Ruoff, *The People's Emperor*：*Democracy and the Japanese Monarchy*, *1945—1995*, Cambridge, Mass. and London：Harvard University

Press, 2001.

Marius B. Jansen, *The Making of Modern Japan*, Cambridge: Harvard University Press, 2002.

Scott O'Bryan, *The Growth Idea: Purpose and Prosperity in Postwar Japan*, Honolulu: University of Hawaii Press, 2009.

John W. Dower, *Ways of Forgetting*, *Ways of Remembering: Japan in the Modern World*, New York: New Press, 2012.

2. 社会

R. P. Dore, *City Life in Japan: a Study of a Tokyo Ward*, London: Routledge & Paul, 1958.

Donald Keene, *Living Japan: The Land*, *the People and Their Changing World*, New York: Doubleday, 1959.

John F. Embree, *Suye Mura: a Japanese Village*, 1ˢᵗ Phoenix ed., Chicago: University of Chicago Press, 1964 (1939).

Albert M. Craig ed., *Japan: A Comparative View*, Princeton: Princeton University Press, 1979.

David W. Plath, *Long Engagements: Maturity in Modern Japan*, Stanford, Calif.: Stanford University Press, 1980.

Robert J. Smith, *Japanese Society: Tradition*, *Self*, *and the Social Order*, Cambridge and New York: Cambridge University Press, 1983.

Thomas P. Rohlen, *Japan's High Schools*, Berkeley: University of California Press, 1984.

Dorinne K. Kondo, *Crafting Selves: Power*, *Gender*, *and Discourses of Identity in a Japanese Workplace*, Chicago: University of Chicago Press, 1990.

Matthews Masayuki Hamabata, *Crested Kimono: Power and Love in the Japanese Business Family*, Ithaca: Cornell University Press, 1990.

Ellis S. Krauss, *Broadcasting Politics in Japan: NHK and Television News*, Ithaca: Cornell University Press, 2000.

Theodore C. Bestor, *Tsukiji*: *The Fish Market at the Center of the World*, Berkeley: University of California Press, 2004.

Mary C. Brinton, *Lost in Transition*: *Youth*, *Work*, *and Instability in Post-industrial Japan*, New York: Cambridge University Press, 2011.

3. 文化

Takie Sugiyama Lebra, *Japanese Patterns of Behavior*, Honolulu: University Press of Hawaii, 1976.

Emiko Ohnuki-Tierney, *Illness and Culture in Contemporary Japan*: *An Anthropological View*, New York: Cambridge University Press, 1984.

Peter N. Dale, *The Myth of Japanese Uniqueness*, London: Croom Helm, 1986.

Gordon Mathews, *What Makes Life Worth Living?*: *How Japanese and Americans Make Sense of Their Worlds*, Berkeley, Calif.: University of California Press.

Tessa Morris-Suzuki, *Re-inventing Japan*: *Time*, *Space*, *Nation*, Armonk, N. Y.: M. E. Sharpe, 1998.

Robert N. Bellah, *Imagining Japan*: *the Japanese Tradition and Its Modern Interpretation*, Berkeley; Los Angeles: University of California Press, 2003.

William W. Kelly, *Fanning the Flames*: *Fans and Consumer Culture in Contemporary Japan*, Albany: State University of New York Press, 2004.

Eiko Ikegami, *Bonds of Civility*: *Aesthetic Networks and the Political Origins of Japanese Culture*, New York: Cambridge University Press, 2005.

4. 政治

Gerald L. Curtis, *Election Campaigning Japanese Style*, New York: Columbia University Press, 1971.

Zbigniew Brzezinski, *The Fragile Blossom*: *Crisis and Change in Japan*, New York: Harper and Row, 1972.

John Creighton Campbell, *Contemporary Japanese Budget Politics*, Berkeley: University of California Press, 1977.

Gerald L. Curtis, *The Japanese Way of Politics*, New York: Columbia University Press, 1988.

Kent E. Calder, *Crisis and Compensation: Public Policy and Political Stability in Japan, 1949—1986*, Princeton, N. J.: Princeton University Press, 1988.

Daniel Okimoto, *Between MITI and the Market: Japanese Industrial Policy for High Technology*, Stanford, Calif.: Stanford University Press, 1989.

Susan J. Pharr, *Losing Face: Status Politics in Japan*, Berkeley: University of California Press, 1990.

J. Mark Ramseyer and Frances McCall Rosenbluth, *Japan's Political Marketplace*, Cambridge, MA: Harvard University Press, 1993.

Junko Kato, *The Problem of Bureaucratic Rationality: Tax Politics in Japan*, Princeton: Princeton University Press, 1994.

Chalmers Johnson, *Japan: Who Governs?: The Rise of the Developmental State*, New York: W. W. Norton & Company, 1996.

Masaru Kohno, *Japan's Postwar Party Politics*, Princeton, NJ: Princeton University Press, 1997.

J. A. A. Stockwin, *Governing Japan: Divided Politics in a Major Economy*, Oxford: Blackwell Publishing, 1999.

Gerald L. Curtis, *The Logic of Japanese Politics: Leaders, Institutions, and the Limits of Change*, New York: Columbia University Press, 1999.

Jennifer Amyx, *Japan's Financial Crisis: Institutional Rigidity and Reluctant Change*, Princeton, NJ: Princeton University Press, 2004.

Robert Pekkanen, *Japan's Dual Civil Society: Members without Advocates*, Stanford: Stanford University Press, 2006.

Leonard J. Schoppa, *Race for the Exits: The Unraveling of Japan's System of Social Protection*, Ithaca, N. Y.: Cornell University Press, 2006.

Kenneth B. Pyle, *Japan Rising: the Resurgence of Japanese Power and Purpose*, New York: Public Affairs, 2007.

Margarita Estévez-Abe, *Welfare and Capitalism in Postwar Japan: Party, Bureaucracy, and Business*, Cambridge: Cambridge University Press, 2008.

Ellis S. Krauss and Robert J. Pekkanen, *The Rise and Fall of Japan's LDP: Political Party Organizations as Historical Institutions*, Ithaca and London: Cornell University Press, 2011.

Daniel M. Smith, *Dynasties and Democracy: The Inherited Incumbency Advantage in Japan*, Stanford: Stanford University Press, 2018.

5. 经济

Ronald Dore, *British Factory-Japanese Factory: The Origins of National Diversity in Industrial Relations*, Berkeley: University of California Press, 1973.

Rodney Clark, *The Japanese Company*, New Haven: Yale University Press, 1979.

David Arase, *Buying Power: the Political Economy of Japan's Foreign Aid*, Boulder, Colo.: Lynne Rienner Publishers, 1995.

Steven K. Vogel, *Freer Markets, More Rules: Regulatory Reform in Advanced Industrial Countries*, Ithaca, N. Y.: Cornell University Press, 1996.

Steven K. Vogel, *Japan Remodeled: How Government and Industry Are Reforming Japanese Capitalism*, Ithaca: Cornell University Press, 2006.

James C. Abegglen, *21st-Century Japanese Management: New Systems, Lasting Values*, Basingstoke: Palgrave Macmillan, 2006.

第八章

国际日本研究的转译与对译

近年来，欧美学术界的日本研究作品频频中译出版，"西方日本研究"的中文译介成为中国图书出版界的一个持续热点。这其中，除了综合性的大型社科译丛之外，不少出版社还推出了以日本为主题的系列译丛或文库，嘉惠士林，功莫大焉。单行本的译著更是不胜枚举。随着数量的增加，"西方日本研究"的中译质量也越来越成为一个现实的问题，为普通读者和专业人士所共同关注。

第一节　转译的挑战

关于日文与英文等其他语言之间的跨语际传播，欧美学界一度颇有争议。在国际日本研究的学术圈内，日本研究的"（不）可译性"至今众说纷纭、并无定论。事实上，对于 20 世纪 90 年代之后日益兴盛的新一代日本研究而言，这还是批判理论、文化研究、后现代主义等理论争鸣的重要话题之一。

在事关"可译性"的争论中，翻译的准确性始终是一个焦点。20 世纪 80 年代初，在六卷本《剑桥日本史》的编辑出版过程中，约翰·霍尔等知名日本研究学者曾在华盛顿大学召开专题研讨会，商议日本中世史的日英对译问题，并拟定了篇幅颇长的名词互译对照表。①与会的日本和欧美学者都注意

---

① John Whitney Hall, "Terms and Concepts in Japanese Medieval History: An Inquiry into the Problems of Translation," *Journal of Japanese Studies*, Vol.9, No.1, Winter 1983, pp.1—32.

到，由于同一概念在不同语言背景下适用性各异，往往难以形成一一对应的表述，即便是似乎习以为常的"天皇""封建"等概念也是如此。因此，霍尔等人建议，在日本历史的日英互译中，当日文术语的英译暂时无法取得共识时，不妨保留日文原有形态不作翻译。在现实中也可以看到，就像中文的Guanxi（关系）、Hukou（户口）等一样，英文学术文献中Keiretsu（系列制）、Zaibatsu（财阀）、Kaizen（改善）等专业日文词汇不断增加、渐具规模。但实际操作时的一个难题在于，这一使用原文音译的做法在学术类的著作中或许尚且可行，但在以一般读者为对象的普及性读物中，则往往难以付诸实践，仍不得不加以解释性的翻译。为了提供相对权威和统一的语汇翻译，近年来东京大学史料编撰所也在线提供了"欧文日本古代史料题解词典"（Dictionary of Sources of Classical Japan）和翻译支持系统等数据库工具。①

国际日本研究的这一翻译挑战在转译为中文时又进一步放大。抛开更为宏观的认识论、本体论等问题暂且不谈，仅从文本翻译本身而言，若将日本研究由英文等第三方语言转译成中文，一些额外的技术性挑战也接踵而至。

在国际日本研究的中译实践中，受到质疑最多的往往不是语法、修辞，亦非所谓的"英式中文"，而恰恰是最基本的名词翻译。这并不是说前者不重要，只是后者更为醒目，大多不经精校便一望可知。这些误译既包括特殊概念和术语，也包括一般性名词。就概念和术语而言，在日文和英文的对译中，这一问题颇为突出。对概念的注疏转述已属不易，而由释义后的英文回溯至日文概念本身则难上加难。但正如后文所示，这一难题在中文的迻译时反而有可能得到部分缓解。由于汉字的共性，大量原有的日文概念和术语得以直接转化为中文表述，前提是英文著作中标注了日文发音或原文。

在中译中，更大的问题或许在于一般性名词的翻译。日文的固有表述，如机构、职位、人名等，颇有一些中文译著未能精确回译。举一个最简单的例子，日本的"外务省"不能按照其英文表述译成大部分国家的"外交部"，

---

① 東京大学史料編纂所、https://wwwap.hi.u-tokyo.ac.jp/ships/。

"防卫厅"或"防卫省"非"国防部","大藏省"或"财务省"也非"财政部",尽管后者从语义的角度而言并无错误。此外,部分专有名词,其日文与英文的原有表述并不完全对应。例如,中文和日文所称的"亚洲经济研究所",不能按其英文直译为"发展中经济体研究所"(Institute of Developing Economies),其上级机构也应是"日本贸易振兴机构",而非"日本对外贸易组织"(Japan External Trade Organization)。同样,"日本国际交流基金"(Japan Foundation)亦非"日本基金会"或"日本基金"。

日文人名的翻译不免老生常谈,但仍是事故多发的重灾区。由于日文发音特点,同一个罗马音有可能对应数个日文汉字组合。遗憾的是,相当一部分国际日本研究的译校者和责任编辑似乎对此并无了解。由此造成两大类的误译。一是将日文人名的罗马拼音按一般欧美人名的惯例作音译处理,且未能将姓和名的位置复原成日本人名的正常顺序。于是,著名的在美日侨学者奈地田哲夫就变成了"特索·纳吉塔",文化人类学家别府春海屡屡被译成"贝夫·哈鲁米",享誉国际史学界的入江昭也被冠以阿基拉·伊里耶(Akira Iriye)之名。二是张冠李戴,对于罗马拼音随意选取对应这一发音的日文汉字,而不核实日文汉字的原名。例如在国内一部日本经济学著作的中译中,封底特意突出两位日本学者和商界人士作为推荐者,无奈其中的"黑田诚"实为"黑田真","成泽越"又为"鸣泽宏英"之误。

这一类问题在"西方日本研究"的中译中并不鲜见,在非日本研究专著但谈及日本的其他中译作品中更加俯拾皆是。在西方汉学著作回译成中文时,亦有类似的问题。若原著标有日文罗马音或文后附有索引,翻译时尚可按图索骥,不然则需完全依靠译者自身的学术积累和专业判断,多个译者共同参与的译著又增加了译名统一的工作量。

相较之下,在由日文翻译成中文的著作中,这一类问题并不常见。一来译者即便不专门从事日本问题研究,对其专有表述或约定俗成的用法或许也略有耳闻;二来大量日文汉字经文字格式处理后可直接转化为中文,无需斟酌译文。

上述问题是第三方语言译介的特殊之处,在今天的网络世界,减少乃至杜绝这类错误并不困难，只要充分利用国际主流搜索引擎和在线百科，往往就能找到答案。但恰恰由于简便易行，更使其误译难以让人一笑置之。

值得一提的是，近年来初版源自香港、台湾地区的日本研究中译作品越来越多，例如马里乌斯·詹森、安德鲁·戈登的不少名作。两者的差异并不局限于简体字与繁体字之变，还需对译文内容作进一步的校验，并根据大陆的惯用表述方式作相应的文字技术处理。这或许也是同一种语言内转译的特殊之处。

第二节　转译的便利

转译带来的并不都是挑战和难题。部分西方日本研究的原著，本就以欧美的一般读者为对象，在谋篇布局、遣词造句、引经据典中，早已充分考虑了目标读者的需求。这些书籍转译成中文的难度相对较低，也往往更符合普通中国读者的知识水平和阅读偏好。换言之，在对日本特殊文化的解释、分析和评述上，中国读者作为间接的受益者，也享受了原作者力图带给目标读者的便利。这一点，或许与那些以本国读者为主要对象的日文原著较为不同。桑山敬已举过一个颇具代表性的例子：根据日本国内矢内原忠雄译本的人名索引及注释，新渡户稻造的英文名著《武士道》一书中共出现了 157 人。其中：日本人仅20 人，约占 13％；中国人 4 人，分别为孔子、孟子、老子、王阳明；而"西洋人"却高达 133 人。这使得日文人名的回译翻译难度大大降低。此外，一部分日本研究名著的作者事实上也不谙日文，如《菊与刀》的鲁思·本尼迪克特、《日本文明》的艾森斯塔特、《日本镜中行》的艾伦·麦克法兰等。这也无形中降低了日文文献和特有表述所带来的翻译难度。

英文等第三方语言的日本研究译成中文，有时亦有原著语言所不能及的特殊效果。例如美国学者亚历克斯·科尔的《犬与鬼》（Dogs and Demons）一书，其标题实出自《韩非子》，意指"犬马难，鬼魅易"。将其由英文回译成中文，显然使中国读者更能理解其背后的文化内涵和语义所指。

中日文之间的某种共通性也有助于降低"反向工程"的难度。1980 年，国际日本研究学界的重镇《日本研究杂志》曾出过一个特集，聚焦日本研究的翻译问题。在特集中，查默斯·约翰逊发表了一篇关于日本政治术语的著名论文，列举了大量术语的内外含义差异及其导致的翻译困难，共分为十八大类。耐人寻味的是，由于汉字的共通，他举出的大量例子，例如"调整""人脉""育成"，在日英对译中似乎稍具难度，但在中日对译则往往无需大动干戈就能变通处理。①又如《菊与刀》《武士道》等西文著作中涉及的"忠""孝""恩""义理""人情"等概念和表述，在同为东方文化的中国和日本等国显然更具共感，也更易找到对应的中译表述。对于"幽玄""物哀""寂""侘""粹"等日本传统美学的概念，汉字的移用也比英文的解释性翻译便利得多，尽管对于同一词汇，也往往存在着"物哀"与"幽情"、"粹"与"意气"等不同的中译。又如土居健郎阐发的"甘え"的概念，尽管在中文和英文初译时均无对应的表述，但"娇宠"的中译似乎比英文的"依赖"（dependence）更妥帖周到一些。

第三节　对译的参照

从知识社会学的视角而言，翻译在"对外语的驯服和同化"过程中起到了非常重要的重要。中国和日本是这一"知识全球化"中颇具代表性的国家。两国一衣带水，借由翻译，彼此对对方产生的语言影响由来已久。特别是近代以来，日文词汇对于中文的影响十分突出，反向的作用亦不容忽视。沈国威、陈力卫等学者对此已有系统而厚重的研究。黄兴涛、金观涛、刘青峰、冯天瑜、邹振环、方维规等学者也多有精深的探讨。

在日本研究的日文中译时，往往出现两种翻译的偏差。一方面，有可能过于强调中文与日文的"同文同种"，对于同一字面表述背后的语义差异不作深究。在由日文翻译成中文的译著中，有时不明就里直接搬用日文，因此使语汇、句式呈现颇为明显的"日式风格"，甚至频频出现当代的"协和语"而不自察。相比词汇的借用，对于语法的不良影响更值得引起重视。近来，

---

① Chalmers Johnson, "Omote（Explicit）and Ura（Implicit）: Translating Japanese Political Terms," *The Journal of Japanese Studies*, Vol.6, No.1, Winter 1980, pp.89—115.

所谓的"日式翻译腔"甚至成为网络上参与者甚众的一个话题，看似戏谑，实则是颇有意义的讨论。在欧美原著翻译成日文或日文原著翻译成中文的过程中，不乏食洋不化、佶屈聱牙的问题。但由于第三方语言的间接转化，国际日本研究的中译成果中，这一类的问题反倒有所弱化。

另一方面，不少日文表述，无论是"作为方法（事件）的××""在××的延长线上"等句式，还是"超克""受容"等特定的词汇，对于一般中国读者而言，初见似懂非懂、稍觉异样，久之则习以为常、渐成通语。随着"陌生化效果"和"违和感"的褪去，逐渐成为学术译著中的惯常译法，乃至内化成为中文的日常用语。"违和感"一词本身便是颇具代表性的一例，尽管确能从中文典籍中找到"违和"的表述，但不可否认当代意义上的"违和感"用词源于日文，盛行于网络，初期不乏戏仿的成分，追求某种异域的新奇感，但却渐渐被广为接受。当然，这并不是社会科学和人文科学的特有现象。在当代中文和日文文学的创作和对译中，不乏类似的例子。村上春树的"小确幸"、杨逸的"穷得只能喝西北风"均是如此。

相当一部分的国际日本研究除了中译之外，也被翻译成日文，或先有日文原著后有英译等外译。因此，在第三方语言的中译过程中，如果能够充分借鉴和参考日文原著或日译本，对提高译本质量往往不无小补。曾任法政大学国际日本学研究所所长的星野勉举过一个例子：丸山真男的理论中不乏"原型""古层""执拗低音"等特定表述。丸山在下笔时刻意借用了"执拗低音"等音乐术语。试想如果没有日文原著，直接从其英文译本翻译成中文，那 basso ostinato 恐怕并不会采用日文原文的表述，而极有可能采用"固定低音"等更为平实但韵味稍逊的译法。

从实践来看，原著与日文译著互参，有助于降低中译的偏差和贻误。例如，作为《菊与刀》最早也是最具影响力的中译之一，吕万和、熊达云、王智新三位译者的商务印书馆版就同时参照了英文原著与日译本。《拥抱战败》《东京百年史：从江户到昭和 1867—1989》等近年来的佳译亦如此。部分译著参考日译本补阙纠谬，甚至对部分关键内容做适当的调整。例如《虚幻的乐园》《冲绳之怒：美日同盟下的抗争》等，均参照了日译的标题设计，使中文标题更为妥帖。这种对译显示出译者的专业素养和敬业态度，也对其语言能力提出了更高的要求。

改革开放之后，对中国的日本研究机构和人员进行过至少四次全国范围的调查。历次调查结果显示，大部分中国的日本研究学者出身日文专业，或以日文为基本工作外语。这一情况正在出现微妙的变化，新一代的中国日本研究学者在英文等第二外语上的能力普遍有所提高，部分学者甚至在欧美以及中国港台等地获得日本研究或东亚研究的博士、硕士学位。另一方面，国际日本研究的中译自然也不是日本研究学者的禁脔。少数专业译者正在崭露头角，显示出日益熟练的翻译技巧，甚至形成个人风格和品牌。这些译者的标杆作用有望拉动国际日本研究中译的整体水平，使更多兼具学术性与可读性的高质量作品出现在中国读者的案头。

 **第三部分　他山攻错：理论与方法**

第九章

日本研究是否有章可循：两部方法论佳作的评介

标题中的这个问题至少可以分拆成两半。其一，在日本研究的方法、路径、技巧等方面，有没有相应的指南、手册和规范？其二，如果有，这些"宝典"又是否管用，在多大程度上有助于照方抓药、按图索骥？

近年来，国内关于社会科学方法论的著作陆续问世，李连江的《不发表 就出局》、项飙的《把自己作为方法》、黄宗智的《实践社会科学研究指南》、刘军强的《写作是门手艺》都是其中的代表。类似的方法论译著更是为数众多。在美国研究等区域和国别研究中，也不乏相关的方法论编著和译著。那么，在日本研究中，是否存在类似的作品可供指点迷津？

在第二章中，我们曾对相关文献做了初步的梳理，主要涉及研究综述、调查报告、图书名录等资料性成果。其中提到，在美国知名大学图书馆编著的不少文献指南中，也往往包含对日本研究基础研究方法的简介。这些指南大多问世于20世纪90年代甚至更早。令人唏嘘或庆幸的是，仅仅二十多年之后，书中提到的相当一部分内容在今天读来已有恍若隔世之感。在互联网时代，随着电脑技术日新月异，原先作为研究基本功的图书馆卡片查找、输入法切换等技巧现在已基本不再适用。当然，这些资料查找的工具性书籍也在更新换代，不乏最新的作品。与此同时，在不少欧美大学的日本研究基础课程中，研究规范也往往是一个重要组成部分，且更新更为迅捷，以此向年轻学子介绍日本研究，特别是赴日开展研究的一些方法和技巧。另外值得一提的是，国际日本研究的会议论文集或合著作品不少带有研究方法或方法论的预设，各个篇章阐述的主题或许千差万别，但都力争在理论和方法上开展直接或间接的对话。①

目力所及，欧美学界关于日本研究方法论的著作中，有两本最具知名度和影响力：一是西奥多·贝斯特（Theodore C. Bestor）等三位学者主编的《在日本做田野》（Doing Fieldwork in Japan）。②二是诺拉·科特曼（Nora Kottmann）和科妮莉亚·赖厄（Cornelia Reiher）主编的《研究日本：研究设计、田野调查和方法手册》（Studying Japan：Handbook of Research Designs, Fieldwork and Methods）。③

第一节　《在日本做田野》

自 2003 年由夏威夷大学出版社出版以来，《在日本做田野》已成为国际日本研究的一部经典，甚至是必读书目。利用 Google Ngram Viewer 可以发现，近二十年来引征率一直居高不下。可惜的是，该书在国内却鲜为人知。全书共 21 位作者，在出版当时，大多为国际日本研究界的中坚力量，时至今日仍有相当部分是活跃的现役学者。

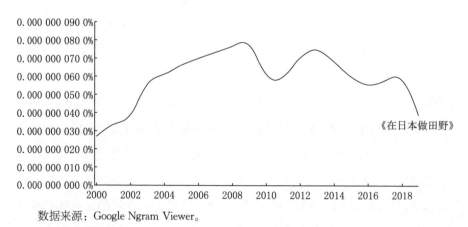

数据来源：Google Ngram Viewer。

① 例如 Hans D. Ölschleger ed., *Theories and Methods in Japanese Studies：Current State and Future Developments：Papers in Honor of Josef Kreiner*, Bonn：Bonn University Press, 2008。

② Theodore C. Bestor, Patricia G. Steinhoff, and Victoria Lyon Bestor eds., *Doing Fieldwork in Japan*, Honolulu：University of Hawai'i Press, 2003.

③ Nora Kottmann and Cornelia Reiher eds., *Studying Japan：Handbook of Research Designs, Fieldwork and Methods*, Baden-Baden：Nomos, 2020.

全书共 414 页。除了三位编者合写的导论以及正文后附的"关于数字资源和田野的附录"、术语表、参考文献等内容之外，主体部分共 20 章，分属四个部分："动身起步"（starting out）、"穿越官僚主义的迷航"（navigating bureaucratic mazes）、"提问：问卷、访谈和获取"（asking：surveys，interviews，access）、"圈内人网络中的圈外人"（outsiders in insiders' networks）。与这些标题类似，各章的标题也颇具文学化和个性化色彩。全书作者的田野调查遍布日本四岛和冲绳，见闻有殊、经历各异，编者期待从中提炼出在日本开展研究的若干"技巧、困惑、问题与出路"。[1]如其封面所示，书中还穿插着二十余张各位作者在田野调查期间拍摄的照片，可谓"一图胜千言"。

对于日本研究学者，特别是其中的中国学者而言，本书的意义突出地表现在以下三个方面。

第一，在更宽泛意义上重新认识"田野调查"在日本研究中的作用和价值。一提及"田野调查"和"民族志"，不少人不由自主地将其与人类学画上等号，在脑海中立马浮现马林诺夫斯基笔下的特罗布里恩群岛，或是当今世界的发展中地区。但事实上，"田野调查"的方法并不是人类学或社会学的禁脔，在社会科学各个领域都有广泛应用，在国际日本研究的不少经典作品中更是表现出显著的存在感。在本书中，"田野调查"被相对宽泛地界定为"现地收集信息"的方式，这一方式是就地开展的、非试验性的，报道人既是信息的来源也是信息的对象。[2]根据书后提供的个人简介，21 位作者中共有 9 位人类学者、4 位政治学者、4 位社会学者、2 位宗教学者，历史学者和图书资源管理者各 1 位。"田野调查"的普遍意义，从这些作者的学科分布就可见一斑。例如，历史学研究通常被认为主要与故纸档案打交道，但作为一名著名的日本历史学家，安德鲁·戈登（Andrew Gordon）希望通过自身的经历告诉大家，在做日本社会史的过程中，通过人际网络获取信息来源和口述材料同样十分重要。

---

[1] Theodore C. Bestor, Patricia G. Steinhoff, and Victoria Lyon Bestor eds., *Doing Fieldwork in Japan*, p.5.

[2] Ibid., p.3.

不少西方学者提到，作为一个"外人"，在日本开展田野调查时，固然面临由于族群、宗教、性别、语言等因素带来的困难，但也不乏某种优势和便利。①恰恰是因为日本有表与里、内与外、建前与本音的分野以及集团导向，所以日本社会反而更容易接受外国研究者作为"客人"进入其集团。从这个意义上说，外国学者既不可能完全变身为一个"局内人"，事实上也无必要变身，"客人"的身份或许更为有利，甚至得以涉足连日本学者也难以企及的集团中。②安德鲁·戈登建议，不应仅仅将日本作为"收集证据"的场所，而应与日本同行建立起充分的个人关系和知识联系。同时，有必要超越日本学界的纷争对立和刻意漠视，博采众长、兼收并蓄，这也是作为一个外来研究者的优势所在。③

相较而言，田野调查、集中访谈等"在地"方法是中国的日本研究学者所不擅长的，或条件比较欠缺的。因此，西方学者在运用这些方法的前提下获得的日本研究成果，无疑对中国的日本研究具有特殊的启发意义。近年来，由高丙中主编的"走进世界·海外民族志大系"和麻国庆主编的"跨界与文化田野"书系中也出现了中国学者的日本民族志研究。④这些尝试和努力无疑与本书的主旨若合符节。

第二，从方法论的角度"还原"名著，以"反向工程"的方式，做深入的案例解析。方法论的手册和指南常常被比喻为"菜谱"，诸如"盐适量、糖少许"的建议往往被批评难以实操，如非反复实践、自我摸索，光读"菜谱"永远都是纸上谈兵。这恐怕是事实。但动态的"菜谱"，就像大量美食

①　Daniel P. Aldrich, "The 800-Pound Gaijin in the Room: Strategies and Tactics for Conducting Fieldwork in Japan and Abroad," *PS: Political Science and Politics*, Vol.42, No.2, April 2009, pp.299—303.

②　David M. Arase, "Dealing with the Unexpected: Field Research in Japanese Politics," in Theodore C. Bestor, Patricia G. Steinhoff, and Victoria Lyon Bestor eds., *Doing Fieldwork in Japan*, pp.255—256.

③　Andrew Gordon, "Studying the Social History of Contemporary Japan," in Theodore C. Bestor, Patricia G. Steinhoff, and Victoria Lyon Bestor eds., *Doing Fieldwork in Japan*, p.272.

④　例如李晶:《稻作传统与社会延续:日本宫城县仙台秋保町马场村的民族志》，生活·读书·新知三联书店 2019 年版。

节目一样，既要明确告知煎炒蒸煮的诸多技术性要素，也每每需要生动呈现一道道佳肴的制作过程。在这个意义上，类似本书的方法论指南好比导演见面会，又或是叫座大片的制作记录和幕后花絮，使读者仿佛置身片场或舞台的后台（君不见豆瓣、IMDb上不少制作纪录片的评分甚至高于原片）。

对于本书中的不少作者而言，其成名作或代表作极大地得益于书中提到的那些田野经历，而随着学术世界的大浪淘沙，这些作品大多已成为国际日本研究中的经典著作。其中，贝斯特的《邻里东京》、安德鲁·戈登的《日本劳资关系的演变》等也已有了中文译本。①因此，读者可以从本书中一窥佳作的来龙去脉、前世今世。通过作者对自身研究经历的娓娓道来，拆解和揭示其中的机关和要害，让读者在对原著击节叫好的同时，更知道"好在何处，好从何来"。正如编者所言，尽管本书并不是一本手把手传授的"操作步骤说明书"（a step-by-step how-to manual），但确实为如何在日本做研究提供了诸多洞见和建议。②可以说，这种基于具体作品的言传身教，往往比纯粹介绍方法论的手册更为具象和形象，也更具启发的实效。

值得一提的是，其实中国国内也有类似的著作。例如高柏的《西方社会科学理论与日本研究：清华大学日本研究中心高级培训班讲习录》中就对本人的两部力作《日本经济的悖论：繁荣与停滞的制度性根源》和《经济意识形态与日本产业政策：1931—1965年的发展主义》的研究经验作了很好的阐释。③两者结合阅读，也有类似的功效。

第三，作为"学术史"和"日本社会研究"的意义。书中不乏大量趣闻逸事、笑谈掌故乃至内幕密辛，极具可读性。这些作者现身说法，将其研究过程中的心迹剖白与喜怒哀乐和盘托出，颇有一些"自我人类学"的味道。

① 西奥多·C.贝斯特：《邻里东京》，国云丹译，上海译文出版社2007年版；安德鲁·戈登：《日本劳资关系的演变》，张锐、刘俊池译，江苏人民出版社2011年版。

② Theodore C. Bestor, Patricia G. Steinhoff, and Victoria Lyon Bestor eds., *Doing Fieldwork in Japan*, p.1.

③ 高柏：《西方社会科学理论与日本研究：清华大学日本研究中心高级培训班讲习录》，社会科学文献出版社2013年版；高柏：《经济意识形态与日本产业政策：1931—1965年的发展主义》，安佳译，上海人民出版社2008年版；高柏：《日本经济的悖论：繁荣与停滞的制度性根源》，刘耳译，商务印书馆2004年版。

这其中既有机缘巧合、无心插柳（serendipity）的意外之喜，也不乏无奈、沮丧、痛苦甚至危险。作为一部相当个人化的合集，书中并不回避作者的抱怨和吐槽。例如，现任哈佛大学赖肖尔日本研究中心主任的玛丽·布林顿（Mary C. Brinton）就批评日本"事实宏富，数据欠奉"（Fact-Rich, Data-Poor），既是社会学家的"地狱"也是"天堂"。

无论是其"心得""诀窍"，还是走过的"弯路"，这些学者的经验都给后来的研究者以教益。各章的描述，既有对原著的高度浓缩和提炼，也透露出不少原著中不便言说或语焉不详的点滴。这些经历片段可视为作者本人学术历程的"口述史"，而不同案例的重叠和累积又进而形成了某种国际日本研究的"学术史"或"学科史"。同时，由于不少作者深入日本社会的肌理，展现了诸多不为众人所知的侧面，无论是官僚机构、外籍劳工团体、非政府组织、媒体，还是更为隐秘的赤军、新兴宗教、监狱、黑帮等，都是如此。对这些"非常规"的研究主题而言，仅仅依靠档案、数据等既有文献，或纯粹的理论推导和概念辨析往往难以完成。这突出了田野调查的优势和独到之处，也使本书超越了纯粹"方法论"的意义，兼具日本社会历史研究的性质。

第二节　《研究日本：研究设计、田野调查和方法手册》

《研究日本：研究设计、田野调查和方法手册》一书于 2020 年 12 月由德国知名的 Nomos 出版社编辑出版。[①]两位主编中，诺拉·科特曼是位于东京的德国日本研究所（DIJ）的资深研究员，科妮莉亚·赖厄则是德国柏林自由大学的日本研究教授。

该书出版后被广泛宣传为"在对日本的社会科学研究中，第一部关于定性方法、研究设计和田野调查的综合指南"。德国日本研究所也自信满满地

---

① 该书脱胎于作者团队在成书前的数次国际会议和相关论文汇编，部分作品可参见 Special Issue: Fieldwork in Japan: New Trends and Challenges, *ASIEN—The German Journal on Contemporary Asia*, Nr. 149, Oktober 2018。

称其为"日本研究方法论的第一部综合基础指南"。

全书共 501 页，分为 17 章。每章首先由平均近 10 页的"主章"作深入的主题讲解，后附 3 篇具体的案例介绍和补充阐释，每篇篇幅不长，大致在 3—5 页。因此，全书事实上共有 68 篇各自独立的文章，又彼此引用提示、前后呼应。每一章之后还附有详细的延伸阅读和参考文献目录。与《在日本做田野》所有章节均是单一作者单独完成不同，本书的相当一部分篇章由两位以上的作者合写，部分作者贡献了不止一个篇章，这也从一个侧面体现了该书所力图彰显的"跨国学术合作"和"国际学术共同体"的意义。

全书内容极为丰富，虽篇幅宏大，但丝毫不显得凌乱和臃肿。不揣冒昧，试将各章的标题移译如下，其核心内容也可一目了然：

第 1 章　如何开始研究：日本研究的多样性（Roger Goodman）

第 2 章　如何提问：研究问题（Gabriele Vogt）

第 3 章　如何组织研究：研究设计（Kaori Okano）

第 4 章　如何确认相关的学术争论：文献综述（Urs Matthias Zachmann）

第 5 章　如何收集数据：定性社会科学简介（Akiko Yoshida）

第 6 章　如何做田野调查：在日本内外研究日本（Levi McLaughlin）

第 7 章　如何对人访谈：定性访谈（Nora Kottmann and Cornelia Reiher）

第 8 章　如何观察他人和环境：参与式观察（Christian Tagsold and Katrin Ullmann）

第 9 章　如何获取书面和虚拟资料：档案馆、图书馆与数据库（Theresia Berenike Peucker, Katja Schmidtpott and Cosima Wagner）

第 10 章　如何整合不同方法：混合方法设计（Carola Hommerich and Nora Kottmann）

第 11 章　如何分析数据：对定性社会科学研究中数据分析方法的简介（David Chiavacci）

第 12 章　如何了解数据的意义：编码与理论化（Caitlin Meagher）

第 13 章　如何使文本系统化：定性的内容分析与框架分析（Celeste L. Arrington）

第 14 章　如何理解话语：定性话语分析（Andreas Eder-Ramsauer and Cornelia Reiher）

第 15 章　如何收尾：在压力重重的世界中写作（Chris McMorran）

第 16 章　如何开展可靠和公正的研究：好的研究实践（Cornelia Reiher and Cosima Wagner）

第 17 章　如何呈现结果：发言与出版（James Farrer and Gracia Liu-Farrer）

从目录可以看出，全书的重点在于定性社会科学方法，主要的目标读者是日本研究的博士生和年轻学者。在前言中，该书的项目组织方坦言，无意将其变成一部"日本研究的圣经"，但希望能够成为日本研究的"烹饪指南"。①

除了结构完整、议题全面、阐释清晰、资料翔实等特色之外，该书具有以下三个突出的特点。

第一，开放和多元的学术视角。全书共 74 位作者，书出众手、蔚为壮观。这其中既有谢尔顿·加龙（Sheldon Garon）、罗杰·古德曼（Roger Goodman）、乔伊·亨德瑞（Joy Hendry）、罗伯特·帕克南（Robert J. Pekkanen）、萨蒂娅·帕克南（Saadia M. Pekkanen）、南希·罗森伯格（Nancy Rosenberger）、理查德·萨缪尔斯（Richard J. Samuels）等资深学者，也不乏后起之秀，甚至包括数位在读博士、博士后研究人员。其中的相当一部分年轻学者刚刚步入学术生涯的正轨，出版了本人的首部著作或完成了第一个重大项目，因此其建言尤为恳切，经验也更具时效。由于不同世代的并列，书中推介的各种研究方法呈现颇为多样化的特点。例如，同样是分享记笔记的经验之谈，年轻学者多力荐 EndNote、Citavi、Zotero 等软件以及云端等存储方式，而资深学者则强调"好记性不如烂笔头"，传统的笔记本和便笺簿仍是得心应手的不二法宝。

该书的两位主编、前期准备团队、主要资金来源和出版方均来自德国，

---

① Nora Kottmann and Cornelia Reiher eds., *Studying Japan: Handbook of Research Designs, Fieldwork and Methods*, p.13.

因此书中体现的传统"欧洲大陆"的日本研究风格自不待言。但从作者群的出身来看，既有欧美学者，也不乏相泽真一、今井顺、木下江美、中野幸江、冈野かおり、清水薰、竹山明子、渡边大辅、山口富子等日籍或日裔学者，以及刘双（Gracia Liu-Farrer）等华人学者。这些学者所在的大学和研究机构，不仅包括美国、德国、英国等传统日本研究的"西方大国"，还包括澳大利亚、新加坡、香港等国家和地区。因此，尽管美国学界的影响力仍毋庸讳言，但这本合集绝不是一本"美国的日本研究手册"，而在相当意义上体现出"国际日本研究手册"的特色。

值得一提的是，在这些作者中，包括两位主编在内，女性学者逾40人，远超一半。这既与国际日本研究中女性学者比例较高的现状相符，也进一步凸显了不同性别的学者在日本研究中的差异化视角和体验。因此，尽管本书并无意强化女性主义的理论取向，但在书中能充分感受到女性学者对日本研究的重大贡献和特殊思考。

第二，偏重定性研究，强调混合方法多管齐下。作为区域和国别研究的一个重要组成部分，不可否认的是，日本研究即便在美国也未必与其他社会科学一样强调定量研究。但在日本研究中，相比其他国家的学者，美国学者更为重视定量研究方法或许也是不争的事实。部分由于上述第一点的特点，该书从始至终都以定性研究为重点，在此基础上强调"三角互证"等混合方法和"多方法研究"（MMR）路径，并简要涉及若干定量研究的方法和技巧。

具体而言，全书的主线或曰共性的问题意识在于以下四点：其一，对日研究（research on Japan）和在日研究（research in Japan）分别具有怎样的特殊性？其二，跨国牵连（transnational entanglements）如何改变了日本研究？其三，技术创新如何促进了日本研究，又带来哪些挑战？其四，日本研究中的伦理影响何在？[1]从这些问题意识出发，各章中提示最多的研究方法包括田

① Nora Kottmann and Cornelia Reiher eds., *Studying Japan: Handbook of Research Designs, Fieldwork and Methods*, p.19.

野调查、定性访谈、观察式研究和文献研究，这些方法也构成该书的焦点。①考虑到中国日本研究的传统和优势，本书的这一取径或许更符合中国学者的研究风格，既能在研究的认识论和方法论上提供一定的新鲜感或差异性，又不至于形成鸡同鸭讲、难以对话的窘境。

第三，在突出学科研究"普遍性"的同时，不忘日本研究的"特殊性"。无论是各章正文的阐释，还是延伸阅读和参考文献书目的挑选，该书都注重首先在社会科学和区域研究的整体背景下展开介绍，在此基础上，充分考虑日本研究所蕴含的特殊之处。

书中的绝大部分学者在欧美接受日本研究的学术训练，但同时又熟悉日本社会，不少作者还是在日本的研究机构和大学工作的外籍学者。因此，与在整体上介绍区域研究或各个具体学科的研究手册不同，该书的一个显著特点在于，从国际日本研究的视角出发，对日本这一研究对象的特性做了恰如其分的评估。书中的不少建议、提醒乃至警告，相信会使具有类似经验的学者感同身受、会心一笑，也对新一代的日本研究学者提供了有益的启示。例如，如何在日本或日文的语境下处理严肃学术写作与通俗流行写作的关系，如何应对日本人对外国人田野调查和访谈的特殊期待和反应，如何充分重视并积极营造在日的人际关系网络，如何更加高效地利用日本特有的社会学科调查和民调数据，等等，都颇具价值。

编者曾一度担心，该书作者中研究食物、家庭、性别的学者或许过多，使相关主题变为略为"小众"，使其经验之谈的"普遍意义"打一些折扣。但从阅读效果来看，这些通常未必居于日本研究"主流"的议题和学者，恰恰通过对其"利基"研究的阐释另辟蹊径、以小见大，体现了触类旁通、殊途同归的意义，也为日本研究的多样性乃至趣味性增添了不少风味。略为遗憾的是，本书的作者大部分隶属人类学、政治学、社会学，来自历史学、经济学、法学、国际关系等学科的学者较少，学科的全面性和综合性或许还有

① Nora Kottmann and Cornelia Reiher eds., *Studying Japan: Handbook of Research Designs, Fieldwork and Methods*, p.132.

进一步提高的空间。

在日本学界，近年来也出版了若干关于日本研究的方法论简介，但限于篇幅和深度，大多只对日本研究中的主要学科或具有代表性的一些"日本问题"做了初步的罗列，基本仍停留在"教养教材"和"基础入门"的层次。①

与之相比，本章介绍的这两部英文合著，无论是学术价值和国际影响力都远超其上，也让人读起来兴致盎然。且两书不无互补，如果说前者相对演绎和感性，聚焦"在日本做研究"，则后者更趋归纳和理性，俯瞰"做日本的研究"。如能有幸全文迻译在国内出版，相信会沾溉后学，对中国的日本研究大有裨益。

---

① 例如野本京子、坂本惠、東京外国語大学国際日本研究センター編集『日本をたどりなおす29の方法：国際日本研究入門』、東京：東京外国語大学出版会、2016 年；ガイタニディス・ヤニス、小林聡子、吉野文編集『クリティカル日本学——協働学習を通して「日本」のステレオタイプを学びほぐす』、東京：明石書店、2020 年。

第十章

"本土书写者"的困境与呐喊：
评《学术世界体系与本土人类学》

在知识和学术的"世界体系"中，本国处于怎样的位置？这一位置是否公正、合理、恰如其分？如若不然，何以至此，出路又在何方？这些问题是大部分国家的知识分子不时自我反思和质疑的问题。从人类学的学科出发，日本学者桑山敬己做出了自己的回答。2019 年 12 月，其于 2008 年出版的日文专著《学术世界体系与本土人类学：近现代日本经验》获得中译，作为"日本现代人类学译丛"之一，由商务印书馆出版发行。①

第一节 "学术世界体系"中的"本土人类学"

桑山敬己是日本著名的文化人类学家，1955 年生人，在东京外国语大学相继完成英语本科和地域文化专业的硕士课程，1982 年获得富布莱特奖学金赴美留学，于 1989 年在加州大学洛杉矶分校获得文化人类学的博士学位，博士论文题为《日本人的自我概念：自律与他律的动态变化》。之后，在弗吉尼亚联邦大学担任近四年的讲师。1993 年，桑山决定离开居住了 11 年的第二故乡美国，回到日本。返日后，除了在创价大学短期执教外，桑山主要供职于北海道大学，前后超过 13 年，2018 年 3 月从北海道大学退休后转至私立的关西学院大学继续工作。

---

① 桑山敬己：《学术世界体系与本土人类学：近现代日本经验》，姜娜、麻国庆译，商务印书馆2019 年版。

《学术世界体系与本土人类学》是桑山敬己长期积累、反复思考的成果，在相当程度上也是其个人学术历程的写照。长期的海外留学和执教经历无疑对桑山观察、体验和反思不平等的学术权力结构有着重要的影响。在日译本的序言和后记中，桑山自述了该书诞生的来龙去脉。1993年，他从美国回到日本，从1995年开始对本土人类学研究的思考和写作，并于1997年在日本国内的《民族学研究》上发表了本人在这一主题的第一篇论文，题为《"现地"的人类学——以内外的日本研究为中心》。①该文虽然由日文发表，但其英文摘要却引起国际同行的关注。在牛津大学的日本人类学家罗杰·古德曼（Roger Goodman）的建议下，桑山重新梳理了该文的长篇英文摘要，发表在国际学术团体"日本人类学研究会"（JAWS）的学术通讯上。出身荷兰的日本人类学家扬·范布雷曼（Jan Gerhard van Bremen）在同期也刊登了对日文原文颇具建设性的评论。以此为契机，这一讨论逐渐走向国际学术圈。之后，出身加拿大的日本人类学家帕梅拉·阿斯奎思（Pamela Asquith）等不少学者陆续加入讨论。围绕这一主题，1999年在大阪国立民族学博物馆召开的第十二届日本人类学研究会年会上还组织了一个分科会，其成果于2000年刊于《立命馆亚洲太平洋大学纪要》的特刊。在此基础上，桑上将发表在《今日人类学》《自然人类学》等刊物的数篇论文经大幅修改后结集成册，形成该书英文版的初稿，于2004年由位于澳大利亚墨尔本的跨太平洋出版社出版。②2008年，根据日本读者的阅读特点，桑山对原有内容做了若干调整和补充，在日本国内由主营法律和社会学著作的弘文堂出版了日文版。该书的中译本即译自这一日文版。

该书英文版和日文版的标题分别为《本土人类学：日本对西方学术霸权的挑战》（Native Anthropology: The Japanese Challenge to Western Academic Hegemony）和《本土人类学与民俗学：知识的世界体系与日本》（ネイティ

---

① 桑山敬己「『現地』の人類学者—内外の日本研究を中心に—」、『民族學研究』、第61巻第4号、1997年、517—542頁。

② 值得一提的是，跨太平洋出版社（Trans Pacific Press）由在澳大利亚长期执教的日本社会学和文化人类学学者杉本良夫于2000年初成立，主要致力于对日本以及其他亚洲国家研究的英文学术出版，机构本身或许就可作为桑山理论的一个注脚。

ヴの人類学と民俗学：知の世界システムと日本）。不难看出，中译本的标题《学术世界体系与本土人类学：近现代日本经验》保留了"本土人类学"这一关键词，融合了两者的精华，但也相对弱化了英文版原标题所蕴含的问题意识与批判气势。

该书的英文版问世后，在日本人类学的国际学术共同体内引起较大反响，不少学者纷纷引用该书，并参与其核心命题的学术讨论。学术书评的评价整体上颇为积极，也不乏共鸣。[1]在此之后，桑山也陆续发表了数篇论文，在回应学界同仁、阐述自身立场的过程中，进一步扩展和深化原有的思考。从该书日文版的参考文献可以看出，在桑山本人的著述中，有近一半是2004年英文版出版后发表的。可以说，该书虽是独著，但在一定意义上却是桑山与学界志同道合者砥砺切磋的互动成果。该书的英文版共计184页，并不算长，但日文版则有350页，尽管不同语种存在差异，但内容的增加仍显而易见。因此，相比英文版，四年之后成书的日文版更加下笔从容、篇幅绰然，在观察、判断和行文上也更为充实周全。而在日文版成书之后，桑山并未停止对这一主题的探讨，继续著书立说，将其应用于对阿伊努问题等议题的研究。[2]

《学术世界体系与本土人类学》一书分为三个部分，第一部分从人类学的视角，整体分析学术世界体系，第二部分以柳田国男为例，聚焦考察日本的文化人类学与民俗学，第三部分从《菊与刀》和美国的人类学教科书切入，试图透视美国如何表述日本。全书的主体和核心事实上在第一部分的三

---

[1] 例如可参见 Alberto G. Gomes, "Review on Native Anthropology," *Journal of Intercultural Studies*, Vol.26, No.3, August 2005, pp.283—285; 沼崎一郎「書評　桑山敬己著 Native Anthropology: The Japanese Challenge to Western Academic Hegemony」、『文化人類学』、第70巻第2号、2005年、285—289頁。数年之后，对于日文版的书评可参见沢尻歩「書評・紹介　桑山敬己著『ネイティヴの人類学と民俗学—知の世界システムと日本』」、『北海道民族学』、第5号、2009年3月、43—47頁；中西裕二「書評　桑山敬己著『ネイティヴの人類学と民俗学—知の世界システムと日本』」、『日本民俗学』、第281号、2015年、90—94頁。

[2] 例如可参见 Takami Kuwayama, "The Ainu in the Ethnographic Triad: From the Described to the Describer," in Joy Hendry and Laara Fitznor eds., *Anthropologists, Indigenous Scholars and the Research Endeavour Seeking Bridges Towards Mutual Respect*, New York: Routledge, 2012。

章，而桑山本人在第二章的结语部分就已经对全书的基本观点作了六点论的归纳：第一，在人类学的言说，特别是民族志中，"本土人"被结构性地排除在外；第二，近代殖民主义中的西方霸权是造成这种状况的罪魁祸首；第三，本土的人类学家因为在学术世界体系中处于边缘位置，只起到次要作用；第四，英国、美国、法国处于学术世界体系的中心位置，为世界各地的知识生产设定了阶层化的基准；第五，开放式的文本有助于超越个人研究者的主观性，获得某种客观性；第六，人类学家应创造一种平等参与对话的平台和空间，使包括"本土人"（特别是知识阶层）在内的各个利益主体都能参与其中。①这六个观点前后呼应，逻辑一以贯之，第一点开宗明义地呈现问题的结果或表征，第二至四点分析成因，第五和第六点则探讨缓解之道。

具体而言，桑山的论述主要围绕两个关键词展开："学术世界体系"与"本土人类学"。

首先，毫无疑问，伊曼纽尔·沃勒斯坦（Immanuel Wallerstein）的"世界体系论"对桑山从人类学的角度思考学术的世界体系产生了重大影响。同时，桑山的分析从瑞典人类学家托马斯·格霍尔姆（Tomas Gerholm）和乌尔夫·汉纳兹（Ulf Hannerz）等人的研究中获得了不少灵感。他们将"中心与边缘"的关系比喻为"本土与离岛"的关系：离岛的人必须知道本土的情况，也迫切地想要知道本土的情况，反之则不然。这种"印象主义式"的观察不乏量化数据的支撑和佐证。②在相当意义上，这一对学术"世界体系"的感知和反应似乎在"中等国家"表现得更为突出，因此，桑山与这些学者产生强烈的共鸣和同感也在情理之中。

印度裔学者阿克希尔·古普塔（Akhil Gupta）和美国学者詹姆斯·弗格森（James Ferguson）事实上曾在 1997 年主编的《人类学定位》一书中提出过近乎完全一致的观点。他们指出，在"地缘政治学霸权"的影响下，人类

---

① 桑山敬己：《学术世界体系与本土人类学：近现代日本经验》，商务印书馆 2019 年版，第86 页。

② Sébastien Mosbah-Natanson and Yves Gingras, "The Globalization of Social Sciences? Evidence from a Quantitative Analysis of 30 Years of Production, Collaboration and Citations in the Social Sciences (1980—2009)," *Current Sociology*, Vol.62, No.5, 2014, pp.626—646.

学研究存在着"中心"与"边缘"的结构，英国、美国、法国把持着中心的权力。①此外，在社会科学中，不少理论都有着对于空间权力格局的想象和类比，例如政治经济学中的"辐轴理论"，又如内藤湖南的"文化中心移动说"等。这些形象化的概念阐释或许对桑山学术世界体系论的建构也不无启发。

桑山的核心观点是，日本处在"知识世界体系的边缘位置"，日本只是"西方人的表述对象"，而日本对自身的表述则"很难传达到世界体系的中心地带"。②在"描述者＝殖民者＝观察者＝了解者"和"被表述者＝被殖民者＝被观察者＝被了解者"③的连等式中，西方和日本被分别置于两端。"边缘生产的知识无论多么有价值，只要与中心的标准和期待不符，就难见天日"。④反过来，即便是那些自感处于边缘位置的美国学者，事实上他们也处于学术世界体系的中心位置，无论如何，"中心中的边缘"仍高于边缘。⑤为此，日本的"本土人类学家"需要改变"被客体化"、"被对象化"的状态，摆脱上述所有的"被"字，成为自我表述、自我书写的主人。

桑山指出，当美国的日本研究尚未成熟时，曾几何时也需要日本研究者的协助，但一俟自成规模和体系，便与日本的研究同行分道扬镳了。此时，对美国的日本研究者而言，"报道人"（informant）远比当地的同行更有交流的价值。⑥尽管"报道人"的表述日益被替换成"合作者"（collaborator），但在桑山看来，本土的研究至多仍不过是一个了解当地情况的助手，而非真正的知识生产者，本地的图书馆等学术资源也远未得到充分利用。⑦

语言及其背后的思考方式是"中心"主导学术世界体系的重要载体。一

① Akhil Gupta and James Ferguson, "Discipline and Practice: 'The Field' as Site, Method, and Location in Anthropology," in Akhil Gupta and James Ferguson eds., *Anthropological Locations: Boundaries and Grounds of a Field Science*, Berkeley: University of California Press, 1997, p.27.

② 桑山敬己：《学术世界体系与本土人类学：近现代日本经验》，第 2 页。

③ 同上书，第 43 页。

④⑤ 同上书，第 32 页。

⑥ 同上书，第 52 页。

⑦ Takami Kuwayama, "Anthropological Fieldwork Reconsidered: With Japanese Folkloristics as a Mirror," in Joy Hendry and Heung Wah Wong eds., *Dismantling the East-West Dichotomy: Essays in Honour of Jan van Bremen*, London and New York: Routledge, 2006, p.52.

方面，桑山认为，美国人看不上日本的学问，"与其说是日本自身的问题，不如说是因为美国人没有能够承认其价值的意图和能力，而最大的原因就在于他们日文能力的不足"。①另一方面，桑山又敏锐地看到，中心与边缘之间的语言鸿沟并不仅仅在于熟练程度与否，更在于不同语言在主导话语体系中的位置差异。只有使用英语等中心国家的语言，知识的获取、生产和传播才更为有效，才能得到认可。②

其次，为了缓解"学术世界体系"的权力不平等症状，桑山开出了"本土人类学"的药方。桑山将"本土人类学"（native anthropology）界定为"本土人尝试着用自己的观点、自己的语言阐释自己的民族、自己的文化"的学问③，简而言之，是"本土人对本土人的人类学"。也正是在这个意义上，桑山分析的最终落脚点并不是普通的"本土人"，而是为其代言的"本土人类学家"。"对话空间"是全书始终强调的一个关键词。不言而喻，对话的双方更多地是指"本土人类学家"与"非本土的人类学家"。因此，桑山的剖析和判断在相当程度上是作为一个日本"本土人类学家"的夫子自道。

桑山的重要创见在于"民族志的三重构造"，将描述者、被描述者、读者作为三位一体的三个角色加以互动分析。④在桑山对古典民族志、过渡期民族志、完全本土型民族志等三种类型的探讨中，"被描述者"——即本土读者——也被纳入视野，这颇有新意和深意。尽管如此，桑山在书中所强调的弱势主体并非"本土人"，而是"本土人类学家"。当然，桑山并非无视"本土人"，如果"本土人类学家"作为一种知识的创造者尚且依附于中心的强者，普通的"本土人"处于一种更为弱势的地位也就自不待言了。

桑山的立场与观点或许容易让人联想到萨义德的"东方主义"，但两者

① 桑山敬己：《学术世界体系与本土人类学：近现代日本经验》，第 53 页。
② Takami Kuwayama, "The 'World-System' of Anthropology: Japan and Asia in the Global Community of Anthropologies," in Shinji Yamashita, Joseph Bosco, and J. S. Eades eds., *The Making of Anthropology in East and Southeast Asia*, New York: Berghahn Books, 2004, p.39.
③ 桑山敬己：《学术世界体系与本土人类学：近现代日本经验》，第 15 页。
④ 在国际关系研究领域，山影进从研究对象、研究者、研究成果消费者的角度，对于区域研究的三角关系也有过几乎一致的阐述。参见山影進「地域にとって地域研究者とは何か—地域設定の方法論をめぐる覚書—」、『年報政治学』、第 37 巻、1986 年、10—12 頁。

事实上存在微妙的差别。对"学术世界体系"与"本土人类学"的分析尽管都具有"反霸权"和"去中心"的特性，但桑山的立论仍立足于学术史和知识系谱的范畴内，而萨义德的主张显然更为彰显"反殖民主义"的大义名分。萨义德将"东方主义"视为"西方对东方的一种投射和统治东方的一种愿望"，东方仅是"一个被论说的主题"、"一些虚构性叙事"。在对东方的讨论中，东方自身是"完全缺席的"。为此，萨义德反复引用并强调马克思的名言——"他们无法表达自己；他们必须被别人表述"。①他呼吁，要摒弃东方学发展过程中所呈现的"种族主义的、意识形态的和帝国主义的定性观念"，②希望东方学者自身能够站出来描述东方。"东方主义"尽管是后殖民主义的视角，但究其根本描绘的是一种殖民者与被殖民者延续下来的压迫关系。

与萨义德的激进主张相比，桑山的阐述要缓和得多，书中对"东方主义"的引用也并不突出。如英文原题所示，桑山期待的更多地是"挑战霸权"，而非"颠覆体系"。桑山坦言，无论是处在"知识世界体系"边缘的日本还是其他国家，都无力以集体的力量掀起"一场革命"。③同时，在个人的学术风格和价值取向上，桑山似乎也对"后现代主义"以及批判理论敬而远之。桑山反思道，"边缘的研究者过于重视与中心的关系，反而忽视了边缘与边缘的关系"。为此，他再度借用本土与离岛的比喻，认为不仅是离岛与本土之间，各个离岛之间也应该增加交通，避免彼此隔绝的状态。④

第二节　"中心"与"本土"之辨

针对桑山的分析和观点，不少学者提出了若干商榷或质疑之处，主要包括以下三个方面。

---

① 爱德华·W. 萨义德：《东方学》，王宇根译，生活·读书·新知三联书店 2019 年版，第448 页。
② 同上书，第 128、236、438 页。
③ 桑山敬己「アメリカの人類学から学ぶもの」、『国立民族学博物館研究報告』、第 31 卷第1 号、2006 年、52 页。
④ 桑山敬己：《学术世界体系与本土人类学：近现代日本经验》，第 109 页。

首先是"中心"和"边缘"的关系。一些学者认为，"中心"和"边缘"都是相对的，只有在比较意义上才成立，而日本在多大意义上处于一种绝对的"边缘"地位或许要打一个问号。在这方面，一个重要的概念在于"半边缘"。桑山固然熟知这一概念，但为了突出"中心"和"边缘"的对立，其理论一开始并不强调介于"中心"和"边缘"之间的"半边缘"结构。[1]但在不少学者看来，如果套用"三个世界"的理论，日本与其说处在"第三世界"的边缘地位，显然更符合"第二世界"的身份，甚至在某些时段或领域不乏"第一世界"的特征表现。尽管一国的综合国力与学术产出未必同步发展，其在世界上的地位也未必始终并驾齐驱，但即便是在学术世界，日本身处"第三世界"而非"第二世界"的判断，仍不免引起争议。再联想到添谷芳秀等学者阐发的"中等强国论"，日本在"中等国家"中尚且排名靠前，实在难以被贴上"落后国家""边缘国家""下等国家"的标签。

不少学者强调，无论是"中心"还是"边缘"，内部还有进一步的分化。例如，出身美国但长期在香港执教的人类学家麦高登（Gordon Mathews）赞同桑山的基本判断，即日本人类学家若想在西方学术刊物崭露头角，必须屈从于其相对狭窄的话语空间，甚至不得不抛弃源自边缘的本土理念。尽管如此，麦高登强调，"中心"如欧美，其内部也并非铁板一块，难以一概而论。[2]日本学者山下晋司也表达了类似的观点，他不无自信地指出，在人类学的研究中，尽管美国更为强势，但相比他所在的东京大学和日本的其他顶尖机构，美国的不少大学或许更处于边缘的地位。[3]

对于日本的"边缘"定位，来自更为边缘的不少发展中国家的学者显然有着不同的声音。例如马来西亚学者赛耶德·法里德·阿拉塔斯（Syed Farid

---

[1]　桑山敬己：《学术世界体系与本土人类学：近现代日本经验》，第 31 页。

[2]　Gorden Mathews, "On the Tension between Japanese and American Anthropological Depictions of Japan," in Shinji Yamashita, Joseph Bosco, and J. S. Eades eds., *The Making of Anthropology in East and Southeast Asia*, New York: Berghahn Books, 2004, pp.125—126.

[3]　Shinji Yamashita, "Reshaping Anthropology: A View from Japan," in Gustavo Lins Ribeiro and Arturo Escobar eds., *World Anthropologies*: *Disciplinary Transformations within Systems of Power*, Oxford: Berg Publishers, 2006, p.36.

Alatas）等从"学术帝国主义"、"学术新殖民主义"、"学术依附"、社会科学中的"全球不平等分工"等角度做了更为激进的分析。在他们看来，日本与德国、荷兰等国家一道，至多是这一学术世界体系中处于"半边缘"地位的一个代表。①而像澳大利亚等国家，被认为更符合"半边缘"的定位。②

对此，桑山不得不自我辩护，提出三个补充性的观点：第一，"中心的多元化"，即便是英、美、法这三个中心，其内部也在国际合作、对非中心地区的关注程度等方面存在差异；第二，"边缘的多元化"，被边缘化的当然不止日本，大部分非西方国家及不少欧洲小国也是如此；第三，"中心内部的边缘化"与"边缘内部的边缘化"。一方面，美国尽管处在世界学术体系的中心，但日本人类学研究在美国的学术体系中却是相对边缘化的，换言之，这些学者尽管身处中心，但其处境却是边缘的。另一方面，边缘内部尚可再度区分，相比更为边缘的其他国家，日本"与其说是边缘，不如说是半边缘"。换言之，"日本对于中心是边缘，但是在边缘内部则是中心"。③

日本既是欧美人类学者观察、分析的对象，传统上，日本的人类学家也踏足中国台湾地区、朝鲜半岛等原有殖民地以及东南亚等周边国家，成为重要且颇为成功的外来"观察者"。对日本而言，这种多元身份和特殊历史情境使"中心"与"边缘"的划分相对模糊和重叠，也为支持和修正桑山的各方观点都提供了若干佐证，使其见仁见智、相容不悖。

其次的问题在于"本土人类学"的定位，即是否有必要过于突出"本土"与"非本土"人类学家的身份差异。这一质疑主要源于以下三个观点。

第一，"本土"与"非本土"的对立或许过于绝对，也不够全面。例如，山下晋司指出，相比西方与非西方的二元对立，"三角关系"恐怕更能反映

---

① Syed Farid Alatas, "Academic Dependency and the Global Division of Labour in the Social Sciences," *Current Sociology*, Vol.51, No.6, November 2003, pp.599—613；Syed Farid Alatas, *Alternative Discourses in Asian Social Science：Responses to Eurocentrism*, SF Alatas：Sage, 2006.

② Kaori Okano, "Rethinking 'Eurocentrism' and Area Studies：Japanese Studies in the Asia-Pacific," in Kaori Okano and Yoshio Sugimoto eds., Rethinking Japanese Studies：Eurocentrism and the Asia-Pacific Region, London：Routledge, 2018, p.1.

③ 桑山敬己：《学术世界体系与本土人类学：近现代日本经验》，第92—100页。

日本人类学发展的历程和现状。在这一"三角关系"中，日本是"本土"，西方是"镜子"，而亚太则是"研究的场域"。①作为一个出生于日本但长期在美执教的学者，三好将夫在研究日美文化关系时也提出过"偏离中心"（offer center）的概念，将自身置于既非母国又非研究对象国的立场。②这种貌似悖论的身份也得到了布鲁斯·康明斯（Bruce Cumings）等学者的认同。③

第二，相比"非本土的人类学家"，"本土人类学家"未必具有明显的优势或差异，因此，所谓的"本土人类学"也就无从谈起。桑山认为，日本人的思考模式、论述方式与学术世界体系不尽一致，例如，"日本人更重视建立在实践基础上的具象性，而不是理论方面的抽象思考"，因此，日本学者的作品虽富含案例，但大多"缺少将其抽象理论化的意识"，而美国学者给人的感觉则是擅长创造概念和建构理论。④当然，桑山也强调，"本土人"和"非本土人"之间并不存在"感受"与"分析"的分工，两者的差别只是程度问题。"本土人"在感受自文化的同时，需要磨炼分析能力，而"非本土人"在掌握分析工具的同时，也需要提高实际感受的能力。⑤但这种"案例"与"理论"、"感受"与"分析"的区分，无形中已划分了"本土"与"非本土"学者的界限。

对此，显然不少非日本的学者有着不同的观点。例如，来自中国香港的王向华以退为进，通过自我批判指出，与西方学者相比，本土的学者并不必然具有"先验的认知论优势"。换言之，对某一特定文化而言，所谓的"局内人"未必一定比"局外人"了解得更为深刻和全面。也正因如此，人为地

① Shinji Yamashita, "Somewhere in between: Towards an Interactive Anthropology in a World Anthropologies Project," in Joy Hendry and Heung Wah Wong eds., *Dismantling the East-West Dichotomy: Essays in Honour of Jan van Bremen*, London and New York: Routledge, 2006, p.180.

② Masao Miyoshi, *Off Center: Power and Culture Relations between Japan and the United States*, Cambridge and London: Harvard University Press, 1991.

③ Bruce Cumings, "Boundary Displacement: Area Studies and International Studies during and after the Cold War," *Bulletin of Concerned Asian Scholars*, Vol.29, No.1, 1997, p.26.

④ 桑山敬己：《学术世界体系与本土人类学：近现代日本经验》，第61—62页。

⑤ 同上书，第157页脚注。

认定"东西方"或"本土与外来"之间的二元对立，其实并无必要。①何亚伟
（James L. Hevia）基于自身的研究经历也主张，"生于一国并说那国的语言并
不意味着对当地之过去有着先天的接近能力，还必须转译和阐释。这两者都
需要心通意会和想象力"。②

彼时尚在斯坦福大学担任人类学教授的别府春海在其书评中整体上对桑
山的著作评价积极，但也提出了一个发人深省的问题：究竟谁才是"本土"
的人类学家？举例而言，在描述日本的农民时，像桑山这样在美国接受学术
训练、一直生活在城市的大学教授，在多大程度上能够代表"本土"？③

在海外汉学界，也不乏颇为激烈的例子。旅美华人学者巫鸿与普林斯顿
大学教授罗伯特·贝格利（Robert Bagley）之间的争论，以及由于罗泰（Lo-
thar von Falken-hausen）、夏含夷（Edward L. Shaughnessy）、田晓菲、李零等
中外学者后续参与而导致争论的进一步扩大即是一例。争论的焦点之一便是
"当局者迷、旁观者清"的预设中究竟谁为"当局者"，谁又是"旁观者"，
这种"迷"与"清"的分野和对应关系又在多大程度上成立。④

在这方面，对桑山的方法论提出最本质挑战的或许是来自丹麦的人类学
家克尔斯滕·哈斯特鲁普（Kirsten Hastrup）。她多次强调"本土人类学"就
其概念而言就是一个矛盾体，不可能存在。她指出，人类学家无法同时站在
本土和人类学的立场上发出一个声音。人类学研究质量的"高低"、理论的
"好坏"与身为外国人或本地人无关。⑤过于强调"本土化"还有可能画地为

① Heung Wah Wong, "Eastern and Western Anthropologists Unite in Culture: A Personal Note,"
in Joy Hendry and Heung Wah Wong eds., *Dismantling the East-West Dichotomy: Essays in
Honour of Jan van Bremen*, London and New York: Routledge, 2006, pp.111, 116.

② 何亚伟：《怀柔远人：马嘎尔尼使华的中英礼仪冲突》，邓常春译，社会科学文献出版社
2019年版，第284页。

③ Harumi Befu, "Review on Native Anthropology: The Japanese Challenge to Western Academic
Hegemony," *Pacific Affairs*, Vol.78, No.4, Winter 2005—2006, pp.659—660.

④ 相关争论可参见《中国学术》各期以及李零：《何枝可依》，生活·读书·新知三联书店
2009年版，第149—184页。

⑤ Kirsten Hastrup, "The Native Voice-and the Anthropological Vision," *Social Anthropology*,
Vol.1, No.2, 1993, pp.173—186; Kirsten Hastrup, "Native Anthropology: A Contradiction in
Terms?" *Folk: Journal of the Danish Ethnographic Society*, Vol.35, 1993, pp.147—161;
Kirsten Hastrup, "Anthropological Theory as Practice," *Social Anthropology*, Vol.4, No.1,
1996, pp.75—81.

牢，导致"地方主义"（parochialism）的风险。

第三，不少学者认为，"本土人类学家"面临的困境未必是"中心"与"边缘"的结构造成的，有可能是其自身选择的结果。像日本这样的案例表明，"边缘"脱离或自外于"中心"的行为带有一定的主观意图，并不完全是被动之举。对于"边缘"而言，希望被"中心"接纳而不得，心中不免有焦虑；而如果选择另起炉灶、自在自为，则原先的愤懑感乃至屈辱感也会极大消退。这不妨视为某种"自我边缘化"。

著名的中日语言文学研究者魏世德（John Timothy Wixted）曾指出，日本等国有着强烈的文化自觉和自信，这种"文化主义"（culturalism）导致国内的知识体系自行其是，与国际的知识体系"井水不犯河水"。他把这种表现称为"反向的东方主义"（reverse Orientalism）。①麦高登同样使用"中心"和"边缘"的表述，但更多地从文化和心理意义上去阐释。他指出，与巴西、俄罗斯、中国等处于"半边缘"位置的国家一样，日本有规模可观的母语受众。日本的人类学研究在相当程度上"被外界忽视"，甚至与其他国家的人类学形成一个"平行宇宙"，其首要原因在于日本学者主观上对外部世界缺乏交流的兴趣，而上述的规模受众也使这种内部的自成一体具备了基本的条件。②

套用"离岛"和"本土"的比喻，如果"离岛"自身具有可观的规模，可大体自给自足，自然也会降低与"本土"互通有无的需求。用母语著书立说和出版发表，被不少学者认为是像日本这样处于"半边缘"地位的国家打破国际学术分工、脱离知识生产依附的良途。③例如时任日本文化人类学会会长、在伦敦大学获得人类学博士学位的关根康正基于自身经历指出，与其在短时间内通过"英文化"增加对外输出，不如深耕内部、拿出真正具有"原

---

① John Timothy Wixted, "Reverse Orientalism," *Sino-Japanese Studies*, Vol.2, No.1, December 1989, pp.17—27.

② Gordon Mathews, "Why Japanese Anthropology is Ignored beyond Japan," *Japanese Review of Cultural Anthropology*, Vol.9, 2008, pp.53—69.

③ Syed Farid Alatas, "Academic Dependency and the Global Division of Labour in the Social Sciences," *Current Sociology*, Vol.51, No.6, November 2003, pp.599—613.

创性"的东西。但从历史和现状来看，考虑到较大的国内学术市场规模，事实上仅用日文撰写的论文就能保持较高的研究水平。更进一步说，鉴于语言本身就孕育于独特的历史和风土，用母语撰写、同时运用国际通用学术概念的研究或许更具价值。①这种部分脱离、彼此平行的状态固然是为了摆脱"完全依附"的一种策略，但有能力达到这种状态本身就是一种资本，是那些真正处于边缘地位的国家所难以企及的奢侈。

第三节　学科语境下的内外评论

无论是在日本国内还是国际学界，对于"本土人类学"多有呼吁和著文，桑山敬己既不是揭橥此义的第一人，②也未必是最具影响力之人，但像他这样以专著形式振臂疾呼的似不多见。在日本国内，桑山同道不孤。近年来，川桥范子、加藤惠津子等日本学者对"本土人类学"或曰"自文化人类学"也多有阐释，希望以此对以欧美为中心的学术霸权提出异议、打破垄断，同时也摆脱低人一等的心态，以一种更加不卑不亢的姿态与其开展平等的学术对话。③末成道男试图用更为中性的"家乡人类学"（home anthropology）来取代"本土人类学"。韩敏作为一个在日本接受人类学教育的中国学者，也对"家乡人类学"做了阐发。④在日本文化人类学会（JASCA）、国际人类学与民族学联合会（IUAES）等的学术会议中，日本人类学的本土化始终是一个具有较高热度的议题。

---

① 関根康正「ある危機からの構築にむけて—「21 世紀の日本文化人類学会の国際化とグローバル化」に関する問題提起—」、『文化人類学』、第 79 巻第 4 号、2015 年 3 月、469—479 頁。

② 例如阿尔君·阿帕杜莱（Arjun Appadurai）等学者很早就从人类学整体阐述过"中心"与"边缘"的关系，尽管与此处争论的"中心—边缘"关系并非同一所指。参见 Arjun Appadurai, "Theory in Anthropology: Center and Periphery," *Comparative Studies in Society and History*, Vol.28, No.2, April 1986, pp.356—361。

③ 加藤惠津子「日本人—ネイティヴ—人類学徒：劣等感も選良意識も超えた自文化研究に向けて」、『文化人類学』、第 71 巻第 2 号、2006 年、202—220 頁。

④ 参见韩敏：《一个家乡人类学者的实践与思考》，载阮云星、韩敏主编：《政治人类学：亚洲田野与书写》，浙江人民出版社 2011 年版，第 255—263 页。

从学科发展而言，人类学在日本具有比较特殊的历史经验和现实地位，这些因素或许是"本土书写者"在人类学领域更具存在感、号召力的原因之一。首先，人类学在日本的发展历程相对较长，基础也相当坚实。自南方熊楠、柳田国男、折口信夫等学者始，日本学界自身在人类学（以及与之相关的民俗学、民族学、考古学等领域）拥有较为悠久的传统和深厚的积累，因此也比较自信。"日本文化人类学会"（JASCA）的前身"日本民族学会"早在1934年就已成立，目前拥有近2 000人的会员，其规模仅次于美国，排名全球第二。在不少日本大学，都设有文化人类学的课程。由于写作风格和阅读习惯的差异，日本的人类学著作不仅有象牙塔里的高深研究，而且作为一种大众读物长盛不衰，相比美国等其他国家，更具市场效应和读者基础。[1]因此，无论是与国内的其他学科比较，还是与国际同行比较，日本的人类学可以说是一个优势学科。身据优势而不被承认，心理落差不免更为显著。

其次，在人类学、社会学、民俗学等领域，日本学者对欧美学界的"批判"和"反抗"似乎尤甚于政治学、经济学、国际关系等其他学科。这其中，人类学可能又是最为突出的。这从日本首位人类学者坪井正五郎开始就已经埋下了种子。[2]这种主体意识的高扬或许源于数个因素：其一，人类学自其诞生之初，就天然地与殖民主义和种族主义交织在一起。因此，人类学的后续发展中往往带有反殖民主义的反思和批评，思考学术研究中的权力格局与平等关系。[3]日本的人类学研究自然无法例外。其二，本土学者和本土读者身为人类学和社会学中"被观察者"或"报道人"，其主客对立的感受更加痛切，因而其抗拒的反应和姿态也更显性。其三，日本的人类学研究自其肇

---

① Gordon Mathews, "The Globalization of Anthropology, and Japan's Place within It," *Japanese Review of Cultural Anthropology*, Vol.16, 2015, pp.75—91.

② Joy Hendry, "Building Bridges, Common Ground, and the Role of the Anthropologist," *An Anthropological Lifetime in Japan: The Writings of Joy Hendry*, Leiden: Brill, 2016, pp.621—622.

③ 例如可参见 Talal Asad ed., *Anthropology & the Colonial Encounter*, London: Ithaca Press, 1973。

始，便具有比较鲜明的本土色彩，着眼于研究日本自身的特殊性。①日本的人类学甚至被认为在很长时间内与形形色色的民族主义牵连在一起。②柳田国男创立民俗学并刻意疏远人类学，目的之一便是反对欧美的文化人类学，在他看来，后者站在"征服者、文明人"的立场去调查被统治地区风俗，而他要做的正是重新确立自己的主体地位。③这三个因素表面上看或许不无矛盾之处，但在日本身上却实现了对立统一。

第三，在相当意义上，日本与欧美学界之间的"事实"与"方法"悖论在人类学、社会学中也尤为突出。杰里·伊兹（Jerry S. Eades）曾做过一个颇耐人寻味的比较：同为出身中国大陆的人类学家，与阎云翔、景军、刘新等在美国的学者相比，聂莉莉、韩敏、秦兆雄等在日本的学者在学术风格上表现出明显的共性差异，前者更重视理论构建，而后者则更专注于事实和数据的收集梳理。④这从一个侧面间接地凸显了日美差异。

在人类学以外的其他学科，不少日本学者也对桑山的观察和体验感同身受。例如，社会学家上野千鹤子结合自身的经历批判道，在日美共同研究中，美国学者期待的无非是"美国出理论，日本出信息"，即仅仅把日本同行定位于信息提供者的角色，而需要他们提供的无非是"特殊主义作用下差异化的当地知识"，仿佛在"普遍主义"的视角下从日本身上无所可学。在这种意识的作用下，尽管不少文学类的日文作品被纷纷西译，但日本学者在思想和社会科学方面的著作往往无人问津。作为著名的哲学家和文学批评

---

① Shinji Yamashita, "Reshaping Anthropology: A View from Japan," in Gustavo Lins Ribeiro and Arturo Escobar eds., *World Anthropologies: Disciplinary Transformations within Systems of Power*, Oxford: Berg, 2006, p.33.

② 莫里斯·布洛克：《人类学与认知挑战》，周雨霏译，商务印书馆 2018 年版，中文版序言第 v 页。正如山下晋司所提示的，在日语中，"民族学"与"民俗学"的发音是一致的。当然，相比中文世界的读者，这一巧合对英文世界的读者而言或许更为困惑。

③ 小熊英二：《单一民族神话的起源：日本人自画像的系谱》，文婧译，生活·读书·新知三联书店 2020 年版，第 226 页。

④ Jerry S. Eades, "Anthropologists of Asia, and Anthropologists in Asia: the Academic Mode of Production in the Semi-periphery," in Jan van Bremen, Eyal Ben-Ari and Syed Farid Alatas eds., *Asian Anthropology*, London and New York: Routledge, 2005, pp.87—92.

家，柄谷行人将这一现象形象地称为"审美化"。①在他看来，西方学者常带着"美学的眼光"来看待非西方世界。②

桑山的观点在国际学界特别是日本人类学研究领域的同行中取得了相当的共鸣，但这其中大部分不是日本学者，并不是桑山笔下的"本土人类学家"。通过阅读这些学者的著书立说和相互引用，能充分感受到"日本人类学研究"这一学术共同体的内聚力、认同感和某种共同的危机意识。③尽管不能说是一种"茶杯里的风暴"，但这种共鸣大体仍局限在这些研究日本的人类学家内部，并没有充分外溢到更广泛的社会科学领域和日本研究以外。该书英文版的影响似乎更甚于日文版，而国际学术同仁的反响也大大超出日本国内同行。桑山坦言自己是一个"对国内情况不了解"的"海归"。但桑山既未被母国的学术生态完全"同化"，也不同于始终在海外的日籍或日裔学者。从其学术简历可以看出，近半数为英文作品，同时又不乏日文著述，自有游走在国内国际的独到之处。对于那些在国内环境浸淫已久、并无长期海外留学和工作经历的日本学者而言，桑山的体验与呐喊与其多少有些隔阂。普通读者中对于桑山立论"心有戚戚焉"的恐怕就更加为数有限。

耐人寻味的是，即便是在日本人类学的共同体内，关注、引用并评论桑山观点的学者也大多来自欧洲、亚洲等地区。美国学者对其反应寥寥，评价也难言积极。例如，耶鲁大学教授威廉·凯利（William W. Kelly）直言不讳地指出，身为美国学者，他们并没有感受到在日本人类学研究的世界体系中处于某种压倒性的中心地位。日本人类学发展的知识轨迹与其说是由人类学家的社会地位决定的，倒不如说受到了日本社会变迁和互文（intertextual）影

---

① 上野千鶴子「グローバリゼーションと日本の社会学教育」、『社会学評論』、第58卷第4号、2008年、524—539頁。

② 值得一提的是，在欧美的后现代主义历史哲学中，这种"审美取向"本是题中应有之义，未必与权力相关。参见埃娃·多曼斯卡编：《邂逅：后现代主义之后的历史哲学》，彭刚译，北京大学出版社2007年版。

③ 2005年扬·范布雷曼英年早逝，2006年本文引注中乔伊·亨德瑞（Joy Hendry）、王向华等多位学者编辑出版了一本题为《打破东西方二元论》（*Dismantling the East-West Dichotomy*）的纪念文集，就是一个感人的例证。

响的左右。①这似乎又反过来印证了桑山诚非虚言。

第四节　反思与启示

对"本土"社会科学的反思并不局限于日本，在那些处于国际学术位阶"劣势"地位的国家都有程度不一的体现。同时，桑山的观察和分析固然主要聚焦于人类学，但在教育学、社会学等其他学科中，类似的现象解读、因果评析、理论争鸣、政策建议也似曾相识。不少学者从"学术依附论"（academic dependency theory）的视角有过相近的阐述。②例如，早在 1982 年墨西哥城召开的第十届世界社会学大会上，就设立了一个题为"社会学理论中的普遍主义与本土化"的分科会，部分论文编撰成为 1988 年《国际社会学》（International Sociology）的特集，从"第三世界依附论""扎根理论"（grounded theory）、"解放实践"（emancipatory practice）等诸多理论视角出发，积极呼吁社会科学的本土化。

与商品世界一样，学术世界也不免存在着某种垂直分工体系，体现出生产链和价值链的前后高下之分。桑山的根本主张在于提高日本人类学研究的主体性、独立性，摆脱依附的地位和卑躬屈膝的姿态。如果把桑山对于日本人类学研究的探讨放至日本研究的国际语境下，乃至进一步拓展，将其视作一国社会科学的代表，则其样本意义可能更为突出。这或许是在该书出版十余年之后重读桑山著作的更大意义。

桑山对欧美"日本人类学研究"的不少批评在中国都能找到近乎镜像的例子。例如，王铭铭认为，以莫里斯·弗里德曼（Maurice Freedman）为代表的汉学人类学甚至是整个人类学都面临着"学术人格的分裂"："他们一方

---

① William W. Kelly, "Fear and Loathing of Americans Doing Japan Anthropology," in Joy Hendry and Heung Wah Wong eds., *Dismantling the East-West Dichotomy*: *Essays in Honour of Jan van Bremen*, London and New York: Routledge, 2006, pp.133—140.

② Syed Farid Alatas, "Indigenization: Features and Problems," in Jan van Bremen, Eyal Ben-Ari and Syed Farid Alatas eds., *Asian Anthropology*, London and New York: Routledge, 2005, p.230.

面把中国当成独特的对象加以'东方学式的'客体化，另一方面为了学科的理论建构把中国社会加以学理化"。①又如，周锡瑞（Joseph W. Esherick）在批评何亚伟的《怀柔远人》一书中提出，该作品虽然力图反击欧洲中心论的殖民主义立场，但无视中国学者对马嘎尔尼和清廷的大量研究，恰恰是这一立场的再生，背后反映的是一种判断：中国人无法理解西方理论的最新发展。②

在社会学领域，从20世纪80年代初开始，一批旅美或曾在欧美求学的中国台湾学者对于"中心"和"边陲"的问题就有过激烈而颇具价值的讨论。③萧新煌等学者借用沃勒斯坦的世界体系论等，已经对中国社会学在国际学术体系中面临的困境做过比较深入的阐发。90年代中后期，王铭铭提出社会人类学本土化的首要任务"是通过本土观念的解剖树立新的社会人文科学范式，使本土人类学获得一个避免文化和权力格局制约的自主讨论空间"。④进入21世纪之后，对这一问题的讨论仍在继续和深化，不少学者各抒己见。⑤2018年《清华社会学评论》出版了"西方理论与本土化前沿"的特集。⑥也有学者从另一个侧面提出反对意见，例如，谢宇从议题本土化、应用本土化和范式本土化三个角度出发，认为社会学本土化是个伪问题，中国的社会学要为世界以及整个社会科学体系做出贡献。⑦近年来，在中国大陆出版市场致力于人类学和社会学研究的"薄荷实验"丛书口碑甚佳，该丛书的主旨即谓"像'土著'一样思考"（Think As The Natives）。在国际关系、政治学等其他学科的研究中，"中国化"与"本土化"也是一个颇为热门且不乏

① 王铭铭：《社会人类学与中国研究》，生活·读书·新知三联书店1997年版，第108页。
② 周锡瑞：《后现代式研究：望文生义，方为妥善》，《二十一世纪》第44期，1997年12月，第105—117页。
③ 杨国枢、文崇一主编：《社会及行为科学研究的中国化》，台北"中央研究院"民族学研究所1982年版；蔡勇美、萧新煌主编：《社会学中国化》，台北巨流图书公司1986年版；叶启政：《社会理论的本土化建构》，北京大学出版社2006年版。
④ 王铭铭：《社会人类学与中国研究》，生活·读书·新知三联书店1997年版，第253页。
⑤ 例如可参见周晓虹：《"中国研究"的国际视野与本土意义》，《学术月刊》2010年第9期，第5—13页。
⑥ 《清华社会学评论》第10辑，2018年12月。
⑦ 谢宇：《走出中国社会学本土化讨论的误区》，《社会学研究》2018年第2期，第1—13页。

成果的议题领域。

这些讨论事实上牵涉两个根本问题："国别化的研究能为这个学科做什么？""这个学科又能为研究这个国家做什么？"两者的连接或补充或许是一种理想的状态，但在价值取向上则往往呈现出较大的差异，甚至呈现两极化趋势。①能否避免"民族感情或政治利益过分泛滥"，能否防止"掩盖科学理性的有效运作"，或许是任何一门社会科学在"本土化"过程中都需要急切注意的问题。②进而言之，中心对边缘的"漠视"、主流对外围的"打压"，在多大程度上与一国的学术质量存在因果关系？反过来，在推进学术本土化的过程中，当国内同行对高质量成果已大体具有共识时，是否仍有必要勉力追求境外或国际的主流学术圈的首肯，又如何赢得认同？

这些问题是我们超越人类学的学科藩篱，在更大视野中阅读、思考桑山作品的意义所在。在这一语境下，普通读者也不必因该书颇为严肃的标题畏而退却，完全可以各取所需。对于学界的同仁而言，无论是否把它当作一部人类学著作，都能读出其中的味道来。

---

① 萧新煌：《旅美中国社会学家谈社会学中国化》，载蔡勇美、萧新煌主编：《社会学中国化》，台北巨流图书公司 1986 年版，第 337 页。

② 叶启政：《边陲性与学术发展——再论本土化》，载叶启政：《社会理论的本土化建构》，北京大学出版社 2006 年版，第 52 页。

第十一章

"日本异质论"眼中的日本：评《日本权力结构之谜》

20 年代 80 年代中后期，日本对外经贸摩擦日益高涨，进而引发剧烈的政治摩擦、社会摩擦乃至文化摩擦，不少西方人士对日本大加挞伐。1989 年 8 月 7 日，在美国《商业周刊》出版的"反思日本"特集中，卡瑞尔·范·沃尔夫伦（Karel Van Wolferen）、查默斯·约翰逊（Chalmers Johnson）、克莱德·普雷斯托维茨（Clyde Prestowitz）、詹姆斯·法洛斯（James Fallows）等四人被正式冠以"对日修正主义"的名号。四人中，约翰逊是著名的政治学家和国际问题学者，其余三人在职业生涯后期虽纷纷步入学界、登临讲坛，但彼时却身份各异，范·沃尔夫伦是荷兰《新鹿特丹商报》的驻日记者，法洛斯长期为《大西洋月刊》等刊供稿，普雷斯托维茨曾在里根政府时期担任美国商务部的顾问。主流学界对于约翰逊之外的三人虽偶有提及，大多采取井河不犯、敬而远之的态度，但范·沃尔夫伦于 1989 年所著的《日本权力结构之谜》（*The Enigma of Japanese Power：People and Politics in a Stateless Nation*）一书却成为各界瞩目的话题之作，一时风行。该书出版之后，《外交事务》《国际事务》《国家利益》《历史学家》《威尔逊季刊》等诸多欧美期刊均在第一时间刊登了书评，日本国内的评介更是不计其数。维基百科甚至单列有该书的词条，亦可见一斑。三十年后，该书的中译本也姗姗来迟，呈现在中国读者面前。①

---

① 卡瑞尔·范·沃尔夫伦：《日本权力结构之谜》，任颂华译，中信出版集团 2020 年版。

第一节　"待解的密码"与"皇帝的新装"

在中译版前言中，范·沃尔夫伦开宗明义，透露从一开始就希望将此书写成一部"日本社会和政治生活的百科全书"。在三十年前的日译版序言中，他也曾白纸黑字地强调，自己想写的仅仅是剖析"日本权力行使方法之书"，绝非"政治社会百科全书"，读者之所以有后者的错觉，大概是由于书中的观察记述太过细致全面。显然，时过境迁，作者也不再抗拒这一借喻，反而欣然接受。无论从篇幅还是从内容而言，该书确实让人有百科全书之感。英文原著接近 600 页，中译本逾 700 页，日译本甚至不得不分拆成上下两册，合计超过 800 页。全书对于日本权力构造的剖析巨细靡遗、极尽铺陈，涉及政府、政党、国会、财界、司法、教育、工农、中产阶级乃至黑帮、媒体、宗教、文化等各个方面，近乎包罗万象，亦不乏洞见。

该书的英文版于 1989 年 4 月上市。甫一面世，就在日本国内遭受诸多批评和质疑。为此，在 1990 年 9 月出版的日译版中，近 10 页的日译版序言犹如一份辩护词。鉴于这一序言并未被纳入中译本，其中的不少自我辩白颇值得转述。范·沃尔夫伦认为，其作品饱受訾议的原因无非有三。其一，世界上没有一个政治体制愿意被置于解剖台上，日本尤甚。其二，日本手握大权的官僚极力否认他们行使权力的事实及其在日本的重要性，因此作者的无情揭示恐使其原形毕露。其三，在日常生活中，普通日本人对于与权力行使相关的"表象"（建前）与"实质"（本音）已混为一谈、真假莫分，而他无非聚焦"实质"、道出本源而已。范·沃尔夫伦强调，在对政治事务进行有意义的讨论时，避免做出价值判断"不过是一种幻想"，个人对特定问题的关注未必就是"偏见"。①在他看来，主观的"批判"与客观的"分析"截然不同，自己的本意实为后者，之所以遭受种种非议，盖因被误解为前者且被贴上了"反日"的标签，同时也由于他将日本的诸多"非正式联系"大曝于天

① 卡瑞尔·范·沃尔夫伦：《日本权力结构之谜》，任颂华译，中信出版集团 2020 年版，第 36 页。

下，不免遭到有权者的记恨。

由是观之，范·沃尔夫伦似乎把自己的作品视为一声"铁屋中的呐喊"。他反复强调，日本社会缺乏普遍价值，特别是战后日本缺乏思想，即便是严肃的日本评论家在面对日本文化意识形态时也"很难保持思想上的警惕性"。①在他看来，个别日本知识分子或许与他不乏同感，但大部分日本知识精英都浸淫在"系统"中甚久，丧失了对问题的敏感和对改革的动力，更遑论普通民众。因此，不得不由他作为一个外来人，为日本社会揭穿众人心知肚明却视而不见的"皇帝的新装"。在这个意义上，范·沃尔夫伦或许自认是一个"知日派"（Japanologist），但并不想做一个"拥日派"（Japanapologist）。

第二节　"系统"究竟为何物？

中译本与日译本的标题相仿，在"权力"之前都添加了英文原版所没有的"结构"一词，点出了全书的要旨。英文标题中的 Enigma 一词既有谜团之意，也可指代密码。作者自赋的使命显然在于解开这一密码，将其机要公布于众。

为此，范·沃尔夫伦创造了一个颇为模糊的概念——"系统"（the System），并强调其与政府有所不同。至于"系统"究竟为何物，在这一皇皇巨著中，答案似乎无处不在，但又从未有所明指。在日译本序言中，范·沃尔夫伦倒是寥寥数语道出了全书的精义。他指出，日本权力结构有一个最重要的特征，即权力拥有者内部各种集团之间存在着种种"非正式联系"与"非正式交易"。官僚、经济团体和企业集团的经营者构成权力拥有者的主要组成部分。②这种政治经济模式"在根本上是失控的"，整个"系统""没有

---

① 卡瑞尔·范·沃尔夫伦：《日本权力结构之谜》，任颂华译，中信出版集团 2020 年版，第 401 页。

② カレル・ヴァン ウォルフレン『日本権力構造の謎』、篠原勝訳、東京：早川書房、1990 年、日本語版への序文、24 頁。

舵手"。①

进而言之，本书最核心的观点在于以下三个方面。如果将"系统"视为一个机器，三者分别指向"系统"的工作状态、核心部件与运转动力。

首先，范·沃尔夫伦一再重申，日本"根本没有一个强大的政治中心"，没有谁具有广泛的、至高无上的权力。日本的权力"分散在若干半独立、半相互依赖的实体当中"，但缺乏一个有权对其他实体发号施令的实体，各个团体"不受管制"，缺乏权力中枢。②这是原著副标题中 Stateless 一词的本意，但无论是日译本还是中译本都省略了这一副标题（同样耐人寻味的是，除了标题，英文原著在书的正文中似乎从此再没有出现过这一单词）。

其次，在日本的政治生态中，"管理者"才是掌权者和"统治阶级"。官僚的作用和影响力远大于政治家。作者认为，是官僚而非自民党对日本国内各个政策领域的讨论实施了监督，而这些讨论的大部分又源于外部环境对日本施加的压力。不仅如此，官僚还代替议员制定政策、提出法律议案。③从19世纪末开始，"特定的官僚权力和政治权力整合"，最终形成了这个"系统"。④与之相类似，企业和企业协会也是系统的"牢固核心"和"整合在政体中的根本不可缺少的器官"。⑤

为了突出这一发现，作者提出了不少惊人之论。例如，在他眼中，执政的自民党"并不是真正的政党，实际上它也不进行统治"。⑥这是因为，自民党缺乏"基层党组织"，既无"规范领导更替的普遍机制"，也没有"明确的政治原则"，"在西方所能接受的概念中，它根本不能被称为一个政党"。⑦

第三，日本的经济进程全面受控于政治权力，在利益至上的理念下，日

---

① 卡瑞尔·范·沃尔夫伦：《日本权力结构之谜》，任颂华译，中信出版集团 2020 年版，第602 页。
② 同上书，第 64—65 页。
③ 同上书，第 49 页。
④ 同上书，第 512 页。
⑤ 同上书，第 549 页。
⑥ 同上书，第 39 页。
⑦ 同上书，第 45 页。

本政治结构内的经济意识形态是高度政治化的，且从战前到战后一以贯之。在这个意义上，作为本书的对立面，"日本株式会社"（Japan Inc.）之说虽然失去了高度集权、科层分明的形象，但在发展导向、唯利是图的特征上却无变化。范·沃尔夫伦强调，企业的强大影响力和不加约束的产业扩张，"才是日本在国际关系中的根本要素"。[①]因此，表面上看，对于当时已处于白热化状态的日本对外贸易摩擦，作者在书中只是旁敲侧击地零星提及，但事实上其对"系统"的分析、对日本政官财关系的阐释却直指这一摩擦的肇因。范·沃尔夫伦指出，"日本的系统一直奉行结构性的贸易保护主义，这就为日本制造商和银行屏蔽了竞争，而系统中的公司却是靠着这种竞争打败了西方公司"。这个因素"似乎确证了日本和世界贸易之间的不平衡会永远存在"。[②]

或许是为了吸引读者从头至尾读完这部数百页的大作，范·沃尔夫伦并不打算将日本权力结构的谜底一下子揭开。因此，尽管我们能够依稀辨别出上述的主要论断，但全书的核心观点却闪烁其中，部分地方甚至有前后矛盾和循环论证之感。例如，作者既强调日本缺乏权力中心，又宣称"日本有一个清晰可辨的统治阶级"，这一统治阶级的生存依赖于系统的生存，"它的最高的统一目标就是为系统服务"。[③]一方面，"整个系统以及它所包含的一切，是格外政治化的"，"日本生活中这种无所不在的政治披上了'文化'的伪装"。[④]另一方面，日本似乎又与别国并无不同，因为作者强调，日本的政治实践的核心在于"强权即真理"，权力不受观念和思想力量的制约。[⑤]又如，作者认为，"官僚威权主义"的标签最能贴切地描述日本的政治实体，但为了与核心观点保持一致，又紧接着提出，这种专制和权威的力量"似乎来自所有地方，也似乎一直来自社会本身"。[⑥]当"系统"成为一个无所不在但又

① 卡瑞尔·范·沃尔夫伦：《日本权力结构之谜》，任颂华译，中信出版集团2020年版，第549页。
② 同上书，第592页。
③ 同上书，第165页。
④ 同上书，第462页。
⑤ 同上书，第360—361页。
⑥ 同上书，第402页。

无影无形的存在时，这种矛盾和悖论也就可想而知了。

第三节　"日本异质论"的高峰之作

"对日修正主义"带有强烈的情感好恶，"日本异质论"的称号则相对中性，尽管两者的原点和归宿均在于日本的差异性、特殊性乃至唯一性。

在该书中也不难看出"日本异质论者"之间的彼此赏识和隔空互动。范·沃尔夫伦不仅多次引用约翰逊的作品，在致谢中一再表达感激之情，而且还援引了克莱德·普雷斯托维茨透露的内部消息，后者彼时仍身为美国政府官员参与对日贸易谈判。①事实上，范·沃尔夫伦对于日本政商关系和官僚体制的分析，在事例和经验上虽不乏个人特色，但在学理上则基本未超出约翰逊的既有阐述，在其字里行间能够清晰地辨别出《通产省与日本的奇迹》等专著以及"资本主义发展型国家"理论的影子。

"对日修正主义"和"日本异质论"往往又与另一个概念——"日本人论"纠缠在一起。用著名日本人类学家威廉·凯利的话来说，詹姆斯·法洛斯与石原慎太郎并无本质不同，因为"日本人论"虽然往往以某种"西方主义"的面貌呈现，但本质还是"东方主义"的，"东方主义者"和"西方主义者"都兼具"焦虑与傲慢"。但在该书中，范·沃尔夫伦似乎对"日本人论"颇不以为然。他指出，那些打着"日本人论"标签的种种理论都在重复同一个主题——"日本与西方在思维和行为上的不同"。②"日本人论大量渗入外国作者的论断当中，这也很让人惊奇"。③从其行文来看，似乎只有赞赏日本独特性的作品才能被归于"日本人论"，自己既道不同不相为谋，也无意跻身这些"外国作者"之列。问题在于，既然是"权力结构之谜"，其秘而不宣之道必有与众不同的奥妙。作者强调，尽管表面上看，日本的制度和

---

① 无独有偶，普雷斯托维茨最具代表性的作品也在近三十年后被译成中文出版，参见克莱德·普雷斯托维茨：《美日博弈：美国如何将未来给予日本，又该如何索回》，于杰、冯佳、张健译，中信出版集团 2021 年版。

② 卡瑞尔·范·沃尔夫伦：《日本权力结构之谜》，任颂华译，中信出版集团 2020 年版，第 390 页。

③ 同上书，第 392 页。

习惯在其他国家都能找出相似的对应物，但"程度上的差异以及不同要素组合差异，累积起来就成了本质上的不同"。①于是，日本的"异乎寻常"之处仿佛成为莫比乌斯环的搭袢，将"礼赞日本"与"指摘日本"无缝地对接起来。

日本特有的出版机制和阅读文化是"日本人论"兴盛的重要原因之一。在"日本人论"的讨论中，严肃学术著作与通俗流行读本并存，学科的界限相对模糊，门槛也非高不可攀。为此，涉足和置喙这一争论的作者群体异常庞大和多元。不少作者并非严格意义上的学者，其著书立说主要基于自身的"日本经验"与"日本认知"，因此也被称为"大众社会学家"或"大众人类学家"。这一标签用在范·沃尔夫伦等人身上也颇为合适。

《日本权力结构之谜》的长篇累牍和枝蔓芜杂，恰恰从一个侧面集中体现了"日本异质论者"的优势和长处。他们大多拥有在日本长期生活工作的经历，相比象牙塔中的一般学者，积累了更多的现场观察、切身体验乃至内情秘闻。对于一个注重"人脉"的社会而言，这些特质是深入肌理、一探究竟所不可或缺的条件。因此，"日本异质论者"的观点始终不乏听众，也确实是一个不容忽视的声音。日本历史学家安德鲁·巴谢（Andrew E. Barshay）则把该书归入"历史新闻学作品"，亦非贬低之词。作为一部优秀的新闻作品，该书充满了历史的细节和基于个人见闻的思考与辨析，确实颇具民族志的味道。这方面，范·沃尔夫伦既不缺乏罗伯特·吉兰（Robert Guillain）、理查德·哈洛伦（Richard Halloran）等前辈，也有伊恩·布鲁玛（Ian Buruma）等出色的后来者。

第四节　日本变了吗？——跨越平成后的"重返现场"

在内阁官房长官小渊惠三亮出"平成"年号三个月后，《日本权力结构之谜》的英文原著一夜成名，在平成落下帷幕之际，该书的中译本也终于千

---

① 卡瑞尔·范·沃尔夫伦：《日本权力结构之谜》，任颂华译，中信出版集团 2020 年版，第 23 页。

呼万唤始出来，两者之间恰好隔了平成三十年。克罗齐言"所有的历史都是当代史"，译介恐怕也是如此。无论是对于出版社和接手翻译的译者而言，还是对于所费不菲的普通读者来说，或许所有人都会有一个疑问：三十年后重读该书的意义何在？

在原书的最后一章，作者似乎想为自己的断言留下一条退路。他指出，全书试图证明的是，"系统的特性最终是由政治关系决定的"，而"只要是政治的东西，从长远来看就不是不可逆转的"，因此，一言以蔽之，"系统"能够改变。①尽管如此，作者再一次欲抑先扬，一方面表示"无意贬低日本人民取得的令人敬佩的成就"，另一方面又"必须得出结论说：日本的总体前景非常暗淡，充满危险"。②该书上市热销伊始，日本的经济泡沫应声破裂，走入了"失去二十年"的泥潭。其间出现的种种乱象，似乎使范·沃尔夫伦的论断得到颇多印证。此次中译本增加了第 17 章"写给 2020 年中文本读者"，在近 20 页的篇幅中，范·沃尔夫伦简要回顾了平成三十年的历程，但并不承认自己当初有何判断偏差或认知失误。在他看来，今天的日本与三十年前"非常相似"、"没有改变根本原则"。③套用光良的歌词，"日本变了吗？"范·沃尔夫伦的回答：没有，"我的影子笑你好傻"。

用后三十年的事例去印证该书的论断，似乎既不公平，也有"时空错置"之嫌。例如，1987 年旅美的利根川进刚刚成为首位日本籍的诺贝尔生理学或医学奖得主，作者以此为例，批评日本学术体系僵化、缺乏创造性思维。谁曾想，在之后的三十年中，又有 17 位日本学者接连获得了诺贝尔物理学奖、化学奖、生理学或医学奖，但日本的教育和科研体制似乎并未发生本质的变化。原本，三十年后预言是否应验或许已非作者所虑，但现在随着中译本的问世，这一验证自然而然又摆在中国读者面前。这或许也是判断这一巨著存世价值的一个重要指标。

人类学和社会学的研究注重"重返现场"。由于译介的时滞，中国读者

①　卡瑞尔·范·沃尔夫伦：《日本权力结构之谜》，任颂华译，中信出版集团 2020 年版，第 632 页。
②　同上书，第 600 页。
③　同上书，中译版前言第 3 页。

得以通过阅读体验和对比思考，在某种程度上实现这种"时空穿越"，用当下和第三方的视角去回眸、用今天的现状去回问文本成立时的状态。对于日本研究的作品而言，这本不算一个巨大的挑战。盖因战后日本社会寒暑易节相对稳定，使不少三五十年前的描述读起来犹如近闻，傅高义的《新中产阶级》、西奥多·C. 贝斯特的《邻里东京》等均是明证。反过来，这种"回眸"或"回问"使那些强调巨大变革的寓言式作品面临着相当的风险。

除了查默斯·约翰逊，"日本异质论者"或"对日修正主义者"尽管创造了无数夺人眼球也脍炙人口的"关键词"，但通常无意提出系统的分析框架或理论阐释，范·沃尔夫伦的该书可视为其中难得的反例。但正如大部分评论所言，范·沃尔夫伦的论断尽管鲜明有力，但不免以简释繁、言过其实。一方面，作者所言固然并非信口开河，中译本的注解就超过 40 页。作为一名出身荷兰的新闻记者，与其他几位"日本异质论"的代表相比，似乎也少了一些切身利益的牵连，更具中立立场（值得一提的是，作者曾在1990 年秋季号的《外交事务》上发表一篇题为《回首日本问题》的檄文，不但对本书有着高度凝练的概括，而且对日美贸易摩擦表现得"比美国人更美国人"）。在不少议题上，作者频频将日本与欧洲等国比较，也使相关的论证显得更为执中。但同时，"好为惊人之语"仍是该书的双刃剑，部分过于偏激的断语固然避免了老生常谈，但终难服众。全文的核心观点自不必再赘述，文末所谓"废除东京大学"等"药方"亦可见一斑。①这些"病理诊断"和"速效药方"尽管令人印象深刻，但不免有"言所不用其极"之感。同样，在新添置的一章中，强调日本"忽略华盛顿"的政策"几乎可以肯定成功"、日俄可以迅疾解决"北方四岛"问题等判断，很难不让人怀疑其悬壶济世、问诊把脉的能力。

在 1990 年的一篇长篇书评中，添谷芳秀曾批评道，《日本权力结构之谜》恰恰与其试图展现的"相对主义"背道而驰。正是由于过于强调"西方"的正常、正统和正典，才一味看到日本的异常、异质和异端。因此，在

---

① 在 1968 年的"全共斗运动"中，亦喊出过"东大解体"的口号。因此，类似的主张或许并不新鲜。

行文中不免结论先行、六经注我。何为正、何为异？相比三十年前的欧美读者和日本读者，今天的中国读者或许会有新的疑问和新的认知。日本权力的"奥妙"真的是其独有的吗？如果日本没有变，那是美国和世界变了吗？不然为何同样的日本不再被视为离经叛道，为何日美关系不再那般剑拔弩张？

第十二章

日常莫辩，理论何为：《生成自我》的价值与启示

1990 年，一部名为《生成自我：日本工厂中的权力、性别与身份话语》
(*Crafting Selves：Power, Gender and Discourses of Identity in a Japanese
Workplace*) 的著作横空出世，在国际日本研究学界引起巨大反响。[①]

作者多琳尼·近藤 (Dorinne K. Kondo) 为第三代日裔美国人（"三
世"），于 1975 年在斯坦福大学完成人类学本科阶段的学习，1978 年和
1982 年分别在哈佛大学获得人类学硕士和博士学位，自 1997 年起担任南加
州大学教授。《生成自我》是近藤的第一部著作，脱胎于 1982 年其在哈佛大
学的博士论文《工作、家庭与自我：日本家族企业的文化分析》(*Work,
Family, and the Self：A Cultural Analysis of Japanese Family Enterprise*)。
1997 年和 2018 年，近藤又出版了个人的第二部和第三部作品——《看脸》
(*About Face*) 和《创造世界》(*Worldmaking*)，聚焦文化研究中的族群、审
美、表演、认同等人类学主题。后两部作品延续了审美与政治的交织、身份
的产生与表现、权力与等级结构等关注点，也与亚裔族群研究相关，但很难
说是严格意义上的日本研究。[②]因此，作者作为一个"日本研究学者"的身份

---

① Dorinne K. Kondo, *Crafting Selves：Power, Gender and Discourses of Identity in a Japanese
   Workplace*, Chicago：University of Chicago Press, 1990.

② Dorinne K. Kondo, *About Face：Performing Race in Fashion and Theater*, New York：Rout-
   ledge, 1997；Dorinne K. Kondo, *Worldmaking：Race, Performance and the Work of Creativi-
   ty*, Durham, NC：Duke University Press, 2018. 其中《看脸》一书于 1997 年获得亚洲研究协
   会 (Association for Asian Studies) 的"文化与文学研究奖" (Cultural and Literary Studies
   Award)。

主要体现在《生成自我》中。

第一节　家庭工厂的琐碎日常

对近藤而言，在《生成自我》出版之后的学术生涯中，戏剧、时尚等"表演"（performance）日益成为其研究的关键词和着力点。事实上，除了人类学家和东亚研究学者的身份之外，近藤本人亦是一位颇为知名和成功的编剧和戏剧作家。与之相得益彰的是，《生成自我》全书文笔轻灵、行文流畅，仿佛一个多幕长篇剧本。全书共分为三个部分、九章。第一部分为舞台的"设定"，分别介绍了这一田野调查的主客观背景，中间还用整整一章描述了作者参加"伦理训练营"（ethics retreat）的生动体验。第二部分围绕"以厂为家、以家为厂"的口号，分析了家庭与企业在日本语境中的特殊纠缠。第三部分则集中谈论了工厂生活中的审美、性别、权力与身份政治等概念及其具体表现。

《生成自我》源自近藤于20年代70年代末所做的前后接近两年的田野调查。1978年9月，她踏上日本的土地。故事主要发生在东京都东北部的荒川区。从明治时期开始，由于靠近荒川，用水便利，荒川区就以工厂林立著名。与山手线沿线的"上城"相比，这里是所谓的"下町"（城下町），更具传统和庶民的特征。因此，《生成自我》描述的对象与另两部杰出的人类学和社会学作品颇有不同。西奥多·贝斯特（Theodore C. Bestor）的《邻里东京》关注的是兼具山手线和"下町"特色的"宫本町"，而在傅高义的笔下，《日本新中产阶级》的工薪家庭则居住在东京郊区。

近藤先后在两处打工，一处是佐藤①夫妇开设的糕点工厂，为期近一年，另一处则是横山女士开的美发店，干了一两个月的杂活。②书中的故事绝大部

---

① 近藤对全书的人名做了化名处理。在日语中"佐藤"与"砂糖"同音，或可视为一个巧妙的双关。

② 本文中，该书出现的所有人名均为音译。

分发生在前者的糕点工厂中。①这家糕点工厂可谓"东西合璧",不仅擅长羊羹、煎饼、豆馅糯米饼("最中")等日式甜品("和果子"),也生产果冻、蛋奶沙司、泡芙、樱桃馅饼等西式甜品。整个工厂约有三十几位员工,按照日本的标准,仍属于所谓的"中小企业"。在 1978 年近藤开展这项研究时,这一类"中小企业"占日本企业总数的 99.4%,吸纳了 75.8% 的整体就业,而在这一工厂所在的荒川区,95.5% 的企业员工数量小于 20 人。②在此之前,欧美学界分析日本经济形态和企业制度的既有研究往往将目光投向大企业,"中小企业"虽然支撑着日本经济,但多少遭到忽视,近藤以此为关注对象,确有价值。③即便在今天的日本,法定意义上的"中小企业"仍占到企业总数的 99% 以上和就业人口的约七成,其中"小规模事业者"占到八成以上。④因此,尽管日本的家庭结构和东京的城市面貌在过去的半个世纪中发生了不小的变化,但"佐藤工厂"们仍是日本经济和社会中的一个重要组成部分。换言之,五十年后的今天,该书并未失去它的时代意义。

在田野调查伊始,近藤研究计划的预期主题是日本的"亲属制度"和"经济",但随着调查的深入,她毅然放弃了原先的设计,对问题意识作了大幅调整。在该书中,近藤试图探究的核心问题是,在日本的情境中,人格

①　十年之后,另一部出色的人类学作品聚焦法国巧克力生产,该作品更为关注工匠 (chocolatier) 本身,但仍多次引述《生成自我》并作对比,两书并读或许别有风味,参见 Susan J. Terrio, *Crafting the Culture and History of French Chocolate*, Berkeley: University of California Press, 2000。2012 年,希瑟·帕克森 (Heather Paxson) 的作品描绘的是美国芝士产业的手艺 (artisanship) 及其背后的文化与经济含义,同样让人读来津津有味,参见 Heather Paxson, *The Life of Cheese: Crafting Food and Value in America*, Berkeley: University of California Press, 2012。迈克尔·赫茨菲尔德 (Michael Herzfeld) 对希腊克里特小镇手工艺人的研究也对近藤的作品多有引注和评论,参见 Michael Herzfeld, *The Body Impolitic: Artisans and Artifice in the Global Hierarchy of Value*, Chicago and London: University of Chicago Press, 2004。

②　Dorinne K. Kondo, *Crafting Selves: Power, Gender and Discourses of Identity in a Japanese Workplace*, pp.50, 53.

③　詹姆斯·罗宾逊 (James E. Roberson) 在 1998 年的作品同样聚焦小企业,对《生成自我》多有引用和评述,但更为注重工人在工厂和工作以外的生活,James E. Roberson, *Japanese Working Class Lives: An Ethnographic Study of Factory Workers*, New York: Routledge, 1998。

④　中小企業庁編『中小企業白書・小規模企業白書』、2020 年版、東京:日経印刷、2020 年。

（personhood）是如何界定的？更具体而言，佐藤工厂中的那些个体是如何在日常生活的实践中"生成自我"的?[1]当然，从下文的分析可以看出，对这个核心问题的回答同样离不开对"亲族关系"和中小企业"经济形态"的深刻观察。[2]

研究日本经济的著作大多采取宏观视角，与之不同，《生成自我》中有名有姓（虽然通常只有姓或名）的超过 50 人，几乎每一个出场的人物都有着鲜明的个体形象，一颦一笑跃然纸上。在每一章的重要场景中，还往往由一个主人公拉开故事的大幕，或串联起前后场。零工中的板仓婶年纪最大，抱怨工厂越来越失去"家"的味道；野村婶从农村"上京"，虽不无牢骚但仍安心打好零工；小原先生任劳任怨、沉默寡言，是工厂中男性工匠权威的代表；少年正雄在成为美术老师的梦想和继承家业的责任之间苦恼不堪；美奈子最终毅然选择在地方政府机构工作，而非辅佐丈夫家业。这些无一不是书中人物的代表。在大部分作品中，这些"小人物"往往陷于"失语"的状态，而近藤则希望反其道而行之，展现一种"众声喧哗"（heteroglossia）的场景。因此，尽管近藤在书中并没有引用巴赫金（Mikhail Bakhtin）的理论，但仍能看到后者所谓的"多声部"（polyphony）叙事的影子。而如果套用互动式小剧场的演出，作为人类学家的近藤不仅是一名坐在前排的观众，还是报幕员、解说者，间或地向身后的观众提示"母题"，甚至时不时地成为群众演员。因此，该书的作者既不是躺在扶手椅上的人类学家，也非仅仅凭借"走廊谈话"（corridor talk）的只言片语就下笔成章，而是从观察、访谈到参与、实践，通过切身经历和体验呈现了一幅生动的日本社会画卷。[3]

---

[1] Dorinne K. Kondo, *Crafting Selves*: *Power*, *Gender and Discourses of Identity in a Japanese Workplace*, pp.22—23.

[2] 关于亲属制度与企业文化的研究另可参见 Sylvia Junko Yanagisako, *Producing Culture and Capital*: *Family Firms in Italy*, Princeton: Princeton University Press, 2002。

[3] 这种写作手法让人想起劳拉·博汉南（Laura Bohannan）描写西非的人类学名著，参见 Elenore Smith Bowen, *Return to Laughter*: *An Anthropological Novel*, London: Victor Gollancz Ltd., 1954。

第二节　后现代的理论抱负与写作策略

近藤在致谢中感谢的第一人是其在哈佛大学的指导教授坦拜雅（S. J. Tambiah, 1929—2014）。作为近藤的两位指导教师之一，坦拜雅来自斯里兰卡，在宗教人类学领域留下了诸多经典的民族志作品。从近藤的书中，确实可以看到坦拜雅细致入微的写作风格的影子。但事实上，无论是近藤的两位导师坦拜雅和约翰·佩尔泽尔（John C. Pelzel），还是答辩委员会的另两位成员傅高义和伊凡·沃格特（Evon Zartman Vogt, Jr. ）都是相对传统的文化人类学家，师生之间的理论取向和写作风格存在巨大差异。这种差异及本书表现出来的鲜明特征主要源于两个原因：一是人类学研究整体风格的时代转向，二是近藤个人的理论抱负和学术进取精神。

一方面，文化人类学的"诠释转向"无疑在近藤的田野和写作中留下了深刻的烙印。从 20 世纪 60 年代开始，以克利福德·格尔兹等学者为代表，"解释人类学"（interpretive anthropology）在民族志实践和写作中日益突出。70 年代以后，民族志的研究中愈加注重自我反思，人类学者不再完全作为"旁观者"提供民族志的描述，而是努力呈现其在田野调查中与"被描述者"的互动。通过把个人化的因素引进文本，借助"交互主体间对话、翻译和投射"，这种人类学研究将主体与客体的实践进一步融合。① "表象"（represetation）和"实践"是新文化史的两个核心关键词。②甚至，还出现了自我民族志（Autoethnography）的研究路径。近藤的这一作品也是这一学术背景下的产物，并进而被视为这一研究取向的代表作之一。

同时，这又是"后现代人类学"的反映。用近藤自己的话说，自己的田野经历、博士论文和这本著作代表了一个重要的阶段性转变：从英国的社会人类学和东亚研究的认识论转向对民族志的批判，这种批判是自反性的，时

---

① 詹姆斯·克利福德：《论民族志寓言》，载詹姆斯·克利福德、乔治·马库斯编：《写文化：民族志的诗学与政治学》，商务印书馆 2006 年版，第 148 页。

② 彼得·伯克：《什么是文化史》，蔡玉辉译，北京大学出版社 2020 年版，第 71—79 页。

刻保持着对权力的关注。①众所周知，"后现代人类学"常与"自反性写作"（reflexive writing）相伴，进一步模糊了"观察者"与"被观察者"、"局内人"与"局外人"的界限，强调两者在"话语"生成中的共同作用。在"后现代民族志"看来，经验、行为并非先验于或独立于民族志，两者是互构的。②在这里，"客观"和"主观"的边界相互渗透。因此，在佐藤工厂中，近藤不再是一个无动于衷的外来"观察者"，而是与之同喜同悲的"参与者"和"体验者"，身怀着共感与同情。

另一方面，即便是在文化人类学变革的时代背景下，近藤个人的理论抱负仍显得异常耀眼。《生成自我》着力颠覆"经验"与"理论"之间的两分关系。在她看来，"经验和回忆本身就能变成理论"。在这里，近藤似乎又与海登·怀特（Hayden White）接近，后者主张"叙事远非一个中立的媒介……叙事是一个独特的体验和思考世界及其结构和进程的话语表达方式"。③叙事兼具"审美力量"和"文化力量"，也具有"认知价值"。④无论是在该书的封底，还是在正文的初始，近藤都将《生成自我》称为一项"文本实验"（textually experimental）。在"一切皆文本"的主旨下，她意在挑战"理论"与"即时、经验、描述"的区分，通过对个体"经验"的描述，打破"修辞与理论""个体与政治""自我与社会"的界限。⑤具体而言，她提出三个理论主张。其一，包括她自身在内，任何的叙述都经过了叙述者本人及

---

① Dorinne Kondo, "(Un) Disciplined Subjects: (De) Colonizing the Academy?" in Kandice Chuh and Karen Shimakawa eds., *Orientations: Mapping Studies in the Asian Diaspora*, Durham and London: Duke University Press, 2001, p.27.

② 参见斯蒂芬·A. 泰勒：《后现代民族志：从关于神秘事物的记录到神秘的记录》，载詹姆斯·克利福德、乔治·E. 马库斯编：《写文化：民族志的诗学与政治学》，商务印书馆 2006 年版，第 162—181 页。

③ 海登·怀特：《历史的和意识形态的叙事》，载海登·怀特著、罗伯特·多兰编：《叙事的虚构性：有关历史、文学和理论的论文（1957—2007）》，马丽莉、马云、孙晶姝译，南京大学出版社 2019 年版，第 342 页。

④ 阿兰·梅吉尔：《历史知识与历史谬误：当代史学实践导论》，黄红霞、赵晗译，北京大学出版社 2019 年版，第 87—108 页。

⑤ Dorinne K. Kondo, *Crafting Selves: Power, Gender and Discourses of Identity in a Japanese Workplace*, p.48.

其双眼的过滤，因此都是不完整的、有特定定位的。其二，应该强调民族志调查的"过程"，而所谓的"理论"事实上蕴含在这一"过程"之中。其三，日常生活异常生动与复杂，特定的理论模式无法将其全盘包涉。①

为此，近藤采用了"实验性"的第一人称叙述，通过对大量片段（vignette)的描述和回忆性的写作（evocative writing）技巧，试图颠覆过去的民族志手法。②正因如此，近藤的这一作品与《邻里东京》和《日本新中产阶级》的第三人称视角有所不同③，似乎更接近克利福德·格尔茨（Clifford Geertz）的风格，但显然比《文化的解释》、《地方知识》④等著作更晓畅。《生成自我》甚至让人想起理查德·霍加特（Richard Hoggart）的《识字的用途》，后者作为一本1957年初版的"离经叛道之作"，尽管在时代背景上远早于"后现代主义"，但与该书的女性主义文化分析手法和对工人阶级的关注似乎颇有暗通之处。⑤

《生成自我》的第一章即以"Eye/I"为标题，既是对同音异义的巧妙运用，更意在表明"我"（I）以及"我的双眼"（Eye）在叙述和阐释中的首要地位。在"深描"的基础上，通过这一第一人称的话语策略，突出"自我生成"过程中的"多元性、情境性、复杂性、权力、反讽与抵抗"。⑥近藤并不讳言自己的特殊身份，但她始终强调，建立在这一特殊身份之上的第一人称

① Dorinne K. Kondo, *Crafting Selves*: *Power*, *Gender and Discourses of Identity in a Japanese Workplace*, p.8.
② 运用民族志方法对工厂研究的经典作品之一显然是迈克尔·布若威（Michael Burawoy）于1979年出版的《制造同意：垄断资本主义劳动过程的变迁》。Michael Burawoy, *Manufacturing Consent*: *Changes in the Labor Process under Monopoly Capitalism*, Chicago：University of Chicago Press, 1979。该书有中译本。
③ 与这两部作品相比，《生成自我》的描述显得更为主观，更加突出个体的视角。值得注意的是，与这两位作者相比，近藤在性别、族裔以及年龄上都相当不同。另外，后两位作者在赴日田野调查时均是夫妇同行。
④ 克利福德·格尔茨：《文化的解释》，韩莉译，译林出版社2014年版；克利福德·格尔茨：《地方知识：阐释人类学论文集》，杨德睿译，商务印书馆2016年版。
⑤ 理查德·霍加特：《识字的用途》，阎嘉译，商务印书馆2020年版。从主题上而言，也不免让人联想到另两本名著：E. P. 汤普森（E. P. Thompson）的《英国工人阶级的形成》和保罗·威利斯（Paul Willis）的《学做工：工人阶级子弟为何继承父业》。
⑥ Dorinne K. Kondo, *Crafting Selves*: *Power*, *Gender and Discourses of Identity in a Japanese Workplace*, p.43.

叙事，既不是为了表达乡愁或浪漫的情绪，也无意凭借唯我独有的"个人经验"占据某种道德高地或阐释优势。

对"深描"手法的推崇、对"地方性知识"的偏爱、对"当地人视角"的强调，都涉及人类学和民族志中最根本的认识论问题。①从该书出版后近藤的后续论文和相关访谈中可以看出，她的这种理论抱负具有强烈的个人色彩和政治意图，与其作为一个生在美国的亚裔有色女性身份是分不开的。②用近藤自己的话来说，高度理论化的话语往往被白人男性③所垄断，她作为一个后结构主义、女性主义的理论学者，正是要打破这种垄断，发出自己的声音。④这一点一般读者在初读《生成自我》时或许感觉并不明显，只有在与其后两部作品并列和参照时，才能更加鲜明地从字里行间体会其意图。

除了第一人称叙述的特点之外，与大部分的民族志通常只在开头和结尾部分强调理论不同，近藤还试图将理论探讨揉碎了，均匀地撒在全文之中。因此，尽管该书的一头一尾确实仍保留了显著的理论呼应，但由大量片段和轶事所呈现的理论要素在全书各章随处可见。通过这一方式，所谓的"理论"也不再仅仅是对经典著作的引用和评析，而是变成一种写作策略和叙事风格。也恰恰因为如此，类似的民族志研究中通常涉及的企业结构、统计数据、线性描述等，也在该书中被近藤刻意弱化乃至省略，就连博士论文中原本后附的荒川区的位置示意图也不见了踪影。

在近藤的理论阐释中，有三个关键词尤为重要："日常""个体""权力"。⑤

---

① 迈克尔·赫茨菲尔德：《什么是人类常识：社会和文化领域中的理论实践》，刘珩、石毅、李昌银译，华夏出版社 2006 年版，第 23—35 页。

② 在杰出的日裔学者中，女性学者的比较颇高，在人类学、社会学等学科中表现得更为突出。这一现象本身或许也值得探究。

③ 傅高义、贝斯特显然都是成功的"白人男性"的代表。

④ Dorinne Kondo, "Poststructuralist Theory as Political Necessity," *Amerasia Journal*, Vol.21, No.1—2, 1995, pp.95—100.

⑤ 在这些关键词以及自我身份探寻上与之最为接近的作品或许是 Matthews Masayuki Hamabata, *Crested Kimono：Power and Love in the Japanese Business Family*, Ithaca：Cornell University Press, 1990；Nancy Rosenberger, *Gambling with Virtue：Japanese Women and the Search for Self in a Changing Nation*, Honolulu：University of Hawai'i Press, 2001。

首先，对"个体"的强调或许一直是近藤思考和写作的一个原点。近藤反复主张，所谓的"日本人"并不存在，因为千差万别的个别并不能化约为一个整体。"西方"对于自我的传统认知，成为近藤树起来的一个"稻草人"。与衣冠楚楚、朝九晚五、年功序列、终身雇佣等刻板印象相关的只是一小部分日本人，整个日本社会并不是"日本株式会社"，近藤的目的正是在于打破这种西方对日本研究的传统观念定式。她强调，那种认为"身份是前后一致的、无缝对接的、界限分明的、完整一体的观念都是错误的"。①而这通常是西方的认知，也是西方对日本人身份的认知。反过来她想证明的是，同一个个体拥有不同自我（身份），这些身份是复杂多元的，又是变动不居的。因此，传统意义上的"日本人"或"日本人的身份概念"都过于大而化之。②

　　其次，为了展现"个体"，就必须凝视"日常"，从习焉不察的"日常生活"中去透视"个体"的自我是如何生成的，又是如何表现的。既然"自我"并不是固定的、本质主义的，那么，它就离不开所在的情境。在评述其他日本人类学家的作品时，近藤反复强调个体差异和具体经历的重要性。她提到，"强调对经验的概括，以至于排除其他路径，这种选择固然能够提供一个宽泛的、保持一定距离感的概观，但也忽视了日常生活中的各种精美细节，以及丰富的和在地的细节、经验概括和理论争鸣之间的顺畅流动"。③这大概亦是自况。

　　第三，近藤始终强调，对"自我"的研究很难与性别研究和权力研究截

①　Dorinne K. Kondo, *Crafting Selves: Power, Gender and Discourses of Identity in a Japanese Workplace*, p.14.

②　在一些学者看来，"典型的日本人"或"完美的日本家庭"或许只是一个人为的标签或外来的误解，日本人和日本家庭都处在与时俱进的变化之中，参见 Merry Isaacs White, *Perfectly Japanese: Making Families in an Era of Upheaval*, Berkeley: University of California Press, 2002。

③　Dorinne K. Kondo, "Review: Work and Lifecourse in Japan by David W. Plath," *The Journal of Asian Studies*, Vol.44, No.1, November 1984, pp.206—208; Dorinne K. Kondo, "Review: Becoming Japanese: The World of the Pre-School Child by Joy Hendry," *The Journal of Asian Studies*, Vol.47, No.1, February 1988, pp.142—144.

然分离，在"自我"的生成过程中，"权力"因素始终相伴。①对"权力"的关注，这是后现代人类学的一个重要特征。工业社会加剧了性别空间和家庭内外的冲突。②不同的身份及与之相伴的意义，都是在权力结构中产生的。"身份"是多元和动态的、"权力"无所不在、"抵抗"未必是针锋相对的，诸如此类的判断在"后现代主义"的其他研究中也屡见不鲜。但近藤对"后现代用语"特别是福柯关于暴力、反抗等话语的借用，并不是生搬硬套，也非全盘接受。近藤强调，正是因为自我是多元的、"去中心化的"，所谓的"权力"及对其的"抵抗"也就失去了黑白分明的形象。正如她的故事所描绘的，佐藤工厂内的"霸权"与"抵抗"都具有丰富的多元含义。③

第三节　"自我"何为，如何"生成"？

那么，近藤笔下的"自我"究竟有何表现，又是如何"生成"的？

近藤的理论抱负、写作策略，与其对"自我"的界定事实上是紧密联系在一起的。首先，"自我"离不开所在的"背景"（context）。她认为，"自我"具有社会意义，它并不是在政治和社会的真空中出现的，也不是脱离文化的"浮游物"。因此，"自我可以视为在权力、历史、文化场域中，在特定

---

① 凯文·叶尔文顿（Kevin A. Yelvington）的《生产权力》描述了作者在一家特立尼达工厂的类似田野经历，同样注重工厂中由男女性别产生的权力落差，且进一步融入了族群和阶级的因素，后两者特别是族群因素在佐藤工厂中并不显著，Kevin A. Yelvington, *Producing Power*: *Ethnicity*, *Gender*, *and Class in a Caribbean Workplace*, Philadelphia: Temple University Press, 1995。较早的优秀作品可参见 Maria Patricia Fernández-Kelly, *For We Are Sold*, *I and My People*: *Women and Industry in Mexico's Frontier*, Albany: State University of New York Press, 1983。

② 乌尔里希·贝克：《风险社会：新的现代性之路》，张文杰、何博闻译，译文出版社 2018 年版，第 122—153 页。

③ "冲突"和"抗争"是日本劳工研究中的一个重要主题，对于罢工、集会、"春斗"等更为显性的"权力抵抗"不乏相应的研究，例如可参见 Christena L. Turner, *Japanese Workers in Protest*: *an Ethnography of Consciousness and Experience*, Berkeley: University of California Press, 1995。

情境下所发生的修辞性形象和表现型主张"。①这与不少其他学者强调的"情境意义"（situated meaning）②以及格尔茨主张的"场景主义"（contextualism）和"情景主义"（situationalism）是相通的。近藤指出，"自我"的生成离不开一系列因素：周遭的环境，这一"自我"话语所针对的听众，某一"自我"所排斥的对立面，历史、政治、经济话语，构建"自我"叙述的文化传统，等等，这些都构成前述的"背景"。③在这里，近藤十分强调权力和等级结构背后的历史文化因素。因此，她批评詹姆斯·斯科特（James Scott）所描述的对霸权的消极反抗技术，认为后者事实上并不强调文化的差异性，并没有充分展示马来西亚农民的特殊性。

其次，"自我"是互动的产物。"自我"的形成，要"与所处的社会文化范式共存"，也需要"与他人的交往和互动"。因此，个体的认同既是关于自身的意识，也是关于他人的意识，体现了"他人对自己的期望，即在此基础上产生的社会责任和法律责任"。④近藤强调，传统的"家"的观念仍旧深深扎根并时时体现在普通日本人的生活中，而并非像某些现代化论者设想的一样与西方大同小异。这种"自我"的生成体现在各对关系的日常互动中：社长与员工、全职技工与兼职零工、男性员工与女性员工、父辈创业者与后辈继承者，不一而足。

第三，"自我"是多元的。即便是在对"单一"身份（自我）的阐释中，也不无冲突、模糊和多元的地带。"自我"是在"相关"或"对立"的状态下才建构起来的。"内"与"外"并不是相隔或对立的，两者融为一体。因此，"自我"并不是统一的，而是"一个矛盾与断裂的动态所在，一个不同

---

① Dorinne K. Kondo, *Crafting Selves: Power, Gender and Discourses of Identity in a Japanese Workplace*, p.304.

② Jane M. Bachnik and Charles J. Quinn Jr. eds., *Situated Meaning: Inside and Outside in Japanese Self, Society, and Language*, Princeton, NJ: Princeton University Press, 1994.

③ Dorinne K. Kondo, *Crafting Selves: Power, Gender and Discourses of Identity in a Japanese Workplace*, p.307.

④ 扬·阿斯曼:《文化记忆：早期高级文化中的文字、回忆和政治身份》，金寿福、黄晓晨译，北京大学出版社 2015 年版，第 139 页。

话语以特定方式彼此短暂交叉的节点"。① "自我"是在对比中产生的。这里的"自我"包括人种、性别、年龄等多个侧面，也涉及国籍、教育水平、社会地位等诸多其他因素。正如欧文·戈夫曼（Erving Goffman）所言，"社会角色"是基于特定身份的权利和职责的规定，每一个社会角色总是包含一个或多个角色，其中每一个角色都由"表演者"呈现给特定的"观众"。②日文中，心理学和社会学理意义上的 Indentity 一词也通常被译为"自我同一性"。反其意而用之，"自我"恰恰不是"同一的"，而是多元的，甚至矛盾的。这种"多元自我"或"多重身份"，或许用日文常用的"暧昧"一词亦可形容。这些侧面既构成"自我"的整体，彼此之间又不免错位。例如，近藤强调，性别身份固然不乏共性，但与职业、阶级、家庭地位等其他重要因素息息相关，不能一概而论。在身份建构上，中产阶级家庭妇女与其笔下的这些家庭工厂中的打工妇女显然就具有明显的差异。

行文至此，读者或许也就能理解本书取名"生成自我"（Crafting Selves）的用意。一言以蔽之，"一个成熟的工匠在创造精美物品的同时，也在创造更好的自我"。③而如果套用大贯惠美子（Emiko Ohnuki-Tierney）名著的标题"作为自我的稻米"，近藤的这一作品或许可以表述成"作为自我的工作"。具体来说，近藤解释了选用这一动名词的四点原因，这可以视为对"自我"概念的进一步阐述。④其一，工作与人格（personhood）不可分割地交织在一

---

① Dorinne K. Kondo, *Crafting Selves*: *Power*, *Gender and Discourses of Identity in a Japanese Workplace*, p.47.

② 欧文·戈夫曼：《日常生活中的自我呈现》，冯钢译，北京大学出版社 2008 年版，第 12 页。

③ Dorinne K. Kondo, *Crafting Selves*: *Power*, *Gender and Discourses of Identity in a Japanese Workplace*, p.241.

④ 2016 年，另一部探讨"自我"的作品也采用了这一动名词的命名表述，同样含有双重意义，参见 Peter Cave, *Schooling Selves*: *Autonomy*, *Interdependence*, *and Reform in Japanese Junior High Education*, Chicago: University of Chicago Press, 2016。无独有偶，2012 年的一部日本研究作品尽管将目光聚焦于工薪白领和"男性气质"，也使用了"生成"一词，参见 Romit Dasgupta, *Re-reading the Salaryman in Japan*: *Crafting Masculinities*, New York: Routledge, 2013。1997 年，布莱恩·莫伦（Brian Moeran）描绘民艺陶瓷匠人的作品尽管在标题中并未出现这些字眼，但正文内容中关于审美、身份、生成等关键词与《生成自我》高度接近，参见 Brian Moeran, *Folk Art Potters of Japan*: *Beyond an Anthropology of Aesthetics*, Richmond, Surrey: Curzon Press, 1997。

起，人们在改造物质世界的同时也在改造自己。其二，身份并不是一个静态的客体，而是一个创造性的过程，因此，这里所谓的"生成"是一个终生的、永续的过程。其三，生成自我隐含着某种"中介"（agency）的含义，即身份的塑造势必有时会创造性地挑战所受到的文化束缚。其四，"自我"是复数的，并不是一个整齐划一的实体。①因此，标题中复数的"自我"（selves）既指不同个体的身份，更意在突出每一个个体的多重身份。

这种身份的多元性、模糊性、矛盾性最为集中地体现在佐藤工厂的那些兼职女工身上。在近一年的田野调查中，近藤是她们的一分子，通过朝夕相处对其喜怒哀乐有着最为细致、全面的观察。这种"近经验"（experience-near）的描述中能够明显地看出作者的同理心（empathy）。作为一个第三代日裔美国人、女性、哈佛大学的高材生、人类学家、二十出头的年轻人，近藤本人无疑是一个诸多特殊身份的集合体。在这一田野调查的过程中，她既通过自己的见闻经历发现了身边的不同"日本人"的"自我"（身份），也在这一过程中探寻自己的"自我"（身份）。②2001年，近藤曾应邀撰写了一篇回顾自身学术历程、反思理论取径的自传体评论。在其中近藤提到，《生成自我》中对所谓"日本人"的人性（humanity）的探究在某种程度上也是对"自己"作为一个亚裔美国人的人性的探究。③仅从对原著的阅读，似乎较难直接体会到这一写作背后的"身份挣扎"，但从作者对自己心路历程的剖析及其后续作品中，可以深刻感知到处在多种边缘化身份的交界点对作者的写作方式和精神立场产生了微妙而重要的影响。

---

① Dorinne K. Kondo, *Crafting Selves*：*Power*，*Gender and Discourses of Identity in a Japanese Workplace*，p.48.

② 类似的"身份找寻"也在别的日本研究学者中也有所体现，例如可参见 Takeyuki Tsuda，"Ethnicity and the Anthropologist：Negotiating Identities in the Field," *Anthropological Quarterly*，Vol. 71，No. 3，July 1998，pp. 107—124；Takeyuki Tsuda, *Strangers in the Ethnic Homeland*：*Japanese Brazilian Return Migration in Transnational Perspective*，New York：Columbia University Press, 2003.

③ Dorinne Kondo，"（Un）Disciplined Subjects：（De）Colonizing the Academy?" in Kandice Chuh and Karen Shimakawa eds.，*Orientations*：*Mapping Studies in the Asian Diaspora*，Durham and London：Duke University Press, 2001，p.32.

另一位日裔的文化人类学家大贯惠美子在谈及"本土人类学家"时曾现身说法地指出"距离感"（distancing）的重要性。无论是"本土人类学家"还是"非本土人类学家"都需要与观察对象保持一定的距离，使他们的"个体自我"与"集体自我"（即观察者自身的文化）尽可能减少对被观察的文化产生干扰。在这个意义上，尽管"本土人类学家"对于深刻了解本文化的本土知识具有一定的优势，但要保持这种"距离感"反而比"非本土人类学家"更具难度。①而日裔人类学家面临的困境又似乎居于两者之间。

《生成自我》体现了近藤对这种"距离感"的精准拿捏。②一方面，"三世"的身份为其在语言、外貌、人脉关系以及对日本社会文化的了解上提供了一定的便利，使其部分具有"本土人类学家"的优势，另一方面，她又时刻牢记自己的"观察者"身份。当意识到自己变得"越来越日本"时，还特意暂停田野调查，回到美国，以找回"自我"、重建应有的"距离感"。无独有偶，大贯惠美子在自己的日本田野调查中也有近乎相同的经历。尽管大贯惠美子出生在日本，直到大学毕业后才渡美，但显然两人在保持"距离感"上有着相近的自觉。

书中的一个细节颇为耐人寻味。在谈及"我的朋友、工友和邻居"时，近藤往往比言及那些住在山手线沿线的"我的亲戚"更为亲切。但另一方面，尽管近藤也身为这些兼职女工的一分子，但除了涉及男女性别关系之外，全文很少使用第一人称复数，多用单数。这种用词的距离感表明，作者不忘自己归根结底仍是一个"旁观者"，仍是一个由于外出调查和回国可以时常请假、终有一天就要离开的"过客"。

第四节　作为国际日本研究的学术意义

本章之所以选取《生成自我》作为一个典型的案例，除了该书自身的学

---

① Emiko Ohnuki-Tierney, "'Native' Anthropologists," *American Ethnologist*, Vol.11, No.3, August 1984, pp.584—586.

② 关于女性人类学家在日本研究田野调查中的体验与反思，可参见 Allison Alexy and Emma E. Cook, "Reflections on Fieldwork: Exploring Intimacy," in Allison Alexy and Emma E. Cook eds., *Intimate Japan: Ethnographies of Closeness and Conflict*, Honolulu: University of Hawai'i Press, 2019, pp.236—259.

术价值之外，还在意其在美国和日本学界遭遇的鲜明反差。

　　该书从田野调查到博士学位论文，再到公开出版，前后历时 13 年，可谓真正的"十年磨一剑"。《生成自我》出版后，在各个欧美主流学术期刊上，相关的评论不下数十篇，蔚为壮观，赞誉有加。其影响力之大，甚至使学术界之外的人士也纷纷对其津津乐道。例如，曾出版了《侏罗纪公园》等诸多畅销小说的迈克尔·克莱顿（Michael Crichton），在其描述美日经济关系的商业小说《旭日东升》（Rising Sun）的文末，罗列了 15 项"主要文献"，除了大量"修正主义者"的作品之外，《生成自我》也赫然在列。①

　　1999 年，《生成自我》获高等研究院（The School for Advanced Research）在美国人类学学会（American Anthropological Association）年会期间为"年度最佳人类学著作"颁发的"斯坦利奖"（J. I. Staley Prize）。整体而言，《生成自我》被认为是民族志写作上的一个典范，在人类学理论和方法论上具有创新意义，超越了单一"日本研究"的范畴。②同时，凭借其出色的分析和判断，又在工人阶级研究、家庭研究、性别研究、城市人类学等诸多研究领域成为重要的基础文献，甚至被认为在社会心理学、现代文学等领域也不无价值。③罗伯特·埃默森（Robert M. Emerson）主编的关于田野调查的著名论文集收录近藤一书的摘录，即从一个侧面反映了该书在方法论上的学术史地位。④

　　耐人寻味的是，正是这样一部在欧美学术界引起巨大轰动的著作，在日

---

①　Michael Crichton, *Rising Sun*, London: Arrow, 1992.

②　例如，在该书出版之后，不论研究对象的国籍，几乎所有关于工厂女工的人类学研究都能在其引注中找到《生成自我》的身影。

③　Paul H. Noguchi, "Review: Crafting Selves: Power, Gender, and Discourses of Identity in a Japanese Workplace by Dorinne K. Kondo," *American Anthropologist*, New Series, Vol. 94, No.1, March 1992, p.239. 保罗·野口（Paul H. Noguchi）自身的研究聚焦日本国家铁路公司的"家庭主义"企业文化，与《生成自我》不无共通之处，参见 Paul H. Noguchi, *Delayed Departures, Overdue Arrivals: Industrial Familialism and the Japanese National Railways*, Honolulu: University of Hawai'i Press, 1990。

④　Robert M. Emerson ed., *Contemporary Field Research: Perspectives and Formulations*, 2nd ed., Prospect Heights, Ill.: Waveland Press, 2001.

本国内却乏人问津，既没有日译本，对英文原著的关注也显得颇为落寞寂寥。①目力所及，几乎没有一篇专门评述该书的书评，甚至也很少有对其的详细引用或参考借鉴。②少数出现该书作者或标题的场合无非两种：一种是将其作为资料性的注解，且往往以夹注等形式出现，并无具体引用内容，引用出处的研究主题也未必与《生成自我》高度相关；另一种则是作为其他学者学术经历或阅读体验的某个轶事片段出现，也大多寥寥数语、一笔带过。还有学者将该书称为"没有实质性内容"的"典型"。③一个自然而然的疑问是：为何同一部作品在国际学界和日本学界感受到的热度近乎冰火两重天？进而言之，为什么一个在国际学界赢得巨大声望的日本研究作品在日本却备受冷落，沉默和反差背后反映了怎样的态度？

原因不外乎以下两方面。一方面，日本读者或许对于书中的内容习以为常、见惯不惊，鲜有阅读兴趣。关于日本社会特有的一些现象和概念，与不少国际日本研究作品一样，书中往往先用音译的日文单词呈现，紧跟着英文翻译或解释。在西方人眼中，这些概念或许有着一定的新鲜感或异域感，但在日本人看来，早已妇孺皆知。因此，在美国取得博士学位的日本人类学家桑山敬己认为，用日本读者的眼光来看，全书的叙述方式或许称得上新颖，但内容实在乏善可陈，书中的那些日文表述在文化上并无多大特殊含义，这些特意的表述近乎"浪费"。桑山敬己甚至指出，近藤"写的东西对于日本人来说都是茶余饭后的闲话而已"。④事实上，对于中国读者而言，对书中涉及的"家业"等概念同样颇为熟悉。即便是作为日本企业文化的放大乃至扭

---

① 在中国国内更是如此。因为没有中译本，国内对这一专著鲜有了解，在提到这一作品的个别其他译著中也对其内容多有误译。例如大贯惠美子：《作为自我的稻米：日本人穿越时间的身份认同》，石峰译，浙江人民出版社2015年版，第120页。

② 个别研究从"女性身份内化""职场中的性别权力"等视角，对其有少量的引用，例如可参见高橋睦子、田邊和佳子「ジェンダー・バイアスの多層性と近代の屈折—島根の場合—」、『国立女性教育会館研究紀要』、第7号、2003年8月、45—55頁；Santa Laukmane, "The Niku joshi Phenomenon: Meat-eating and Gender inside the Contemporary Japanese Workplace," *Japanese Review of Cultural Anthropology*, Vol.20, No.2, 2019, pp.63—105。

③ 桑山敬己：《学术世界体系与本土人类学：近现代日本经验》，姜娜、麻国庆译，商务印书馆2019年版，第341页。

④ 桑山敬己：《学术世界体系与本土人类学：近现代日本经验》，第64—74页。

曲，"伦理训练营"中的诸多片段在中国企业的"入社培训"、团建活动、服务型行业的朝礼、吃苦夏令营等各种场合也屡见不鲜。对于深受儒家文化影响，且经历过"单位时代"的中国人来说，企业与个人、家庭与工作之间的紧密交织也未必让人称奇。

另一方面，近藤的理论抱负或许又使相当一部分日本学者敬而远之，缺乏理论对话的兴趣。这又进一步牵涉到下一个问题：如何在国际日本研究的视角下，看待近藤强烈的理论冲动，其实际效果又如何？这一作品是否存在"理论过载"的风险？

平心而论，《生成自我》尽管具有突出的理论取向，但其理论内容并不显得过于阳春白雪、曲高和寡，相关的理论阐释也无佶屈聱牙、云山雾罩的痼疾。因此，问题或许并不在于理论的"艰深"，而在于"铺陈"。即便是在欧美学界，也有一些学者认为该书的理论阐释过于繁复，适当简化后并无损于全书的价值。①近藤主张"理论即实践"，但正如詹妮弗·罗伯逊（Jennifer Robertson）所反问的，一以贯之的理论究竟是否能与"后现代主义"的立场相容？②"后现代主义"理论阐释的详略取舍固然言人人殊，但恐怕也是该作品在日本相对反响平平的重要原因之一。从一些日本学者寥寥数语的感想或隐晦曲折的月旦中可以看出，他们对于该书的理论取向并不认同，也很少有共鸣。③对日本读者而言更是如此，司空见惯的日常生活与连篇累牍的理论提示相交织，进一步冲淡了阅读的激情。

1985 年，在《生成自我》问世之前，近藤在评论另一位日裔女性人类学家杉山·勒布拉（Takie Sugiyama Lebra）的名著《日本女性：束缚与成就》

① 例如可参见 Mary C. Brinton, "Review: One Nation, Many Lives," *Contemporary Sociology*, Vol.21, No.2, March 1992, pp.179—180。相对深入的评论可参见北村文「人類学/社会学される日本女性—メタ・エスノグラフィーの試み—」、『明治学院大学教養教育センター紀要：カルチュール』、第 2 巻第 1 号、2008 年 3 月、123—133 頁。

② Jennifer Robertson, "Review: Crafting Selves: Power, Gender, and Discourses of Identity in a Japanese Workplace by Dorinne K. Kondo," *Anthropological Quarterly*, Vol.64, No.3, Jul., 1991, p.157.

③ 例如可参见内山田康「ジェンダーを囲い込む、ジェンダーを解放する、ジェンダーの奥を見る」、『中央評論』、第 231 号、2000 年 5 月。

时曾指出，巨细无遗的经验描述有可能遮蔽我们对于其背后各种模式的认知，影响我们更为深刻地理解个人、文化和结构背后的复杂辩证关系。①换言之，如果没有理论的提炼和引领，再生动的细节也不过只是素材而已。这一评论或许可以看作近藤对于本人作品的自我辩护和自我警示。

如前所述，绝大部分对《生成自我》的书评其整体评价都颇为正面。对其最严厉的批评同样来自理论阵营。例如，有学者认为，该书并未真正达到女性主义研究的标准，既没有对男性熟练合同工和女性非熟练临时工之间的身份差异做更为深入的评析，也未令人信服地说明日本工厂中的这一性别差异在多大程度上迥异于英美的情况，又在多大程度上提供了不同于既有研究的结论。②但整体而言，这些质疑并不占多数。

综合各方的观点，有一点批评尤其值得关注，对于我们更为全面地认识近藤的这一经典作品也具有相当的启示。为了践行"后现代主义"的理论抱负甚至在其基础上有进一步的理论突破，《生成自我》的结论或许过于强调了"日本"与"西方"的差异。正如埃亚尔·本阿里（Eyal Ben-Ari）所质疑的，在近藤的笔下，"日本"与"西方"之间关于"自我"的对立似乎过于清晰，他反问道"意大利或爱尔兰的概念，抑或是英国工人阶级的话语"又能否适配到日本的现实语境中呢？③又如，山内由理子对澳大利亚原住民的研究同样发现，对其而言，"自我"也是一种相互关系中产生的，同样是"社会性"和"情境性的"。④杉山·勒布拉认为，近藤从后现代主义出发对日本人"自我"的探究，事实上与笛卡尔式的本质主义并无显著的不同。⑤当"自

---

① Dorinne K. Kondo, "Gender, Self and Work in Japan Some Issues in the Study of Self and Other," *Culture*, *Medicine and Psychiatry*, Vol.9, 1985, p.323.

② Kate Purcell, "Review: Research on Gender: Understanding the World in Order to Change It," *Work*, *Employment* & *Society*, Vol.4, No.4, December 1990, pp.605—618.

③ Eyal Ben-Ari, "Review: Crafting Selves: Power, Gender and Discourses of Identity in a Japanese Workplace by Dorinne K. Kondo," *Bulletin of the School of Oriental and African Studies*, University of London, Vol.54, No.3, 1991, p.627.

④ Yuriko Yamanouchi, "Comments on Gordon Mathews: On Being Semi-Peripheral," *Japanese Review of Cultural Anthropology*, Vol.16, 2015, pp.93—101.

⑤ Takie Sugiyama Lebra, *The Japanese Self in Cultural Logic*, Honolulu: University of Hawai'i Press, 2004, p.178.

我"以一段时间内的连续性为前提时，必然具有本质主义的倾向。甚至有学者担心，尽管近藤努力避免"东方主义式的日本研究"，但其结论或许又在无形中陷入了"东方主义"的窠臼，甚至证实和强化了既有的判断，即相比所谓的"西方的自我"，日本人普遍缺乏强烈的、统一的"自我"意识。[1]

同为日本人类学家的戴维·普拉思（David W. Plath）也指出，佐藤工厂的众人在定义"自我"时，想到的并不是"个体性"等种种西方形而上学的概念，而是上班一族、专业主妇等具体的分工和群体。在日常生活中，他们关注的主要是如何与"物"打交道，而不是与"人"或"想法"打交道，而后者才是真正的"他者"。因此，与其把这些工匠自赋的"自我认知"与哲学家为他们设想的"自我认知"相比较，倒不如将日本工匠的"自我认知"与美国等其他国家工匠的"自我认知"先做一个比较。由此才能看出日本工匠乃至更宽泛意义上的日本人的"身份"真正体现在何处。[2]人同此心、心同此理，其他国家的工人又何尝不具有佐藤工厂工人所展现的那些"自我"特征。这是颇为睿智的见解。

第五节　结　语

就研究内容而言，近藤的《生成自我》并非全新之作，在结论上很难说有惊人的论断。在《生成自我》问世之前，在相关主题中，无论是具体的研

① Keiko Ikeda, "Review: Crafting Selves: Power, Gender, and Discourses of Identity in a Japanese Workplace by Dorinne K. Kondo and Crested Kimono: Power and Love in the Japanese Business Family by Matthews Masayuki Hamabata," *American Journal of Sociology*, Vol.98, No.6, May 1993, p.1478.

② David W. Plath, "Review: Crafting Selves: Power, Gender, and Discourses of Identity in a Japanese Workplace by Dorinne K. Kondo: Crested Kimono: Power and Love in the Japanese Business Family by Matthews Masayuki Hamabata: Office Ladies, Factory Women: Life and Work at a Japanese Company by Jeannie Lo," *The Journal of Japanese Studies*, Vol.17, No.2, Summer 1991, p.420.普拉思本人主编的《日本的工作与生活模式》也是这一领域研究的代表作之一，参见 David W. Plath ed., *Work and Lifecourse in Japan*, Albany, New York: State University of New York Press, 1983。

究对象，还是抽象的概念辨析，都不乏出色的作品。①在《生成自我》问世之后，也陆续出版了若干类似的民族志作品。②且不说关于"自我"和"身份"

---

① 专门研究家庭工厂女工的民族志作品并不多，王爱华（Aihwa Ong）在 1987 年的作品尽管描述的是在日本工厂工作的马来西亚当地女工，但与《生成自我》在问题意识和写作风格上颇有相似之处，参见 Aihwa Ong, *Spirits of Resistance and Capitalist Discipline: Factory Women in Malaysia*, Albany: State University of New York Press, 1987。两年之后，帕特丽夏·鹤见（E. Patricia Tsurumi）出版的另一部知名作品《工厂女工》描述的是明治时期的纺织厂女工，属历史社会学的研究范畴，参见 E. Patricia Tsurumi, *Factory Girls: Women in the Thread Mills of Meiji Japan*, Princeton, New Jersey: Princeton University Press, 1992。珍妮特·亨特（Janet Hunter）的作品也关注战前的纺织工厂女工，参见 Janet Hunter, *Women and the Labour Market in Japan's Industrialising Economy: The Textile Industry before the Pacific War*, London and New York: Routledge Curzon, 2003。大部分的研究，特别是国际比较视角的研究，往往关注大型企业和跨国公司，而非家庭工厂，例如可参见 Mary Saso, *Women in the Japanese Workplace*, London: Hilary Shipman, 1990; Mary C. Brinton, *Women and the Economic Miracle Gender and Work in Postwar Japan*, Berkeley and Los Angeles: University of California Press, 1993。从社会学角度所作的最新的研究之一可参见 Kazuo Yamaguchi, *Gender Inequalities in the Japanese Workplace and Employment: Theories and Empirical Evidence*, Singapore: Springer, 2019; 山口一男『働き方の男女不平等：理論と実証分析』、東京：日経 BP、2017 年。关于学徒制及其身份政治的研究可参见 John Singleton ed., *Learning in Likely Places: Varieties of Apprenticeship in Japan*, Cambridge: Cambridge University Press, 1998。

② 但无论是在研究对象还是写作风格上，这些作品都与其存在较多差异。例如，苏珊·法尔（Susan Pharr）曾对 1963 年京都市政府中女性职员所开展的"反抗端茶倒水"运动（お茶くみの反乱）做过生动的描写，参见スーザン·J·ファー「職場における闘争—お茶くみの反乱—」、『レヴァイアサン』、第 8 号、1991 年、59—82 頁; Susan J. Pharr, *Losing Face: Status Politics in Japan*, Berkeley: University of California Press, 1990。1994 年格伦达·罗伯茨（Glenda S. Roberts）的作品描述的是关西地区一家大型制衣厂中的全职蓝领女工，参见 Glenda S. Roberts, *Staying on the Line: Blue-collar Women in Contemporary Japan*, Honolulu: University of Hawai'i Press, 1994。劳里·格拉汉姆（Laurie Graham）对位于美国的一家斯巴鲁汽车工厂做了深入的参与式观察。Laurie Graham, On the Line at Subaru-Isuzu: The Japanese Model and the American Worker, Ithaca: ILR Press, 1995。1998 年小笠原祐子的作品通过对一家位于东京的大型银行的田野调查，探讨了日本公司中女性"办公室文员"（office lady）的性别政治与权力抗争，参见 Yuko Ogasawara, *Office Ladies and Salaried Men: Power, Gender, and Work in Japanese Companies*, Berkeley, Calif.: University of California Press, 1998。2000 年，鲁埃拉·松永（Louella Matsunaga）的民族志作品探讨的同样是兼职女工及其在职场的权力地位，但调查的对象则是一家大型百货商店，参见 Louella Matsunaga, *The Changing Face of Japanese Retail*, London: Routledge, 2000。2008 年，米歇尔·塞奇威克（Mitchell W. Sedgwick）的作品从"组织人类学"的视角，对一家化名为 YamaMax 的日本大型电器公司在法国的分公司做了深入的民族志考察，参见 Mitchell W. Sedgwick, *Globalisation and Japanese Organisational Culture: An Ethnography of a Japanese Corporation in France*, London: Routledge, 2007。

的研究历久弥新，横贯数个学科，在日本研究领域内，"内"与"外"、"本音"与"建前"等日文的特殊表述；日本文化中的"集团模式"；日式经营模式等，对这些主题的研究早已成为日本民族志作品的一个传统。①《生成自我》与之多有交集。对"家"（ie）的研究就是其中的一个代表性例子。正如桑山所指出的是，关于"家"在企业中的具体表现，近藤的研究事实上并未与诸多前人的研究有明显的差异。②由于佐藤工厂规模较小，既是名副其实的"家业"和"家产"，又像其他的大公司一样，无形中把"家"作为一个企业组织和管理原则的借喻。事实上，包括桑山在内，不少其他学者也同样主张，"家"并不仅仅是家庭机构本身，而构成了一个宽泛的"话语空间"，代表了日本文化的诸多侧面。在这点上，《生成自我》所阐释的主旨与其他学者的观点是高度相近的，并未拉开明显的差距。

此外，即便是对日本女性的身份研究，围绕"贤妻良母"等概念，杉山·勒布拉、苏珊娜·沃格尔（Suzanne Vogel）、罗伯特·史密斯（Robert J. Smith）、埃拉·威斯沃尔（Ella Lury Wiswell）、戴维·普拉思（David Plath）、安妮·今村（Anne E. Imamura）、罗宾·勒布朗（Robin M. LeBlanc）等不少学者也已经做过相当深入的研究，且不乏精到的田野调查和事例剖析。③

① 在《生成自我》之后又陆续出版了一些经典作品，如 Nancy R. Rosenberger ed., *Japanese Sense of Self*, London: Cambridge University Press, 1994。
② Takami Kuwayama, "The Discourse of Ie（Family）in Japan's Cultural Identity and Nationalism: A Critique," *Japanese Review of Cultural Anthropology*, Vol.2, 2001, pp.3—37.
③ 部分代表性著作可参见 Takie Sugiyama Lebra ed., *Japanese Women: Constraint and Fulfill- ment*, Honolulu: University of Hawai'i Press, 1984; Anne E. Imamura, *Urban Japanese Housewives at Home and in the Community*, Honolulu: University of Hawai'i Press, 1987; Anne E. Imamura ed., *Re-imaging Japanese Women*, Berkeley: University of California Press, 1996; Robin M. LeBlanc, *Bicycle Citizens: The Political World of the Japanese Housewife*, Berkeley, Los Angeles, and London: University of California Press, 1999; Kaori H. Okano, *Young Women in Japan: Transitions to Adulthood*, London: Routledge, 2009; Nancy Rosen- berger, *Dilemmas of Adulthood: Japanese Women and the Nuances of Long-term Resistance*, Honolulu: University of Hawai'i Press, 2013。对于 1990 年前诸多人类学和社会学相关作品的综述可参见 Mariko Asano Tamanoi, "Women's Voices: Their Critique of the Anthropology of Japan," *Annual Review of Anthropology*, Vol.19, 1990, pp.17—37。岩男寿美子等日本学者的主要著作可参见 Sumiko Iwao, *The Japanese Woman: Traditional Image and Changing Reality*, New York: Free Press, 1993。

前文已引述了桑山敬己对近藤的尖锐批评。在桑山看来，出现这一缺陷的根本原因在于，类似的西方人类学作品的"听众"（读者）本就不是日本人，日本人只是作为被观察和被描述的对象，而非对话者。因此，一些在日本人自己眼中稀松平常之事，却被西方学者下笔千言。类似的情况，自然不局限于人类学一个学科，在政治学等其他学科也比比皆是。①这种阅读体验，或许在《邻里东京》《日本新中产阶级》以及更宽泛意义上绝大部分西方日本研究中都存在。

既然《生成自我》并无首开其风之功，那么该书的成功奥妙和创新价值又何在？一言以蔽之，"理论、民族志、写作"三者间的有机融合是这部作品的最大成功之处。②在近藤的巧妙组织下，抱负高远的理论探索与异常生动的经验描述实现了有机的结合，甚至形成强烈的互动。身份、意义、权力、话语等宏大叙事和抽象概念与切身经历和生动描述相结合。破与立、解构与建构，皆有可观。因此，《生成自我》或许不是开创性的作品，但代表了这一写作路径和理论抱负的阶段性高峰，事实上之后的国际日本研究中很少见到类似的作品。③这恐怕也是该书问世三十年后仍值得仔细品味的最主要原因之所在。

---

① 早川誠、福元健太郎「座談会・私が見たアメリカ政治学」、『日本政治研究』、第 4 卷第 2 号、2007 年、153—183 頁。

② 或许是某种巧合，就在《生成自我》问世的同期，另有几部类似的作品付梓。因此，在不少书评中，近藤的这一作品也往往与其作对比。这种比较和鉴别进一步突出了《生成自我》的特点和优势。这几部作品主要包括 Matthews Masayuki Hamabata, *Crested Kimono*: *Power and Love in the Japanese Business Family*, Ithaca: Cornell University Press, 1990; Jeannie Lo, *Office Ladies*, *Factory Women*: *Life and Work at a Japanese Company*, New York: Armonk, 1990。

③ 安妮·艾莉森（Anne Allison）的《夜间工作》是少数颇为接近且同样出色的作品。尽管从表面上看，两者的主题天差地别，但事实上无论是对性别关系、公司文化、工作与家庭等主题的探讨，还是对于理论阐释的重视，两者颇有异曲同工之处。艾莉森甚至在书中直接回应了近藤关于"多重身份"的观点，参见 Anne Allison, *Nightwork*: *Sexuality*, *Pleasure*, *and Corporate Masculinity in a Tokyo Hostess Club*, Chicago: University of Chicago Press, 1994。大量"芝加哥学派"的成果在"理论浓度"上自然更有过之而无不及，但其作品并不是本文的比较对象。

第十三章

学术研究如何雅俗共赏：《筑地》介评

过去的近十年间，我有幸一直参与一个中日韩三方教学项目，项目的重要组成部分之一是在每年 11 月中下旬或 12 月上旬，与来自东亚三国以及世界各国的学生一道，访问一所日本的著名私立大学，进行为期一天的面对面交流。年复一年，对于囊中羞涩且行程紧张的国际学生而言，有一个"攻略"被证明行之有效且其乐无穷：搭乘半夜从上海起飞的廉价"红眼航班"，在略感寒意的深秋凌晨降落在羽田机场，旋即前往"筑地市场"，既漫步流连又大快朵颐，在大饱口福和眼福之后，（带着些许困意）匆匆赶往一箭之遥的港区校区参加当天的活动。

曾几何时，与浅草、银座、秋叶原等地一样，筑地也是境外游客和日本本土的外地游客东京观光的必到之处。无论是在层见叠出的美食类节目中，还是在聚焦外国人的文化访谈类节目（例如 YOUは何しに日本へ?、世界！ニッポン行きたい人応援団）中，筑地的身影从未缺席。在出版界也是如此，无论是严肃的学术作品，还是通俗的畅销读物，筑地都是一个历久弥新的话题。但也恰恰如此，任何一部描述筑地的作品，要想推陈出新、不落窠臼，也就面临着超越他人、超越自己的不小挑战。

正是在这一背景下，2004 年，美国人类学家和日本研究学者西奥多·贝斯特（Theodore C. Bestor）推出了一部优秀的作品，题为《筑地：位于世界中央的鱼市》（*Tsukiji：The Fish Market at the Center of the World*）（以下简称《筑地》）。这是贝斯特继 1989 年出版的《邻里东京》（Neighborhood Tokyo）之后的又一部代表作，也是加州大学出版社"食物与文化"系列丛书的第 11 部作品。仅仅一年之后，2005 年该书获美国人类学学会（AAA）东亚分部（Society for East Asian Anthropology）的 "特别提名奖"（Distinguished Special Mention），2006 年又斩获美国人类学学会经济人类学分部（Society for Economic Anthropology）的 "最佳著作奖"（the SEA Book Prize）。①2007 年，日译本接踵而至，由以文化类读物见长的木乐舍出版发行。②英文原著出版后，在各大学术刊物上，专题书评不下 20 篇，赞誉之声不断。该书问世近二十年来，在不少欧美学者和日本学者类似主题的研究中，也能看出其研究路径的持续影响。③

第一节 经济社会学与文化人类学的有机结合

食物或饮食是文化人类学研究中的一个重要主题，也不乏脍炙人口的经典作品。例如，西敏司（Sidney Mintz）在其社会文化史名著《甜与权力》（*Sweetness and Power*: *The Place of Sugar in Modern History*）中对糖的符号意义作了深入的阐述。④作为一名文化唯物主义理论的倡导者，马文·哈里斯（Marvin Harris）对于食物的文化人类学研究也颇为知名。⑤

由于 "日本料理" 或曰 "和食" 风靡全球，这一令人口齿生津的主题在国际日本研究中也极具人气，不少作品已有中译。⑥出身波兰的卡塔齐娜·齐维尔特卡（Katarzyna J. Cwiertka）是当代研究日本饮食的著名学者，她于

---

① Theodore C. Bestor, *Tsukiji*: *The Fish Market at the Center of the World*, Berkeley and Los Angeles: University of California Press, 2004.
② テオドル ベスター『築地』、和波雅子、福岡伸一訳、東京：木楽舍、2007 年。
③ 例如可参见池口明子「ベトナム・ハノイにおける鮮魚流通と露天商の取引ネットワーク」、『地理学評論』、第 75 巻第 14 号、2002 年 12 月、858—886 頁；Akiko Ikeguchi, "Development of Freshwater Fish Wholesale Market in Hanoi, Vietnam," *Geographical Review of Japan*, Vol.80, No.5, April 2007, pp.1—28。
④ 西敏司：《甜与权力：糖在近代历史上的地位》，王超、朱健刚译，商务印书馆 2010 年版。
⑤ Marvin Harris, *Cows, Pigs, Wars & Witches*: *the Riddles of Culture*, New York: Random House, 1974; Marvin Harris, *Good to Eat*: *Riddles of Food and Culture*, New York: Simon and Schuster, 1985.
⑥ 例如顾若鹏：《拉面：食物里的日本史》，夏小倩译，广西师范大学出版社 2019 年版；马特·古尔丁：《米，面，鱼：日本大众饮食之魂》，谢孟宗译，广西师范大学出版社 2019 年版。

2007 年出版的著作《现代日本料理：食物、权力与民族身份》（*Modern Japanese Cuisine：Food，Power and National Identity*）将饮食放至"民族认同"的视角下追根溯源，但寿司和水产在其中着墨不多，主要是在后记中作为"迈向全球的和食"讲述。①2013 年，"和食"登录联合国教科文组织世界非物质文化遗产名录，对于传统日本料理的研究再掀高潮。在此背景下，2020 年，她又与日本学者安原美帆推出了最新的英文合著《日本饮食的品牌创建：从"名物"到"和食"》（*Branding Japanese Food：From Meibutsu to Washoku*）。②

然而，贝斯特的《筑地》并不是"饮食人类学"的作品，而是人类学视角下的经济社会学研究。原因在于，该书的分析对象事实上并不在于筑地市场内销售的商品——无论是金枪鱼等水产品，还是以此为原料的寿司等日本美食③，而在于"市场"本身。在相当程度上，筑地市场中的交易产品只是该书分析的"中介"或"载体"，而非"主体"或"对象"。贝斯特明确提出，其研究目的在于从人类学的角度对市场的"定义和限制复杂社会的各种要素"做出分析。④也正因如此，贝斯特笔下的"筑地"，其描绘的重点在于专事拍卖的内部市场，而非普通游客和消费者流连忘返的外部市场，虽然两

① Katarzyna J. Cwiertka, *Modern Japanese Cuisine：Food，Power and National Identity*, London：Reaktion Books, 2006.该书有繁体中文译本。

② Katarzyna J. Cwiertka with Yasuhara Miho, *Branding Japanese Food：From Meibutsu to Washoku*, Honolulu：University of Hawai'i Press, 2020.另可参见カタジーナ・チフィエルトカ、安原美帆『秘められた和食史』、東京：新泉社、2016 年。

③ 这方面可参阅另一部畅销书 Trevor Corson, *The Zen of Fish：The Story of Sushi，from Samurai to Supermarket*, New York：HarperCollins, 2007, 或同一本书的另一个版本 Trevor Corson, *The Story of Sushi：An Unlikely Saga of Raw Fish and Rice*, New York：Harper Perennial, 2008.类似的优秀著作可参见 Eric C. Rath and Stephanie Assmann eds., *Japanese Foodways，Past and Present*, Urbana：University of Illinois Press, 2010；Nancy K. Stalker, *Devouring Japan：Global Perspectives on Japanese Culinary Identity*, Oxford：Oxford University Press, 2018。

④ Theodore C. Bestor, *Tsukiji：The Fish Market at the Center of the World*, p.12.对这一内容的集中阐释也可参见贝斯特在成书之前发表的另一篇论文, Theodore C. Bestor, "Making Things Clique：Cartels, Coalitions, and Institutional Structure in the Tsukiji Wholesale Seafood Market," in W. Mark Fruin, ed., *Networks，Markets，and the Pacific Rim：Studies in Strategy*, Oxford and New York：Oxford University Press, 1998, pp.154—180。

者不可分割，但后者其实只是前者在销售链上的自然延续。

从写作手法上来看，尽管书中不乏有名有姓的人物，但似乎没有一位是一以贯之的"主角"。相比对若干重点个体的描述，贝斯特更愿意把分析的视角放置在相对宏观的层面，考察这些个体背后所反映出来的种种"结构"和"模式"。为此，书中多次引用马克·格兰诺维特（Mark Granovetter）等学者关于经济社会学的研究，以及"深嵌"（embeddedness）、"互嵌"等概念。反过来，著名的经济社会学家理查德·斯威德伯格（Richard Swedberg）也将该书誉为学术上的一座"丰碑"。①

每天有至少6万人在筑地工作，熙熙攘攘、摩肩接踵的游客更是不计其数。俗话说"外行看热闹，内行看门道"，贝斯特希望透过喧嚣欢腾、人所皆知的"热闹"表象，将筑地隐含的"门道"解释给读者。筑地运作的背后，既有跨国公司和综合商社等超大型企业的身影，也不乏日常采购的家庭主妇，介于其中的更包括涉及日本流通经济、大大小小的各种经营主体。经由贝斯特的描述，拍卖的规则、各个交易主体的构成、店铺的定期调整、重大决策的出台等涉及筑地核心内容的诸多侧面一一呈现在读者面前。

贝斯特本人将本书的结论归纳为三个议题：对于日本经济组织和行为的解读；对于市场、交换和商品化的人类学思考；对于复杂的、城市的、工业化社会的人类学分析。②可以看出，筑地市场并不是一个单纯经济意义上的分析对象。在这里，市场更多地被视作一个"文化机制"（cultural institution）。贝斯特意在通过这一民族志，解释除了货物、服务和资本之外，"文化资本"和"社会资本"是如何生产和流通的，又如何塑造了经济和市场本身。③用他的话来说，"社会资本或许是交易的岩床，但经济活动的洋面往往不会是风平浪静的"。④筑地的日常交易或许具有相当的"形式主义"（formalist）的成分，但在其背后则是"实体主义"（substantivist），因为这种交易深嵌在社会

---

① Richard Swedberg, "Review: Tsukiji: The Fish Market at the Center of the World by Theodore C. Bestor," *American Journal of Sociology*, Vol.111, No.4, January 2006, pp.1249—1250.

② Theodore C. Bestor, *Tsukiji: The Fish Market at the Center of the World*, p.xviii.

③ Ibid., p.xvi.

④ Ibid., p.307.

背景之中。因此，在对利益和互惠进行评估时，除了真正的"金融货币"之外，还需要考虑"文化货币"和"道德货币"。①对于两者的关系，贝斯特强调，"形式主义"与"实体主义"终究是共存的。"结构通过中介产生影响，中介的力量来自结构，又受到结果的束缚"。②

在日文中，"市场"（市場）一词的汉字表述与中文一致，但读音却有两种。其中，Ichiba（いちば）强调的是作为"现货市场"（spot market）的"物理性存在"，而 Shijyou（しじょう）则侧重作为经济生活的"结构性存在"。前者更可见和具象，后者相对隐秘和抽象。在中文中，两者的区别或许把"市场"一词拆分成"市"和"场"两个字就能体现。作为"市"，筑地表现为一个实体的"集市"（marketplace），功能在于为交易提供场所；作为"场"，其背后的"市场"（market）则是一个"经济现象"和"社会框架"。两者不可分离、彼此作用，"场"对"市"的空间布局和物理位移产生潜移默化的重要影响，而"市"的动态变化势必又反映到"场"的调适乃至变革之中。要言之，筑地市场不仅是一个经济机制，也是一个社会机构和文化场所，兼具两者的特征。③值得一提的是，在最终付梓之前，该书的标题原定为《东京的市场：筑地批发市场中的文化与贸易》（*Tokyo's Marketplace*：*Culture and Trade in the Tsukiji Wholesale Market*），虽不如后来标题的简洁醒目，但更加明确地点出了两个关键词的区别与侧重。

在对筑地市场的剖析中，中间商（intermediate wholesaler，仲卸業者）是贝斯特聚焦的最主要行为体。对外人而言，1 677 家中间商也构成筑地市场中最显眼、最活跃、与普通消费者接触最多的经营主体。这些中间商站在该书的舞台中央，每天凌晨出现在交易市场，又将从拍卖获得的商品在一个个摊位中销售给普通顾客。他们串联起纵向和横向两种经济结构。在横向结构中，既有中央政府和地方政府的规划和监管，也有各个商业主体彼此的竞争

① Theodore C. Bestor, *Tsukiji*：*The Fish Market at the Center of the World*, p.308.

② Ibid., p.309.

③ 相比之下，证券交易市场等金融市场中的"实物"意义或许就没有那么明显，相关研究可参见何柔宛的知名作品。何柔宛：《清算：华尔街的日常生活》，翟宇航、宋岳、张树沁、胡凤潮译，华东师范大学出版社 2018 年版。

合作、合纵连横，其中突出地表现为中间商们的竞合关系。而在纵向的结构中，上游供货商——拍卖公司——中间商——零售顾客形成交易的链式流程，产品、资金、信息等经济要素在这一流程中反复流转。

在贝斯特看来，传统的对日本经济组织的研究通常遵循以下三大路径的其中一种：或是检视其对竞争性市场力量的依存度大小；或是考察机制性因素（例如对企业"系列制"的研究）；或是强调长期义务和互惠的社会文化模式。而相比竞争性的市场力量，"机制化的纵向联合"和"义务型契约"往往被认为是日本经济组织的标志性特征。①贝斯特笔下的筑地显然希望将三者有机结合，并试图清晰地展示彼此的交叉重叠和龃龉矛盾之处。之所以选取"中间商"作为分析的主体，也正是因为其经济行为兼具三种的特征，既保留了日式营商传统和家族企业的影子，又不得不在瞬息万变的现代商业环境中辗转腾挪、与时俱进。

中间商的身份和作用突出地表现在筑地市场的拍卖中。如果将其进一步分拆，在这一拍卖中存在三种交易关系的结构：拍卖公司与其供货商之间的关系；拍卖公司与中间商之间的关系；店家与其顾客之间的关系。②筑地共有7家拍卖公司（卸壳業者）。简单来说，拍卖公司通过两种方式得到商品。一是"委托售卖"（委託販売），拍卖公司只是接受委托，将上家的产品售卖给下家，在此过程中作为交易的中介赚取佣金，这种方式主要针对新鲜的海产品。另一种方式是"采购"（買付），即拍卖公司先行直接购下一批产品，再度转手出售，这种方式主要针对冷冻、加工和水产养殖的产品。而拍卖公司销售给店家的方式大致也有两种，最常见的是"竞拍"（競り），少数则通过协商或私下合同的方式（相対売り）。这些选择背后反映了不同商品的商业特性及其蕴含的社会意义。③

相比"集市"，贝斯特显然更希望剖析"市场"的经济过程和文化意义，呈现交易背后的机制、规范与惯习是如何生成的、如何表现的，又面临着怎

---

① Theodore C. Bestor, *Tsukiji*: *The Fish Market at the Center of the World*, p.193.

② Ibid., p.183.

③ Ibid., p.190.

样的变迁。①他强调，"筑地高度深嵌在复杂的社会机制中，这些社会机制由关于饮食和贸易的文化逻辑所支撑，反过来，这些逻辑又部分地通过市场机制的日常运作而生成。市场以一种无限循环的方式实现了自我的社会再生产"。②

作为一个具体而微的例子，对中间商而言，"空间"或许是他们最大的资本。店铺的大小、位置、邻里等，都直接关系到其营业收益的高低。为了尽可能地体现公平，中间商的店铺每四年要重新分配一次。而最终决定这一"空间"的诸多方式，如抽签、定期"洗牌"调整、"抱团"等，又都体现了丰富的社会文化因素。尽管"关系"一词通常被认为是中国研究中的一个特殊概念，但在同属东方文化的日本社会中，各种"关系"集中呈现在筑地的复杂运作中。这种亲属、乡土、同学、师徒等多重关系彼此交织形成关系网络，使得竞争与合作、个体与整体、言利与言义、维系与变化等"二元关系"都变得相对模糊，在筑地呈现出异常斑斓的图景。

第二节　"问询式观察"的方法论特征

作为一个市场交易的结构，筑地具有一定的封闭性乃至排外性。在相当程度上，甚至可以把筑地看作一个自成一体的"村落"，其"村民"尽管并不排斥外人的进入，但期望后者能充分尊重当地的习俗。③考虑到商业交易环境、内部的嘈杂拥挤程度、水产品保鲜的特殊性等诸多原因，筑地的从业人员对于大量游客和普通零售顾客的蜂拥而至一度颇为头疼。为此，筑地对于

---

① 日文学界对这一著作的引用并不多，但其中的大部分都敏锐地关注到该书在这一领域的理论阐释，例如可参见古濑公博「市場における規範と秩序—古物・骨董の業者間市場のフィールド・リサーチ—」、『經營學論集』、第 84 卷、2014 年；比嘉理麻「変わりゆく感覚：沖縄における養豚の専業化と豚肉市場での売買を通じて」、『文化人類学』、第 79 卷第 4 号、2015 年、357—377 頁。其中，比嘉理麻的论文对于日文语境中关于"市场"的两种区分，亦参考了贝斯特的分析。

② Theodore C. Bestor, *Tsukiji : The Fish Market at the Center of the World*, p.309.

③ Ibid., p.25.

参观访问等多次修订规则，希望尽可能地降低"外人"对于市场正常运营的影响。对于学术研究来说同样如此，很难实现真正的"参与式研究"或"浸入式体验"。这一"入场许可"的获得及其自由度的大小决定了贝斯特的研究只能另辟蹊径，采取一种不同寻常的方式。

与《邻里东京》中所采取的"参与式观察"（participant observation）不同，贝斯特在这一调查中采用了"问询式观察"（inquisitive observation）的方式。①个中原因，他本人阐释甚明。首先，要融入当地的社会生活，成为一名"真正"的参与者需要花费大量的时间，即便如此，大部分田野调查者也不具备"真正"参与者的社会义务和社会关系。其次，在大部分情况下，"真正"的参与者无暇也无力系统地汇集整理动态的信息。第三，所谓的"观察"或许是一个过于被动的表述，难以准确反映持续提问的状态。②贝斯特将本人在筑地的"问询式观察"描述为"伞降"（parachuting）的方式。所谓"伞降"，顾名思义，从多个方向和切入口，将自身投入筑地的复杂日常事态中。③

"问询式观察"大体上居于单纯的"观察"与深入的"体验"之间。一方面，与一般游客和零售顾客不同，贝斯特在市场内的"闲逛"（hang out）时间更为充裕，目的更为明确，涉入的程度也要远远深得多，而且可以借助多次回访和交叉验证，拓展和夯实信息来源。更重要的是，通过彼此引介，他得以与大量筑地的从业者交谈，在与这些"报道人"的深入交流中获取"外人"通常难以知悉的信息。这是"问询式观察"的积极一面。但另一方面，无论是"问询"还是"观察"，都离"参与"和"体验"尚有距离。贝斯特既不能参与拍卖竞标，也无法案板操刀或持秤售卖，能用"眼"和"口"，

---

① 关于"参与式观察"，可参见 Robert M. Emerson and Melvin Pollner, "Constructing Participant/Observation Relations," in Robert M. Emerson ed., *Contemporary Field Research: Perspectives and Formulations*, 2nd ed., Prospect Heights, Ill.: Waveland Press, 2001, pp.239—259。

② Theodore C. Bestor, "Inquisitive Observation: Following Networks in Urban Fieldwork," in Theodore C. Bestor, Patricia G. Steinhoff, and Victoria Lyon Bestor eds., *Doing Fieldwork in Japan*, Honolulu: University of Hawai'i Press, 2003, p.317.

③ Ibid., p.319.

但并不能用"手"。

值得注意的是，相比单纯的"观察"或"参与"，贝斯特事实上更强调"提问"及其与"观察"的结合，而提问的方式和技巧显然尤为重要。这些提问不仅要有助于获取重要的信息，而且要通过询问的方式促使被提问者思考和谈及其习以为常的细节，使这种动态的双向交流步步深入。同时，贝斯特强调，"问询式观察"既是其他研究方法的前导，也需要与其相互印证，这些研究方法包括系统的正式访谈、问卷、公开档案和数据的挖掘、绘制组织结构、细致的历史梳理等。①两者在《筑地》一书中都有显著的呈现。正是通过长期的观察和交流，大量原本散落在文献故纸中的生动细节在不经意间为人所知。例如贝斯特发现，在日本之所以 10 月 10 日被定为"金枪鱼之日"，是因为在 8 世纪的和歌集《万叶集》中，关于金枪鱼的记载于 10 月 10 日首次出现。②

在贝斯特的《筑地》出版之前，已有不少关于筑地的优秀日文作品。③在 2004 年该书出版后，又有不少著作问世。④其中，在 2008 年就任筑地市场场长的森清杜于同一年出版了《"筑地"与"市场"——筑地市场的物语》。⑤曾担任筑地市场次长的泽章则围绕筑地搬迁问题，在 2020 年出版了《筑地与丰洲》一书。⑥这些长期亲身参与政府监管和市场运营的人士，提供了难得的"内部人"视角。

---

① Theodore C. Bestor, "Inquisitive Observation: Following Networks in Urban Fieldwork," in Theodore C. Bestor, Patricia G. Steinhoff, and Victoria Lyon Bestor eds., *Doing Fieldwork in Japan*, Honolulu: University of Hawai'i Press, 2003, p.333.

② Ibid., p.328.

③ 例如可参见中村勝編著『魚河岸は生きている—築地市場労働者の生活社会史』、東京：そして、1990 年；尾村幸三郎『魚河岸怪物伝——築地市場を創建・隆盛にした人々とその展望』、東京：かのう書房、1994 年。

④ 例如可参见福地享子、築地魚市場銀鱗会『築地市場　クロニクル完全版 1603—2018』、東京：朝日新聞出版、2018 年；小松正之『築地から豊洲へ：世界最大市場の歴史と将来』、東京：マガジンランド、2018 年。

⑤ 森清杜『「築地」と「いちば」——築地市場の物語』、東京：都政新報社、2008 年。

⑥ 澤章『築地と豊洲：「市場移転問題」という名のブラックボックスを開封する』、東京：都政新報社、2020 年。

此外，小山田和明于 2010 年出版的《访谈在筑地工作的男人们》与贝斯特的该书颇有相近之处，也是中村胜 1990 年著名作品的某种延续。①小山田和明的祖父和父亲两代人均是筑地的中间商，而本人出身史学专业，其田野调查和对筑地从业者的证言记录与贝斯特的《筑地》一书形成了极佳的互补，书中关于水产加工、场内交通、运输包装、环境维护、后勤辅助等不少篇章生动异常，甚至为贝斯特笔下未及展开的内容填补了空白。与之类似，酒井亮介同样兼具从业者和研究者的双重身份，其作品关注的虽然是位于大阪的杂喉场鱼市场，也以历史研究为主要分析路径，但或许同样可以作为对《筑地》一书的补充阅读。②

同样是对养殖产业的描述，同样是动物作为最终的消费对象被置于工业化和商品化的境地，《筑地》的世界显得温情脉脉，而蒂莫西·帕奇拉特（Timothy Pachirat）笔下的美国内布拉斯加的屠宰场和史蒂文·斯特莱夫勒（Steve Striffler）笔下的阿肯色州的养鸡场就显得相对冷酷甚至残忍，作者的笔调和情绪也要暗淡得多。③与贝斯特不同，帕奇拉特在这家工厂的不同工种中工作近半年，斯特莱夫勒也有亲身工作的实践，因此采取的是"参与式观察"而非"问询式观察"的方式。④后两者所蕴含的政治学色彩也比《筑地》更为强烈，尽管如此，在研究路径上这两部作品仍与《筑地》有着诸多的内在相似之处。⑤

---

① 小山田和明『聞き書　築地で働く男たち』、東京：平凡社、2010 年。

② 酒井亮介『雑喉場魚市場史—大阪の生魚流通—』、東京：成山堂書店、2008 年。

③ Timothy Pachirat, *Every Twelve Seconds*：*Industrialized Slaughter and the Politics of Sight*, New Haven：Yale University Press, 2011; Steve Striffler, *Chicken*：*The Dangerous Transformation of America's Favorite Food*, New Haven：Yale University Press, 2005.

④ 关于作者的方法论思考，亦可参见 Timothy Pachirat, "The Political in Political Ethnography：Dispatches from the Kill Floor," in Edward Schatz ed., *Political Ethnography*：*What Immersion Contributes to the Study of Power*, Chicago：University of Chicago Press, 2009, pp.143—162。

⑤ 除了这两部作品外，另可参见黛博拉·芬克（Deborah Fink）对艾奥瓦州乡间猪肉包装工厂的人类学描述，Deborah Fink, *Cutting into the Meatpacking Line*：*Workers and Change in the Rural Midwest*, Chapel Hill：University of North Carolina Press, 1998。

第三节　"传统主义"与"文化决定论"的平衡取舍

筑地市场是一种空间存在，而其背后的饮食和消费都具有一定的时间延续性。饮食作为日本文化的重要组成部分，与其传统和身份紧密地交织在一起，表现出鲜明的季节感、地域感，也自古以来就与境外的交流不可分离。[①]同样，关注全球化问题的著名人类学家阿尔君·阿帕杜莱（Arjun Appadurai）将"消费"视为"一种历史、周期和过程"，怀旧心态等与时间相关的因素在消费的背后起到了微妙而重要的作用。[②]

顺着这一思路可以发现，该书事实上描绘了筑地市场背后由小至大、环环相扣的三个时间轴：一日、一年、一个时代。首先是每日的"生物钟"。除了星期日和法定休息日之外，筑地一周营业 6 天。对于筑地"内部市场"的从业者而言，新的一天是从前一天的半夜开始的：在晚上 10 点到午夜之间，装满货物、来自日本各地港口的货车驶抵筑地；在凌晨 2 点左右，拍卖商开始清点货物，各个买手（中间商）随即于凌晨三四点检查中意的商品；正式的拍卖在清晨 6 点多敲响铃声。这些拍得的心仪产品转瞬之间成为中间商商铺货架上的当日热卖产品，而再勤勉的中间商也往往在中午 11 点前就打烊落市，结束当天的生意，此时大部分产品也已销售殆尽。[③]

日复一日的循环首尾相接，构成了一个整年。在日历正月过后，1 月 5 日，年初第一批送货（初荷）到来，在欢快的传统鼓掌（一本締め）声中，筑地新的一年拉开帷幕。寒暑交替，在经历盂兰盆节等各种节庆后，12 月下旬筑地进入最忙碌的季节，因为此时遍布全日本的各种年末宴会接踵而至，生意最为火爆，盆满钵满的美好收成也为筑地一年的辛苦画上句号。

[①] Theodore C. Bestor, "Cuisine and Identity in Contemporary Japan," in Victoria Lyon Bestor and Theodore C. Bestor, and Akiko Yamagata eds., *Routledge Handbook of Japanese Culture and Society*, London and New York: Routledge, 2011, pp.273—285.

[②] 阿尔君·阿帕杜莱：《消散的现代性：全球化的文化维度》，刘冉译，上海三联书店 2012 年版，第 88—13 页。

[③] Theodore C. Bestor, *Tsukiji: The Fish Market at the Center of the World*, p.51.

这两个时间轴循环往复，又构成了"时代"这个最大的区间。筑地市场在 1935 年由日本桥正式搬迁至"中央区筑地五丁目"，从战前到战后，从昭和到平成，经历了近四分之三个世纪的历程。2001 年，经过数次反复和延宕，最终确定将搬迁至丰洲。2018 年，丰洲市场正式开业，筑地市场开始拆除，曾经的"筑地市场"正在进入一个新的生命循环，在丰洲开启崭新的篇章。①

上述时间轴的周而复始，背后反映的是某种"自我强化"的传统和文化力量。"传统主义"（traditionalism）是贝斯特连续几部作品的一个共有母题。作为"文化意识形态的一种工具"，"传统主义"为现实提供了传统的外包装，通过调用"神圣不可侵犯的"文化传统，为当下的社会存在赋予了某种合法性。②正如马歇尔·萨林斯（Marshall Sahlins）所言："竞争并不是基于永恒的、形式的最大化理性而独立地展开的；它的发展必然要依据一整套文化关系（包括权威与服从、等级制与合法化等复杂观念）。"③

贝斯特明确提出，虽然在其他的社会、其他的复杂经济机制中，文化和社会因素同样深嵌在市场运作之中，但如果掌握了关于筑地的种种社会文化细节，就有助于理解日本的这一市场是如何运作的。④筑地的经济生活深嵌在其机制结构中，这一机制机构又是市场参与者的历史与文化理解所塑造的，这里的参与者既包括个体，也包括机构，而这种理解自身也处于动态的更新之中。⑤"行政指导、纵向联合、显性的集团内和谐、共识、联系的长期稳定性"等都具有显著的日式特征。⑥作为一个"人情社会"和"关系社会"，这些判断在日本显然都能够成立。例如，表面上看，纯粹的买卖关系、所谓的

---

① 筑地搬迁、丰洲开业之际，不少出版机构和媒体都推出了跟踪报道或特集。例如《现代思想》在 2017 年 7 月出版了特集，贝斯特本人亦在其中撰文，参见『現代思想』、総特集＝築地市場、臨時増刊号、2017 年 7 月。《日本经济新闻》推出了"再见筑地市场"的追踪报道。《朝日新闻》还于 2015 年建立了图文并茂的专题网站"筑地：时代的厨房"，记录了关于筑地80 余年历程的大量生动资料，参见 https://www.asahi.com/special/tsukiji/。

② Theodore C. Bestor, *Tsukiji: The Fish Market at the Center of the World*, p.124.

③ 马歇尔·萨林斯：《文化与实践理性》，赵丙祥译，上海人民出版社 2002 年版，第 21 页。

④ Theodore C. Bestor, *Tsukiji: The Fish Market at the Center of the World*, p.13.

⑤⑥ Ibid., p.15.

"理性选择"似乎在筑地不起作用。这是因为，拍卖本身是一种基于利益的议价行为和竞争模式，但又反映了颇为复杂的社会文化因素。尽管拍卖这一方式在很多国家并不鲜见，但在筑地市场，拍卖背后又蕴含了丰富的日式文化和传统。在筑地的大部分拍卖中，竞拍都一次性完成，双方出价相同时，则以猜拳的形式分出胜负。这一"石头剪子布"的幼童游戏被用于价值不菲的商业行为，显然反映了浓郁的传统文化影响。对于同样熟悉这一游戏的中国读者而言，恐怕了解之后也不禁莞尔。

在书中初始部分，贝斯特曾罗列了外国商人和国内消费者对日本流通体系的诸多批评，如在经济上较为低效、损害公众的利益、限制外来商品的进入等等。[①]贝斯特希望证明，"经济意义"并不能涵盖一切，文化因素一样需要得到考虑。同样，他对将日本视为"经济动物"的传统偏见提出批评，认为其存在两个风险，一是让人误以为日本经济生活中有一种特别的文化要素，二是让人误解，在西方社会，经济学与文化和社会无涉。[②]这些批评事实上是贝斯特对部分学者无视日本"传统"和"文化"的质疑，而他要做的，正是通过筑地这一案例，将后者庖丁解牛、抽丝剥茧，充分彰显出来。

按照日文的说法，该书的标题翻译成《筑地：天下的鱼市》或许更为地道。但在书中，贝斯特显然并不想成为一个专注经济全球化的学者，也无意把金枪鱼等筑地交易的代表性商品放在全球市场流通的聚光灯下。[③]考虑到欧美或曰"西方"在经济全球化特别是商品全球化中的主导地位，这一选择的用意仍在于关注日本本身，突出其特殊性，而不是将筑地降格为全球化语境下的一个片段。[④]因此，贝斯特的写作事实上仍站在国际日本研究的立场上，虽然在书中制度经济学和经济社会学的诸多概念间或可见，但这些理论工具

① Theodore C. Bestor, *Tsukiji: The Fish Market at the Center of the World*, p.35.
② Ibid., p.13.
③ 从全球化的角度对该书的评论可参见 Walter F. Carroll, "SUSHI: Globalization through Food Culture: Towards a Study of Global Food Networks," *Journal of East Asian Cultural Interaction Studies*（東アジア文化交渉研究）, No.2, 2009, pp.451—456。
④ 同样是出色的民族志，同样关注三文鱼等水产品，玛丽安娜·伊丽莎白·利恩（Marianne Elisabeth Lien）在同一个系列中的著作相对更彰显全球视角，参见玛丽安娜·伊丽莎白·利恩：《成为三文鱼：水产养殖与鱼的驯化》，华东师范大学出版社 2021 年版。

显然都是为了阐释筑地这一对象而服务的，而非反过来由筑地这一案例去诠释或验证既有的理论。同样，尽管贝斯特本人也曾在日本国内以及美国等其他国家做了大量相关的调研，但这些侧面的信息似乎在该书中被有意省略。①以至于米歇尔·塞奇威克（Mitchell W. Sedgwick）等学者批评认为，贝斯特或许可以从阿尔君·阿帕杜莱等学者关于全球化的理论建构中得到更多的启发。②

贝斯特对筑地市场背后"文化"和"传统"的重视，不免使读者思考两个问题："文化"之为"文化"的空间界限何在？"传统"之为"传统"的时间界限又何在？这两个问题或许适用于相当一部分国际日本研究。

首先，如果套用马克·格兰诺维特关于"低度社会化"和"过度社会化"的归纳，本书的取径是否也存在"过度文化化"的风险？

日本学者末广昭对于该书赞赏有加，但提出一个颇为中肯的问题：与筑地相关的这些社会机制在多大程度上是筑地乃至日本所独有的？筑地又在多大程度上能够把这些作为历史和文化产物的社会机制延续下去？③美国著名的经济社会学家维维安娜·泽利泽（Viviana A. Zelizer）曾呼吁，在把文化整合进经济分析的同时，"必须不惜一切代价抵制"三种理论的诱惑：对经济现象的"文化还原论"；认为文化本身是一个独立的、自治的世界；认为某些

① 在本书准备阶段贝斯特的其他单篇作品中，跨国和全球视角更为突出，例如可参见 Theodore C. Bestor, "How Sushi Went Global," *Foreign Policy*, No. 121, November/December 2000, pp. 54—63; Theodore C. Bestor, "Supply-Side Sushi: Commodity, Market, and the Global City," *American Anthropologist*, Vol. 103, No. 1, March 2001, pp. 76—95. 在另一篇修改版本的论文中，贝斯特在金枪鱼全球贸易的背景下突出了筑地市场中"市场"与"场所"之间的关系，参见 Theodore C. Bestor, "Markets and Places: Tokyo and the Global Tuna Trade," in Setha M. Low and Denise Lawrence-Zúñiga eds., *The Anthropology of Space and Place: Locating Culture*, Malden, Mass.: Blackwell Publishing, 2003, pp. 301—320。

② Mitchell W. Sedgwick, "Review: The Marketing Era: From Professional Practice to Global Provisioning by Kalman Applbaum; Tsukiji: The Fish Market at the Center of the World by Theodore C. Bestor; Supply-Side Sushi: Commodity, Market, and the Global City by Theodore C. Bestor," *The Journal of the Royal Anthropological Institute*, Vol. 13, No. 4, December 2007, pp. 1015—1021.

③ Akira Suehiro and Robert J. J. Wargo, "Review: Tsukiji: The Fish Market at the Center of the World by Theodore C. Bestor," *Social Science Japan Journal*, Vol. 11, No. 2, Winter 2008, pp. 350—353.

社会现象比其他社会现象更具文化性。[1]有学者批评，贝斯特的理论多少有"文化决定论"（cultural determinism）的风险，即过于强调了文化对于经济体系运作的影响。[2]"文化决定论"一旦成立，文化本身就拥有了决定性属性：文化观念决定实践理性，文化逻辑制约逐利行为。

事实上，贝斯特本人也强调，在文化和机制上，"过去始终存在于当下"。[3]换言之，基于历史积累的文化影响固然重要，但"关于过去更重要的是今天如何看待过去"，即通过"唤起或调用"过去的实践，服务于现有的实践，无论是为之提供合法性、意识形态的规范，还是经由其创造某种象征意义和参考，都是如此。[4]在一些学术翻译中，Culture 被翻译成"传承"而非一般意义上的"文化"，或许更符合本书之意，也更为平衡执中。或者，也可以采用"模因"这一近年来颇为流行的概念来形容这一"文化单元"。

其次，筑地的"传统"源自何时，又将延续至何时？如果借用埃里克·霍布斯鲍姆（Eric Hobsbawm）等学者对于"传统的发明"的阐述，那么，筑地市场所反映的种种"文化特征"也不过是晚近的"发明"而已。换言之，所谓"文化"的作用既不能过于追溯既往，也未必与其他国家相比有着显著的差别。例如，今天我们耳熟能详的"寿司"其实不过只有近两百年的历史。到了 19 世纪 20 年代，才出现了手握醋饭上覆盖海鲜鱼肉等各色配料的形象。又如，书中也提到，很长一段时间内，金枪鱼的中段因其过于肥腻，并不作为寿司和生鱼片食用，这与如今其大受青睐截然相反。在"和食"文化日益全球化的背景下，要想区分和保持真正"纯粹的和食"变得越来越困难。[5]同理，筑地的"传统"交易方式或许也面临着越来越明显的冲击

① 维维安娜·A. 泽利泽尔：《进入文化》，载莫洛·F. 纪廉等编：《新经济社会学：一门新兴学科的发展》，姚伟译，社会科学文献出版社 2006 年版，第 162 页。

② A. J. Jacobs, "Review: Tsukiji: The Fish Market at the Center of the World by Theodore C. Bestor," *Contemporary Sociology*, Vol.34, No.4, July 2005, pp.373—375.

③ Theodore C. Bestor, *Tsukiji: The Fish Market at the Center of the World*, p.308.

④ Ibid., p.16.

⑤ テオドル・ベスター「『和食』食文化遺産とグローバル化する食文化」、『社会システム研究』、2017 特集号、2017 年 7 月、19—22 頁。

和变革。

阿帕杜莱等学者强调，任何一件商品的交易、品味和欲望背后，都有着特定的社会和政治机制。如果把与权力相关的各种关系、假设和竞争都界定为广义的"政治"，那么这一"政治"正是联系价值机制与商品流通的"链接"。而在价格、议价等既有框架之外，还往往存在着力图突破这一框架的倾向，两者之间始终存在政治的张力。①如果说"传统"和"文化"具有相对刚性的力量，那么市场的扩建、修缮、搬迁，以及日常运营和交易方式的种种变革，都体现了这种"突破既有框架的倾向"。贝斯特对筑地市场的生动描述及该书出版后筑地市场的后续发展都充分显示了两者之间的动态关系。

第四节　学术研究与流行写作的共融与切换

在英文原著的封底，阿帕杜莱称赞该书是"一部罕见的、使专家和一般读者都能乐在其中的作品"。确实，如何将普通读者喜闻乐见的主题变为学术研究，反过来，又如何使严肃的学术研究不至味同嚼蜡，使读者读得津津有味，两者关系的拿捏是颇为考验作者的一大技巧，也是该书的显著特色。

《筑地》全书共 411 页，其中正文部分 312 页，既不乏历史描述和概念梳理，更充满了生动的细节。②除了常规的注解、参考文献和索引之外，书中附有大量的地图、照片、图例、表格，甚至还包括单词表，以及作为附录的访问指南、影像、网络和数据资源介绍。因此，全书犹如长篇多集纪录片的解说词，又或者是一部引人入胜的影像资料的文本记录。作为一部人类学的作品，从中也能读到历史学、经济学、社会学研究乃至游记随笔、美食向导、

---

① Arjun Appadurai, "Introduction: Commodities and the Politics of Value," in Arjun Appadurai ed., *The Social Life of Things*: *Commodities in Cultural Perspective*, Cambridge: Cambridge University Press, 1986, p.57.

② 贝斯特将全书的内容浓缩在数篇几千字的短文中，可参见 Theodore C. Bestor, "Wholesale Sushi: Culture and Commodity in Tokyo's Tsukiji Market," in Setha M. Low ed., *Theorizing the City*: *the New Urban Anthropology Reader*, New Brunswick, New Jersey: Rutgers University Press, 1999, pp.201—242; Theodore C. Bestor, "Tsukiji, Tokyo's Pantry," *Japan Quarterly*, Vol.48, No.1, January-March 2001, pp.31—41。

旅游指南的味道。

饶有趣味的细节在书中随处可见，不少细节初看略觉意外，仔细一想又在情理之中。例如，操办婚宴的东京各大酒店在购置龙虾时，筑地几乎就是唯一的选择。个中缘由在于，婚宴餐桌上的龙虾必须大小一致，以免因厚此薄彼引起宾客的不快，而只有筑地的庞大交易量才能满足这一近乎苛刻的要求。①又如，每当东京有大型国际会议或大国领导人来访时，筑地的生意就颇受影响。这是因为，由于安保标准的提升，不少老百姓居家回避，更重要的是，外宾在光临豪华酒店的日式餐厅（料亭）和寿司吧时，往往对那些高价的异国珍肴鲜有胃口，造成这些酒店为本国老饕备下的日常储备反而面临积压。②再比如，在筑地工作的外籍工人中，绝大部分来自中国（根据1990年的统计，451名外籍工人中，中国人有404名之多，接近九成），最大的原因之一在于他们能读懂日文汉字的各种标识和符号。考虑到日文中与鱼类相关的繁复汉字和筑地内部忙乱的环境，这确实是一项必不可少的技能。③

诚如日本文化人类学者卡罗琳·史蒂文斯（Carolyn S. Stevens）所言，贝斯特的这一作品实现了不少学者孜孜以求但往往未能如愿的一个目标：相关性（relevance）。不同学科、同一研究对象的不同侧面、本地与全球、理论与经验等诸多要素在其中实现了有机的融合。④这一"相关性"或许是学术研究与流行写作之间和谐共融与无缝切换的关键所在。在国际日本研究中，类似的"相关性"在大贯惠美子的《作为自我的稻米》、乔伊·亨德瑞（Joy Hendry）的《包装文化》、苏珊·法尔（Susan J. Pharr）的《丢脸》等作品中也可找到影子。⑤在这一"相关性"的完美呈现下，《筑地》一书犹如一个寿

① Theodore C. Bestor, *Tsukiji：The Fish Market at the Center of the World*, p.147.

② Ibid., p.165.

③ Ibid., p.233.

④ Carolyn S. Stevens, "Review：Tsukiji：The Fish Market at the Center of the World by Theodore C. Bestor," *The Journal of Asian Studies*, Vol.64, No.4, November 2005, pp.1022—1023.

⑤ Susan J. Pharr, *Losing Face：Status Politics in Japan*, Berkeley：University of California Press, 1990；Joy Hendry, *Wrapping Culture：Politeness, Presentation, and Power in Japan and Other Societies*, Oxford：Clarendon, 1993；Emiko Ohnuki-Tierney, *Rice as Self：Japanese Identities through Time*, Princeton, New Jersey：Princeton University Press, 1993.

司拼盘，种类繁多、风味各异，读者可以各取所需。无怪乎，在挑选"最喜欢的一章"或"印象最深的一章"时，不同的书评往往有不同的选择。

第五节 结 语

贝斯特在筑地市场的田野调查从1989年延续至2003年。巧合的是，这一时期也见证了日本泡沫经济的崩溃和社会心理的重大调适。在几经波折和反转之后，2018年10月，筑地市场已经搬迁到丰洲，虽然不少摊贩和店铺仍留驻原有的"筑地场外市场"①，但作为交易市场的"筑地"已经成为回忆。②在该书出版后的过去二十年中，经济全球化的纵深发展、物流和储运技术的日新月异、消费口味的变迁、市政规划的博弈、渔业资源的盈枯，种种影响筑地盛衰的因素都出现了急剧的变化。这使得2004年出版的这一经济人类学作品又带有一定历史研究的味道，在今天读来充满了怀旧感。③

在全书的最后，贝斯特再次利用了"石头剪子布"的借喻。在他看来，短期内经济可能压倒社会、文化可以解释机制、政治机制能够统治文化话语，但从长期而言，"文化支撑机制，机制塑造经济，经济校准文化，周而复始、循环往复"。④石头—剪子—布三者之间形成某种闭环，没有一方定然同时强于另两方，自身的优势也往往是弱势所在。饮食的意义、社会的交往、文化的传承等诸多因素深嵌在筑地的交易模式背后。过去对当下的传承、传统对现代的制约、文化对经济的影响，都在筑地的运作中得到淋漓尽致的体现。

---

① "筑地场外市场"的主页提供了缤纷异常的多种资讯，颇可一观，https://www.tsukiji.or.jp/know/。

② NHK著名的节目《纪实72小时》（ドキュメント72時間）曾有一集《再见了筑地市场 在那间常去的立食荞麦面店》（さらば築地市場 いつもの立ち食いそば屋で）。从筑地行将搬迁的2018年10月3日开始，编导团队连续3将摄像机设在离筑地咫尺之遥的一家立食荞麦面店。来店的顾客大多是依依不舍、与筑地市场相关的各个行业的从业者。3×24小时的记录不仅完美再现了前述日升日落的时间轴，"场外"的访谈也与"问询式观察"不谋而合。更重要的是，浸润在片中的温厚"人情"恰与本书的"传统"与"文化"交相辉映。

③ 类似的情感在阅读关于松茸等其他产品的优秀作品中也同样能体会到。例如可参见罗安清：《末日松茸：资本主义废墟上的生活可能》，张晓佳译，华东师范大学出版社2020年版。

④ Theodore C. Bestor, *Tsukiji: The Fish Market at the Center of the World*, p.309.

第十四章

"理性选择理论"的南橘北枳?《寡头政治》的争论与受容

在国际学术界,一部作品问世后,评价纷揉,或贬或褒、或讥或赞,本是常态,但很少有像《寡头政治:帝国日本的制度选择》(以下简称《寡头政治》)这样,遭遇的宠辱臧否近乎云泥之别。

《寡头政治》是 20 世纪 90 年代中后期国际日本研究的一部重要著作,由哈佛大学法学院教授 J. 马克·拉姆塞耶(J. Mark Ramseyer)与耶鲁大学政治学教授弗朗西丝·M. 罗森布鲁斯(Frances M. Rosenbluth)合作完成。英文原著由剑桥大学出版社于 1995 年出版,2006 年和 2013 年日译本和中译本相继付梓。①日译本被纳入由劲草书房出版、河野胜和真渕胜主持的"政治科学经典"系列丛书,成为该系列的首部译著。除了河野胜本人担纲校对之外,青木一益、永山博之、齐藤淳等三位译者均是日本中生代的政治学者,其中,青山和齐藤分别在芝加哥大学和耶鲁大学获得法学硕士和政治学博士学位,齐藤的博士导师即为罗森布鲁斯。中译本则被纳入江苏人民出版社编辑出版的"西方日本研究丛书",由中国人民大学日本政治学者邱静教授贡献了上佳的译文。

《寡头政治》一书出版后,在国际政治学理论界反响巨大。在诸多主流

---

① J. Mark Ramseye and Frances M. Rosenbluth, *The Politics of Oligarchy*: *Institutional Choice in Imperial Japan*, Cambridge and New York: Cambridge University Press, 1995; M. ラムザイヤー、F. ローゼンブルース『日本政治と合理的選択:寡頭政治の制度的ダイナミクス:1868—1932』、青木一益、永山博之、斉藤淳訳、河野勝監訳、東京:劲草书房、2006 年; J. 马克·拉姆塞耶、弗朗西丝·M. 罗森布鲁斯:《寡头政治:帝国日本的制度选择》,邱静译,江苏人民出版社 2013 年版。

学术期刊中，大部分书评对其评价颇为积极。[①]1997 年，该书获美国政治科学学会"比较政治学最佳图书奖"（格利高里·鲁伯特奖）。[②]然而，在美国的日本研究学界以及日本国内，该书遭受极大质疑乃至抨击，孰是孰非一时各执一词、莫衷一是。

在欧美学界，"理性选择理论"自 20 世纪 50 年代便告蓬勃兴起，在 80 年代中后期和 90 年代初影响力如日中天，因此关于其学术演变和是非曲直，国内外已有海量的文献梳理和个案研究。[③]尽管对《寡头政治》的评判与对"理性选择理论"的整体评价难脱干系，但本章的重点并不在"理性选择理论"本身，而是希望将这一段公案置于知识社会学的背景之下，在原著问世二十余年之后的今天，重新回顾当时的纷争，将其作为一个生动案例，剖析日本研究中社会科学的理论取向在国际学界所面临的争论，尤其是其在日本学界的受容。

第一节　原著的基本观点与理论取向

"政治权力转移"是拉姆塞耶和罗森布鲁斯的问题出发点。在他们看来，从 1868 年的明治维新到 1932 年的近 70 年时间中，日本的主要政治权力发生了两次重大转移：首先是在 20 世纪的头十年中，权力的掌控者从寡头集团转为职业政治家；短短二十年后，权力又在 30 年代落入一批军官的手中。为此，他们期待对此做出解释：为何既有的权力拥有者未能长期保持自身的权力，又是哪些制度结构和制度变迁因素导致了接二连三的权力转移？

为了回答这些问题，两位作者以退为进，首先列出三个传统的主流判

---

① 例如可参见 Nathaniel B. Thayer, "Review: Reviewed Work: The Politics of Oligarchy: Institutional Choice in Imperial Japan by J. Mark Ramseyer, Frances M. Rosenbluth," *The Journal of Asian Studies*, Vol.55, No.3, August 1996, pp.738—739。

② 1990 年，拉姆塞耶所著的《法与经济学：日本法的经济分析》还曾获得三得利学艺奖。

③ 丹尼尔·利特尔的综述试图将对理性选择理论的评判放在亚洲研究的背景下，但其实仍关注理论本身，可参见 Daniel Little, "Rational-Choice Models and Asian Studies," *The Journal of Asian Studies*, Vol.50, No.1, February 1991, pp.35—52。

断：其一，明治寡头出于维护国家利益的初衷同心同德、群策群力；其二，在寡头之外，官僚、法官等群体拥有高度的自主性；其三，寡头和官僚彼此协作，共同促进了日本的经济增长和国家发展。他们将三者的关键词概括为"利他主义""自主性""先见之明和好运气"。

接下去，拉姆塞耶和罗森布鲁斯以这三个"稻草人"为批驳对象，通过修正乃至颠覆主流判断，试图建立起自己的解释框架。他们指出，上述三个关键词都"似是而非"，叠加在一起便构成了"不可靠"的"三次方"。[1]为此，他们提出了针锋相对的以下反论。首先，寡头作为当时日本的领导层，并非为了国家利益齐心协力、精忠报国，在推翻德川幕府的进程中或许如此，但一旦掌权得势，便专注一己私利、彼此勾心斗角，希望通过寻求外部支持维系自身的政治权力。寡头们出于自保，建立起制度结构，但恰恰是这一制度结构使其权力相继旁落于政党政治家和军队手中，可谓引狼入室、玩火自焚。这正是寡头政治难以为继、最终将权力拱手让与军部的原因所在，甚至可以说是日本走上战争不归之路的起点。一言以蔽之，"制度惯性是理解日本令人困惑的军国主义灾难的关键"。[2]其次，寡头政治并无意愿带领新生的国家真正实现"殖产兴业"，从结果来看也是如此。日本经济的发展或停滞、具体行业得到扶植与否，都源于以政党政治为代表的"国内政治"，而不是战略设定的结果。[3]第三，认为"官僚阶层"独立于乃至凌驾于政治家之上的想法也是一种误读。归根到底，官僚和法官"并不是委托人，而只是代理人"。[4]既然如此，日本作为"强国家"或"后发国家"的立论就有失偏颇。

正如该书日译本标题《日本政治与理性选择——寡头政治的制度动力：1868—1932》所特意强调的，该书的最大特征在于突出理论建构和逻辑推导，特别是对"理性选择理论"的借用。传统上，对这一时段日本的研究多

---

① J. 马克·拉姆塞耶、弗朗西丝·M. 罗森布鲁斯：《寡头政治：帝国日本的制度选择》，第4—5页。

② 同上书，第203页。

③ 同上书，第216页。

④ 同上书，第12页。

出自历史学家之手，而拉姆塞耶和罗森布鲁斯则分别是法学专家和政治学者。两位"社会科学学者"合著的作品体现出鲜明的理论色彩。作者服膺"理性选择理论"，遵循"自利"和"制度约束行为"的假定，强调政治过程背后的结构性因素和制度变迁机制，弱化"文化传统"和"社会情境"对决策的影响权重。因此，尽管《寡头政治》分析的是特定时间段的历史，但在相当程度上其遵循的是结构制度主义而非历史制度主义的路径。他们认为，前述的三个既有判断事实上将日本定位为一个"例外"，而用"当代社会科学通行的基本假定"足以解释日本。①如果把寡头集团类比于卡特尔，则"帝国日本"的历史变迁用一句话即可概括：由于内部的争权夺利和追求个体的利益最大化，最终导致卡特尔的瓦解。反过来，日本这一案例再一次印证了"理性选择理论"等社会科学理论的普遍性和有效性。拉姆塞耶和罗森布鲁斯指出，"学者们通常理解的一些日本历史中的'事实'根本就不是事实"，而他们的研究不仅"解释（了）那段历史的概要"，"发现了新的事实"，而且完善和发展了"一个并不只适用于日本情况的分析框架"。②

纵观全书，其理论运用体现出以下三个特点。第一，《寡头政治》的主题框架虽然围绕"理性选择理论"展开，但在具体分析中综合运用了诸多政治学理论与概念。例如，在"国家与社会"的理论视野下，两位作者引入西达·斯考切波（Theda Skocpol）、菲利普·施密特（Philippe Schmitter）等对官僚身份的研究。又如，在分析选区设计时，作者并未停留于简单的事实描述和过程梳理，而是充分利用了政治学理论探讨其背后的诱因。此外，用"囚徒困境"模型和博弈论解释寡头为何做出让步同意开设国会、用"路径依赖理论"阐述制度惯性、用"委托—代理理论"剖析官僚行为等，都是这方面的例子。

第二，拉姆塞耶和罗森布鲁斯在全书各处还借用了大量西方社会科学的理论，其理论要素远远超出传统政治学的范畴，具有突出的跨学科色彩，特别是浓厚的经济学色彩。乔治·斯蒂格勒（George Stigler）关于产业组织和

---

① J. 马克·拉姆塞耶、弗朗西丝·M. 罗森布鲁斯：《寡头政治：帝国日本的制度选择》，第5页。
② 同上书，第6页。

政府管制的理论、罗纳德·科斯（Ronald H. Coase）的制度经济学理论等诸多经济学理论均有机地融入了分析。例如，两位作者在运用卡特尔理论时，不仅将明治寡头体系比喻为企业集团，而且将民众的政治参与权类比为一种产品，套用卡特尔产品的市场需求理论来分析寡头如何处理民众对政治参与的渴望。又如，他们还吸收了尤拉姆·巴泽尔（Yoram Barzel）、道格拉斯·诺思（Douglass North）、巴里·温加斯特（Barry Weingast）等经济学家对于"理性独裁者"与臣民关系的分析。

第三，比较的方法贯穿始终。"理性选择理论"在方法论上天然地具有比较研究的基因。因此，除了上述的理论视角大多带有概念借喻或理论借用的色彩之外，比较政治学的视角亦是《寡头政治》的一大特色。例如，在分析制定《工厂法》的意图时，对比分析日本与英国、美国等其他国家的差异。在质疑格申克龙（Alexander Gerschenkron）的"后发国家理论"时，又将日本与德国、苏联等作简要比较。

为了追求分析框架的清晰和简约，部分细节有可能成为被舍弃或忽略的牺牲品。对此，包括"理性选择理论"的支持者在内，大部分理论学者都不讳言。在绪论中，两位作者也承认，他们忽略了诸多细节，将问题简单化了，但随即指出"相反，这正是我们要做的"。①对于这一意图，日译本的序言有着更为集中和深入的阐释。拉姆塞耶和罗森布鲁斯在其中提出，传统的历史书籍竞相追求事物描写的厚度和精度，但社会科学的学术著作取径有所不同，后者的主旨在于突出分析的明快和解释力的大小。因此，本书的目的并不在于"捕捉所有观察得到的现象"，而是聚焦"人的行动以及主体面临的战略状况对其选择的制约机制"，检验在多大程度上能够通过简洁的假设做出清晰的解释。②在他们看来，既无必要也无可能穷尽所有的历史细节和既有文献。

---

① J. 马克·拉姆塞耶、弗朗西丝·M. 罗森布鲁斯：《寡头政治：帝国日本的制度选择》，第17页。

② M. ラムザイヤー、F. ローゼンブルース『日本政治と合理的選択：寡頭政治の制度的ダイナミクス：1868—1932』、日本語版への序文、iii 頁。

全书的篇幅并不长，英文原著的正文部分仅有 172 页，但问题聚焦、有破有立。在总共 11 章的章节设计中，第 1 章至第 4 章分别为绪论以及整体的背景介绍和理论阐释，第 5 章至第 7 章聚焦官僚、法官、军队等三个主体，第 8 章至第 10 章关注金融业、运输业和轻工业，集中分析银行业、铁路业、棉纺织业等三个具体产业。不少书评认为，全书结构清晰、脉络分明，在篇章布局和分析层次上显得颇为工整，具有形式美感。在具体分析中，全书既有典型案例研究，又有翔实的数据整理。在文献运用上，不仅吸收了英文学界的既有成果，而且辅之以大量的日文文献，并注重对第一手数据和材料的再分析。这些特点体现了《寡头政治》作为一部社会科学著作所具备的一些技术性要素。

第二节　查默斯·约翰逊："无稽之谈"

对《寡头政治》一书的尖锐批评主要来自两大群体。一是以查默斯·约翰逊（Chalmers Ashby Johnson, 1931—2010）为代表的区域研究者，特别是日本问题专家，主要来自欧美学界；二是以伊藤之雄为代表的历史学家，主要来自日本本土。从下文的分析可见，尽管从表面上看两者的好恶姿态颇为接近，但在批判视角和立论缘由上实则大异其趣。

前已述及，拉姆塞耶和罗森布鲁斯基于委托—代理理论，批驳了传统的"官僚主导"的观点，代之以"官僚从属"的反论。他们试图颠覆"官僚自主性的神话"，而众所周知，创造这一"神话"的奠基者之一便是查默斯·约翰逊。该书第五章的标题"官僚：谁统治谁？"（The Bureaucracy: Who Rules Whom?）也与约翰逊 1995 年出版的论文集《日本：谁来统治?》（Japan, Who Governs?）遥相呼应。

或许是为了减缓预期中的学术风波，拉姆塞耶和罗森布鲁斯在行文中不乏曲笔，颇作了一些技术处理。粗读该书的读者可以发现，在开头和结尾的显眼部分，被多次提及的批评对象并非约翰逊本人，而是《剑桥日本史》。在此基础上，作者还不忘打上一支预防针，特地在全书一开始就加了注解，表明以《剑桥日本史》为目标，也并非因其错误百出，而仅仅是将其作为"研究水平最高的作品"和主流学者基本认知的代表。在全书中，查默斯·约翰逊的名字只出现了四次，其中的两次还是作为注解中的补充说明。作者也大体只是陈述了约翰逊的观点，并未对其有直接的批评。在言及官僚的自主性和影响力时，拉姆塞耶和罗森布鲁斯甚至说，他们对于挑战这一"日本学研究中被奉为真理的观点""怀着些许不安"。①这不禁让人想起，在之前两人合著的另一部著作《日本政治市场》中，他们也把《通产省与日本的奇迹》称为"有可能仍是关于日本政治机制的一项最好的研究"。②因此，在批评"官僚主导论"时，他们显得相当克制。一方面，拉姆塞耶和罗森布鲁斯自信地认为，"战前日本根本就不是由官僚们主导的"③，"官僚自主"的观点"建立在错误的依据之上"，事实上官僚"受制于重重管控"。"看似是官僚们在掌握一切，但事实却并非如此。官僚们是政治家们卑躬屈膝的代理人，为确保其委托人赢得下次选举而忠心耿耿地工作"。④银行业、铁路业、棉纺织业等三个行业的政策变动背后都有重要的党派因素，都是"政治操纵行政官僚"的结果。⑤另一方面，两位作者又小心谨慎地提出，这一实证性的观点可能是"全书最具争议性的观点"。⑥

不知是否是由于这一恭俭庄敬、避其锋芒的防守策略收到了成效，一生留下了无数犀利书评的约翰逊似乎并未专门为《寡头政治》操笔一篇，甚至在其他论文和书评的注解中也很少直接提及该书。但这并不能掩盖约翰逊对"理性选择理论"的高度质疑。事实上，在该书问世之前和之后的数年间，约翰逊对拉姆塞耶和罗森布鲁斯的作品多次撰文、无情抨击，在对其他作品

---

① J. 马克·拉姆塞耶、弗朗西丝·M. 罗森布鲁斯：《寡头政治：帝国日本的制度选择》，第203页。

② J. Mark Ramseyer and Frances McCall Rosenbluth, *Japan's Political Marketplace*, Cambridge, MA: Harvard University Press, 1993, pp.100—101.

③ J. 马克·拉姆塞耶、弗朗西丝·M. 罗森布鲁斯：《寡头政治：帝国日本的制度选择》，第215页。

④ 同上书，第73页。

⑤ 同上书，第213页。

⑥ 同上书，第210页。

的书评中也不忘旁敲侧击、隔山打牛般地嘲弄"理性选择理论"。①以至于维基百科在约翰逊的个人词条中甚至专门指出，"在职业生涯的晚期，他以对理性选择理论路径（特别是日本政治和政治经济研究的理性选择理论）的批评而知名"。②《寡头政治》出版两年后，约翰逊曾言，"我曾经试着想有哪一本书在将理性选择理论运用到一个非英语国家时，其结果哪怕能稍微接近他们在方法上做的那些断言。我实在想不出"。③这或许可以看作他个人对该书的"盖棺定论"。

约翰逊对《寡头政治》的评价要放到其彻底否定"理性选择理论"的背景下，而后者的态度至迟在20世纪80年代末期就已显露无遗。需要指出的是，约翰逊针对的也并不只是拉姆塞耶和罗森布鲁斯两人，还包括日后成为东京大学教授的高贵礼（Gregory W. Noble）等不少其他学者。④因此，其引起的批评与反批评也并不局限于三人之间。在《寡头政治》问世的前一年，约翰逊与爱德华·基恩（Edward B. Keehn）合作，在《国家利益》（The Na-

---

① 除了下文提到的注解外，另可参见 Chalmers Johnson, "Dysfunctional Japan: The Perspective of the Japan Policy Research Institute," *Asian Perspective*, Vol. 24, No. 4, 2000, pp. 7—15; Chalmers Johnson, "Review: The New Rich in Asia: Mobile Phones, McDonalds and Middle-Class Revolution by Richard Robison and David S. G. Goodman," *The Journal of Asian Studies*, Vol. 56, No. 1, February 1997, pp. 156—158; Chalmers Johnson, "Review: Korean Dynasty: Hyundai and Chung Ju Yung by Donald Kirk," *The Journal of Asian Studies*, Vol. 54, No. 4, November 1995, pp. 1103—1104; Chalmers Johnson, "Review: 'Kansei' no keisei: Nihon kanryosei no kozo (Creating 'Kansei': The Structure of Japan's Bureaucratic System) by Akagi Suruki," *The Journal of Japanese Studies*, Vol. 18, No. 1, Winter 1992, pp. 269—275; Chalmers Johnson, "Review: Against the State: Politics and Social Protest in Japan by David E. Apter and Nagayo Sawa," *The Journal of Asian Studies*, Vol. 44, No. 3, May 1985, pp. 612—613。

② 约翰逊并非单枪匹马，相比他本人，其他团队成员的态度和用词甚至更为激进。他们将"理性选择理论"批判为"政治科学的终结"乃至在学术界蔓延的"艾滋病"，将约翰逊喻为"吹哨人"，将这场争论视为美国的"学术内战"，参见 Steven C. Clemons, "Japan Studies under Attack: How Rational Choice Theory is Undermining America's Understanding of the World," JPRI Working Paper, No. 1, August 1994。

③ Chalmers Johnson, "Preconception vs. Observation, or the Contributions of Rational Choice Theory and Area Studies to Contemporary Political Science," *PS: Political Science and Politics*, Vol. 30, No. 2, June 1997, p. 173.

④ 这部分学者的代表性作品可参见 Peter F. Cowhey and Mathew D. McCubbins eds., *Structure and Policy in Japan and the United States*, Cambridge: Cambridge University Press, 1995.

tional Interest）的夏季号上发表了一篇著名的檄文——《泛滥成灾：理性选择与亚洲研究》。①文中直指拉姆塞耶和罗森布鲁斯于 1993 年出版的《日本的政治市场》等理性选择代表作品。在该文的开篇，两人就下了断言：在学术性的政治理论中，一些研究毫无价值，这一现象由来已久，但"理性选择理论"却"创下新低"，他们纳闷的问题是"为何日本成为这一风潮的首要目标"。

1997 年 6 月，约翰逊又发表了《先入之见还是观察所得：理性选择理论与区域研究对现代政治科学的贡献》。②结合两篇文章的阐述可以看出，约翰逊对日本研究中的"理性选择理论"的批评主要集中于以下三个方面。首先，约翰逊认为，"理性选择理论"对理论经济学东施效颦，将人的动机过于简化为整齐划一的自利得失，变成一种僵硬的"经济决定论"。因此，当具体的案例和事实与"理性选择理论"的假设或模型不尽相符时，往往被弃之不用，或遭到刻意曲解。其次，文化因素在区域研究中的作用不容低估，特别是对于日本这样与欧美文化差异显著的国家，更无法用同一个理论模型去完全生搬硬套。在约翰逊看来，"理性选择理论"在相当程度上建立在对美国式"个人主义"的假设上，而在日本，"先集团、后个人"的理念早已深入人心，政府对经济的参与乃至掌控也是盎格鲁—撒克逊国家难以比拟的。换言之，所谓的"理性"并非放之四海而皆准，美国人眼中的"理性"或许在日本人眼中恰恰是"非理性"，反之亦然。再次，遵循"理性选择理论"的西方学者在研究日本时又往往缺乏对于日本历史、文化、社会的基本认知，既没有深入的田野调查和经验研究，在日文水平上也力有未逮，因此，对日本这个国家一知半解，其研究也不免隔靴抓痒。

除了上述三点之外，不难想象的是，对于"官僚优位制"的任何质疑都受到约翰逊的猛烈反击。拉姆塞耶和罗森布鲁斯认为，战后自民党对官僚的控制

---

① Chalmers Johnson and E. B. Keehn, "Disaster in the Making: Rational Choice and Asian Studies," *The National Interest*, No.36, Summer 1994, pp.14—22.

② Chalmers Johnson, "Preconception vs. Observation, or the Contributions of Rational Choice Theory and Area Studies to Contemporary Political Science," pp.170—174.

甚至强于美国国会对各个机构的控制。而在约翰逊看来，类似的论断简直是"无稽之谈，完全缺乏对日本历史的理解，即便是对日本政治最基本的理解也付之阙如"，日本的官僚"从未"听命于或受制于那些被选举出来的议员。①

这里颇为耐人寻味的一个看点在于约翰逊对理论本身的态度。一方面，约翰逊对"理性选择理论"极尽贬低之词，对芝加哥学派的新古典主义经济学以及曼瑟·奥尔森（Mancur Olson）等相关领域的社会科学家也不屑一顾。由是观之，约翰逊似乎对理论相当排斥。但另一方面，平心而论，很难把约翰逊视为一个"反理论"或"去理论"的代表。作为一名杰出的中国和日本问题专家，约翰逊在其学术生涯中也创造或完善了"发展型国家""官僚优位制"等诸多理论概念。他曾经声称，"真正的区域专家在制造理论方面的纪录远比他们那些自认的理论对手要出色得多"，而显然，约翰逊认为自己在这些"真正的区域专家"中理应拥有一席之地。②

在分析约翰逊的观点时，其背后有三个颇为微妙的因素不容忽视。其一，约翰逊事实上是基于"特殊主义"的立场，反对"普遍主义"和"一刀切"。在这里，日本问题中的"文化因素"不仅关系到"特殊主义"与"普遍主义"之争，而且与80年代中后期和90年代初的日美关系是分不开的，也与由约翰逊领衔的美国"对日修正主义"和"日本异质论"互为映照。"对日修正主义"强调日本的特殊性，而"理性选择理论"注重普遍性，两者存在必然的逻辑冲突。在日美贸易摩擦的背景下，日本在约翰逊眼中非但不能套用"普遍性的实证法则"，而且恰恰是一个"反常"或"异类"（anomaly）。因此，在现实政策层面，对于主张"日本例外论""日本威胁论"的约翰逊而言，在日本身上一视同仁地套用"理性选择"势必降低人们对其异质性的危险感知、放松警惕。

其二，这场争论也不乏意识形态的色彩。一方面，约翰逊在晚年对美国

---

① Chalmers Johnson and E. B. Keehn, "Disaster in the Making: Rational Choice and Asian Studies," pp.18, 22.

② Chalmers Johnson, "Preconception vs. Observation, or the Contributions of Rational Choice Theory and Area Studies to Contemporary Political Science," pp.172—173.

的对外政策和过度扩张极尽批评，对于福山的"历史终结论"颇不以为然，其对"美国必胜信念"或曰"凯旋意识"（American triumphalism）的厌恶也反映到了对"理性选择理论"的认知上。在他看来，如果说"现代化理论"是冷战时期美国霸权在学术上的体现，那么"理性选择理论"及其背后的"个人主义"等假设就是冷战后的延续和翻版。另一方面，作为冷战的斗士，约翰逊及其团队成员多次将"理性选择理论"与马克思列宁主义相提并论，认为两者在"宿命论"上并无不同。

其三，这场争论也并不完全是学术之争，还牵涉到微妙的个人利害关系、学界人事纠葛和江湖风云恩怨。约翰逊慨叹，以"理性选择理论"为代表的所谓"社会科学理论学者"在美国大学和研究界大行其道，在教职、晋升、项目、出版等诸多方面都享尽优待，对传统的区域研究者造成了巨大的、不公的冲击。为此，他有责任振臂高呼，引起各界的关注和反思。在大学等既有建制和美国对日决策层的发展并不如其所愿的背景下，约翰逊还与史蒂文·克莱蒙斯（Steven C. Clemons）于1994年创建了非营利机构日本政策研究所（The Japan Policy Research Institute），希望以此在对日研究和学术交流上有所"纠偏"。

不止一个学者在谈到约翰逊与"理性选择理论"的争论时借用了"狐狸与刺猬"的比喻。问题是，将赛亚·伯林对古希腊寓言的这一著名阐发套用在这场争论上貌似生动形象，实则并不精确。盖因这场争论双方的三人皆术业有专攻，很难说哪一方更通博、哪一方更精专。因此，谁是"狐狸"，谁又是"刺猬"，仍旧见仁见智、纷纭歧异。斯坦福大学政治学教授莫里斯·菲奥里纳（Morris P. Fiorina）把理性选择论者视为专注的"刺猬"，而把经验研究者视为广博的"狐狸"。[1]但密歇根大学日本政治教授约翰·坎贝尔（John Campbell）则认为，无论是约翰逊，还是拉姆塞耶和罗森布鲁斯，其实都是"刺猬"。三人并无本质不同，都强调少数甚至单一"自变量"，这一共性甚至远远大于他们在具体判断上的差异。坎贝尔认为，像自己这样的学者

---

[1]　Morris P. Fiorina, "When Stakes Are High, Rationality Kicks In," in "Making a Science out of Looking Out for No.1 Political Scientists Debate Theory of 'Rational Choice'," *The New York Times*, February 26, 2000.

才是真正的"狐狸"，他们在分析日本问题时，更在意具体、多元的"因变量"，而非一成不变的"自变量"。①约翰逊掀起的这场争论在90年代初成为美国学界的一个热门话题，在此背景下，这些评论多少都带有"打圆场"的意味，言下之意无非是双方各有千秋，难辨何说较胜。但从同一个借喻的不同指代亦可看出，不同的第三方对争辩双方立场和本质的认知不免方枘圆凿。

第三节　伊藤之雄："强引理论的典型"

日本学术界对"理性选择理论"的关注和引介并不晚。1981年，被誉为日本投票行为分析第一人的三宅一郎就主编了《理性选择的政治学》一书，影响力至今不坠。②之后，相关的文献梳理和评论评述也时有出现。③尽管如此，整体而言，在将"理性选择理论"等西方社会科学理论运用于日本问题研究的意愿与技巧上，日本学者与欧美学者仍存在较为明显的差异。④河野胜、加藤淳子、铃木基史等主动援用这些理论的日本学者大多有长期的海外留学经历，对理论工具的接受度较高。⑤相较而言，投票行为、政党变迁、官

---

① John C. Campbell, "Hedgehogs and Foxes: The Divisive Rational Choice Debate in the Study of Japanese Politics," *Social Science Japan*, Vol.8, January 1997, pp.36—38.

② 三宅一郎編『合理的選択の政治学』、京都：ミネルヴァ書房、1981年。

③ 例如可参见森脇俊雅「現代政治学における政治経済学的諸研究についての一考察」、『法と政治』、第38巻第4号、1987年、553—607頁；建林正彦「新しい制度論と日本官僚制研究」、『年報政治学』、第50巻、1999年、73—91頁。

④ 除了拉姆塞耶和罗森布鲁斯的《寡头政治》和《日本政治市场》之外，不少欧美学者也试图将理性选择理论用于对福利政策、官僚体制等诸多日本问题的分析。比较具有代表性的可参见 Margarita Estevez-Abe, *Welfare and Capitalism in Postwar Japan*, Cambridge and New York: Cambridge University Press, 2008.

⑤ 例如可参见河野勝「自民党—組織理論からの検討」、『レヴァイアサン』、第9号、1991年、32—54頁；加藤淳子、マイケル・レイヴァー、ケネス・A・シェプスリー「日本における連立政権の形成—ヨーロッパ連合政府分析におけるポートフォリオ・アロケーション・モデルを用いて—」、『レヴァイアサン』、第19号、1996年10月、63—85頁；鈴木基史「合理的選択新制度論による日本政治研究の批判的考察」、『レヴァイアサン』、第19号、1996年、86—104頁；鈴木基史「選挙制度の合理的選択論と実証分析」、『レヴァイアサン』、第40号、2007年、139—144頁。关于日本学者对理性选择理论的学理性探讨，亦可参见加藤淳子、川人貞史、久米郁夫「日本政治学の課題と展望」、『レヴァイアサン』、臨時増刊号、1998年、152—160頁。

僚制度等议题是"理性选择理论"得到运用最多的几个领域。

加藤淳子是日本学者中充分利用"理性选择理论"的代表性学者。她主张，对各国制度的差异性作历史性考察固然不可或缺，但也要从理论的视角对其共性作抽象归纳。1994 年由普林斯顿大学出版社出版的《官僚理性问题：日本的税收政治》一书基于她在耶鲁大学的博士学位论文。该书围绕"有限理性"的概念，通过对决策过程的审慎分析发现，大藏省等省厅的官僚在与政治家的博弈中成功地实现了自身的政策目标。[1]加藤淳子认为，从比较政治学的方法论视角而言，对于分析日本政治与别国政治在"差异性"背后的"相似性"，理性选择理论具有积极的意义。[2]对于美国学者利用"理性选择理论"对日本政治的分析，加藤淳子也给予了积极评价，认为在具体的事实关系上尽管不无值得商榷之处，但其理论贡献仍值得肯定。[3]

此外，曾我谦悟在日本较早地将博弈论与理性选择理论相结合，运用于对官僚制的研究。[4]建林正彦同样认为"理性选择理论"与传统的比较政治经济学研究并不矛盾，积极将其用于对议员行为、日本中小企业、选举制度等议题的研究。[5]河野胜、伊藤光利、待鸟聪史、岸本一男、蒲岛郁夫等学者则从不同角度阐释了日本政党政治体系变化的构造和原因，或对美国等他国的

① Junko Kato, *The Problem of Bureaucratic Rationality: Tax Politics in Japan*, Princeton, New Jersey: Princeton University Press, 1994；加藤淳子『税制改革と官僚制』、東京：東京大学出版会、1997年。对该书的积极评价可参见石井明「税制の政治」、『レヴァイアサン』、第 18 号、1996 年、160—170 頁。

② 加藤淳子「比較政治学方法論と日本政治研究」、『日本比較政治学会年報』、第 7 巻、2005 年、37—39 頁。

③ 加藤淳子「新制度論をめぐる論点—歴史的アプローチと合理的選択理論」、『レヴァイアサン』、第 15 号、1994 年、176—182 頁。

④ 曽我謙悟『ゲームとしての官僚制』、東京：東京大学出版会、2005 年。

⑤ 建林正彦「合理的選択制度論と日本政治研究」、『法学論叢』、第 137 巻第 3 号、1995 年 6 月、63—86 頁；建林正彦「国家論アプローチを超えて：比較政治経済学における合理的選択制度論の射程」、『公共選択の研究』、1995 巻 26 号、1996 年 1 月、45—57 頁；建林正彦「中選挙区制と議員行動」、水口憲人、北原鉄也、久米郁男編著『変化をどう説明するか：政治篇』、東京：木鐸社、2000 年、97—122 頁；建林正彦『議員行動の政治経済学——自民党支配の制度分析』、東京：有斐閣、2004 年。

国内政治进行研究。①在劳动政治等议题领域的研究中，日本学者也不乏相关的应用。②从时间上看，大部分这一类型的应用型研究主要集中在 90 年代前期，既与《寡头政治》等欧美同行的成果同步，也源于这一时期日本政治乱象丛生、"五五年体制"崩溃的特殊历史背景。在此基础上，1998 年，关西大学还举办了以"理性选择理论与实证政治分析"为主题的学术研讨会。③ 2001 年小野耕二在"社会科学理论与模型"系列丛书中出版的《比较政治》尽管是一本综合性的教科书，但却罕见地花费相当的篇幅对理性选择理论作了尤为全面的评析。④在国际关系研究领域，作为日本国际政治学会的会刊，《国际政治》也曾在 2015 年出版过以"理性选择理论"为主题的专辑。⑤

在日本国内，相比将"理性选择理论"作为一项得心应手的理论工具，相当一部分学者主要还是将其视为一个美国社会科学的"舶来品"。⑥而相比对"理性选择理论"的一般性评述，作为其与日本研究结合的代表作，《寡头政治》一书受到的关注则要远远小得多。即便是在为数不多的对"理性选

---

① Masaru Kohno, "Rational Foundations for the Organization of the Liberal Democratic Party in Japan," *World Politics*, Vol. 44, No. 3, April 1992, pp. 369—397；Masaru Kohno, "The Politics of Coalition Building in Japan：The Case of the Katayama Government Formation in 1947," *British Journal of Political Science*, Vol.24, No.1, January 1994, pp.148—158；河野勝「戦後日本の政党システムの変化と合理的選択—政治社会学からミクロ的分析へのパラダイムシフトをめざして—」、『日本政治學會年報政治學』、第 45 巻、1994 年、195—210 頁；河野勝「九三年の政治変動—もう一つの解釈」、『レヴァイアサン』、第 17 号、1995 年、30—51 頁；伊藤光利「自民党下野の政治過程—多元的イモビリスムにおける合理的選択—」、『日本政治學會年報政治學』、第 47 巻、1996 年、109—128 頁；待鳥聡史「アメリカ連邦議会研究における合理的選択制度論」、『阪大法学』、第 46 巻第 3 号、1996 年、317—361 頁；岸本一男、蒲島郁夫「合理的選択論からみた日本の政党システム」、『レヴァイアサン』、第 20 号、1997 年、84—100 頁；待鳥聡史「緑風会の消滅過程—合理的選択制度論からの考察—」、水口憲人、北原鉄也、久米郁男編著『変化をどう説明するか：政治篇』、東京：木鐸社、2000 年、123—145 頁。
② 例如可参见井戸正伸『経済危機の比較政治学　日本とイタリアの戦略と制度』、東京：新評論、1998 年。
③ 相关资料可参见『ノモス』、第 10 巻、1999 年 12 月。
④ 小野耕二『比較政治』、東京：東京大学出版会、2001 年。
⑤ 「国際政治における合理的選択」、『国際政治』、第 181 号、2015 年 9 月。
⑥ "公共选择学会"是日本的一个重要跨学科学会，不难想象的是，其学术会刊《公共选择研究》（公共選択の研究）上的论文大多对理性选择理论持比较正面的立场。

择理论"的长篇梳理中，《寡头政治》的书名也往往难觅踪影。①同为两个作者的合著成果，《日本的政治市场》对日本学界的影响力似乎尚在《寡头政治》之上。究其原因，首先是由于《寡头政治》以历史研究的面貌呈现，就研究对象而言，现代政治学或国际关系领域的学者大多缺乏相应的专业知识积累，自认难以置喙。反过来，专注于这一时段或主题的历史学者，又不免对于美国同行的理论再解读意兴阑珊。因此，这一在国际学界引起较大轰动、多个学科纷纷关注的日本研究力作，似乎反倒在日本波澜不惊。从结果来看，日本国内对《寡头政治》的评介仍主要集中在政治学理论的一小部分学者中间。1996 年秋，日本著名的政治学理论期刊《利维坦》出版了"理性选择理论及其批判"的特辑，集中对"理性选择理论"和"实证主义政治理论"作了深入的学理探讨。在这一特辑的最后部分，伊藤之雄针对《寡头政治》抛出了一篇极具火药味的书评。

伊藤之雄时任京都大学法学部教授，研究专长为近现代日本政治外交史。其本科、硕士、博士阶段的学习均在京都大学文学部及其研究生院完成，1993 年凭借题为《大正民主与政党政治》的博士论文获得文学博士学位。尽管求学生涯和教职经历均在日本，但伊藤之雄也曾于 1995—1997 年在哈佛大学燕京学社和赖肖尔日本研究所做过为期两年的访问研究，对于国际学界或许并不陌生。考虑到《利维坦》的编辑群和作者群大多为政治学学者，其中大部分具有海外留学背景、强调政治理论分析，伊藤之雄本人的身份及其书评的学术路径在这一期《利维坦》中显得较为另类。②

① 例如木部尚志「合理選択理論をめぐる論争と政治理論の課題—グリーンとシャピロの裁判を手がかりに」、『社会科学ジャーナル』、第 39 巻、1998 年 10 月、105—125 頁；西本和見「政治学における合理的選択論と経済学」、『季刊経済理論』、第 44 巻第 3 号、2007 年 10 月、78—83 頁；荒井英治郎「歴史的制度論の分析アプローチと制度研究の展望：制度の形成・維持・変化をめぐって」、『信州大学人文社会科学研究』、第 6 巻、2012 年 3 月、129—147 頁。

② 在《选举政治》刊登的另一篇书评中，政治学者大村华子承认，对日本的现代政治研究者来说，对于拉姆塞耶和罗森布鲁斯的研究也多少有点"敬而远之"，尽管如此仍对其学理性启示给予较高的肯定。参见大村華子「書評フランシス・ローゼンブルース＝マイケル・ティース、徳川家広訳『日本政治の大転換：「鉄とコメの同盟」から日本型自由主義へ』」、『選挙研究』、第 29 巻第 2 号、2013 年、157 頁。

伊藤之雄对《寡头政治》的指摘主要集中于以下三点。①第一，在史料上，伊藤之雄肯定作者精心阅读了日本的法律、敕令等条文，但认为该书对其他的史料，特别是对一系列日本国内已编辑出版的史料集弃之不用，也缺乏对日本学者最新研究成果的关注。②他进一步指出，作者未能将这些史料置于前后脉络中加以理解，而是仅仅挑出其中的一小部分进行阅读，根据自身的框架做出的解释有违全貌，甚至削足适履。正因如此，伊藤之雄认为原书的不少核心"发现"实则是老生常谈。例如，在他看来，对于寡头集团内部的对立，日本史学界早有把握，拉姆塞耶和罗森布鲁斯的判断"不得不说是完全的误解"。又如，关于政党未能影响军队人事的讨论也"了无新意"，因为北冈伸一等学者的研究对此久已触及。

第二，在史实上，伊藤之雄对该书评价颇低，认为其"由于多处依据不可靠的文献，作为学术书籍而言，基础事实错误甚多"。在他看来，作者对于寡头集团"缺乏基本的知识"，对不少历史事件的解读不免郢书燕说、大谬不然，山县有朋、大隈重信、伊藤博文等寡头的个人形象和政策转变很难用寡头模型一以贯之地加以解读。例如，从第一次加藤高明内阁到犬养毅内阁的政党内阁期，政党对内务省等主要省厅的官僚人事变化施加了日益显著的影响，伊藤之雄肯定这是"该书最具说服力的讨论"，但同时他又指出，作者的结论仅仅基于对《法律新闻》记载的梳理，对于政友会的犬养毅内阁对司法人事介入的判断"完全是作者的曲解或误读"。

第三，在语言能力上，伊藤之雄对原书两位作者做了相当严厉的批评，认为其既"无法理解现代日文的反语修辞"，"在日本研究的日文解读能力上也存在巨大问题"。③

---

① 伊藤之雄「合理的選択モデルと近代日本研究」（書評、J. Mark Ramseyer & Frances M. Rosenbluth, The Politics of Oligarchy: Institutional Choice in Imperial Japan, Cambridge U. P., 1995)、『レヴァイアサン』、第 19 号、1996 年 10 月、146—156 頁。

② 伊藤之雄本人著述宏富，除了个别作品外，大部分专著极少引用非日语学界的原文成果。

③ 事实上，就日文能力而言，拉姆塞耶在 18 岁回美国上大学之前一直在日本生活，其后曾赴东京大学交换留学并多次在日本用日文授课。罗森布鲁斯的经历亦类似，由于其双亲均为传教士，因此 5 岁之前的童年在岐阜县度过，成年之后也曾多次返日，拥有在日留学、执教和田野调查的丰富经历。两人的日文水平或许不及以日文为母语的本土学者，但并非如此不堪。

这篇书评的主体部分对《寡头政治》的理论取向几乎未置一词，但在结尾部分伊藤之雄对"理性选择理论"提出了看法。他指出，该书的前提是"个人或集团仅仅以追求个别利益作为最大目的而开展行动"，但读后似乎并无助于更好地理解近代日本历史和日本社会。"理性选择理论"或许有助于解释大部分集团的政治行动，但使用这一类的历史分析模型很难说有多大效果。书评的最后一个自然段充分展示了伊藤之雄的立场，或许值得全文移译如下："近年来在美国，不是通过对区域实态的十足把握和理论的紧张关系来推进对区域的理解，相反，在区域基础知识和语言习得尚不充分的情况下，就强引一般理论套用在该区域上，就此开始区域研究，这种情况让人越来越担忧。该书可以说就是这种研究的一例典型。该书的作者均为充满学识干劲的年轻教授，期待两人今后以更加稳健的形式推进研究，为推动日美相互理解的进一步加深做出贡献"。①

作为一名出色的历史学家，伊藤之雄注重史料的完整性和史实的精确度，对于原著中若干判断的修正和相关文献的补充颇具价值。但这篇学术书评对原著近乎"全盘否定"，文中语气在日本公开发表的学术书评中也相当罕见。

2006 年《寡头政治》的日译本出版时，伊藤之雄的书评已经问世了十年之久，相信两位作者早已读过。在短短的一页半的日译本序言中，拉姆塞耶和罗森布鲁斯有几句话虽未指名道姓，但显然言有所指，或许可以看作对伊藤之雄的隔空回应和自我辩解。他们说道，"当然，在历史学家中，也有很多人基于自身的假设或推论开展更为明确的讨论。在这个意义上，该书与传统的历史路径的差异，无非程度大小而已。该书专注于检验各个行为体的偏好与其战略间的相互作用，如果能够以此刺激读者的知识好奇心、对既有的历史理解加以重新检讨，实感庆幸"。

日本国内专门评析《寡头政治》的书评寥寥无几，因此，伊藤之雄的这

---

① 伊藤之雄出生于 1952 年，与拉姆塞耶（1954 年生人）和罗森布鲁斯（1958 年生人）相差无几。伊藤之雄于 1993 年 3 月取得博士学位，1994 年成为正教授，拉姆塞耶于 1982 年取得博士学位，1989 年成为正教授；罗森布鲁斯于 1988 年取得博士学位，1994 年成为正教授。

篇书评显得尤为引人瞩目。①但如果把伊藤之雄的观点视为日本学界的普遍态度，又不免以偏概全。②在相当程度上，伊藤之雄的这篇檄文甚至可视为一个特例。与约翰逊类似，伊藤之雄对该书的"恶评"固然不乏意气和情绪的影响，但也反映了不同学者对于日本研究中方法论和理论的立场差异。与此同时，这也与美国社会科学界与日本社会科学界的传统错位不无关系。相比美国，政治史在日本学界的地位或许更为突出，而作为历史学和政治学之间的一门交叉学科，日本学术界的政治史研究显然在学科定位和学术脉络上更接近于历史学而非政治学。③

第四节　学界批评与争鸣

对《寡头政治》的各方评价自然并非众口一词的击节叫好，但相比约翰逊和伊藤之雄等学者的强烈质疑，其他学者的批评相对温和。大体而言，这些学者对该书理论运用的推敲主要包括以下三点。

首当其冲的在于"理性选择理论"自身可能蕴含的缺陷，及其在这一日本案例上的适用性问题。对"理性选择理论"的批判每每强调其偏重理论主

---

① 八年之后，在另一场颇为著名的学术争论中，福元健太郎在评论增山干高的《议会制度与日本政治：议事运营的计量政治学》时，还引用了这篇书评。福元健太郎认为，一些基于美国大学博士学位论文的作品往往具有美国政治学的通病：对普遍理论和实证数据进行验证固然是主流，但很难说必然有新知，为了套用理论和方法，对史实的解释也显得粗糙杂乱。参见福元健太郎「増山幹高著『議会制度と日本政治　議事運営の計量政治学』（木鐸社，2003 年）をめぐって」、『レヴァイアサン』、第 35 号、2004 年、158 頁。

② 《寡头政治》出版后的二十余年中，日本学者在对这段历史和这个议题的研究中还是很少提及该书与相关理论。同样，中国国内对明治时期寡头政治的研究亦为数不少，也大多采取历史学研究的视角和方法，很少引用英文学界的文献。

③ 值得关注的是 2010 年在同样发表于《利维坦》的一篇论文中，日本政治学者境家史郎在运用博弈论模型和理性选择机制分析幕藩体制崩溃的政治过程，文中并未引用拉姆塞耶和罗森布鲁斯的作品，在史学著作方面引用的几乎都是日本学者的作品，伊藤之雄的作品亦包括在内。参见境家史郎「政治体制変動の合理的メカニズム—幕藩体制崩壊の政治過程—」、『レヴァイアサン』、第 46 号、2010 年、114—143 頁。日本学者后续在历史研究方法论上的理论探索可参见保城広至『歴史から理論を創造する方法：社会科学と歴史学を統合する』、東京：勁草書房、2015 年。

导，对特定政治问题缺乏连贯解释力，在数据和案例的使用上也具有一定的选择性。①《寡头政治》同样难逃这些批评。例如，渡边勉指出了以下两点：其一，从行为主体的分析层次而言，寡头内部存在诸多个体，而在政党、军部、官僚、企业等方面则将组织作为一个分析整体，两者或许未必完全对应；其二，如果一定要把寡头与企业作类比，那么按照一般逻辑，对寡头而言，短期内脱离卡特尔或许有助于扩大自身利益，但从长期而言，维护卡特尔集团的稳定才是有利之举。因此，究竟何为"理性选择"值得深思。②约瑟夫·冈德（Joseph P. Gownder）和罗伯特·帕克南（Robert Pekkanen）则从方法论的角度指出了《寡头政治》的一些缺陷：由于采取演绎式而非归纳式的分析框架，且运用相对精巧的技术和概念（如"旁支付""嵌套博弈"等），作者往往在预知分析结论的情况下，不自觉地具有"同义反复"或"因果倒置"（post hoc）的倾向。③

其次在于"理性选择理论"与既有解释和其他理论范式之间的取舍关系，即"理性选择理论"的解释力是否能完全覆盖或替代后者。追求普遍主义、无视或否定其他替代理论，同样是"理性选择理论"经常遭受的批判之一，这也反映在对《寡头政治》的评价上。不少学者认为，该书在质疑和试图颠覆既有观点的同时，又不免走到了另一个极端，舍弃了对理性选择之外其他解释的探究。④渡边勉、约瑟夫·冈德、罗伯特·帕克南等学者在其长篇书评中都指出，与其长篇累牍套用"理性选择理论"具体分析这一问题，或许同样重要的是细致阐释这一理论的有效性乃至必要性，即令人信服地告诉

① 例如可参见ドナルド・P・グリーン、イアン・シャピロ「政治学における合理的選択理論—理解深化を妨げる病理—」、『レヴァイアサン』、第 19 号、1996 年 10 月、33—62 頁。

② 渡邊勉「書評『日本政治と合理的選択—寡頭政治の制度的ダイナミクス1868—1932』M. ラムザイヤー＆E. ローゼンブルース著、河野勝監訳」、『理論と方法』、第 22 巻第 1 号、2007 年、127—130 頁。

③ Joseph P. Gownder and Robert Pekkanen, "Review: The End of Political Science? Rational Choice Analyses in Studies of Japanese Politics," *The Journal of Japanese Studies*, Vol. 22, No. 2, Summer 1996, p. 384.

④ 例如可参见 Bernadette Lanciaux, "Book Review: The Politics of Oligarchy: Institutional Choice in Imperial Japan," *Review of Radical Political Economics*, Vol. 30, No. 1, March 1998, pp. 125—129.

读者：为何非用这一理论解释不可。

最后的问题在于"理性选择理论"的"普适性"与日本问题"特殊性"之间的潜在张力。由于拉姆塞耶和罗森布鲁斯强调"理性选择理论"的普遍意义，部分读者不免产生疑问：既然该理论能如此完美地解释日本，那是否意味着日本的案例不足为奇，无非是印证该理论的又一个注脚而已？倘若如此，在不同国家，国家转型、社会分化及对外政策抉择的特殊表现又从何而来？例如，加州大学圣迭戈分校的政治学教授埃伦·科米索（Ellen Comisso）指出，19世纪的罗马尼亚也不乏自私自利、贪得无厌的寡头群体，但为何没有成为"巴尔干地区的日本"？[①]

此外，不少学者提到，对"国际因素"的刻意弱化乃至忽视是该书在分析中的另一个重要缺陷。《寡头政治》几乎完全聚焦于日本内政，而在19世纪末和20世纪初的这段历史中，无论是日本与中国、朝鲜等周边国家的关系，还是与欧美列强的纠葛，显然都是剖析寡头集团分化组合及其政策酝酿实施的重要因素。

第五节　结　语

《寡头政治》出版之后，引征率颇高，其影响力广泛涉及历史学、政治学、法学、经济学、国际关系学等多个学科，时至今日仍不失为一本经典著作。"明治寡头"也始终是两位作者分析日本政治经济体制的一个重要议题，在后续的作品中也多有自我引用。[②]2018年，拉姆塞耶因其日本研究业绩，还获旭日中绶章。对于如何看待"理性选择理论"以及更宽泛意义上的社会科学理论在具体日本历史问题分析中的作用，这一案例提供了颇多启示。在

---

① Ellen Comisso, "J. Mark Ramseyer and Frances M. Rosenbluth, The Politics of Oligarchy: Institutional Choice in Imperial Japan," *Journal of Comparative Economics*, Vol. 26, Issue 3, September 1998, p.574.

② 例如可参见 Frances McCall Rosenbluth and Michael F. Thies, *Japan Transformed: Political Change and Economic Restructuring*, Princeton, New Jersey: Princeton University Press, 2010.

这个意义上，《寡头政治》所遭遇的学术争论及其在国际学界的受容经历具有相当的样本意义。

不少学者试图调和“理论建构”与“经验研究”之间的龃龉，认为既不必完全拥抱也不能完全拒绝“理性选择理论”，在社会科学中要将“对内在逻辑的细致审查、对不同假设的验证、对经验证据的检视”结合起来。①正如日译本译者所言，对日本政治题材的高水平研究，“更大的理论化尝试”和“基于事实关系的严密验证”两者不可或缺。《寡头政治》的价值恐怕更在前者。优秀的理论有助于提供新洞察和对既有知识的新见解，在这个意义上，该书对于增强日本政治研究活力的作用值得肯定。②在前述《利维坦》特辑的卷首语中，政治学者福井治弘从“只见树木不见树林”的俗语出发，作了一番颇有深意的引申。他将具体的政治问题和事件比作树木，将物理环境、文化脉络、体制体系等视为支撑森林的气候、土壤和生态体系等背景，将政治学的理论与方法及其背后的本体论和认识论喻为认识和解释这一宏大背景的工具。由此，福井治弘呼吁，做研究需要时不时停下脚步看看森林，并观察思考气候和土壤的状态。③这是见道之言。

这场争论不能简单地归结为西方理论在日本的“南橘北枳”、水土不服。这是因为，无论是对一般意义上的社会科学理论的不同认知，还是对同一理论的相左意见，都不仅表现在日本和美国的学者之间，更表现在一国内部各个学科、各个流派、各个阵营的学者之间，呈现出一种犬牙交错、五色斑斓的图景。④伊藤之雄的批评或许更接近于传统历史学与社会科学之间的分野，

①　Joseph P. Gownder and Robert Pekkanen, "Review: The End of Political Science? Rational Choice Analyses in Studies of Japanese Politics," p.364.

②　M. ラムザイヤー、F. ローゼンブルース『日本政治と合理的選択：寡頭政治の制度のダイナミクス：1868—1932』、訳者あとがき、243—244 頁。

③　福井治弘「合理的選択理論とその批判」、『レヴァイアサン』、第 19 号、1996 年、6 頁。

④　事实上，在美国学界，来自经济学、政治学等不同学科的学者对于“理性选择理论”的接纳程度也有所不同，参见 Jac C. Heckelman and Robert Whaples, "Are Public Choice Scholars Different?" *PS: Political Science & Politics*, Vol.36, No.4, October 2003, pp.797—799。耐人寻味的是，在谈及“社会科学理论”的放言空论时，“理性选择理论”往往是被示众的首要对象之一。沈卫荣、姚霜编：《何谓语文学：现代人文科学的方法和实践》，上海古籍出版社 2021 年版，第 27—28 页。

前者强调"个例"（ideographic）和"描述性"研究，后者重视"规律"（nomothetic）和"辨析性"研究。①而约翰逊等人的质疑，以及更宽泛意义上"理性选择理论"本身所面临的诘责则反映了国际日本研究在"区域研究"与"学科研究"之间摇摆调适所引起的摩擦，特别是在方法论上的重点差异。②类似《寡头政治》这样的畛域冲突和理论争执，既不可能根绝，也非国际日本研究所独有。③但无疑在"各是其是、互非其非"的学术争论中，对于如何最大限度地降低"傲慢与偏见"，这段公案提供了无比鲜活的素材。在历史研究中，究竟如何把握"史"与"论"的关系，又如何避免"理论先行、以论驭史"，值得每一个学者和读者思考。④

---

① 小威廉·休厄尔：《历史的逻辑：社会理论与社会转型》，朱联璧、费滢译，上海人民出版社2012年版，第3页。

② 美国的历史学和政治学研究也经历了某种从"分离区隔"到"回归融合"的过程。日本学者对此的梳理可参见野田昌吾「歴史と政治学—別離、再会、そして—」、『年報政治学』、第50巻、1999年、113—133頁。

③ 对于如何在重视"普遍性和一般性"的"理论研究"与重视"个体性与正确性"的"历史研究"之间取得平衡，亦可参见针对竹中治坚《战前日本民主化挫折——对民主化发展体制崩溃的分析》的另一篇书评。竹中佳彦「理論研究と歴史研究との対話は不可能なのか」、『レヴァイアサン』、第32号、2003年、192—196頁。

④ 2004年创刊、2008年与《年报政治学》合刊的《日本政治研究》尽管存世时间仅有四年，但曾在这方面做出过不懈的努力。该刊在创刊主旨中即明言，有志于反省现代政治过程论与日本近代史学之间的分道扬镳，期待两者实现新的融合，兼具理论实证研究与历史理念视角。参见「『日本政治研究』発刊趣旨」；猪口孝、蒲島郁夫、北岡伸一、小林良彰、苅部直、谷口将紀「座談会『日本政治研究』が目指すもの」、『日本政治研究』、第1巻第1号、2007年、161頁。

第十五章

柯蒂斯的日本政治研究及其学术史意义：
以《日本式选举运动》为中心

在欧美研究日本政治的诸多著名学者中，杰拉德·柯蒂斯（Gerald L. Curtis）可谓独出机杼、自成一派。

柯蒂斯的整个学术生涯几乎都与哥伦比亚大学联系在一起。1964 年和 1969 年，他在哥伦比亚大学分别获得政治学硕士和博士学位。除了 1968 年上半年在伊利诺伊大学短期执教一个学期之外，柯蒂斯始终在母校任教，直至 2015 年荣休，其间，还于 1973—1991 年担任哥伦比亚大学东亚研究所所长。1971 年，在哥伦比亚大学出版社出版他的第一部专著《日本式选举运动》（*Election Campaigning Japanese Style*）。日译本在第一时间就告问世，于同一年出版，但标题改动颇大，变为《代议士的诞生——日本保守党的选举运动》（代議士の誕生—日本保守党の選挙運動）。1983 年，日译本又出新版，副标题略有调整，变为《代议士的诞生——日本式选举运动研究》（代議士の誕生—日本式選挙運動の研究）。①原著出版近四十年之后，2009 年，哥伦比亚大学出版社重新推出了该书的平装本，柯蒂斯也欣然撰写了新的序言。新的日译本则由日经 BP 社接手，同样在

---

① Gerald L. Curtis, *Election Campaigning Japanese Style*, New York and London: Columbia University Press, 1971；ジェラルド·カーチス『代議士の誕生—日本保守党の選挙運動』、山岡清二訳、東京：サイマル出版会、1971 年；ジェラルド·カーチス『代議士の誕生—日本式選挙運動の研究』、山岡清二訳、東京：サイマル出版会、1983 年。

当年上市。①

　　1988 年和 1999 年，柯蒂斯分别出版个人另外两部重要的学术作品，书名的表述颇为相近。前者题为《日本政治的方式》（*The Japanese Way of Politics*），看似包罗万象，实则是对自民党长期政权支配体制的专题性研究。②1989 年，该书获第 5 届大平正芳纪念奖，其日译本甚至比英文原著早一年在日本出版，标题改为《"日本型政治"的本质：自民党支配的民主主义》（「日本型政治」の本質——自民党支配の民主主義）。③后者仅有一字之差，题为《日本政治的逻辑》（*The Logic of Japanese Politics*），从领导人、机制和政治变化等角度，对战后日本政治运作做了较为全面的剖析。④日译本在两年之后也旋即而至，标题改为更具视觉冲击力、日本读者也更为熟悉的《永田町政治的兴亡》（永田町政治の興亡）。⑤

　　柯蒂斯的学术生涯笔耕不辍、著作等身。上述三本独著可视为其日本政治研究的三部曲。在罗伯特·帕克南（Robert J. Pekkanen）主编的四卷本《日本自民党研究基础文献集》中，这三部著作各有一篇篇章摘要入选。⑥除此之外，柯蒂斯的出版目录中还包括另外两大类作品。一类是侧重日美关系、全球战略等主题的国际关系研究，或是对日本政治的整体性观察，多带有时政评论或访谈的色彩，如 1983 年的《大兴土木的日本："世界优等生"的长处与短处》（土建国家ニッポン—「世界の優等生」の強みと弱み）和 1995 年的

①　Gerald L. Curtis, *Election Campaigning Japanese Style*, New York and Chichester: Columbia University Press, 2009；ジェラルド・カーチス『代議士の誕生—日本保守党の選挙運動』、山岡清二、大野一訳、東京：日経 BP 社、2009 年。

②　Gerald L. Curtis, *The Japanese Way of Politics*, New York: Columbia University Press, 1988.

③　ジェラルド・カーティス『「日本型政治」の本質——自民党支配の民主主義』、山岡清二訳、東京：TBSブリタニカ、1987 年。

④　Gerald L. Curtis, *The Logic of Japanese Politics*: *Leaders*, *Institutions*, *and the Limits of Change*, New York: Columbia University Press, 1999.

⑤　ジェラルド・L. カーティス『永田町政治の興亡』、野上やよい訳、東京：新潮社、2001 年。

⑥　Robert J. Pekkanen ed., *Critical Readings on the Liberal Democratic Party in Japan*, 4 volumes, Leiden: Brill, 2018.

《如何看待日本政治》（日本の政治をどう見るか）。①

　　另一类则是随笔性质的回顾性作品，对于自己的学术生涯娓娓道来，其间又夹杂着对日本政治和外交的点评。2008 年的《政治与秋刀鱼：与日本共处的 45 年》（政治と秋刀魚——日本と暮らして四五年）和 2019 年的《日本故事：昭和和平成的日本政治见闻录》（ジャパン・ストーリー　昭和・平成の日本政治見聞録）都是其中的代表作。②

　　这两类作品其实都与前述三部曲息息相关：对日本外交的分析离不开对日本内政的体察，而学术经历的阶段性总结又建立在回顾和梳理个人研究的基础之上。

第一节　《日本式选举运动》与佐藤文生：相辅相成的"标签意义"

　　作为一名政治家，佐藤文生的名字，虽不能说默默无名，但也绝非普通日本老百姓人人皆知，更不必说国外读者。而他正是《日本式选举运动》一书的"主人公"。经由柯蒂斯的生动描述，佐藤文生成为战后日本政治研究领域的一个重要"人物标签"。就连维基百科对其介绍中也特别指出，佐藤

①　例如可参见ジェラルド・カーティス、石川真澄『土建国家ニッポン—「世界の優等生」の強みと弱み』、東京：光文社、1983 年；ジェラルド・L. カーティス『ポスト冷戦時代の日本』、東京新聞外報部訳、東京：東京新聞出版局、1991 年；ジェラルド・L. カーティス『日本の政治をどう見るか』、木村千旗訳、東京：日本放送出版協会、1995 年。由其参编或共著的著作更多，例如可参见ジェラルド・L. カーチス、神谷不二編『沖縄以後の日米関係—七〇年代のアジアと日本の役割』、東京：サイマル出版会、1970 年；ジェラルド・L. カーチス、山本正編『日米の責任分担　下田会議リポート』、東京：サイマル出版会、1982 年；ジェラルド・カーティス編著『政治家の役割—「政治主導」を政治の現場から問う』、東京：日本国際交流センター、2002 年；日下公人、松村劭、ジェラルド・L. カーチス、山本正『日本人のリーダー観』、東京：自由国民社、2003 年；御厨貴、芹川洋一編著『平成の政治』、東京：日本経済新聞出版、2018 年。
②　ジェラルド・カーティス『政治と秋刀魚——日本と暮らして四五年』、東京：日経 BP 社、2008 年；ジェラルド・L. カーティス『ジャパン・ストーリー　昭和・平成の日本政治見聞録』、村井章子訳、東京：日経 BP 社、2019 年。

"作为《日本式选举运动》一书的原型而广为人知"。

一、中曾根康弘、佐藤文生与大分县

佐藤文生所在的选区位于九州大分县第 2 选区。1963 年，他曾初次参加大选，无奈惜败。1967 年，他试图再度挑战众议院选举。一年之前的 1966 年，在中曾根康弘的引介下，柯蒂斯得以结识佐藤文生。根据柯蒂斯的事后解释，中曾根之所以在众多人选中推荐佐藤文生，除了其再选时胜选的可能性较高、所在选区具有城市和农村的双重性等因素之外，一个重要的原因在于相比日本东北地区和鹿儿岛的方言，大分的方言更接近标准日语，对于柯蒂斯而言不至于听了完全一头雾水。尽管中曾根的这一好意在现实中并未如愿，却展现了田野调查中的一个生动片段。

当时，由于河野一郎的去世和派阀分裂，自民党内的中曾根派刚刚成立，接近知天命之年的中曾根本人正在成为党内冉冉升起的一位新领袖。佐藤文生彼时虽然还不是中曾根派的成员，但后者的一通电话就让他毅然接受了这个不同寻常的要求，允诺一个从语言到外貌都迥然不同的异国年轻人在身边如影相随。此外，作为柯蒂斯的博士论文导师，詹姆斯·莫利（James Morley）不仅在美国的日本政治研究界声名显赫，而且担任过美国驻日教育委员会主席和美国驻日大使特别助理（1967—1969）等要职，也为柯蒂斯的在日田野调查提供了便利。

佐藤出生于 1919 年 7 月，1966 年时年近五十，而 1940 年出生的柯蒂斯此时仍是哥伦比亚大学的博士生，一个年方 26 岁的"后生"。柯蒂斯在日本开展的这项在地研究长达一年半。按照日本《公职选举法》规定，从候选人确定参选到真正投票，前后不过短短的 21 天时间。因此，所谓的"选举运动"，大量的时间和精力事实上花在参选之前的日日夜夜中。作为佐藤的座上宾，柯蒂斯甚至借宿在其家中，入住的房间一墙之隔就是佐藤的选战办公室，佐藤也完全接纳柯蒂斯作为团队的一员，对其毫无保留和隐瞒。通过与其朝夕相处的一年时间，柯蒂斯"零距离"目睹了佐藤备选和参选的整个过程。该书就是柯蒂斯在大量第一手材料、无数亲身见闻、诸多细节基础上做出的细致梳理。在相当程度上，全书是一个完整的个人案例研究，又仿佛是

一部跟踪拍摄佐藤文生胜选经历的纪录片，近乎一期加长版的"纪实 72 小时"（ドキュメント72 時間）。熟悉日本综艺节目的读者或许会发现，如果用"跟拍"（密着取材）这一手法来形容全书，是颇为形象和贴切的。

二、政党、个人与"集票机器"

全书的主体部分共分为九章。英文原著的各章标题十分简洁，一眼看去并看不出端倪。与之不同，日译本的章节标题做了相当大的补充和调整，添加的关键词使各部分的内容一目了然。因此，或许可以将其移译如下：

第一章　迈向议员的关口——党内推选的力学

第二章　固定票与农村战术——垂直型组织的结构

第三章　地盘的铁壁——开展农村战术

第四章　保守浮动票——构筑城市战术

第五章　后援会——普通选票的组织化

第六章　"没有运动的运动"——后援会与事先运动

第七章　自民党与利益团体——组织支持的实态

第八章　握手与资金——决胜战的战术

第九章　议员的诞生——处于传统与变革之中的选举运动

可以看出，这九章内容交织着一纵一横两条线，这使得全书纲举目张、脉络清晰。表面上，全书以不同议题做横向区分，是一种机制叙事，事实上，背后却隐藏着党内推选——事先准备——全力竞选的一条纵向时间轴。

柯蒂斯认为，战后支撑自民党长期政权的权力根基有三根重要支柱：一是在普通国民心中"赶超西欧"的共同目标；二是存在一支精英官僚队伍；三是自民党的"集票机器"。本书的主题落脚在第三根支柱。进而言之，柯蒂斯希望证明，至少在当时的日本，这一"集票机器"并不是严格意义上"党的机器"，而是自民党议员"个人的机器"。[1]而书名题为《日本式选举运

---

① 　ジェラルド・カーチス『代議士の誕生—日本保守党の選挙運動』、二〇〇九年版まえがき、9—13 頁。

动》，正是要将这一"集票机器"的零件结构、生产运行和日常维护如庖丁解牛一般分拆开来，一五一十地呈现在读者面前。

20 世纪五六十年代，日本的选举制度以及更宽泛意义上的整个国内政治都处在转型过程之中。一方面，明治维新之后和二战之前的诸多传统因素仍挥之不去，战后民主改革的影响也余温尚存；另一方面，经过近二十年的战后变迁，新的政治力量、政治模式、政治理念也正在逐渐涌现。这一背景又与日本社会的整体变迁紧密交织在一起，城市化和工业化的发展、产业结构的转型、人口结构的变化等诸多因素都是后者的体现。因此，佐藤在1967 年的这一竞选，看似是一个单一案例或较短时间内的切面，实则内部显示出诸多要素的差异和变迁：不同地域特征（人口规模、产业结构）造成的竞选反应、选民差异（性别、就业）对选票的影响、农村与城市之分、地方自治体合并前后的影响、参议院选举与众议院选举的区别、自民党与社会党候选人的不同竞选策略等。面对这些差异和变迁，志在一搏的佐藤文生必须有的放矢，制定相应的竞选策略。

三、固定票、浮动票与"后援会"

或许有人会问，单单一个候选人究竟能在多大程度上代表整个国家的选举政治？对此柯蒂斯坦言，无论是在日本还是在美国等其他国家，各个候选人个体之间千差万别，没有一个候选人称得上具有"典型意义"（typical），但他同时强调，毋庸置疑，对候选人的个体研究确实为了解竞选实践和政治进程的全貌提供了诸多启示。[1]聚焦到佐藤文生身上，他隶属于执政的自民党，因此，既受惠于"五五年体制"下自民党长期执政带来的先天优势，又受制于当时复数选区单一投票制（Multi-member district single entry ballot）的选举制度，需要与同为自民党党员的其他保守竞争者展开激烈的党内竞争。在该选区制背景下，一个政党在同一个选区内有可能推出数个候选人，因此，为了得到党内的候选席位，自民党内的候选人之间不得不先争得头破血流，而此时党内派阀大佬的首肯和地方政治精英的支持就显得尤为重要。

---

① Gerald L. Curtis, *Election Campaigning Japanese Style*, 2009, Preface to the Paperback Edition, p. xvii.

佐藤有幸获得党内推选资格，度过前述纵向时间轴的第一关。但即便如此，作为一个初来乍到的新人，他在与那些在任候选人的竞争中仍面临内在的劣势，遭遇诸多额外的挑战。为此，佐藤必须针对性地部署自己的竞选力量，最大限度地争取潜在的票源。

　　简单来说，佐藤需要争取的选票大致分为两类——固定票和浮动票，因此其集票策略也必须对症下药。固定票主要分布在农村地区，既然顾名思义是相对稳定的"铁票"，佐藤就不必再通过演讲、聚会等大动干戈。挨家挨户登门拜访的"拜票"行为（溝板選舉）的必要性也大大下降。只需通过地方政治精英（世話人）尽心尽力的"收集"，这些票源即可大体收入囊中。町村议员是这些地方政治精英的主要代表。因此，这部分选票也被称为"组织票"，即通过自民党基层组织等可以基本确保的选票。基于在田间街头的亲身经历，柯蒂斯惊奇地发现，对于这部分选民而言，与其说是投票给了佐藤文生本人，不如说是投票给了他们平日所支持和依靠的地方政治精英。日本社会中传统的"义理""人情""报恩"是这一投票行为背后的根本逻辑。

　　与之相对应，在别府市等小型城市的城区，情况则大不相同。为了尽可能"抓住"大量的浮动票，"后援会"等机制化的竞选组织以及竞选演说等手段就变得必不可少（在东京等大型城市情况又有所不同，获得有组织的志愿者团体的支持、直接与选民接触更为重要，但这与远在九州的佐藤并无关系，也不是本书分析的重点）。更进一步说，同样是在城市地区，社会党等"进步政党"往往积极利用和主要依靠"日教组"和行业工会等劳工组织及商会、校友会、运动俱乐部等多种形式的既有组织，与之不同，像佐藤这样的自民党候选人则视"后援会"为其最大的助选组织。佐藤的"后援会"名为"风雪会"，也确实为其胜选立下汗马功劳。

　　全书的谋篇布局并无刻意的跌宕起伏、剧情反转，读者的情绪也没有跟着佐藤大喜大悲，似乎一切都因势利导、按部就班。因此，全书甚至没有明显的高潮，在书的结尾，佐藤反败为胜、成功跨过前一次落选经历。在前文的铺垫下，这一结果并不显得出乎预料，虽然在所有候选人中票数排名第一带来些许"惊喜"。对照其种种有针对性的竞选策略和组织安排，这一水到渠成的结果也从佐藤个人的身上印证了"日本式选举运动"的合理性和有效性，彰显出这一案例研究的"样本意义"。

值得一提的是，佐藤文生在 1967 年胜选后，之后连续 8 次当选众议院议员，直至在 1990 年的大选中落败，并于 1996 年再次落选后退出政坛。作为中曾根派的成员，1985—1986 年，他曾在第 2 次中曾根内阁中担任邮政大臣，虽然这一阁僚经历前后不到 8 个月时间。1990 年的大选中，71 岁的佐藤不敌 33 岁的岩屋毅，黯然出局。长江后浪推前浪，历史仿佛出现了一个轮回。岩屋毅本人曾担任鸠山邦夫的秘书，第一次参选即告胜利。尽管名义上作为无党派候选人参选，但其背后却不乏自民党宫泽派的支持。因此，胜选后岩屋毅旋即加入自民党，并正式成为宫泽派的成员。时至今日，岩屋毅仍活跃在日本政治舞台上，并在第 4 次安倍内阁担任防卫大臣。与其当年的胜选一样，佐藤的此次败选也被认为是自民党"影子推选"（shadow endorsement）的一个生动案例。①

1994 年，日本经历了选举制度的重大改革，导入了小选区比例代表并立制，党内竞争的压力大大缓解。由此，佐藤文生当时面临的竞选格局和相应做出的竞选策略也随着时代的变化，很大程度上成为一种历史性的描述。

第二节 《日本式选举运动》的写作风格与叙事特点

作为日本政治研究者，柯蒂斯将《日本式选举运动》视为其研究生涯的"起点"。②在柯蒂斯的所有著作中，该书或许也是影响力最大、引征率最高的一部作品。不少学者将其誉为"关于日本当代政治过程的最具启发意义的分析"③、

---

① J. Mark Ramseyer and Frances McCall Rosenbluth, *Japan's Political Marketplace*, Cambridge, MA: Harvard University Press, 1993, p.90.

② ジェラルド・カーチス『代議士の誕生—日本保守党の選挙運動』、二〇〇九年版まえがき、23 頁。

③ John M. Maki, "Review: Election Campaigning Japanese Style by Gerald L. Curtis," *Political Science Quarterly*, Vol.88, No.2, June 1973, p.333.

"迄今为止关于日本竞选，信息量最为丰富的专著之一"①。在日本的选举实务人士中，该书的日译本享有"选举运动圣经"的美名。截至1987年9月已经加印22次，连其译者山冈清二也深感与有荣焉。②

整体而言，该书的特点表现在以下三个方面。

一、日式白描

在写作技法上，全书遵循了一种极具"日式风格"的白描手法，并无过多的渲染和阐发。穿插在文中的解释也大多寥寥数语、点到为止，犹如简要的旁白。关于选情，书中固然不乏统计数字和对应的图表，但在干巴巴的数字之后，多有一针见血的解读。③例如，统计显示，日本全国仅有5.8%的人口表明自己是某个"后援会"的成员，而其中缴纳"后援会"会费的比率仅有1.5%。但柯蒂斯分析指出，考虑到1967年众议院选举有近6 300万有效选民，350—400万的"后援会"会员的绝对人数及其所能影响的周边选民实在不容小觑。同时，中小城市（6.4%）的"后援会"成员比率大大高于七大城市（4.2%）和町村（5.8%），充分印证了前述城市规模的差异，并说明"后援会"对于别府等中小城市的重要性。④

《日本式选举运动》的价值在于，通过白描，把原先高度抽象的日本选举政治投射到一个活生生的个体身上。关心日本的读者可能对日式选举中的一些场景耳熟能详：无论刮风下雨、听者多寡，候选人在车站前广场上滔滔不绝地介绍自己的个人信息和竞选主张；在街头巷尾的流动宣传车上，候选人探出半个身体、满脸笑意地挥舞戴着白手套的双手；在人来人往的闹市区，候选人身着印有姓名的跨肩绶带，边鞠躬边与路人热情握手。这些形象

---

① Akira Kubota, "Review: Election Campaigning Japanese Style by Gerald L. Curtis," *The American Political Science Review*, Vol.66, No.4, December 1972, p.1377.

② ジェラルド・カーティス『「日本型政治」の本質——自民党支配の民主主義』、訳者あとがき、293頁。

③ 由于白描的手法，书中出现了大量的日文人名和地名，这些名字对于英语世界的普通读者而言或许稍显繁杂、难以辨记，但如果能够中译，相信这些名字中的汉字并不会对中国读者产生过多的阅读干扰。

④ Gerald L. Curtis, *Election Campaigning Japanese Style*, 2009, pp.133—138.

虽然令人印象深刻，但往往是千篇一律的、"面目模糊"的。用 google 搜索可以得到数以千计的类似照片，如果出于保护隐私的目的，把主角的脸部打上马赛克，就会发现这些照片大同小异，候选人在其中几乎是可抽离的、可替换的。而通过柯蒂斯的描述，这些"千人一面"的形象似乎被注入了活力，在佐藤文生的身上变得更为具象、丰满，读者也仿佛时刻站在小文（文ちゃん）的身边，与其同舟而济、甘苦与共。

众所周知，按照日文发音，日本政治中有三个 ban 十分重要：作为组织动员基础的"地盘"（地盤，jiban）、象征知名度的"招牌"（看板，kanban）、代表竞选财力的"钱包"（鞄，kaban），三者虽各有侧重，但都不可或缺。其中，有没有强大的"后援会"往往是"地盘"大小的象征之一。在世袭政治中，"后援会"更是"政治遗产"的重要组成部分。①因此，对于初出茅庐的竞选者而言，与那些家大业大、根深叶茂的传统"后援会"相比，自己白手起家建立起来的"后援会"往往相对弱小，需要另辟蹊径。通过对佐藤文生选举运动的生动描写，读者对此有了鲜活的再认识。又如佐藤自我总结，政治家躲不开"三 kai 的痛苦"——连篇累牍的见面（面会，menkai）、疲于应付的介绍（紹介，shoukai）、接二连三的宴会（宴会，enkai）。在书中，这些关键词的现实表现同样跃然纸上。

二、理论探究

柯蒂斯并未停留于单纯的描述，而是在平实叙述的背后穿插了诸多的理论思考。在日本的选举政治和选民考量中，"政党""个人""政策"究竟何者最为主要？三者随着时间的推移，有没有出现相应的变化？新旧两版的《日本式选举运动》为这些问题提供了不少启示。

在诸多书评中，对该书提出最严厉批评的或许是詹姆斯·怀特（James W. White）的一篇长篇综述。怀特认为柯蒂斯的作品存在两大缺陷：一是过于强调"传统"在日本政治中的作用，而对究竟何为"传统"又语焉不详；二是在政治学理论上并未做出太大的贡献，尽管这也往往是当代日本研究的

①　上杉隆『世襲議員のからくり』、東京：文藝春秋、77—116 頁。

通病，而非柯蒂斯的特例。①蒲岛郁夫等学者也批评柯蒂斯的事例研究尽管在细节上见长，但分析的普遍化和理论化倾向较弱。②

就政治学理论和对日本政治研究的学理建构而言，《日本式选举运动》确实没有太多石破天惊的创见。尽管如此，该书通过具体而完整的事例，对既有理论进行了验证和阐释，或根据实践对主流理论观点做了修正。例如，佐藤寻求党内支持的进程就反映了日本政治中的一系列重要主题：前官僚与地方政治家之间的分裂、自民党内部原民主党和自由党成员之间的不和、县一级和全国党政组织的相对重要性、党内派阀的影响力等。③又如，柯蒂斯对于佐藤选举策略及其结果的描述事实上展现了背后的因果机制，也使读者认识到候选人理性选择、利弊权衡的合理性。这些主题虽非纯粹的理论推导或概念演绎，但不乏学理辨析的成分。或许也正因如此，在对日本"恩庇主义"等主题的理论研究中，伊桑·沙伊纳（Ethan Scheiner）等不少学者都纷纷引用了《日本式选举运动》。④

此外，书中还穿插着不少国际比较。例如：在政党本部与其地方支部关系上，自民党与英国保守党、工党及以色列政党之间的比较；在现任议员寻求连任所享有的优势方面，日本与美国的比较；在主要政党党内认可的重要性方面，与民主党在美国南方各州以及英国等国的比较；在"浮动票"的定义方面，日本与英美等国的比较等。⑤从阐释效果上来看，这些比较既增加了比较政治学的学理色彩，也使英文世界的读者对于日本选情的特殊之处有了

① James W. White, "Review: Tradition and Politics in Studies of Contemporary Japan," *World Politics*, Vol.26, No.3, April 1974, pp.400—427.

② 蒲島郁夫、山田真裕「後援会と日本の政治」、『年報政治学』、第 45 巻、1994 年、211—212 頁。

③ Gerald L. Curtis, *Election Campaigning Japanese Style*, 2009, p.30.

④ Ethan Scheiner, *Democracy without Competition in Japan: Opposition Failure in a One-party Dominant State*, Cambridge and New York: Cambridge University Press, 2007.日本学界对"恩庇主义"的研究可参见小林正弥的著作，但该书事实上偏重理论阐述，而非日本实例，小林正弥『政治的恩顧主義（クライエンテリズム）論：日本政治研究序説』、東京：東京大学出版会、2000 年。

⑤ Gerald L. Curtis, *Election Campaigning Japanese Style*, 2009, pp.4, 10—11, 33.

更为形象的了解。①

三、述论结合

本书并不是"叙而不论、状而不评"的作品。以佐藤文生的竞选过程为案例，柯蒂斯对日本的选举体制和政治制度提出了中肯的评价，甚至不乏犀利的批评。例如，在竞选资金的规模、媒体宣传方式、与选民的互动途径等方面，日本的《公职选举法》施加了种种限制。柯蒂斯认为，对比西方选举民主的实践和理念，这些掣肘使得普通的日本选民变成了"单纯的竞选的观察者"，无法积极地参与竞选，难以保持与候选人的直接接触。②由此产生的结果是：一方面，候选者必须想尽办法诉诸影响特定群体选民的竞选方式，这正是佐藤所做的；另一方面，也促使候选者不得不游走在灰色地带，通过迂回变通乃至变相包装的方式规避法律的明文限制。因此，柯蒂斯对这一法律的合理性和有效性颇有微词。他指出，过多或过于严厉的限制事实上造成法律条款与实践操作的背离，也使普通日本人误认为与西方相比，本国的政治体系仍有大量的"封建残余"、不够"民主"。③

此外，柯蒂斯在该书的结尾部分做了不少重要的预测；如日本选举制度将继续经历更大的改革；通过大众媒体直接诉诸选民的宣传方式将起到更加重要的作用等。实践证明，尽管柯蒂斯期待中的"两党制"并未完全成型，但他的大部分预测均判断准确、击中要害，这也从一个侧面印证了该书的学术价值。

第三节 《日本式选举运动》的文献意义与方法论启示

《日本式选举运动》之所以在日本政治的学术史中具有一定的地位，离

---

① 对选举策略的后续研究中，有大量更为理论化的分析，例如可参见 Gary W. Cox and Mathew D. McCubbins, "Electoral Politics as a Redistributive Game," *The Journal of Politics*, Vol.48, No.2, May 1986, pp.370—389。

② Gerald L. Curtis, *Election Campaigning Japanese Style*, 2009, p.220.

③ Ibid., p.240.

不开其在研究对象和研究方法上的独到之处。如果把这些特点聚焦在机制研究、事例研究和过程研究三个方面，可以看出其为后续的研究提供的若干启示。

一、选举机制

该书对日本选举机制的研究颇具启示，其中尤以《公职选举法》①、"后援会"②、选举资金③等为代表。④

以"后援会"为例，蒲岛郁夫等学者将该领域的研究分为四类：一是通过田野调查开展的事例研究；二是借助社会交换理论展开的分析，突出比较研究；三是以多个议员为对象的精英调查，借重数据分析；四是以一般选民为对象的民调数据分析。《日本式选举运动》被认为是第一类的早期经典作品。⑤

柯蒂斯本人在后续的研究中一直保持对"后援会"的追踪考察，分析其在日本选举政治中的"延续性"。1996年，在选举制度改革后举行的第一次众议院选举之际，柯蒂斯再度回访大分县。⑥其见闻证实，由于地方政治家"集票"能力的下降，即便在农村地区，政治候选人也越来越重视"后援会"的作用，以此加强与选民的直接接触，争取其支持。⑦而对于在任的政治家而

---

① 例如山田真裕『政治参加と民主政治』、東京：東京大学出版会、2016年。

② 例如遠藤晶久「後援会動員と日本の有権者—世論調査モード間比較—」、『早稲田政治公法研究』、第100号、2012年、1—14頁。关于"后援会"的内容，或许是对《日本式选举运动》引用中最多的主题，其例甚繁、兹不备引。

③ 例如佐々木毅、吉田慎一、谷口将紀、山本修嗣編著『代議士とカネ—政治資金全国調査報告』、東京：朝日新聞社、1999年。

④ 1997年，大岳秀夫主编的一部论文集聚焦选举制度改革后日本选举运动的延续与变化。大嶽秀夫編『変界再編の研究：新選挙制度による総選挙』、東京：有斐閣、1997年。另可见 Otake Hideo ed., *How Electoral Reform Boomeranged: Continuity in Japanese Campaigning Style*, Tokyo and New York: Japan Center for International Exchange, 1998.

⑤ 蒲島郁夫、山田真裕「後援会と日本の政治」、211—212頁。

⑥ 「選挙運動 G・カーチス（新総選挙 「代議士誕生」のいま：上）」、『朝日新聞』、1996年8月28日朝刊；「課題 G・カーチス（新総選挙 「代議士誕生」のいま：中）」、『朝日新聞』、1996年8月30日夕刊；「政治改革 G・カーチス（新総選挙 「代議士誕生」のいま：下）」、『朝日新聞』、1996年8月31日朝刊。

⑦ Gerald L. Curtis, *The Logic of Japanese Politics: Leaders, Institutions, and the Limits of Change*, pp.222—223.

言，其再选或连任的资本越来越源自当政时的政绩表现，不再能够一味享受在任的先天优势而高枕无忧。①在 2008 年《日本式选举运动》的新版序言中，柯蒂斯断言，候选人个人的"后援会"仍处于竞选组织的核心位置，特别是在农村地区，动员个人关系网络仍是重中之重，尽管如此，相比该书初版时的状态，其实质作用都已大大下降。②对此，不少学者的观点各异，不乏商榷。③相当一部分日本学者都赞同，在经历几次日本选举制度的改革后，柯蒂斯书中所描写的依靠地方活动家和"后援会"等"个人影响力"对争取选票的整体作用确实逐渐式微。④

二、事例研究

该书对"微观研究"和"事例研究"亦有启示。⑤传统上，无论是对日本政治的综合性研究，还是对其中选举政治的专题性研究，往往采取宏观的视角，或是对不同的地区进行比较。因此，专门针对某一个特定选区的研究反倒成为一种相对小众的研究。柯蒂斯对大分县第 2 选区的这一研究是其中的代表作。在此之后，陆续出现了若干优秀的作品，以小见大、管中窥豹，努力通过一个相对微观的选区来透视日本整体。⑥20 世纪 60 年代后半期之后，

---

① Gerald L. Curtis, *The Logic of Japanese Politics*: *Leaders*, *Institutions*, *and the Limits of Change*, p.242.

② Gerald L. Curtis, *Election Campaigning Japanese Style*, 2009, Preface to the Paperback Edition, pp.x, xiv.

③ 可参见埃利斯·克劳斯（Ellis Krauss）对柯蒂斯新序言的书评，Ellis Krauss, "Review: Election Campaigning, Japanese Style by Gerald L. Curtis," *Journal of East Asian Studies*, Vol.14, No.2, May-August 2014, pp.305—307, 以及 Ellis S. Krauss and Robert Pekkanen, *The Rise and Fall of Japan's LDP*: *Political Party Organizations as Historical Institutions*, Ithaca: Cornell University Press, 2011, pp.29—99. 任教于中央大学的史蒂文·里德（Steven Robert Reed）有大量这方面的研究。

④ 池田謙一『転変する政治のリアリティ：投票行動の認知社会心理学』、東京：木鐸社、1997 年、93—126 頁。

⑤ 关于事例研究的方法论阐释，可参见前田健太郎「事例研究の発見の作用」、『法学会雑誌』、第 54 巻第 1 号、2013 年、449—473 頁。

⑥ 关于对日本地方政治的方法论述论可参见伊藤修一郎「地方政治・政策分析」、『レヴァイアサン』、第 40 号、2007 年、115—121 頁。部分文献综述另可参见馬渡剛『戦後日本の地方議会：1955—2008』、京都：ミネルヴァ書房、2010 年、15—23 頁；辻陽『戦後日本地方政治史論：二元代表制の立体的分析』、東京：木鐸社、2015 年、15—20 頁。

地方层次的"政治参与"不断高涨，这不仅反映在投票行为上，也表现在涉及公害等其他问题的政治活动中。①从 70 年代开始，日本进入了所谓"地方的时代"，相关学术作品的涌现也与这一时代背景是分不开的。②

在英语学界，1982 年，詹姆斯·福斯特（James J. Foster）对五个主要政党在兵库县的基层党组织做了简要的梳理，是另一个具体的案例研究。③戴伦·达布尼（Dyron Dabney）则对宇佐美登、松泽成文、玄叶光一郎三位颇具代表性的年轻候选人做了深入的案例对比分析。④马修·卡尔逊（Matthew Carlson）聚焦河野太郎、松本纯、茶谷茂等三人的竞选资金，做了出色的案例考察。⑤

在日本学者方面，不乏类似的研究。森胁俊雅对地方政治的理论性研究和比较分析、依田博对地方政治的案例分析、松村岐夫和伊藤光利对地方议员的研究都是这方面的代表。⑥在 20 世纪八九十年代，对于地方自治体的领导人、市町村议员、地方政治家的研究更是为数众多。从具体地区来看，中村宏专注于对岛根县的研究。⑦《社会学》在 1985 年推出了特集"鸟取县的地方政治家"。⑧高田通敏在 1986 年出版的《地方的王国》一书通过对新潟县

① 村松岐夫「行政過程と政治参加—地方レベルに焦点をおきながら—」、『年報政治学』、第 25 巻、1974 年、41—68 頁。
② 中野実「『地方の時代』の地方政治像—わが国地方政治研究の最新動向—」、『レヴァイアサン』、第 2 号、1988 年、163—174 頁。
③ James J. Foster, "Ghost-Hunting: Local Party Organization in Japan," *Asian Survey*, Vol.22, No.9, September 1982, pp.843—857.
④ Dyron Dabney, "Campaign Behavior: The Limits to Change," in Sherry L. Martin and Gill Steel eds., *Democratic Reform in Japan: Assessing the Impact*, Boulder: Lynne Rienner Publishers, 2008, pp.39—63.
⑤ Matthew Carlson, *Money Politics in Japan: New Rules, Old Practices*, Boulder, Colo.: Lynne Rienner Publishers, 2007, pp.45—56.
⑥ 松村岐夫、伊藤光利『地方議員の研究』、東京：日本経済新聞社、1986 年。
⑦ 中村宏「地域政治の構造と動態—島根の保守政治集団の考察を中心に—」、『島大法学』、第 26 巻第 2・3 号、1983 年、23—57 頁；中村宏「島根の地方議員調査から」、『選挙研究』、第 4 巻、1989 年、43—62 頁。
⑧ 「小特集 鳥取県の地方政治家」、『ソシオロジ』、第 30 巻第 1 号、1985 年。其中依田博与北野雄士的论文与《日本式选举运动》相对接近，依田博「立候補の理由と集票のメカニズム」、37—56 頁；北野雄士「地方議員の集票行動—地区推薦と後援会—」、57—76 頁。

第 3 选区、千叶、北海道第 5 选区、鹿儿岛县第 3 选区、德岛、滋贺等六个案例的研究，深刻透视了五五年体制下保守与革新势力在地方上的权力构造，成为对日本战后地方政治研究的经典作品。2013 年该书再版时又添加了重访新潟的一章。①福冈政行的研究尽管并未完全聚焦选举本身，但对田中角荣所在的新潟县第 3 选区做了极为深入的案例研究，将其作为"日本政治的原型"。②市川太一针对广岛县第 2 选区等案例，对世袭议员做了诸多深入的梳理。③井上义比谷从国会议员与地方议员之间相互依存关系的视角，对宫城县的案例做了剖析。④上神贵佳对 1996 年大选时原东京第 4 选区的研究侧重推选阶段自民党、新进党等各党的党内权衡。⑤

进入 21 世纪之后，又有一批高质量的研究相继涌现。谷口将纪的《现代日本的选举制度》选取众议院静冈县第 1 选区（静冈县静冈市）作为一个代表日本全国"平均"情况的案例，对 1996 年大选时当地的选情做了细致剖析。⑥在《选举研究》等期刊中，这一类的选区研究始终是一个重要的议题领域。自民党与民主党实现政权交替后，以白鸟浩等学者为代表，推出了一大批以具体选区为分析对象、高质量的案例研究。⑦堤英敬和森道哉以香川县选

---

① 高畠通敏『地方の王国』、東京：潮出版社、1986 年；高畠通敏『地方の王国』、東京：講談社、2013 年。

② 福岡政行『日本の政治風土：新潟三区にみる日本政治の原型』、東京：学陽書房、1985 年。

③ 市川太一「世襲代議士と選挙区：広島県 2 区を中心として」、『法学研究』、第 61 巻第 12 号、1988 年、137—163 頁；市川太一『「世襲」代議士の研究』、東京：日本経済新聞社、1990 年。

④ 井上義比古「国会議員と地方議員の相互依存力学—代議士系列の実証研究」、『レヴァイアサン』、第 10 号、1992 年、133—155 頁。

⑤ 上神貴佳「小選挙区比例代表並立制における公認問題と党内権力関係—1996 年総選挙を事例として—」、『本郷法政紀要』、第 8 号、1999 年、79—115 頁。

⑥ 谷口将紀『現代日本の選挙政治：選挙制度改革を検証する』、東京：東京大学出版会、2004 年。

⑦ 例えば可参見白鳥浩編著『二〇一二年衆院選政権奪還選挙：民主党はなぜ敗れたのか』、京都：ミネルヴァ書房、2016 年；白鳥浩編著『統一地方選挙の政治学：二〇一一年東日本大震災と地域政党の挑戦』、京都：ミネルヴァ書房、2013 年；白鳥浩編著『衆参ねじれ選挙の政治学：政権交代下の2010 年参院選』、京都：ミネルヴァ書房、2011 年；白鳥浩『都市対地方の日本政治：現代政治の構造変動』、東京：芦書房、2009 年；白鳥浩編著『政権交代選挙の政治学：地方から変わる日本政治』、京都：ミネルヴァ書房、2010 年。

区为案例，对 2007 年参议院选举时民主党候选人的集票体系进行了研究，之后又对香川县以及宫崎县民主党地方组织的形成过程作了研究。森正对民主党在三重县的集票和陈情系统作了分析，这些案例分析对传统以自民党候选人为对象的研究作了很好的补充。[①]在保守合同的背景下，小宫一夫对静冈县第 2 选区山田弥一的选举策略及其与畠山鹤吉的对决作了回溯性梳理。[②]小宫京则聚焦静冈县，通过对 1950 年参议院选举、1951 年知事选举和 1952 年参议院候补选举的分析，考察了第三次吉田茂内阁与自民党内派系"绿风会"的关系，由此透视中央政界的权力博弈如何影响地方政界。[③]杉本仁从民俗学的角度对山梨（金丸信故乡）、青森（津岛文治故乡）两地政治和选举有过生动的描述。[④]砂原庸介等学者利用选举公报等数据，对于滋贺县、和歌山县、大阪市、名古屋市等四个自治体的地方议员选举策略作了研究。[⑤]这些研究大多包括小型统计和数据阐释，而非对单一政治人物及其政治经历的过程研究。[⑥]例如，蒲岛郁夫研究室超越政党的本位，强调政治分析中"还原到政治家个人"的重要性。为此，对 1990—1998 年各届国会的 814 名参议员和 487 名众议员的个人信息作了全面梳理，并根据各个研究主题进行

① 堤英敬、森道哉「民主党候補者の集票システム：2007 年参院選香川県選挙区を事例として」、『選挙研究』、第 24 巻第 1 号、2008 年、48—68 頁；堤英敬、森道哉「民主党地方組織の形成過程——香川県の場合」、上神貴佳、堤英敬編著『民主党の組織と政策：結党から政権交代まで』、東京：東洋経済新報社、2011 年、99—134 頁；森正「党・労組・地方議員による三位一体型集票・陳情システム—民主党三重県連を中心に」、前田幸男、堤英敬編著『統治の条件：民主党に見る政権運営と党内統治』、東京：千倉書房、2015 年、181—214 頁；堤英敬、森道哉「『保守王国』の民主党地方組織と政権交代——宮崎県の場合」、前田幸男、堤英敬編著『統治の条件：民主党に見る政権運営と党内統治』、215—243 頁。
② 小宮一夫「『熱海の山田』から『静岡 2 区の山田』をめざして　保守政治家・山田弥一の模索と挫折」、『選挙研究』、第 32 巻第 1 号、2016 年、19—34 頁。
③ 小宮京「第三次吉田茂内閣と緑風会—静岡県の選挙を事例に」、『年報政治学』、第 70 巻第 1 号、2019 年、271—292 頁。
④ 杉本仁『選挙の民俗誌—日本的政治風土の基層』、東京：梟社、2007 年；杉本仁『民俗選挙のゆくえ—津軽選挙 vs 甲州選挙』、東京：新泉社、2017 年。
⑤ 砂原庸介、土野レオナード・ビクター賢「地方政党の台頭と地方議員候補者の選挙戦略：地方議会議員選挙公報の分析から」、『レヴァイアサン』、第 53 号、2013 年、95—116 頁。
⑥ 关于选举制度和议员选区活动的比较研究可参见濱本真輔「選挙制度と議員の選挙区活動」、『日本政治研究』、第 5 巻第 1・2 号、2008 年、124—148 頁。

了细致的解读。①又如辻阳对全日本 47 个都道府县的知事选举和议会进行了全面的分析，前者的起止时间段为都道府县议会议员选举开始的 1947 年直至 2013 年末，后者则为 1947 年至 2011 年，并在此基础上从定量和定性两个方面分析知事与都道府县议会之间的关系。②

三、过程追踪

该书的启示也体现在对"政治过程"的研究以及对政治家个人的追踪性研究。所谓"过程"，并不是按照时间序列的平铺直叙，从前文介绍的章节分布中可以看出，在"过程描述"中自然涉及"过程"背后的"结构"和"策略"。③而且，从表面上看，这一过程似乎是线性的、单向的，但事实上由于佐藤文生在 1963 年选举的惜败以及对其他候选人的比较借鉴，同一个过程之中蕴含着试错反复和动态调整。在"过程研究"方面，上神贵佳等学者亦有代表性成果。④

既然是"过程"，往往就与特定政治人物联系在一起。柯蒂斯认为，理解日本政治社会的"出发点"在于，在选举中，相比政党，政治家或曰候选人更多地以"个人"为中心开展选举活动。⑤因此，正如《日本式选举运动》一样，"过程研究"是描述竞选等个人政治经历的一种重要方式。在英语学界值得一提的是日裔记者冈孝的英文专著《日本的政策企业家精神与选举：小泽一郎的政治传记》（*Policy Entrepreneurship and Elections in Japan*）。⑥该书基于冈孝退休后于 84 岁高龄之际在牛津大学撰写的博士学位论文。从该书的标题即可以看出，无论是关于选举的主题设定，还是媒体报道式的细节

---

① 東大法、蒲島郁夫ゼミ編『現代日本の政治家像』（第Ⅰ巻、第Ⅱ巻）、東京：木鐸社、2000 年。也可参考蒲島郁夫研究室的其他编著。

② 辻陽『戦後日本地方政治史論：二元代表制の立体的分析』、東京：木鐸社、2015 年。

③ 关于选举过程研究的方法论阐述可参见森裕城「選挙過程の実態把握を目的とする研究について」、『レヴァイアサン』、第 40 号、2007 年、160—165 頁。

④ 上神貴佳『政党政治と不均一な選挙制度：国政・地方政治・党首選出過程』、東京：東京大学出版会、2013 年。

⑤ ジェラルド・カーティス『政治と秋刀魚——日本と暮らして四五年』、78 頁。

⑥ Takashi Oka, *Policy Entrepreneurship and Elections in Japan: A Political Biography of Ozawa Ichirō*, London and New York: Routledge, 2011. 另可参见 Aurelia George Mulgan, *Ozawa Ichirō and Japanese Politics: Old versus New*, London: Routledge, 2017.

呈现，都与柯蒂斯的研究有着相通之处。奥莱丽娅·穆尔甘（Aurelia George Mulgan）对松冈利胜的研究也是一例。①喜志麻孝子在 1991 年的作品尽管注重结构主义、后结构主义、现象学和象征人类学的理论探索，但其对中川一郎、田中角荣、中曾根康弘等日本政治人物的描写，以及在绵贯民辅竞选办公室的体验式观察，仍提供了颇具政治人类学色彩的描述。②此外，作为身为《华尔街日报》的驻日记者，雅各布·施莱辛格（Jacob M. Schlesinger）在著名的《影子将军》（*Shadow Shoguns*）一书中对田中角荣、金丸信、竹下登、小泽一郎三代四人的描述也颇具学术价值。③

在日本学界的政治人物研究方面，山田真裕是一个比较具有代表性的学者。自学生时代起，他就致力于对额贺福志郎、桥本登美三郎等政治人物及其竞选过程的研究，发表了大量的案例作品。④ 此外，上山和雄于 1989 年出版的《阵笠议员的研究》也是这方面的一部代表作。⑤上山和雄原本是擅长经济史的历史学家，但他利用日记、收支账目、讲稿书信等个人档案，生动再现了神奈川县的议员山宫藤吉如何在议员选举中摸爬滚打、成败起伏。其独特的政治史研究方法从柯蒂斯的著作中得到诸多启发。"阵笠"原指在战时下级士兵头戴的一种斗笠。顾名思义，所谓"阵笠议员"指的是那些无足轻重的议员，与英国等国的"后座议员"相仿。作为政界的"小人物"，山宫

① Aurelia George Mulgan, *Power and Pork*: *A Japanese Political Life*, Canberra: ANU Press, 2006.

② Takako Kishima, *Political Life in Japan*: *Democracy in a Reversible World*, Princeton, New Jersey: Princeton University Press, 1991.

③ Jacob M. Schlesinger, *Shadow Shoguns*: *the Rise and Fall of Japan's Postwar Political Machine*, Stanford, Calif.: Stanford University Press, 1999.

④ 例如可参见山田真裕「選挙地盤と得票の動態 橋本登美三郎と額賀福志郎を中心に」、『筑波法政』、第 15 号、1992 年、355—396 頁；山田真裕「農村型選挙区における政界再編及び選挙制度改革の影響—茨城新二区額賀福志郎を例として」、大嶽秀夫編『政界再編の研究』、東京：有斐閣、1997 年；山田真裕「保守支配と議員間関係—町内 2 派対立の事例研究—」、『社会科学研究』、第 58 巻第 5・6 号、2007 年、49—66 頁；山田真裕「知事選挙における敗北と県連体制の刷新—2009 年茨城県知事選挙と自民党県連—」、『年報政治学』、第 62 巻第 2 号、2011 年、52—69 頁。

⑤ 上山和雄『陣笠代議士の研究：日記にみる日本型政治家の源流』、東京：日本経済評論社、1989 年。

藤吉与柯蒂斯笔下的佐藤文生颇为类似。此外，从 2008 年开始，出井康博对两位民主党"新人"在参议院选举的竞选历程做了深入的描写，其中一位是当选过 2 期的市村浩一郎，另一位则是第一次参选的神山洋介。这一作品尽管具有媒体跟踪采访的成分，并非严格意义上的学术作品，但在行文上与《日本式选举运动》的风格颇为接近。① 在著名的政治理论学术期刊《利维坦》上，也多有侧重个人层面的高质量研究和相关访谈。②

第四节 结 语

从上文及注释的介绍中可以看出，柯蒂斯或许是研究日本政治的欧美学者中出版日文著作最多、作品被日译比例最高的学者之一，其日文作品甚至还多于英文作品。这一现象从一个侧面反映了柯蒂斯日本研究的不同凡响之处。然而迄今为止，柯蒂斯的几乎所有作品都没有中译本，这不但与其作品数量严重不对称，也与日文译介形成鲜明反差。

像《日本式选举运动》这样出版于整整半个世纪前的作品，是否还有中译的必要？2009 年的英文和日文新版已经部分给出了答案。从傅高义的《日本新中产阶级》和西奥多·贝斯特的《邻里东京》等前例来看，部分中国的普通读者不免会觉得这些数十年前的白描作品寡然无味、乏善可陈。但就学术价值而言，《日本式选举运动》自有其历久弥新之处，也远超三部曲的另两部作品和柯蒂斯的其他著作。经典的意义恰恰在于其较少受到趋时因素的束缚，甚至随着时间的流逝，愈发显示出其在学术史上的坐标意义。

本章基于《日本式选举运动》，对柯蒂斯的日本政治研究作了简要的评析，关注的重点并非书中的具体的观点或结论，而是期待从国际日本研究

① 出井康博『民主党代議士の作られ方』、東京：新潮社、2010 年。
② 例如可参见大嶽秀夫「自民党若手改革派と小沢グループ」、『レヴァイアサン』、第 17 号、1995 年、7—29 頁；聞き手大嶽秀夫「〈インタビュー〉前原誠司氏に聞く—立候補の動機と後援会組織の実態—」、『レヴァイアサン』、第 17 号、1995 年、84—90 頁。

的角度出发，侧重其方法论和学术史意义。限于篇幅，我们将在下一章阐述"政治人类学"和"局外知情人"等概念，对柯蒂斯研究及欧美和日本的相关作品作进一步的文献梳理，以期为有志于此的后续研究提供更多线索。

第十六章

"政治民族志"与"局外知情人":
再论柯蒂斯的日本政治研究

前一章主要聚焦《日本式选举运动》一书，对柯蒂斯的日本政治研究作了初步的评析。本章将兼及他的其他作品，尽可能超越单一文本，从"政治人类学"的学科视角、"政治民族志"的研究方法和"局外知情人"的角色定位等角度作进一步的阐释。

第一节 "政治人类学"与"政治民族志"的光与影

在回顾自己的学术生涯时，柯蒂斯曾总结道，正统的政治学研究方法往往具有理论先行的色彩，而基于欧美实践的理论则未必与日本的现实相符。赫伯特·帕辛（Herbert Passin）是精于文化人类学的哥伦比亚大学社会学教授和著名的日本问题专家。在他的影响下，柯蒂斯从学术研究起步之时起，就重视文化人类学的田野调查方法。[1]可以说，在诸多对日本政治的分析中，柯蒂斯的作品是"参与式观察"的一个典范。因此，尽管作者本人很少引用人类学的理论和概念，但将其代表作特别是《日本式选举运动》视为"政治人类学"和"政治民族志"的成果或许并不为过。

相对而言，中国学者在对其他国家国内政治的研究中，田野调查、"参

---

[1] ジェラルド・カーティス『政治と秋刀魚——日本と暮らして四五年』、東京：日経 BP 社、2008 年、59—60、104—105 頁。

与式观察"的经历比较欠缺。① 近年来已有一定的尝试，例如北京大学出版社的"走进世界·海外民族志大系"系列丛书。②高丙中在该丛书的总序中提出，希望通过中国的海外民族志，改变"西方作为民族志叙事的主体""普遍主义思维模型的创立者""普世价值的申说者、裁判者""世界议题的设置者"的优越地位，打破知识社会观念中中心与边缘的不平等地位。通过将自身由被观察的"对象"变为去观察的"主体"，变单向的"注视"为双向的"对视"或"相视"。他甚至认为，"海外民族志是疗治中国社会科学严重落后于时代的病症的一剂良药"。又如，上海外国语大学从国际新闻报道的角度，连续数次组织"直击"美国大选和中期选举的考察。此外，个别中国学者也拥有美国国会议员助手等经历。但整体而言，少数作品仍以论文和报告为主，无论是对日本，还是对其他国家，像柯蒂斯这样长期开展田野调查、建立坚实"报道人"网络的政治研究仍屈指可数。

一、"政治民族志"的先驱及其方法论影响

谈及"政治人类学"或"政治民族志"，特别是对发达国家的研究，人们最先想到、最多提到的往往是理查德·芬诺（Richard F. Fenno）及其于1978年出版的经典名著《因地代议：身处各自选区的众议员们》（*Home Style：House Members in Their Districts*）。③1979年，该书获美国政治科学学会（APSA）旨在表彰政府、政治和国际事务研究的"伍德罗·威尔逊基金会

① 关于政治研究的田野调查方法论有为数不少的系统介绍，如 Diana Kapiszewski, Lauren M. MacLean, and Benjamin L. Read, *Field Research in Political Science：Practices and Principles*, Cambridge：Cambridge University Press, 2015. 英文学界关于"政治人类学"与"政治民族志"的研究综述和方法论评析不可胜数，中文学界的梳理可参见卢凌宇：《政治学田野调查方法》，《世界经济与政治》，2014年第1期。

② 特别如以下几本：龚浩群：《信徒与公民：泰国曲乡的政治民族志》，北京大学出版社2009年版；吴晓黎：《社群、组织与大众民主：印度喀拉拉邦社会政治的民族志》，北京大学出版社2009年版；张金岭：《公民与社会：法国地方社会的田野民族志》，北京大学出版社2012年版；李荣荣：《美国的社会与个人：加州悠然城社会生活的民族志》，北京大学出版社2012年版。另可参见部分篇章，如龚浩群：《给予与禁忌——一个泰国村庄选举实践的民族志》，载阮云星、韩敏主编：《政治人类学：亚洲田野与书写》，浙江人民出版社2011年版，第235—252页。

③ Richard F. Fenno, Jr., *Home Style：House Members in Their Districts*, Boston：Little, Brown and Company, 1978.

最佳图书奖"，1980 年，又荣膺用于表彰美国国会研究的首届"哈德曼最佳图书奖"。2003 年，该书作为"朗文政治科学经典作品"（Longman Classiscs in Political Science）而再版。其中，约翰·希宾（John R. Hibbing）新增的序言对该书的学术地位作了很好的回顾和阐释，颇可一读。

众所周知，在政治学中有一句名言，"所有政治都是地方政治"（All politics is local）。在此基础上，芬诺又主张，"所有的选民政治都是关系政治"（Constituency politics is connection politics）。①芬诺指出，对美国议员的传统研究往往关注其在华盛顿特别是国会山的权力斗争，如立法活动、投票表决、职位争夺、党同伐异等，但忽视了这一民选代表（此处或可用日文的表述：代议士）在其选区的所思所想、所作所为。为此，他花费近八年时间，对 18 位美国众议员在各自选区的日常行动作了细致的描述。②在《因地代议》这一具有里程碑意义的作品中，芬诺采取摄影摄像中被称为"过肩视角"（over-the-shoulder）的手法，站在第三者的立场上，越过议员的"肩头"进行观察和叙述：既清晰地、近距离地展示了议员作为被分析对象的主体地位，又忠实再现了各个议员与其选区和选民的互动。2000 年和 2013 年，芬诺出版了另两部作品，前者聚焦佐治亚州不同时间段的两个州议员，后者的样本是来自宾夕法尼亚州等五个州的五位众议员，均采用实名。③

在上述作品中，芬诺极力倡导并躬身垂范"沉浸与探究"（soaking and poking）的研究方法。"沉浸"是指研究者能全身心地融入调查环境和对象，"探究"则强调具有主体意识，能够主动探询其中的微小细节，两者彼此结合、不可偏废。这与王国维在《人间词话》中提到的"入乎其中，超乎其

---

① Richard F. Fenno, Jr., *The Challenge of Congressional Representation*, Cambridge, MA: Harvard University Press, 2013, pp.8—9.

② "因地代议"或许未必是对 Home Style 的最佳翻译，有待进一步推敲。在此暂且套用"因地制宜"一词，突出作者所强调的各个议员根据所在选区的特殊情况而表现出的审时度势、因利乘便。

③ Richard F. Fenno, Jr., *Congress at the Grassroots*: *Representational Change in the South*, *1970—1998*, Chapel Hill: The University of North Carolina Press, 2000; Richard F. Fenno, Jr., *The Challenge of Congressional Representation*, Cambridge, MA: Harvard University Press, 2013.

外"似乎不谋而合。在《因地代议》的结尾，芬诺甚至还特意附上了近50页的"参与式观察方法指南"，强调"无法量化的人的因素"在研究中的重要作用。1990年，他又出版了一本论文合集，聚焦对"政治人类学"方法论思考。①芬诺希望，通过他的描述，读者看到的是"有血有肉、多维度的个人"，而不是笼而统之、作为一个抽象泛指的"政治家"标签。②

戴维·格伦（David Glenn）在评述《因地代议》时曾慨叹"引用芬诺的比比皆是，但付诸类似实践的屈指可数。能够坚持到底的更是少之又少。"③2020年，因新冠肺炎，芬诺以94岁高龄离世。直至其去世之前，芬诺始终身体力行"政治人类学"，前文提到的文献只是其成果的一小部分。一方面，这一终生的坚持可视作芬诺对该方法论的反复自我辩护和自我证明。另一方面，尽管罗伯特·帕特南（Robert D. Putnam）的《使民主运转起来》（*Making Democracy Work：Civic Traditions in Modern Italy*）等不少政治学名著都对芬诺的研究方法赞赏有加，但在阅读芬诺的作品时，似乎从其字里行间仍能明显感受到作者"振臂一呼、应者寥寥"的落寞和无奈。

为何在一篇介绍国际日本研究的文章中，要为一位与日本基本无涉的作者花费如此的篇幅？除了介绍和缅怀这一先驱之外，更重要的原因在于，如果仔细品味出版尚早于《因地代议》的《日本式选举运动》，可以发现其实芬诺"吾道不孤"，两者在研究方法上颇有相近之处。表面上看，《日本式选举运动》侧重"选前"和"选中"，而《因地代议》则聚焦"选后"，展示的是"代议制民主制"的日常运作。④换言之，柯蒂斯分析的是"如何才能胜

---

① Richard E. Fenno, Jr., *Watching Politicians：Essay on Participant Observation*, Berkeley：IGS Press, 1990.

② Richard F. Fenno, Jr., *Congress at the Grassroots：Representational Change in the South*, *1970—1998*, p.xii.

③ David Glenn, "The Power of Everyday Life：Political Scientists, Taking Their Cue from Anthropologists, Try Fieldwork," *Chronicle of Higher Education*, September 25, 2009, cited in Richard F. Fenno, Jr., *The Challenge of Congressional Representation*, p.2.

④ 芬诺在1996年的另一部作品更关注选举本身，采用与《因地代议》同样的方法，对10位参议员的选举历程作了细致描述，Richard F. Fenno, Jr., *Senators on the Campaign Trail：The Politics of Representation*, Norman and London：University of Oklahoma Press, 1996。

选",而芬诺则关注"胜选之后又该如何"。但事实上,两者首尾相连,通过谋求连任的目的和假设,粘结在了一起。

值得一提的是,芬诺的书中归纳了每个美国议员面对的四种选民:第一种是居住在当地的一般选民;第二种是在前一次选举中投票支持该议员的选民;第三种是不仅支持,而且为该议员工作的选民,包括各种政治群体的成员;第四种是与议员保持着紧密个人关系的一小部分人,始终坚定地站在其背后。这四种选民构成了一个同心圆,范围和规模依次缩小,而对特定政治家的支持程度则相应提高。虽然国情不同,但这一分类与柯蒂斯对日本选举的描述似乎不无暗合之处:第一种选民接近于"浮动票";第二种类似"固定票",但略有不同;第三种可对应地方政治精英(世話人);第四种则相当于竞选团队成员。

在《因地代议》之前,在国内政治和公共行政领域,凯伊(V. O. Key)在 20 世纪 40 年代中后期对美国南部诸州有过十分细致的研究,单行本《南部的政治》(*Southern Politics in State and Nation*)超过 700 页。①柯蒂斯认为自己的作品与《南部的政治》颇有相似之处。在《因地代议》之后,西方学界也涌现了若干类似的优秀作品。②在日文学界,畠山弘文对日本官僚制日常运作的描述极尽细致。③上谷直克对英语学界中"政治民族志"的已有研究有过较为全面的梳理,但囿于个人研究旨趣等原因,对于与日本相关的文献反倒较少涉及。④因此,下文将择机重点介绍日文文献在这方面的若干代表性作品。

① V. O. Key, with the assistance of Alexander Heard, *Southern Politics in State and Nation*, Knoxville: University of Tennessee Press, 1984.

② 例如弗雷德里克·谢弗(Frederic C. Schaffer)的著作描写了塞内加尔的民主转型,注重政治科学与人类学的结合,以及对于"民主"和"选举"背后文化因素和机制影响的探究,Frederic C. Schaffer, *Democracy in Translation: Understanding Politics in an Unfamiliar Culture*, Ithaca, New York: Cornell University Press, 1998。

③ 畠山弘文『官僚制支配の日常構造——善意による支配とは何か』、東京:三一書房、1989 年。

④ 上谷直克「政治分析における『政治エスノグラフィー』の射程と有用性について:政治的クライエンテリズム研究を中心に」、「『分配政治』論の分析視角と射程:ポーク・バレルと政治的クライエンテリズム論を中心に」研究会調査研究報告書、2018 年 3 月、1—13 頁。

二、“政治民族志”的功能与不足

在政治研究中，“政治行为者的偏好和理念”是一种重要而特殊的数据，“只有通过观察或者与研究对象面对面的互动才能获取”，而这正是田野调查的优势所在。①因此，如修志一样，对他国政治的研究或许也讲究“地近易核，时近迹真”。“政治民族志”的核心作用是将相对抽象的政治现象通过具体的视觉观察加以呈现，再现政治实践的“现场感”。②查尔斯·蒂利（Charles Tilly）认为，当我们在描述“事情如何发生的”，其背后反映的恰恰是“事情为何如此发生”，在此理念下，“政治民族志”比其他许多传统的社会科学方法对于解释因果关系更有效力。蒂利将优秀的政治民族志比喻为临床诊断，是艺术与科学的结合。要想对症下药，各种病理检测（科学）固然不可少，但望闻问切（艺术）有时甚至发挥更重要的功效，而有效利用研究过程中深入访谈、对话、参与式观察等各种观察方式，正是起到了这种望闻问切的作用。③在相当意义上，政治人类学展示了人类学的“地方性知识”在政治学研究领域的特殊作用。正如格尔茨所指出的，“地方性知识”虽然不乏缺点，但优点亦很突出：这些知识具有一定的限度，而不是普遍的；具有“环境相关性（circumstantiality）”，即针对特定环境的某种具体性；使比较既是可能的又是必要的，从而增加对事物真实差异的理解。④

当然，“政治民族志”本身蕴含一些不足，如缺乏大样本数据、信息的可靠性受到与报道人密切关系的影响、较少对局内人的观点进行反思、经验研究的结论局限于特定时空等。为了弥补这些先天的劣势，需要与其他方法

① 伊丽莎白·简·伍德：《田野调查》，罗伯特·E.戈定主编：《牛津比较政治学手册》，唐士其等译，人民出版社2016年版，第124页。
② 西山真司「政治学におけるエスノメソドロジーの寄与」、『法政論集』、第268号、2016年、75—103頁。
③ Charles Tilly, "Afterword: Political Ethnography as Art and Science," in Lauren Joseph, Matthew Mahler and Javier Auyero eds., *New Perspectives in Political Ethnography*, New York: Springer, 2007, pp.247—250.
④ 克利福德·格尔茨：《烛幽之光：哲学问题的人类学省思》，甘会斌译，上海人民出版社2017年版，第147—149页。

有机结合。①从一些优秀的实例来看，"政治民族志"中的"叙述性"（narrative）乃至"诠释性"（interpretive）成分并非从根本上就与概念的一般化、因果关系的建立、理论的生成背道而驰。因此，"政治民族志"完全可以与大样本的量化研究及博弈论等其他方法寻求互补。②

正如大岳秀夫所阐释的，同样是对政治现象进行的"描述性研究"，存在两个层次。一是对政治体制的机制论式的探讨，通常以比较政治制度研究、类型学等形式呈现。另一种则是对官僚、政党、压力集团等行为主体和政策决定过程的"描述性分析"。后者的研究有时与媒体对内幕的报道、历史性叙述等难以完全区分，并非抽象层次的分析。而要想提高其抽象性和普遍性，则往往需要导入组织理论等其他学科的一般理论。③

不少政治现象和政治过程鲜为人知，如非亲历者，往往无法悉知其中的细节与内幕。而要想登堂入室、涉足其中，除了政治人物及其侧近之外，传统上只有记者等媒体人士有此"特权"。不少书评在提到《日本式选举运动》的内容时，都不约而同地用到了"隐秘的"（intemate）一词，事实上这一风格在柯蒂斯的其他作品中同样清晰可见，其独特之处正是在于长期、全面、深入地进入日本政界的内部，在不忘"理论研究"的同时，将"经验研究"的作用发挥到了极致。

第二节 "柯氏弟子"的方法论传承

柯蒂斯在哥伦比亚大学近半个世纪的教学中，培养了一大批日本研究的人才，不少已成为美国对日研究的中坚力量，例如在美国著名智库外交关系协会（The Council on Foreign Relations）担任日本研究资深研究员、专于日美

---

① Lorraine Bayard de Volo and Edward Schatz, "From the Inside out: Ethnographic Methods in Political Research," PS: Political Science and Politics, Vol.37, No.2, April 2004, pp.267—271.

② Lisa Wedeen, "Reflections on Ethnographic Work in Political Science," The Annual Review of Political Science, Vol.13, June 2010, pp.255—272；山田真裕「政治参加研究における計量のアプローチとフィールドワーク」、『レヴァイアサン』、第40号、2007年、145—151頁。

③ 大嶽秀夫『新装版　戦後政治と政治学』、東京：東京大学出版会、2013年、214—215頁。

同盟关系和日本安全保障战略的希拉·史密斯（Sheila Anne Smith）。柯蒂斯指导的学生中，国籍分布广泛，如蓝平儿（Lam Peng-Er）、帕特丽夏·麦克拉克兰（Patricia Maclachlan）、克里斯蒂安娜·诺格伦（Christiana A. E. Norgren）等。其中，来自日本和韩国这两个东亚国家的学生尤其众多。在日本学生中，田总惠子、太田宏、向江龙治、宫下明聪、远藤十亚希、杉之原真子等纷纷学成归国，而1995年取得博士学位的彦谷贵子则接过导师的衣钵，一度担任哥伦比亚大学现代日本政治与外交教席的副教授。

在日本研究的大框架下，柯蒂斯的这些学生研究主题和旨趣各异，并不一定关注选举等传统政治议题。其中，在研究方法和学术路径上与导师最为接近的或许是来自韩国的朴喆熙。回国后，朴喆熙曾担任首尔大学日本研究所所长，近年来，已成为在日本政治外交、日韩关系、东亚国际关系等领域首屈一指的国际专家之一。

前文提到，1994年日本经历了选举制度的重大改革。1998年，在柯蒂斯的指导下，朴喆熙完成了博士论文《日本城市中的选举战略：机制变化如何影响战略选择》（*Electoral Strategies in Urban Japan: How Institutional Change Affects Strategic Choices*）。[1]该论文试图解释的一个核心问题在于：为何在国家层面政党重组出现剧烈变动的情况下，在地方层面，日本原有的竞选实践和选举表现仍大体因循旧例？为了辨析这一错位的成因，1996年大选期间，朴喆熙在东京都第17选区开展田野调查，通过"参与式观察"的方式，对自民党候选人平泽胜荣的选举战略做了深入、细致的案例研究。与佐藤文生不同，出身岐阜县的平泽在东京并无故乡的"主场优势"，完全是一个"空降兵"，但一举击败已两次当选众议员、当时代表新进党的山口那津男。基于这一案例，并围绕"情景理性和深嵌理性"（situated and embedded rationality）的概念，朴喆熙对前述问题作出的解释是：日本政治家的竞选战略根植于长期历史实践所形成的政治机制中。因此，从90年代中期的情况来看，一方面，柯蒂斯所描绘的那些"日本式选举运动"的策略和方式仍在

---

[1] Cheol Hee Park, "Electoral Strategies in Urban Japan: How Institutional Change Affects Strategic Choices," Columbia University, Ph. D. Dissertation, 1998.

继续发挥持续的作用，另一方面，部分领域也在发生潜移默化的变化，如原本分散的"后援会"变得相对整合，在争取浮动票的过程中，"议题匹配"和"形象塑造"的战略也起到日益重要的作用。在致谢中，朴喆熙特别提到，感谢柯蒂斯在其赴日本田野调查的过程中介绍了数位政治家和实务人士作为访谈对象。在这一博士学位论文的基础上，朴喆熙于 2000 年出版日文专著《创造代议士的方法：小选区的选举战略》（代議士のつくられ方：小選挙区の選挙戦略）。①

朴喆熙的这些作品无论在内容还是在风格上都与尊师极为相像，而对"都市型"选举政治的研究又与柯蒂斯对农村和中小城市的研究形成一定的互补。②此后，朴喆熙充分利用访谈等"柯氏方法"，又陆续发表了大量关于日本政治的高质量论文。③由于师生之间的承传递代、高度相似，朴喆熙本人甚至被称为"韩国的柯蒂斯"。④2005 年，朴喆熙获第一届中曾根康弘优秀奖。从朴喆熙及其作品中，可以清晰地看到政策研究的两种延续性：一方面是研究者本人的师承，另一方面则是报道人的代际承接，而两者又紧密交织在一起。⑤

第三节　"政治人类学"与"政治民族志"在日本的实践

在欧美学界对日本政治的学术研究中，从方法论的角度而言，"参与式

---

① 朴喆熙『代議士のつくられ方：小選挙区の選挙戦略』、東京：文藝春秋、2000 年。

② 对该书比较深入的书评可参见米谷寛子「書評 朴喆熙『代議士のつくられ方』」、『日本政治研究』、第 1 巻第 1 号、2004 年、181—184 頁。武田兴欣对该书的研究方法多有批评，很值得对照阅读，参见武田興欣「参与観察という手法」、『レヴァイアサン』、第 34 号、2004 年、149—156 頁；武田興欣「質的・量的双方の手法を概観する政治学方法論教育の試み」、『選挙学会紀要』、第 2 号、2004 年、71—85 頁。

③ 例如 Cheol Hee Park, "Factional Dynamics in Japan's LDP since Political Reform: Continuity and Change," *Asian Survey*, Vol. 41, No. 3, May/June 2001, pp. 428—461；朴喆熙「クライエンテリズムの日韓比較—改革と腐敗の政治力学—」、河田潤一編著『汚職・腐敗・クライエンテリズムの政治学』、京都：ミネルヴァ書房、2008 年、180—200 頁。

④ 若宮啓文「安倍政治を語る師弟たち～カーチス教授と朴喆熙教授」、『朝日新聞』、2013 年 4 月 16 日、http://www.asahi.com/shimbun/aan/seoul/130416.html。

⑤ 这方面的类似经历可参见 David M. Arase, "Dealing with the Unexpected: Field Research in Japanese Politics," in Theodore C. Bestor, Patricia G. Steinhoff, and Victoria Lyon Bestor eds., *Doing Fieldwork in Japan*, Honolulu: University of Hawaii Press, 2003, pp. 248—260。

观察"、深度访谈等方法并不罕见，甚至是相当一部分学者的学术自觉。在对政治团体运作、政治行动进程等相对微观和动态主题的研究中，这些方法的运用尤为重要和突出。①例如，在 1999 年出版的作品《脚踏自行车的公民：日本家庭主妇的政治世界》（*Bicycle Citizens：The Political World of the Japanese Housewife*）中，作者罗宾·勒布朗（Robin M. LeBlanc）在东京西北部地区从事了 18 个月的田野调查，对普通家庭主妇的草根政治运动作了细致的研究，其中还包括对自民党参议员小野清子在 1992 年竞选时的田野调查。"参与式观察"和其他民族志方法被认为是这一作品在方法论上突出的特点。②勒布朗在 2010 年的另一部描述日本政治的民族志作品同样妙趣横生且意味深长。③马修·卡尔逊（Matthew Carlson）在 2007 年出版的关于日本"金钱政治"的作品也得益于他在自民党神奈川支部和河野太郎东京办公室的长期田野调查以及大量的访谈。④

在日本的出版市场，政治类读物是一个持续的热点，无论是严肃的象牙塔中成果，还是亦真亦假的畅销读物都层出不穷、长盛不衰。在其中，记述选举运动或分析政治内幕的作品为数众多，但多为媒体人士的记述，类似于"××取材班"、《××日记录》的纪实类作品颇为常见，不乏亲历者的见闻和感受。⑤此处关心的主要是学术作品。

一、日本学者的代表作

或许值得芬诺欣慰的是，在日本学者的研究中，"参与式观察"、深度访谈等方法并未遭到忽视。例如，若田恭二 1981 年的著作《现代日本的政治

---

① Theodore C. Bestor, Patricia G. Steinhoff, and Victoria Lyon Bestor eds., *Doing Fieldwork in Japan*；Nora Kottmann and Cornelia Reiher eds., *Studying Japan：Handbook of Research Designs, Fieldwork and Methods*, Baden-Baden：Nomos, 2020.

② Robin M. LeBlanc, *Bicycle Citizens：The Political World of the Japanese Housewife*, Berkeley, Los Angeles and London：University of California Press, 1999.

③ Robin M. LeBlanc, *The Art of the Gut：Manhood, Power, and Ethics in Japanese Politics*, Berkeley：University of California Press, 2010.

④ Matthew Carlson, *Money Politics in Japan：New rules, Old Practices*, Boulder, Colo.：Lynne Rienner Publishers, 2007.

⑤ 关于选举，近年来有大量作品不断问世，例如井戸まさえ『ドキュメント　候補者たちの闘争　選挙とカネと政党』、東京：岩波書店、2018 年。

与风土》（現代日本の政治と風土）就基于对市町村议员的大量访谈，该书的前身是其 1977 年在莱斯大学的博士学位论文《日本的国会成员：社会背景、基本价值与角色认知》。①又如，福井治弘、深井慈子对政治分肥和关系网络的经典研究离不开各式访谈材料。②前文中白鸟浩对地方选举的研究同样以访谈和听证资料为重要支撑。③上野阳子、小熊英二等对新历史教科书编撰会地方支部的民族志研究也是一例。④

在这方面，中条美和的《当知事成为政治家之时》（知事が政治家になるとき）颇值得介绍。⑤这一 2017 年出版的专著脱胎于作者 2008 年在东京大学的博士学位论文。该书对 2000 年至 2008 年担任熊本县知事的潮谷义子作了十分出色的追踪研究，特别聚焦 2004 年知事选举时后者所面临的再选压力。潮谷义子是战后日本第二位女性知事，也是蒲岛郁夫的前任，对于理解日本政治中的性别权力以及保守和革新势力的动态变迁具有特殊的样本意义。作为一名女性学者，中条美和在当地开展了为期一年的田野调查，在相当程度上再现了三十余年前柯蒂斯的研究经历。2018 年，丹妮·木田（音译）（Dani Daigle Kida）追随柯蒂斯的脚步，在其立命馆亚洲太平洋大学博士论文的基础上，出版了对大分县的最新政治民族志作品。⑥基于在当地五年的田野调查，作者试图探究日本民众的政治参与背后的动机，又在这一过程中如何与政府、官僚和政治家形成互动。作者还对 158 位受访者的政治态度和政治行为作了问卷调查。

此外，对照柯蒂斯对日本的研究，特别值得一提的是日本学者对美国政

---

① 若田恭二『現代日本の政治と風土』、京都：ミネルヴァ書房、1981 年；Kyoji Wakata, "Japanese Diet Members: Social Background, General Values, and Role Perception," Ph. D. Dissertation, Rice University, 1977。

② 例如可参见 Haruhiro Fukui and Shigeko N. Fukai, "Pork Barrel Politics, Networks, and Local Economic Development in Contemporary Japan," *Asian Survey*, Vol. 36, No. 3, March 1996, pp. 268—286。

③ 尤其是白鳥浩『都市対地方の日本政治：現代政治の構造変動』、東京：芦書房、2009 年。

④ 小熊英二、上野陽子『〈癒し〉のナショナリズム：草の根保守運動の実証研究』、東京：慶應義塾大学出版会、2003 年。

⑤ 中條美和『知事が政治家になるとき』、東京：木鐸社、2017 年。

⑥ Dani Daigle Kida, *Local Political Participation in Japan: A Case Study of Oita*, London: Routledge, 2018.

治的两例"反向研究"。两部著作均出版于 2001 年。一是森胁俊雅的作品。从 1988 年在纽约州的罗彻斯特大学从事访问研究开始，森胁对美国民主党众议员路易斯·斯劳特（Louise Slaughter）的选举经历和政治活动做了长达 13 年的观察和记录，该书即为最终成果。①这一作品题为《美国女性议员的诞生》（アメリカ女性議員の誕生），颇有对柯蒂斯日译本标题致敬的意味。②二是渡边将人的作品，题为《来自美国政治现场》（アメリカ政治の現場から）。渡边经历丰富，作为一个日本年轻人，曾分别在简·夏科夫斯基（Jan Schakowsky）众议员办公室、希拉里·克林顿参议员竞选办公室、戈尔和利伯曼总统选举办公室纽约分部等任职。这一作品基于其特殊的经历，对美国的选举政治作了第一手的生动描述。③此后，他的多部作品都延续了类似的学术路径。④

从这些例子可以看出，尽管田野调查的方法很难说在日本学界的政治研究中蔚然成风，但确有部分学者迈出了坚实的一步，也留下了颇具价值的成果。2005 年日本选举学会年会上，数位学者组成"质性研究的方法论：以田野调查为中心"的分科会。春木育美、北川将之、中条美和等学者分别就各自对韩国、印度、日本国内的研究经历作了发言，此后也陆续出版了相应的研究著述。⑤

前文曾把柯蒂斯等学者的作品比作优秀的纪录片，事实上，描述政治运作和选举运动的日本影片和纪录片本就为数众多。其中，旅美导演想田和弘近年来的数部作品颇具口碑和影响力。2007 年，由其执导的《选举》（選挙）获得诸多国际奖项。该片记录了原先经营邮票和硬币的山内合彦在 40 岁之际，机缘巧合突然成为自民党推举的川崎市宫前区议会候选人，在

---

① 森脇俊雅『アメリカ女性議員の誕生』、京都：ミネルヴァ書房、2001 年。

② 关于日本女性议员的分析可参见三浦まり『日本の女性議員：どうすれば増えるのか』、東京：朝日新聞出版、2016 年。

③ 渡辺将人『アメリカ政治の現場から』、東京：文藝春秋、2001 年。

④ 例如可参见渡辺将人『現代アメリカ選挙の集票過程：アウトリーチ戦略と政治意識の変容』、東京：日本評論社、2008 年。

⑤ 例如春木育美「韓国における政治改革運動の資源動員構造——2000 年総選市民連帯の落選運動を事例として」、『地域社会学会年報』、第 13 集、2001 年、187—204 頁；春木育美「韓国の選挙運動と政治的アクター」、『年報政治学』、第 56 巻第 2 号、2005 年、216—235 頁；広瀬崇子、北川将之、三輪博樹編著『インド民主主義の発展と現実』、東京：勁草書房、2011 年。

"地盘""招牌""钱包"均付之阙如的情况下竟然当选成功。2013 年想田和弘又推出后续作品《选举 2》。

二、政学两栖与角色转化

在日本，政治人物多有著书立说的传统，名下拥有十几部甚至几十部作品的政治家不在少数。近年来，不少知名日本政治学者或国际政治学者都曾经担任或正在担任重要的行政职务。除此之外，更令人感兴趣的是，颇有一些在学术上具有相当成就的政治学者真正"将理论运用于实践"，实现了"政治学者"与"政治家"的角色切换。这些学者或投身国政、竞选国会议员，或回归地方、出任知事，不但亲身经历了各种实际选举，而且不乏胜选乃至长期连任的成功案例。例如，耶鲁大学政治学博士出身的猪口邦子自 2005 年之后在不同的选区三次当选参议员；曾担任东京大学政治学助理教授的舛添要一既两次当选参议员，又曾担任东京都知事；蒲岛郁夫获得哈佛大学政治经济学博士，在东京大学研究生院法学政治学研究科担任教授 12 年，在 2008 年实现华丽转身，连续四次在熊本县知事竞选中凯旋；相对年轻的齐藤淳，曾担任山形第 4 选区的民主党众议员，为期一年。

这些学者在从政后仍多染翰操觚，但从学理角度现身说法、深入剖析自身选举经历和从政体验的似乎并不多。以蒲岛郁夫为例，对于自己从东京大学政治学教授到熊本县知事的选举经历，在不少地方有所言及，但多为只言片语，更为完整、全面的学理性分析仍值得期待。①又如，齐藤淳在 2010 年出版《自民党长期政权的政治经济学》（自民党長期政権の政治経済学：利

---

① 例如可参见蒲岛郁夫『私がくまモンの上司です―ゆるキャラを営業部長に抜擢した「皿を割れ」精神―』、東京：祥伝社、2014 年。中译本参见蒲岛郁夫：《酷 MA 萌与我》，曹逸冰译，南海出版公司 2017 年版。篇幅较长的分析可参见蒲岛郁夫「選挙研究の第一人者、自らの熊本県知事選圧勝を分析　自民党の推薦を固辞した「理論」」、『中央公論』、第 123 卷第 6 号、2008 年、102—109 頁。在 2015 年日本选举学会的研究会演讲中，结合政治学理论，蒲岛郁夫也对自身的实践有过阐释。在其中，他强调，相比政党因素和政策因素，候选人因素最为重要。同时也解释了为何拒绝特定政党的推选以及取得压倒性胜利的重要性。参见蒲岛郁夫「政治学者と政治家のあいだで　決断・対応・目標の政治学」、『選挙研究』、第 32 卷第 1 号、2016 年、61—76 頁。作为蒲岛郁夫在东京大学时的学生、日后的熊本县副知事，小野泰辅自身记述 2020 年参选东京都知事的内容或许也可一观，参见小野泰辅『挑戦力　挑む力　向き合う覚悟』、東京：金風舎、2021 年。

益誘導政治の自己矛盾）一书。①这一作品源自其 2006 年在耶鲁大学的博士论文《现代日本的分肥政治》（*Pork Barrel Politics in Contemporary Japan*），但经较大幅度修改。②书中不乏基于齐藤淳个人选战和从政经历的一些片段描述，特别是几篇专栏读来让人兴味盎然，但该书毕竟是相对宏观的理论性作品，而非个人回忆录性质的专著。

在这方面，现属日本维新会的松泽成文是一个颇有意思的例子。出身庆应义塾大学法学部政治学科的松泽不仅在年轻时赴美，担任过民主党议员贝弗莉·拜伦（Beverly Byron）的助理，出版过《亲眼所见的美国联邦议员选举》（この目で見たアメリカ連邦議員選挙）等作品，而且日后分别三次和两次当选日本众议员和参议员，并连任神奈川县知事，基于自己的政治经历出版了《我当议员的第一年》（僕は代議士一年生）等作品。③与前述学者相比，其学术积淀或有不及，但观人阅己、东西对照、执政议政的经历着实丰富。事实上，有在美参与政治实践经历的日本政治家不在少数。例如，河野太郎在 20 世纪 80 年代于乔治城大学攻读硕士期间，就曾在参议员阿兰·克兰斯顿（Alan Cranston）的竞选总部和众议员理查德·谢尔比（Richard Shelby）的办公室分别担任志愿者和实习生。林芳正也曾在 20 世纪 90 年代初分别担任美国众议员斯蒂芬·尼尔（Stephen Neal）和参议员威廉·罗斯（William Roth）的助手。

当然，正如撰写自传和替人树传一样，对政治历程的自我解剖和他者分析难脱各自的利弊长短。"旁观者"和"当局者"皆有清迷之处。从方法论的角度来说，"最熟悉"的自我样本未必就是"最合适"的分析样本。

---

① 斉藤淳『自民党長期政権の政治経済学：利益誘導政治の自己矛盾』、東京：勁草書房、2010 年。中译本齐藤淳：《政治分肥：自民党长期政权的政治经济学》，杨帆、张帆译，上海人民出版社 2017 年版。

② Jun Saito, "Pork Barrel Politics in Contemporary Japan," Yale University, Ph. D. Dissertation, 2006.

③ 松沢成文『この目で見たアメリカ連邦議員選挙』、東京：中公新書、1986 年；松沢成文『最年少議員の奮闘記—地方からの政治改革—』、東京：ぎょうせい、1991 年；松沢成文『僕は代議士一年生』、東京：講談社、1994 年。

第四节 "局外知情人"：柯式日本政治研究的意义

由于各种选区安排和选举制度或同时并存，或前后变动反复，日本被戏称为"选举的百货公司"，货架上的商品琳琅满目。包括选举研究在内，日本学者在本国政治领域深耕易耨、成果富赡，整体的研究质量也有目共睹。对于日本本国的学者而言，要想在这一领域推陈出新、脱颖而出颇为不易，对于研究日本政治的境外学者而言更是如此。

一、日本同侪的优势与特点

可以说，在选举政治以及更宽泛意义的国内政治议题上，日本学者对自身的研究颇为自信，也确有自信的资本。①这大致有以下三个方面互为经纬的原因。

其一，东京大学、京都大学、神户大学、庆应义塾大学等知名大学在日本选举政治等研究领域都有稳定和优良的学术传承。随着师承延续和代际转换，高质量的学术作品不断涌现。1948 年成立的日本政治学会、1981 年成立的日本选举学会等专业学会也汇聚了一大批志同道合的学者。②

其二，在各个学术共同体的有力支撑下，学术成果的发表和出版机制呈现良性的可持续发展态势。《选举研究》《利维坦》《年报政治学》《选举》《公共选择研究》《国际政治》等多本优秀的学术期刊长期关注这一研究领域，木铎社等专业出版机构亦心无旁骛、深耕细作，"变动中的日本人的选举行动"③等系列

---

① 从政治史的角度对日本选举的研究为数众多，日本学者的相关成果可参见发表于《选举研究》的两篇综述。楠精一郎「日本政治史における選挙研究」、『選挙研究』、第 14 卷、1999 年、32—40 頁；小宫一夫「日本政治史における選挙研究の新動向」、『選挙研究』、第 27 卷第 1 号、2011 年、57—71 頁。

② 日本政治学会、http://www.jpsa-web.org/index.html；日本選挙学会、https：//www.jaesnet.org/index.html。

③ 蒲島郁夫『政権交代と有権者の態度変容』、東京：木鐸社、1998 年；綿貫譲治、三宅一郎『環境変動と態度変容』、東京：木鐸社、1997 年；小林良彰『日本人の投票行動と政治意識』、東京：木鐸社、1997 年；池田謙一『転変する政治のリアリティ：投票行動の認知社会心理学』、東京：木鐸社、1997 年；三宅一郎『政党支持の構造』、東京：木鐸社、1998 年；蒲島郁夫、三宅一郎、綿貫譲治、小林良彰、池田謙一『JES Ⅱコードブック』、東京：木鐸社、1998 年。

丛书在国内外学界有口皆碑。

其三，利用量化研究等主流研究方法，日本学界沉潜入微、佳作梓行。20世纪50年代末60年代初开始，美国社会科学的种种理论开始进入日本学界的政治研究之中，原先描述性的现状研究路径由此渐渐式微，大体只在政治评论中才得以延续。①如第四章所介绍的，大量基于数据分析的优秀作品接踵而至。

在上述三个特点和方法论演进的背景下，在选举政治等领域，能够得到日本学者肯定且频频引用的国外研究并不多见，而柯蒂斯的《日本式选举运动》《日本政治的方式》《日本政治的逻辑》等书显然位列其中（这与其日译本的及时问世或许不无关系，日本学者在引用这些著作时往往将英文原著和日译本的信息同时注明）。柯蒂斯的成功奥秘何在？

二、"局内人的知识"

柯蒂斯本人将对日本政治的研究分成两种：一种是宏观分析，对整个体系作全景式的考察；另一种是微观分析，通过关注系统中的某一个部分来透视系统的整体特征。②从表面上看，《日本式选举运动》采取的是第二种路径，而《日本政治的方式》与《日本政治的逻辑》更接近第一种路径，取径颇有差异。但事实上，三者在研究方法和写作风格上有着内在的相似性和连续性。《日本式选举运动》中细致生动的描述提供了一幅完整的"选举民族志"的画面，这自不待言，前文也已经有过阐述，但《日本政治的方式》、《日本政治的逻辑》等著作的特点和长处也同样基于某种"人无我有、人有我优"的面晤、对话、见闻、体验。因此，在大部分日本政治著作中难觅踪影的第一人称的表述（I）或秘闻片段（episode），在柯蒂斯的这些专著中俯仰皆是、随处可见，在部分段落中出现频次之高，甚至难免让读者误以为这是作者本人的"见闻集"或"回忆录"。

在对柯蒂斯作品的公开宣传和媒体评价中，往往能够见到两个形容——

第十六章　「政治民族志」与「局外知情人」：再论柯蒂斯的日本政治研究

---

① 大嶽秀夫『新装版　戦後政治と政治学』、東京：東京大学出版会、2013年、150—151頁。

② Gerald L. Curtis, *Election Campaigning Japanese Style*, New York and Chichester: Columbia University Press, 2009, Preface to the Paperback Edition, p.xvi.

"局内人的知识"（insider knowledge）与"深入肌理的分析"（penetrating analysis），这并非过誉之词，且两者互为因果。但在严格意义上，柯蒂斯具备的仅仅是类似于"局内人"的"知识"，终究还不是"局内人"，同时，他又不同于一个完全冷眼旁观的"局外人"。因此，用"局外知情人"来形容柯蒂斯这样的学者或许更为贴切。换言之，既深耕人脉、知悉内情，又无太多的直接利益牵连，因此在处理学术关系与人际关系时能够保持相对超脱的地位。不少人类学家所谓的"专业陌生人"（professional stranger）和"场内局外人"（inside outsider）等也都有此意。

三、"局外知情人"

"局外知情人"的身份为柯蒂斯的日本政治研究带来至少两方面的优势。

一方面，这使柯蒂斯获得了对日本政治异乎寻常的深刻了解。对几乎所有国家的政治而言，镁光灯下、摄像机前的官方辞令，与非请勿入、帷幕背后的真实情况往往难以画上等号，甚至迥然不同。对于不少决策在料亭密室展开、在推杯换盏间拍板的日本政治而言，这种对内情的洞悉就显得更为重要。柯蒂斯在不同的书中多次提到一个片段：当自民党的国会对策委员会委员长梶山静六被问及工作的奥秘时，他不假思索地回答"记住 30 首歌词就行"。如果套用约翰·格莱德希尔（John Gledhill）名著的标题，柯蒂斯所做的或许未必是揭开"权力的伪装"，但至少对这一"伪装"心知肚明，也通过特定的学理阐释，将其中的部分信息传递给了普通读者。

在西方日本政治研究的"局外知情人"中，柯蒂斯自然不是第一人或唯一一人。例如，在柯蒂斯开展对佐藤文生的研究前不久，纳撒尼尔·塞耶（Nathaniel Bowman Thayer）于 1969 年出版了《保守派如何统治日本》（*How the Conservatives Rule Japan*）。该书对中曾根康弘"后援会"进行了开创性的深入研究。塞耶本人时任美国驻日大使赖肖尔的新闻官，见闻涉猎尤为深入。该书亦有日译本，译者小林克巳即为中曾根康弘的秘书。①而柯蒂斯在日本田野调查的起步阶段，就有幸得到了塞耶的诸多帮助，由其引荐给小林克

---

① Nathaniel Bowman Thayer, *How the Conservatives Rule Japan*, New Jersey: Princeton University Press, 1969; N. B. セイヤー『自民党』、小林克巳訳、東京：雪華社、1968 年。

巳，又由后者直接引见给中曾根康弘，这才有了前文中曾根与佐藤文生的一通电话。

柯蒂斯坦言，《日本政治的方式》的最主要信息来源出自日本政治的诸多实践者，从国会要人到町村议员，从自民党到在野党，皆是如此。同样，《日本政治的逻辑》的开篇内容就颇具个人色彩，柯蒂斯多次拜访三木武夫府上，与其促膝而谈。全书也建立在柯蒂斯与宫泽喜一、细川护熙、羽田孜、海部俊树、菅直人等日本政要的访谈基础之上。而基于他本人的实践，柯蒂斯认为绝大部分日本的政治家也乐于敞开心扉、一诉衷肠。[①]在《政治与秋刀鱼》中，柯蒂斯不无自豪地告诉读者，除了在任时间 69 天的宇野宗佑之外，从佐藤荣作到福田康夫之间的 20 位日本首相中，他与 19 人有过面谈经历。[②]相信这个名单在该书出版之后仍在延续。在其几乎所有著作的前言和后记中，柯蒂斯的致谢名单都仿佛是其交友录或日本重要政治人物的名人录。书后列出的大量访谈信息、私人信件、内部报告可以说是柯式研究最大的"社会资本"，也是其学术价值的重要源泉。

反过来，除了倾诉心得、交流观点、引介资源、透露信息之外，不少日本政治领导人也以各种方式为柯蒂斯的研究提供支持和宣传。例如，中曾根康弘本人对《日本政治的方式》一书高度评价，在该书封底的推介语中将其称为在分析自民党行为和组织的变化方面一部"罕见之作"，"自民党长期执政的谜团被完美揭开"。可以说，柯蒂斯作为"局外知情人"的上述特点和优势，不仅在国外学者中鹤立鸡群，在绝大部分日本本土的学者中，也是可望而不可即的。

另一方面，对日本政治长期、透彻的体悟反过来又使柯蒂斯的人脉网络和信息资源进一步扩宽，呈现"滚雪球式"的加成和累积，遍及政、官、财、学、研、媒各界。简单来说，柯蒂斯的这种田野资源具有以下三个特点。

---

① Gerald L. Curtis, *The Japanese Way of Politics*, New York: Columbia University Press, 1988, pp. xii—xiii.

② ジェラルド・カーティス『政治と秋刀魚——日本と暮らして四五年』、20 頁。

首先，这种关系网络的构筑自柯蒂斯撰写《日本式选举运动》的青年时期便已起步。对三木武夫、中曾根康弘、竹下登等日后担任首相的日本领导人而言，柯蒂斯与其结交时间都在二三十年以上，而最初建立交情时，这些领导人或汲汲无名或锋芒初露，因此友情历久弥坚。在日本"派阀政治"和"世袭政治"的背景下，这种"交情"更具有延续性和延展性。例如，河野洋平与佐藤文生一样在 1967 年初次当选议员，由于"同期"的特殊情谊，柯蒂斯也与之相识，并长期交往。在这个意义上，与一般的单次调查和事后回访不同，柯蒂斯"始终在田野"。

其次，无论是大党小党、地方中央、在野当政、高层基层、台上台下，也不问这些政治人物是在沉潜蛰伏或大展宏图之时，柯蒂斯均不乏交情。例如，除了自民党的官员之外，日本社会党的河上民雄等有过留美经历的政治家也多与柯蒂斯相识。此外，由于从 70 年代开始便持续参加甚至组织美日议员交流项目等活动，柯蒂斯在美国政界也积聚了深厚的人脉，而这又为他拓展在日本政界的人际关系带来了积极的影响。

再次，"代际转换"非但没有削弱人际网络，反而进一步增强了柯蒂斯作为"局外知情人"的身份。随着年齿和资历渐高，由于柯蒂斯的特殊地位，新的世代或不同领域的日本政治人物也乐于与之主动结交，以便交换信息乃至讨教经验。[①]

某种程度上，与政治家的深厚交情也使柯蒂斯在与学界同仁及媒体记者的交往中游刃有余，又进而与后者结下长期的友谊。因此，除了学术研究之外，柯蒂斯频频在媒体亮相，参加 NHK 的政治座谈会、TBS 的"时事放谈"等评论节目，或担任《朝日新闻》《东京新闻》等主流报纸的主要撰稿人，在谈笑风生间把脉问诊日本政治。此外，柯蒂斯还长期兼职于多个智库和日美交流组织，如三边委员会、美国外交关系协会（CFR）、美日基金会等。因此，在学术生涯的中后期，柯蒂斯事实上扮演起某种"公共知识分子"和太平洋两岸"桥梁"的角色，在日本政治和外交等领域具有可观的知名度和影

---

① 小泉进次郎在哥伦比亚大学留学期间的硕士导师即为柯蒂斯。同时，柯蒂斯也与河野太郎等新一代的日本领导人相交甚久。

响力。一言以蔽之，正是凭借对日本政治内幕的深入了解，柯蒂斯才能够"指点江山"，在评估政策建议、预判形势和人选、培养年轻一代日本政治家等方面拥有个人独特的存在感和话语权，在"庙堂"与"江湖"之间左右逢源。

第五节　余　论

2002 年，柯蒂斯跟随尊师詹姆斯·莫利（1987 年）的脚步，也被授予"国际交流基金奖"。在授奖理由中，柯蒂斯被誉为"世界上杰出的知日派政治学者"，"作为日本政策决策过程分析的第一人，对日本政治作出了敏锐而准确的分析"。如前所述，无论是在欧美学界还是在日本国内，既有研究对柯蒂斯著述的引用多注重某一议题领域的结论性内容。本章希望在此基础上，聚焦其方法论意义。学术研究与政策分析的高度结合是"柯式日本政治研究"的重要标志，两者都离不开柯蒂斯对日本政治的始终"在场"。而柯蒂斯之所以能够对日本政治的风云变幻如数家珍，源于他本人长期浸润日本政治，通过"参与式观察"等方式，具备了常人难以企及的"局内人知识"，实现了"目治之学"到"耳治之学"的有机结合。

再次回到芬诺。约翰·希宾在分析为何芬诺的"效仿者"和"追随者"寥寥无几时，曾总结了几条原因：研究方法费时费力；需要极强的人际关系处理技巧；研究成果容易被误解为仅仅是采访政治家而已，且难免受到他们的干扰乃至误导；在传递自身的观察感受时，容易被认为"艺术性过多"而"科学性不足"，观察的过程也难以精确复制。[1]KKV 的社会科学研究方法论尽管对芬诺的作品赞誉有加，但实则更突出研究设计的"科学性"，强调"证伪描述性假设"和"提供自我经验之外的证据"的重要性。[2]这些分析和

---

[1]　John R. Hibbing, "Forward," in Richard F. Fenno, *Home Style*: *House Members in Their Districts*, New York: Pearson Longman, 2003, pp. xi—xii.

[2]　加里·金、罗伯特·基欧汉、悉尼·维巴：《社会科学中的研究设计》，格致出版社 2014 年版，第 35—36 页。

评论在"政治人类学"和"政治民族志"中具有相当的共性，也几乎可以完全套用在柯蒂斯身上。毋庸讳言，柯蒂斯的学术经历具有一定的"不可复制性"，是"可遇"和"可求"的结合。这固然是柯蒂斯及其研究的"特殊性"所在，但并非"唯一性"，也不能掩盖其对后世学者的示范和样板意义。

不少学者在评论朴喆熙、森胁俊雅等学者的作品时都强调问题意识和理论分析的重要性。[①]显然，仅仅记录事实关系和行动过程，或单纯依靠与被描述者的亲和关系（rapport）并不是"政治人类学"的全部。站在研究者的视角上，提出具有学理意义的研究问题才是关键。[②]"没有理论，政治学就是新闻学"，而且是读者更少的新闻学。[③]对于政治进程的民族志研究，特别是对政治家个体的记述，不能变为单纯的故事会（story-telling）。同样，对细节的追求固然重要，但"政治人类学"的作品不能最终沦为政治家的"起居注"或流水账。柯蒂斯在选择大分县和佐藤文生的初始，就带有明确的筛选标准和问题导向，其后续的作品中也十分注重对日本政治研究的学理意识。这是我们在借鉴柯蒂斯的日本政治研究中值得时刻自我提醒的关节肯綮。

---

① 例如山田真裕「書評　朴喆熙『代議士のつくられ方—小選挙区の選挙戦略』」、『選挙研究』、第16号、2001年、163頁。

② 武田興欣「書評論文　参与観察という手法」、『レヴァイアサン』、第34号、2004年、149—156頁。

③ 布莱恩·C.拉斯本：《访谈与定性田野调查方法：实用主义与实用性》，载珍妮特·M.博克斯-史蒂芬斯迈埃尔、亨利·E.布雷迪、戴维·科利尔编：《牛津政治学研究方法手册》，臧雷振、傅琼译，人民出版社2021年版，第654页。

第十七章

如何用数理分析阐释日本特质：《世袭与民主》介评

在日本媒体中，对于"世袭政治家"的揶揄、嘲讽、批判不绝于耳，在一些周刊和月刊中"世袭政治是封建残余""世袭议员乃民主之敌""世袭亡国论"等标题更是屡见不鲜。改革"世袭政治"甚至成为部分"世袭议员"自身高声疾呼的政策主张。在政策推进层面，这一改革的呼声也未完全停留在口头。从20世纪80年代末90年代初日本政治乱象丛生之时开始，如何通过公开募集等方式从根本上改变"世袭议员"泛滥的顽疾就已经成为日本政治的重要任务，自民党等政党也发表了《政治改革大纲》等一系列政策倡议和实施文件。[①]对于提高"世袭议员"的执政能力、处理好"官僚主导"与"政治主导"（"官邸主导"）的取舍关系等主题，日本政策分析界也多有阐述。[②]但与"××军团""××刺客"等短时风靡的现象不同，"世袭政治"似乎在战后日本根深蒂固、久禁不绝。由此，"世袭政治"也成为日本政治研究中一个颇具延展性的议题。

2018年，美国学者丹尼尔·史密斯（Daniel M. Smith）所著《世袭与民主》一书由斯坦福大学出版社出版。[③]这一作品基于作者2012年在加州大学圣迭戈分校的博士学位论文，极大地拓展和深化了对日本"世袭政治"的既

---

① 市川太一「衆議院議員の補充の現状と課題」、『法学研究』、第67巻第12号、1994年、161—179頁。

② 例如可参见加藤創太「論考「世襲議員と政策形成能力のあり方について—『政治主導』時代へのインプリケーション」」、東京財団、2009年。

③ Daniel M. Smith, *Dynasties and Democracy：The Inherited Incumbency Advantage in Japan*, Stanford：Stanford University Press, 2018.

有研究，并以其出色的量化成果为学界见重。从下文的介绍中可以看出，对于日本"世袭议员"的量化统计并非自史密斯始，但其作品无疑是迄今为止相关研究中最为深入和全面的成果，实现了实证研究与规范研究的有机结合。

本章将参考日本学者和欧美学者的相关最新研究成果，对该书的主要内容进行评述，侧重从方法论的角度考察其量化研究的得失与启示。①整体而言，国际比较的视野、强调制度性因素的分析框架、数据处理与量化论证是《世袭与民主》的三大特征和优势，也是解读这一作品的切入口。

第一节　突破既有研究：在国际比较下考察日本特质

相比媒体舆论对于"世袭政治"的长期追踪，日本出版界对于"世袭政治"的关注也由来已久。但不少作品虽提供了诸多素材和线索，却并非严格意义上的学术著作。②此外，鉴于日本政治人物多有著书立说的传统，"世袭政治家"本人对其背景和经历也每每有所言及。③在学术研究方面，早期有中久郎、青木康容等学者对国会议员履历的分析、河野银子对女性众议员的出身统计等。④这其中，市川太一潜心探究"世袭政治"的演变，从 20 世纪80 年代开始至 90 年代初，以广岛县等地区为核心案例，做了大量精深的学

---

① 乔林生所著的《民主的危机：日本"世袭政治"研究》（天津人民出版社 2018 年版）是近年来中文学界在这一领域的代表作。

② 例如鈴木健二『負けてたまるか!! 代議士二世の群像』、東京：政界出版社、1984 年；松崎哲久『日本型デモクラシーの逆説　2 世議員はなぜ生まれるのか』、東京：冬樹社、1991年；稲井田茂『世襲議員：構造と問題点』、東京：講談社、2009 年；世襲政治を考える会編『世襲議員ゴールデン・リスト』、東京：データハウス、2009 年；荒和雄『よい世襲、悪い世襲』、東京：朝日新聞出版、2009 年；八幡和郎、吉田健一『世襲だらけの政治家マップ：47 都道府県・諸藩のお家事情』、東京：廣済堂出版、2011 年。

③ 例如林芳正、津村啓介『国会議員の仕事：職業としての政治』、東京：中央公論新社、2011 年。

④ 中久郎編『国会議員の構成と変化』、東京：政治広報センター、1980 年；青木康容「国会議員の経歴—新人議員の場合—」、『評論・社会科学』、第 17 号、1980 年、92—117 頁；河野銀子「エリート女性の輩出ルートに関する考察：衆議院議員を事例として」、『教育社会学研究』、第 56 集、1995 年、119—137 頁。

理探究。①这些研究集结成册，成为著名的《"世袭"代议士研究》一书。②该书不仅得到日本学界的公认，也是国际学界的高引书目。进入 21 世纪后，以《选举研究》等专业期刊为平台，日本学术界在这一研究领域陆续涌现了数篇高质量的论文，且多以量化分析见长。例如，福元健太郎对 1947 年 4 月至 1990 年 6 月间所有 2 072 名众议员和 1 178 名参议员在担任议员之前和之后的职务和出路进行统计分析，并考察其学历、专业化职业、在职年数、年龄等个人要素。③饭田健、上田路子、松林哲也等学者建立原创的数据库，其中包括 1960—2005 年间 16 次大选中选出的 2 010 位众议员。他们不仅对其中"世袭议员"的数量、政党属性、年龄、学历、政治家秘书经历等 10 项个人属性进行统计，而且通过数据分析证实，"世袭议员"相比非世袭议员确实能够为地方带来更大的中央政府补贴。④福元健太郎和中川馨利用 2000 年、2003 年、2005 年三次大选的数据，对于自民党推选的候选人得票进行分析。研究证实，相比非世袭的新人候选人，世袭的新人候选人确实在选举中更为有利，"得票继承率"显著。⑤

在英语学界，1992 年，石桥通宏作为美国阿拉巴马大学的硕士研究生，与史蒂文·里德（Steven R. Reed）在《亚洲综览》（*Asian Survey*）上共同发表了一篇关于日本"二世议员"的论文。⑥该文成为英文文献中关于日本"世袭政治"引用率最高的文献之一。⑦里德此时是阿拉巴马大学的副教授。两位

① 市川太一「世襲代議士と選挙区：広島県 2 区を中心として」、『法学研究』、第 61 卷第 12 号、1988 年、137—163 頁。
② 市川太一『「世襲」代議士の研究』、東京：日本経済新聞出版、1990 年。
③ 福元健太郎「国会議員の入場と退場：1947—1990」、『選挙研究』、第 19 卷、2004 年、101—110 頁；福元健太郎「参議院議員は衆議院議員よりもシニアか?」、『年報政治学』、第 54 卷、2003 年、245—259 頁。
④ 飯田健、上田路子、松林哲也「世襲議員の実証分析」、『選挙研究』、第 26 卷第 2 号、2010 年、139—153 頁。
⑤ 福元健太郎、中川馨「得票の継承に対する世襲の効果—政党投票・候補者投票との比較—」、『選挙研究』、第 29 卷第 2 号、2013 年、118—128 頁。
⑥ Michihiro Ishibashi and Steven R. Reed, "Second-Generation Diet Members and Democracy in Japan: Hereditary Seats," *Asian Survey*, Vol.32, No.4, April 1992, pp.366—379.
⑦ 耐人寻味的是，2010 年，石桥本人在该文出版 18 年之后也成为了一名"世袭议员"。

作者对 1958—1990 年间 530 名自民党的"新任议员"进行统计，考察其世袭比例和特征。在此之间的 1991 年，石桥通宏还将里德的另一篇作品翻译在《利维坦》上，在文中"二世议员"被作为自民党组织惯性和政党"固化"的一个重要侧面。[①]1993 年，里德赴日，开始在中央大学执教。在其不懈努力下，自建的战后日本选举数据库日臻完善，里德也以英文和日文出版诸多优秀的论文和专著，成为这一领域研究首屈一指的学者。除里德及其合作者的研究之外，谷口尚子在 2008 年发表的一篇论文也在英文学界具有较大的反响。[②]

在既有学术积累已颇具规模的背景下，史密斯的《世袭与民主》成功地勾连起两类研究。一类是前述日本学者的研究。这些研究往往聚焦对日本一国的剖析，较少有国际视野下的比较研究。[③]但在熟悉日本国情，特别是内幕挖掘和细节积累方面，日本学者往往比境外学者具备一定的优势。另一类则是理论研究。"世袭议员"是更广义上的"政治世袭"或"政治继承"的一部分。[④]什么样的人会进入政界？促使其迈出第一步的原因何在？国际学界在这方面的既有研究大多集中在对美国等国的分析。[⑤]史密斯对日本的研究为其增添了不可多得的国别样本。史密斯也希望，这一比较政治学的研究既有助于深刻理解日本"世袭政治"的演变，也能够在更宽泛意义上解读其他民主政体的类似情境。

---

① スティーヴン・R・リード「自由民主党の固定化」、『レヴァイアサン』、第 9 号、1991 年、80—103 頁。

② Naoko Taniguchi, "Diet Members and Seat Inheritance: Keeping It in the Family," in Sherry L. Martin and Gill Steel eds., *Democratic Reform in Japan: Assessing the Impact*, Boulder: Lynne Rienner Publishers, 2008, pp.65—80.

③ 当然日本国内亦有类似的国际比较研究，例如野中尚人『自民党政権下の政治エリート：新制度論による日仏比較』、東京：東京大学出版会、1995 年；吉野孝、今村浩、谷藤悦史編『誰が政治家になるのか：候補者選びの国際比較』、東京：早稲田大学出版部、2001 年。

④ Ludger Helms, "Leadership Succession in Politics: The Democracy/autocracy Divide Revisited," *The British Journal of Politics and International Relations*, Vol.22, No.2, 2020, pp.328—346.

⑤ Saad Gulzar, "Who Enters Politics and Why?" *Annual Review of Political Science*, Vol.24, 2021, pp.253—275.

在相当意义上，"政治学本就是比较政治学"。①《世袭与民主》之所以能实现两类研究的互补和融合，离不开比较研究的取径。而正是在比较的视野下，所谓的"日本特质"才进一步彰显。具体而言，这些比较至少包括三个侧面：横向的国别比较；纵向的历史比较；带有"实验效果"的机制性比较。

首先是不同国家间的横切面比较。平心而论，"世袭政治"并非日本一国独有，在不少国家的历史或现实中均不乏其例。史密斯主要使用了"民主国家世袭数据集"（The Dynasties in Democracies Dataset）和"日本众议院选举数据集"（JHRED）两大数据库。根据史密斯对 1995—2016 年间 24 个民主政体的数据统计，在 1996 年大选之后，有超过四分之一的日本众议员来自"民主世袭家庭"。这一比率仅低于泰国、菲律宾和爱尔兰。而在这一统计的另一端，比率最低的德国不到 2％，阿根廷、芬兰、意大利等国也都不到 5％。②与日本比率接近的是冰岛，但情况相对特殊。史密斯给出的解释是，这是由于冰岛人口规模过小，难以持续供给合适的非世袭候选人。在一般读者更为熟悉和关注的美国，尽管人们对近年来的一些主要领导人以及肯尼迪、布什等家族耳熟能详，但整体上其"世袭议员"的比率并不高，在建国初期曾达到过 15％的比率，但此后持续下降，近几十年来大体维持在 6％～8％的水平。③

其次是对不同阶段的纵向比较，主要聚焦在二战结束之后的近四分之三个世纪。如果说前述的国际比较中，日本尚非"孤例"或极端的"特例"，那么在这一自身的前后比较中，日本倒成为一个相对"反常"的案例。大部分国家的"世袭议员"比例均呈现逐渐下降的趋势，与之相对，日本则在动态起伏中逆势上扬。战后初期的 1947 年，由于"公职追放"等因素的影响，

---

① 猪口孝「日本における比較政治学の発展と展望」、『年報政治学』、第 37 卷、1986 年、51 頁。

② Daniel M. Smith, *Dynasties and Democracy：The Inherited Incumbency Advantage in Japan*, pp.4—5.

③ Ibid., p.7.

日本众议员中的"世袭议员"比率仅为 7％，但此后不断攀升。80 年代末，众议员中"世袭议员"的比率超过 30％，达到顶点。这一现象在自民党议员中尤为突出。1958 年自民党成立后第一次选举中胜选的"世袭议员"不到 20％，到了 80 年代初则超过 40％。在 80 年代和 90 年代初的新候选人中，有近一半来自世袭家庭。[①]特别是在首相和内阁成员中，"世袭议员"的比率居高不下。1994 年之后，历届内阁中自民党议员的"世袭议员"比率高达 61％。[②]在安倍晋三之前的十位首相中，有七人是"世袭议员"（包括安倍本人）。值得一提的是，由于数据库的限制，同时也考虑到日本政治中的"众议院优位制"，该书的分析对象事实上主要聚焦于众议员，而非所有国会议员，但对于有两院任职经历的众议员也作了统计。[③]

其三，由于选举制度改革，日本在 1994 年前后的经历犹如一个"自然实验"（natural experiment），因此在同一国家内部出现难得的"对照比较"（controlled comparison）。[④]从 1955 年成立至 1993 年选举制度改革前，自民党的候选人推选进程呈现"去中心化"的特征，地方而非中央的政治势力在此过程中起到了关键作用，后援会等候选人个人的政治资源是其背后的决定性力量。在一定程度上，后援会甚至主导和左右了"世袭议员"的人选及其政策主张，与原本理想和理论意义上自由竞争的代议制民主主义背道而驰。[⑤]在"单一不可转让投票制"（SNTV）下，对于日本各个政党特别是自民党而言，同一政党在一个选区往往要推出数位候选人，因此相比政党，候选人个人的作用更为明显，党内竞争也更为突出。1994 年选举制度改革后，在"小选区比例代表并立制"（MMM）下，党内的同室操戈大大缓解，中央党部对推选候选人的作用显著增强。不少学者在既有研究中已经指出，"世袭候选人"的身

[①] Daniel M. Smith, *Dynasties and Democracy：The Inherited Incumbency Advantage in Japan*, p.7.

[②] Ibid., p.216.

[③] 参议院的世袭程度事实上也弱于众议院。根据史密斯的统计，在 2013 年的参议院选举中，6％的候选人和 16％的最终胜选者分别为"世袭候选人"。Ibid., p.301.

[④] Ibid., p.16.

[⑤] 北岡伸一「自由民主党——包括政党の合理化」、神島二郎編『現代日本の政治構造』、京都：法律文化社、1985 年、64—69 頁。

份重要性在选举制度改革后每况愈下。①史密斯的研究进一步印证了该判断。

第二节　构建分析框架："世袭政治"的成因与后果

为了与量化研究相适应，《世袭与民主》一改不少著作中对"世袭政治"的印象主义式的阐述方式，在精确定义核心概念的基础上，提出了八个假设，并对其加以量化论证。

一、定义：何为"世袭候选人"

"世袭候选人"（legacy candidate）是《世袭与民主》一书的核心概念，由此又连带出"继承候选人"（hereditary candidate）②、"继承而得的在任优势"（inherited incumbency advantage）等重要概念。

根据史密斯的定义，"世袭候选人"是指任何竞选国家公务、且通过血缘或婚姻与曾在国家立法或行政职务中任职的政治家有关联的候选人。从样本数据可得性的角度考虑，这一定义强调"国家立法或行政职务"，即中央而非地方层次的公务。按照这一定义，如父亲为地方知事或市町村首长，但未曾担任过中央政府的公务，则其儿子竞选国会议员时不算为"世袭候选人"，尽管前者的政治履历和资源在后者的政治生涯起步阶段仍具有十分重要的影响。至于罗宾·勒布朗（Robin M. LeBlanc）等其他学者描述的"地方议员"，即便存在事实上的"世袭关系"，也不属于本书的分析范畴。③因此，

---

① 浅野正彦『市民社会における制度改革：選挙制度と候補者リクルート』、東京：慶應義塾大学出版会、2006 年、96—97 頁。

② 或许也可译为"直接世袭候选人"。

③ Robin M. LeBlanc, *The Art of the Gut：Manhood，Power，and Ethics in Japanese Politics*，Berkeley：University of California Press，2010.日本学者对于地方议员的研究众多，例如村松岐夫、伊藤光利『地方議員の研究：「日本的政治風土」の主役たち』、東京：日本経済新聞社、1986 年。相关论文可参见《利维坦》2012 年秋季的特集《地方议员与政党政治》。『レヴァイアサン』、第 51 号、特集　地方議員と政党組織、2012 年。当然，国会议员和地方议员不无联系。例如，根据马渡刚的整理，在五五年体制下，自民党的国会议员中出身县议员的约为 2 成（众议院和参议院分别为 22％和 20％），这一比率仅低于官僚出身的国会议员（众议院和参议院分别为 24％和 31％），在所有出身中排名第二位。参见馬渡剛『戦後日本の地方議会：1955—2008』、京都：ミネルヴァ書房、2010 年、190 頁。

史密斯对"世袭候选人"的界定范围明显小于其他学者，对日本"世袭议员"的判定比例也普遍低于大部分类似研究。①

进而言之，如"世袭候选人"竞选成功，则变身为"世袭议员"，由此建立起一个"民主世袭家庭"（democratic dynasty）。每一个这样的家庭都为国家层面的政治职务提供了两个以上的家庭成员。②根据史密斯的统计，在1947—2014年间，日本共有463个家庭提供两个或两个以上的候选人，其中的373个家庭成功地成为"世袭家庭"。③无论在日文还是在中文中，经常听到的"二世""三世"等就是指这一类"民主世袭家庭"的成员。④值得一提的是，根据上杉隆的观察，"世袭议员"似乎对"二世""三世"等比较中性的称呼尚能接受，但对"世袭议员"的称号则普遍较为反感。⑤

在"世袭候选人"中，还有一类更为特殊的"继承候选人"，即该候选人从家庭成员身上直接继承了在同一个选区的"地盘"和后援会组织。⑥换言之，如果一个候选人选择在与父辈不同的选区"另辟战场"，则其尽管仍属于"世袭候选人"，但不是"继承候选人"。在大部分情况下，两者是重叠的，但确实不乏河野太郎（神奈川县第15选区）与河野洋平（神奈川县第17选区，原神奈川县第5选区）父子等少数案例。

在1947—2014年间参选的众议员候选人共有10 600人，根据上述定义，其中有600人（6％）为"世袭候选人"，而在3 065位最终胜选的候选人中，有477位（16％）为"世袭候选人"。可见，在战后日本，近80％的"世袭

---

① 例如可参见青木康容「議員職の『世襲』について—第三三回衆議院議員総選挙の場合—」、『評論・社会科学』、第15号、1979年3月、105—122頁；田村秀「世襲政治の研究」、『法政理論』、第39巻第2号、2007年、86—113頁。

② Daniel M. Smith, *Dynasties and Democracy：The Inherited Incumbency Advantage in Japan*, p.4.

③ Ibid., p.303.

④ 史密斯认为，按照日文与英文的翻译，"二世""三世"主要指代 legacy candidate，而 hereditary candidate 则对应日文中的"世襲立候補"，但两者根据语境往往可以互换或混用。考虑到中文的表述，或许"世袭候选人"与 legacy candidate、"继承候选人"与 hereditary candidate 的对译更为合适。

⑤ 上杉隆『世襲議員のからくり』、東京：文藝春秋、14—15頁。

⑥ Daniel M. Smith, *Dynasties and Democracy：The Inherited Incumbency Advantage in Japan*, p.21.

候选人"成功地赢得至少一次选举,而对非世袭候选人而言,这一比率仅为27%。①"世袭候选人"在竞选中的巨大优势由此可见一斑。

前文已经多次提到,日本政治中有三个 ban 十分重要:作为组织动员基础的"地盘"(地盤,jiban)、象征知名度的"招牌"(看板,kanban)、代表竞选财力的"钱包"(鞄,kaban)。通过世袭,这些在任政治家所享有的资源有可能整体或部分地传递给继承者。换言之,相比非世袭的候选人,"世袭候选人"在这三方面具备先天的优势。由此,"世袭议员"在政治生涯的三个重要阶段——推选、竞选、晋升——均享有"继承而得的在任优势"。②可以说,这一荫庇是"世袭议员"的最大财富,也是"世袭政治"存在和延续的根本动力。

二、推导:"世袭候选人"的成因与后果

在上述概念界定的基础上,《世袭与民主》试图回答两个问题:为何政治世袭在日本大行其道、连绵不绝,其结果又如何?

全书共分为八章。除第一章的导论和第八章的结论外,主体部分的六章共分为三个部分。第一部分为第二章和第三章,主要将日本置于国际比较的视野下,从整体上梳理关于"世袭候选人"的政治学理论。第二部分为第四至第六章,分别从推选、竞选、晋升三个阶段分析"世袭政治"的生成机制。第三部分为第七章,考察"世袭政治"对代议制民主所造成的结果。换言之,第二部分和第三部分各自阐释了日本世袭政治的成因和后果,分别针对上述两个问题。

为回答前一个问题,史密斯建立了一个供给和需求的二元框架。他强调,结构性的供需关系是导致日本"世袭政治"积重难返的根本原因。在供给方面,在既有选举制度的条件下,"世袭候选人"凭借其"继承而得的在任优势",能够为自身及所在政党的胜选带来巨大价值,特别是当其所世袭的前任在任时间较长或世袭家族已延续几个世代时,这一优势就更为明显。

---

① Daniel M. Smith, *Dynasties and Democracy: The Inherited Incumbency Advantage in Japan*, pp.52—53.

② Ibid., p.11.

而在需求方面，由于前述"世袭候选人"的潜在优势，政党领袖也乐得给予其参选资格，降低了控制推选进程的愿望和能力，从而使"世袭候选人"在诸多候选人中脱颖而出，为日后政治生涯的平步青云迈出关键的第一步。

按照这个供需框架，史密斯进一步细化出以下八个假设，前两个聚焦供给层面，后六个则关注需求层面。①

假设 1：现任者在职时间越长，就越有可能出现一位家庭成员作为候选人追随其脚步进入政界。

假设 2：现任者如是一个既有世袭家族的一部分，就越有可能出现一位家庭成员作为候选人追随其脚步进入政界。

假设 3：潜在的"继承而得的在任优势"越明显，对于"世袭候选人"的需求就越强烈。

假设 4：相比以政党为中心的选举背景，在以候选人为中心的选举背景中，对"世袭候选人"的需求更高。

假设 5：政党与公民社会中各个集团的机制性联系越弱，政党内部对于"世袭候选人"的需求就越高。

假设 6：候选人推选进程中，候选人资格越具有排他性，对于"世袭候选人"的需求就越高。

假设 7：候选人推选进程和决策越向地方行为体分散，对于"世袭候选人"的需求就越高。

假设 8：在职的现任者去世后，对于"世袭候选人"的需求就越高。

在需求层面的六个假设中，假设 3 和假设 8 分别侧重个人层次，而第 4—7 个则强调体系和政党层次。史密斯认为，在这八个假设中，最重要的是第 4—7 个假设。②假设 5、假设 6 和假设 7 分别是在假设 4 作为既定条件下的进一步推论。因此，根据史密斯的逻辑，在 1994 年选举制度改革后，在如

---

① Daniel M. Smith, *Dynasties and Democracy*：*The Inherited Incumbency Advantage in Japan*, pp.78—101.

② Ibid., p.102.

下两个假设中将出现最明显的变化：由于选举从以候选人为中心转向以政党为中心（假设4），由于通过公开募集等方式，候选人的包容性更高（假设6），也由于在比例制选举中，个人知名度的重要性下降，政党的"公推力"上升（假设4），自民党内"世袭候选人"的比例将出现下降的趋势。[1]

如果说"是何原因"这一问题及八个假设主要聚焦于"选举前"和"选举中"阶段，那么"结果如何"这一问题则关注"选举后"阶段，意在分析"世袭议员"对于民主运作和代议政治的影响。对此，史密斯在书中考察了三个因素。首先是性别代表。其研究证实，通过女承父业或妻承夫业的世袭方式，女性更容易进入政界，客观上改善了日本政治中的性别失衡状态。其次是候选人的代议风格。通过对竞选纲领的文本分析发现，与非血缘的后继者相比，"继承候选人"与其前任的政治主张更为接近，萧规曹随的迹象明显，因此政策更具有稳定性和延续性。最后是立法行为。史密斯发现，"世袭议员"与非世袭议员在国会小组发言中的时间长短相差无几，因此仅就这点而言，很难判断"世袭议员"是否在民主议政的态度和能力上劣于一般的政治家。

对于一般读者比较关心的"世袭议员"充斥内阁的问题，史密斯认为，"世袭议员"之所以比非世袭议员更有可能进入内阁，其背后的两方面原因都直接或间接地与"继承而得的在任优势"有关。[2]一方面，这种优势源于"世袭议员"所享有的家族名望和政治经历，这成为首相和党内要员挑选内阁成员的重要考虑因素；另一方面，这些优势在竞选阶段使"世袭议员"更易胜选或连任，因而在同等条件下比非世袭议员更早成为"资深议员"。在内阁成员普遍重视年资的背景下（通常，连续担任5—6届议员被认为是入阁的最低标准），在阁僚竞争中也自然更具优势。[3]换言之，"世袭议员"在竞

---

① Daniel M. Smith, *Dynasties and Democracy: The Inherited Incumbency Advantage in Japan*, pp.112—114.

② 史密斯的分析似乎并未特意强调"党人派"和"官僚派"的区分。一个重要原因或许在于，与"党人派"类似，"官僚派"中"世袭议员"的比例同样居高不下。以菅义伟内阁为例，加藤胜信、西村康稔等东京大学出身且拥有长期官僚经历的阁僚，同样都是"世袭议员"。

③ Daniel M. Smith, *Dynasties and Democracy: The Inherited Incumbency Advantage in Japan*, p.237.

选成功后的政治履历大多与常人无异，也不乏勤勉敬业之人，颇有"平等主义"（egalitarianism）之貌，但恰恰因为其在竞选时享受了极不平等的竞争优势，才有可能迈出日后仕途腾达的第一步。①

第三节　可能的不足与后续的发展

《世袭与民主》出版后，在不到两年时间内，欧美主流学术期刊已经发表十余篇书评，载誉不菲。与英文学界在第一时间的评介相比，日文学界对该作品的关注还相对有限，日文书评屈指可数。②史密斯虽然也在该书出版后不久接受了《中央公论》的访谈邀请，但似乎畅销媒体更重视其哈佛大学的教职身份，而非研究方法或结论。③与之相对应，一个可喜的特殊现象在于，待鸟聪史、砂原庸介、佐佐田博教等中生代的日本学者陆续在英文国际学术期刊发表书评，且在普遍赞赏的同时，纷纷提出了颇具见解的评论和商榷。例如，待鸟聪史在其书评中敏锐地指出首相解散国会重新选举的权力因素。与别国相比，日本的首相在这方面自由裁量权颇大，由此导致的选举时机和选举成本自然也会对根基深厚的"世袭候选人"和初来乍到的非世袭候选人造成不同的影响，带来不同的选举结果。④砂原庸介指出了战后自民党长期一党执政对于"世袭政治"的机制性作用。⑤佐佐田博教则强调投票率持续下降和选民政治态度的变化对"世袭候选人"的影响。⑥

---

① 野中尚人『自民党政権下の政治エリート：新制度論による日仏比較』、東京：東京大学出版会、1995 年、230、246 頁。

② 例如金子智樹「書評　Daniel M. Smith. 2018. Dynasties and Democracy：The Inherited Incumbency Advantage in Japan」、『国家学会雑誌』、第 132 巻第 7・8 号、2019 年、677—680 頁。

③ ダニエル・Ｍスミス「世襲議員が異常に多い国・日本」、『中央公論』、第 133 巻第 3 号、2019 年 3 月、51—53 頁；佐藤智恵『ハーバードの日本人論』、東京：中央公論新社、2019 年。

④ Satoshi Machidori, "Book Review of Dynasties and Democracy：The Inherited Incumbency Advantage in Japan," *Social Science Japan Journal*, Vol.24, No.1, 2021, pp.237—239.

⑤ Yosuke Sunahara, "Book Review of Daniel M. Smith, Dynasties and Democracy：The Inherited Incumbency Advantage in Japan," *Japanese Journal of Political Science*, Vol.20, 2019, pp.240—242.

⑥ Hironori Sasada, "Review of Dynasties and Democracy：The Inherited Incumbency Advantage in Japan," *Japanese Studies*, Vol.39, No.3, 2019, pp.401—403.

结合已有书评的相关评析,《世袭与民主》一书在以下三个方面或许不无继续讨论的空间。

一、供需机制的错位与因果问题

作为《世袭与民主》一书最核心的解释机制,供给与需求的分析框架略有同义反复或因果互置之嫌。如前述供需框架和基本假设部分所述,相比供给层面,史密斯更强调需求层面对"世袭候选人"的作用。他指出,供给层面的这些因素在不同国家和不同政党都普遍存在,因此需求层面的因素对于分析日本这一特殊案例或许更为重要。①但整体上全书的分析不免给人一种印象:需求层面是供给层面的一种延伸乃至间接表现。试举数例。

其一,史密斯多次提到,在"世袭候选人"有意参选,且凭借其选区支持率极有希望胜选的情况下,自民党很少冒当地之大不韪不予其竞选资格。否则,该候选人既有可能改换门庭、另投他党,也有可能作为独立候选人参选,最终使自民党自食其果,危及其议席数量(虽然不可否认,在现实中,这些候选人在胜选后重新加入自民党的不在少数)。换言之,在供给层面发挥更主动作用的情况下,需求层面被动应对的色彩更为强烈。

其二,为何在选举制度改革后,在新世纪以来的几次选举中,"世袭议员"的比例仍居高不下?对此,史密斯的阐释在于,尽管在需求层面,自民党对于"世袭候选人"的渴望不再那么强烈,但在供给层面,仍有大量世袭家族的成员希望薪火相继,延续前人的政治生涯。在全书的结尾部分,史密斯饶有深意地提到,在英文中,legacy 除了世袭的意思之外还含有"停产"之意,通常是指计算机领域已更新换代的软件或硬件,但由于其广泛的应用,暂时难以被完全替代,仍不得不超期服役。②言下之意,实际的需求是根本的决定因素。但如果将这一借喻套用到日本"世袭议员"的现实中,可以发现其逻辑恰恰是相反的:"世袭政治"之所以延绵不绝,正是因为不受青睐的"世袭候选人"源源不断地供给到选举市场上,使政党不得不硬着头皮

---

① Daniel M. Smith, *Dynasties and Democracy: The Inherited Incumbency Advantage in Japan*, p.259.

② Ibid., p.267.

消费。也正因如此，史密斯似乎也对自民党最终能否摆脱对"世袭政治"不无悲观。①

其三，选民在这一选举市场的供需关系中处于何种地位，起到怎样的作用？在选举政治中，候选人和选民通常被视为供需双方，两者通过选举投票和政策回馈联系起来，形成一种动态的互惠关系。在第四章介绍的事关选举的基础数据中，相当一部分是从选民角度出发的民调数据。大量研究在分析选举的供需关系时，也通常把选民放在需求层次。②在该书中，由于强调政党的需求作用，选民的因素被有意识地弱化了。考虑到日本学者在这一领域的长期耕耘和数据积累，或许可以为史密斯的后续研究提供另一个侧面的参考。例如，堀内勇作的多国别和多层次的研究中事实上已经从选民层次对世袭政治进行了初步的分析，尽管其关注的仅仅是佐贺县的北方町等个别案例。③善教将大剖析了战后日本选民在认知和感情上出现的对政治信赖水平的明显变化。④此外，不少最新的研究也关注选民对于候选人的性别、年龄等个人属性的偏好⑤，这些属性也与"世袭候选人"的身份相交织。

二、对历史和文化因素的再思考

史密斯明确指出，历史和文化并不是对日本世袭政治的有效解释因素，对此判断或许值得再推敲。表面上看，史密斯之所以摒弃历史和文化因素，原因很简单。他强调，日本的所有政党都受到共同历史和文化的影响，但既然自民党在"世袭议员"上的表现与其他政党大相径庭，就说明所谓历史和

---

① Daniel M. Smith, *Dynasties and Democracy：The Inherited Incumbency Advantage in Japan*, pp.171，178.

② 相关研究不可胜数，与《世袭与民主》相关的最新研究可参见 Rieko Kage, Frances M. Rosenbluth and Seiki Tanaka, "What Explains Low Female Political Representation? Evidence from Survey Experiments in Japan," *Politics & Gender*, Vo.15, No.2, 2019, pp.285—309。

③ Yusaku Horiuchi, *Institutions, Incentives and Electoral Participation in Japan：Cross-level and Cross-national Perspectives*, London：Routledge, 2012, pp.68—76.

④ 善教将大『日本における政治への信頼と不信』、東京：木鐸社、2013 年。

⑤ 例如可参见 Shusei Eshima and Daniel M. Smith, "Just a Number? Voter Evaluations of Age in Candidate Choice Experiments," Working Paper, April 2021, https://papers. ssrn. com/sol3/papers.cfm?abstract_id = 3704473；Charles T. McClean and Yoshikuni Ono, "Too Young to Run? Voter Evaluations of the Age of Candidates," Working Paper, June 2021。

文化因素的解释站不住脚。①但事实上，这一立场或许与该书的理论取径和量化研究方法不无关系。比较政治经济学者对于历史和文化解释往往退避三舍，对于文化解释导致的循环论证唯恐避之不及，反过来，大多强调机制条件、理性选择等可以比较的要素。客观上，历史和文化因素的量化也存在技术难度，因而难以与原有的供需解释框架有机结合。

尽管如此，探究历史和文化因素并不等同于"文化决定论"，更非"日本人论"。明治时期尽管也提倡"立身出世主义"，崇尚英雄不问出处，但纵观日本历史，无论是"万世一系"的皇族、官职世袭的公家，还是近代以后政治精英和知识精英阶层的家族传承乃至家族垄断，都有"世袭"的影子。在日常社会中，"家"的重要性以及由此带来的"世袭传统"也难以回避。②在现实中，不少与"世袭政治"相关的因素背后不无日本文化的影子。同样试举数例。

其一，史密斯本人也发现一个悖论：在一般民调中，日本民众普遍对"世袭政治"表示反感，尽管如此，在实际投票和联合实验（conjoint experiment）中，却往往对候选人是否来自世袭家庭并不在意。③这不免让人联想到美国的情况。在美国，一方面相当一部分选民对国会及其成员嗤之以鼻，另一方面又对本选区的参众议员抱有期待，甚至评价颇高。④除了机制性的解释之外，对于这些耐人寻味的一国国内反差和不同国家的比较，似乎也值得从政治文化和民主历史的角度去探究。类似的例子还有很多。例如，阿瑟·斯托克温（Arthur Stockwin）认为，安倍家族在山口县的政治经营世代

① Daniel M. Smith, *Dynasties and Democracy: The Inherited Incumbency Advantage in Japan*, pp.68—69.
② 本郷和人『世襲の日本史：「階級社会」はいかに生まれたか』、東京：NHK 出版、2019 年。
③ 该书出版后，史密斯等学者的最新研究又证实，如果不针对特定的实际候选人，而是在抽象意义上，日本选民对于世袭政治并无明显偏好，参见 Yusaku Horiuchi, Daniel M. Smith and Teppei Yamamoto, "Identifying Voter Preferences for Politicians' Personal Attributes: A Conjoint Experiment in Japan," *Political Science Research and Methods*, Vol.8, 2020, pp.75—91.
④ Daniel M. Smith, *Dynasties and Democracy: The Inherited Incumbency Advantage in Japan*, pp.212—213.

相传、根深蒂固，这固然不乏战后选举制度的因素，但显然与长州藩等藩阀政治的历史因素也紧密相关。①此外，正如市川太一所指出的，日本选民的政治参与意识较低或许也是造成世袭政治泛滥的重要原因之一。②而这显然与战后日本的民主进程、国民意识等社会文化因素是分不开的。

其二，在分析"世袭候选人"的推选问题时，政党核心决策层（執行部）的权力结构及其博弈过程是一个重要的因素。③众所周知，"派阀政治"是日本政治文化的一个重要特征，往往能左右阁僚和党内重要职位的分配。④"好友内阁"（お友達内閣）的出现，固然不乏在其他国家同样可见的论功行赏的因素，但也是派阀政治和世袭政治的产物。在"政治家产化"的意识上，派阀与世袭家族是高度相通的。派阀领袖和成员中"世袭议员"的比例不仅远高于非派阀成员，各个派阀对门下"世袭候选人"的指定、助选和栽培也用力甚勤。⑤与之相关，自民党总裁、干事长、总务会长、政调会长所属派阀所组成的党内"主流派"对选举和人事安排的影响力可谓举足轻重。选举制度改革后，派阀对推选人的影响尚无定论，有待进一步观察。既有学者认为派阀对推选候选人的作用显著下降。⑥也有学者持不同观点，例如，浅野正彦根据对 1960—2000 年间众议院选举的数据分析发现，相比中选区制，在小选区制度下，自民党推选的候选人向总裁派阀和干事长派阀成

---

① Arthur Stockwin, "Review of Dynasties and Democracy: The Inherited Incumbency Advantage in Japan by Daniel M. Smith," *The Journal of Japanese Studies*, Vol.47, No.1, Winter 2021, pp.148—149.

② 市川太一『「世襲」代議士の研究』、東京：日本経済新聞出版、1990 年、292 頁。

③ 相关的案例研究众多，例如可参见上神貴佳「小選挙区比例代表並立制における公認問題と党内権力関係—1996 年総選挙を事例として—」、『本郷法政紀要』、第 8 号、1999 年、79—115 頁；濱本真輔『現代日本の政党政治：選挙制度改革は何をもたらしたのか』、東京：有斐閣、2018 年、30—32 頁。

④ 渡边恒雄的多部作品对于自民党派阀的深入描写颇为知名，其他学术作品和内幕追踪也提供了诸多例证。

⑤ 依田博「自民党派閥と政治家族—出世民主主義の危機—」、『社会・経済システム』、第 10 巻、1991 年、59—63 頁。

⑥ Gary W. Cox, Frances McCall Rosenbluth and Michael F. Thies, "Electoral Reform and the Fate of Factions: The Case of Japan's Liberal Democratic Party," *British Journal of Political Science*, Vol.29, No.1, January 1999, pp.33—56.

员倾斜的倾向进一步加速。①这些不同的观点，恰恰证明了派阀的因素值得在分析"世袭候选人"的过程中予以考虑。

三、量化分析的"诱惑"与"陷阱"

量化研究是《世袭与民主》的最大特色和优势，但若干可能的不足或许也与量化研究的方法论取向有关。首先，全书的研究在相当程度上是数据导向的，因此，部分不可直接测度的变量以及暂时难以通过数据给出量化结论的假设，在前期就被舍弃或搁置了。以对"世袭政治"的影响力和代表性为例，书中提到的性别比例、政见措辞、发言长短等三方面固然均可以通过相应的数据进行量化统计，也确实反映了代议制民主的一些侧面，但三者或许不足以涵盖对"世袭政治"后果的分析。②这些具体而微的因素能否起到"以点带面"的论证效果，值得打一个问号。

其次，数字本身也可能掩饰或遮蔽某些难以证实或证伪的侧面，或者说，由于数据和方法的差异，不同的量化研究得出的结论可能大相径庭。例如，稻叶哲郎、森有人在 2008 年 10—11 月对众议员个人网页的研究发现，"世袭议员"更倾向于利用"以计算机为媒介的人际沟通"功能（CMC），这与"世袭议员"往往"朝南坐"、与选民双向交流意愿较低的一般印象恰恰相反。③山本龙大在稍早之前的研究证实，在开设个人主页等行为上，世袭议员并未表现出明显的消极姿态。④谷口将纪也发现，在政治家的电视出镜率方面，是否为世袭议员在统计上并无显著意义。⑤这些结论都关乎"世袭议员"或更宽泛意义上的"世袭政治"背后程序正义与实体正义之间的关系。

---

① 浅野正彦「選挙制度改革と候補者公認：自由民主党（1960—2000）、『選挙研究』、第 18 卷、2003 年、174—189 頁。

② 部分既有研究或可对《世袭与民主》起到一定的补充作用，例如小林良彰曾利用竞选纲领的文本分析，对众议院选举中政策主张偏好与世袭议员身份的关系做过量化分析。参见小林良彰『現代日本の政治過程——日本型民主主義の計量分析』、東京：東京大学出版会、1997 年、46—68 頁。

③ 稻叶哲郎、森有人「衆議院議員ウェブサイトの分析—双方向性の視点から—」、『選挙研究』、第 25 卷第 1 号、2009 年、89—99 頁。

④ 山本龙大「日本の国会議員ホームページ開設に関する要因分析」、『選挙研究』、第 18 卷、2003 年、214—228 頁。

⑤ 谷口将纪『政治とマスメディア』、東京：東京大学出版会、2015 年、137 頁。

史密斯的这一著作尽管是其第一部专著，但建立在大量个人前期成果的基础之上。这些成果已陆续发表于《美国政治学评论》（*American Political Science Review*）、《政党政治》（*Party Politics*）、《立法研究季刊》（*Legislative Studies Quarterly*）等国际学术界的高水平期刊。①《世袭与民主》问世后的两年多来，史密斯又密集发表了一批高质量的论文。其中对比例代表制的理论分析、对女性在"世袭政治"选择中的特殊表现，以及对挪威、瑞士、瑞典、爱尔兰等国的案例研究等都对日本不无参照意义，也进一步补充和完善了《世袭与民主》的研究成果。②此外，不少学者也频频引用这一作品，开展学术对话。例如，查尔斯·麦克林（Charles T. McClean）对 1955—2017 年历次众议院选举的量化研究证实，在自民党提前解散议会而实施的"意外选举"中，政治世袭家族的成员有助于自民党在短时间内发现"高质量候选人"，从而在与在野党的竞争中使其措手不及、顾此失彼。③西村翼在"日本众议院选举数据集"（JHRED）的基础上，将 2000—2017 年间七次众议院选举中位于小选区的自民党新人候选人数据制成数据库，合并分析候选人的"本地属性"对于自民党提名的影响。对于确保议席与维持政党一体性之间

---

① 例如 Jon H. Fiva and Daniel M. Smith, "Political Dynasties and the Incumbency Advantage in Party-Centered Environments," *American Political Science Review*, Vol. 112, No. 3, 2018, pp. 706—712; Benny Geys and Daniel M. Smith, "Political Dynasties in Democracies: Causes, Consequences, and Remaining Puzzles," *The Economic Journal*, Vol. 127, Issue 605, 2017, pp. F446—F454; Daniel M. Smith and Shane Martin, "Political Dynasties and the Selection of Cabinet Ministers," *Legislative Studies Quarterly*, Vol. 42, No. 1, 2017, pp. 131—165; Daniel M. Smith and Hidenori Tsutsumi, "Candidate Selection Methods and Policy Cohesion in Parties: The Impact of Open Recruitment in Japan," *Party Politics*, Vol. 22, No. 3, 2016, pp. 339—353。

② 例如可参见 Gary W. Cox, Jon H. Fiva and Daniel M. Smith, "Parties, Legislators, and the Origins of Proportional Representation," *Comparative Political Studies*, Vol. 52, No. 1, 2019, pp. 102—133; Gary W. Cox, Jon H. Fiva and Daniel M. Smith, "Measuring the Competitiveness of Elections," *Political Analysis*, Vol. 28, No. 2, 2020, pp. 168—185; Jon H. Fiva, Askill H. Halse and Daniel M. Smith, "Local Representation and Voter Mobilization in Closed-list Proportional Representation Systems," *Quarterly Journal of Political Science*, Vol. 16, No. 2, 2021, pp. 185—213; Olle Folke, Johanna Rickne and Daniel M. Smith, "Gender and Dynastic Political Selection," *Comparative Political Studies*, Vol. 54, No. 2, 2021, pp. 339—371。

③ Charles T. McClean, "The Element of Surprise: Election Timing and Opposition Preparedness," *Comparative Political Studies*, First Published March 10, 2021.

的矛盾辨析，该研究作出了新的贡献。①这些后续的量化研究对于弥补《世袭与民主》可能存在的若干不足，起到了积极的作用。

第四节　结　语

读过《世袭与民主》的读者，或许都对会对其数据处理的庞大工作量感到震惊和钦佩。这固然不乏团队辅助的功劳，但史密斯凭借一己之力完成这一独著，实属不易。更重要的是，在系统的、全面的量化研究与具体的、精准的案例解释之间，《世袭与民主》一书实现了极佳的平衡。②该书的可贵之处在于并未止步于单纯的数据统计和分析，而力图将冷冰冰的数字与鲜活的案例和抽象的理论充分融合，使其相得益彰。例如在案例中，既包括安倍晋三（第 214 页）、鸠山由纪夫（第 129—130 页）、河野太郎（第 133—134 页）、小渊优子（第 1—2 页）等广为人知的案例，以及中川昭一与铃木宗男的"长子与秘书对决"等经典"反例"，也包括津岛雄三与津岛淳父子（第 115 页）、加藤纮一与加藤鲇子父女（第 180—181 页）、大野功统和大野敬太郎父子（第 181—183 页）等一般读者相对陌生但颇具代表性的案例。书中还涉及对河野太郎、福田达夫、浅尾庆一郎等"世袭议员"的访谈，当事人的现身说法提供了生动的第一手素材。

在方法论上，该书遵循理性选择和历史制度主义的路径，兼具定量和定性的数据，采取混合方法。③将定性和定量的多种方法结合，能够同时发挥大样本设计和案例研究的各自优势，前者重在确定经验的规律性和机制性，后者则有助于揭示引起利益相关政治结果的因果链条。④受益于此，全书梳理的

① 西村翼「政党の公認戦略と地元候補—規定要因としての選挙結果」、『年報政治学』、第 71 卷第 2 号、2020 年、280—302 页。
② Marc André Bodet, "SMITH Daniel M. — Dynasties and Democracy: The Inherited Incumbency Advantage in Japan," *Cahiers d'études africaines* [Online], 2019, DOI: https://doi.org/10.4000/etudesafricaines.26240.
③ Daniel M. Smith, *Dynasties and Democracy: The Inherited Incumbency Advantage in Japan*, p.16.
④ 詹姆斯·费伦、戴维·莱廷：《定性和定量研究方法的融合》，载珍妮特·博克斯-史蒂芬斯迈埃尔、亨利·布雷迪、戴维·科利尔编：《牛津政治学研究方法手册》，臧雷振、傅琼译，人民出版社 2021 年版，第 719 页。

绝大部分事实性结论与我们的既有印象、惯常思维、逻辑推导并不相悖，但借由明确的数理形式，使得这些结论显得异常具象和清晰。

《世袭与民主》出版不久，有理由期待这一 2018 年问世的作品日后成为国际日本研究的一部经典之作。包括阿瑟·斯托克温、希拉·史密斯（Sheila Anne Smith）在内，大部分书评人都断言，该书将长期成为日本政治课程的重要参考，也理应成为选举政治、比较政治研究的必读书目。①此言非虚，深有同感。

---

① Sheila A. Smith, "Review of Dynasties and Democracy: The Inherited Incumbency Advantage in Japan," *The Journal of Asian Studies*, Vol.79, Issue 1, February 2020, pp.203—204; Arthur Stockwin, "Review of Dynasties and Democracy: The Inherited Incumbency Advantage in Japan by Daniel M. Smith," *The Journal of Japanese Studies*, Vol.47, No.1, Winter 2021, pp.148—149.

第十八章

多重方法与国际比较下的概念论证：
丹尼尔·奥尔德里奇的灾难叙事

在日本研究中，"灾难叙事"是一个极为特殊的议题，具有强烈的现实关怀，涉及多个学科领域。近年来，美国学者丹尼尔·奥尔德里奇（Daniel P. Aldrich）成为这一领域研究的代表性学者之一。奥尔德里奇现为美国东北大学社会科学和人文学院的政治学教授，2005 年在哈佛大学获得博士学位。在 2008 年至 2019 年的短短 11 年时间中，他相继出版了五部著作，除 2014 年的《亚洲灾难中的韧性与恢复：社群联系、市场机制和治理》与 2015 年的《灾后的健康、韧性与可持续社群》为合著之外①，其余三部皆为独著。2008 年的《选址纷争：日本与西方的设施争端与市民社会》、2012 年的《构筑韧性：灾后恢复的社会资本》、2019 年的《黑潮：联系和治理如何塑造 3.11 之后日本的灾后恢复》出版后，均在第一时间由密涅瓦书房、世界思想社等日本知名出版社推出日译版，《构筑韧性》还有中文繁体字译本。②2014 年和 2020 年，《构筑韧性》与《黑潮》两书分别获得日本 NPO 学

---

① Daniel P. Aldrich, Sothea Oum, and Yasuyuki Sawada eds., *Resilience and Recovery in Asian Disasters*：*Community Ties*，*Market Mechanisms*，*and Governance*，New York：Springer，2014；Institute of Medicine, *Healthy*，*Resilient and Sustainable Communities after Disasters*：*Strategies*，*Opportunities*，*and Planning for Recovery*，Washington D. C.：The National Academy of Sciences, 2015.

② Daniel P. Aldrich, *Site Fights*：*Divisive Facilities and Civil Society in Japan and the West*，Ithaca and London：Cornell University Press, 2008, 日译本ダニエル·P·アルドリッチ『誰が負を引きうけるのか：原発·ダム·空港立地をめぐる紛争と市民社会』，京都：世界思想社、2012 年。Daniel P. Aldrich, *Building Resilience*：*Social Capital in Post-Disaster* （转下页）

会的优秀奖和评选委员会特别奖，颇受业内的高度评价。

从这些著作的标题可以看出，灾后恢复和重建始终是奥尔德里奇研究的焦点，而市民社会、社会资本、韧性、治理等关键词则一脉相承，贯穿于各部著作。本章拟从国际日本研究的角度，选取《构筑韧性》与《黑潮》这两部作者最具代表性的著作作一分析，侧重其方法论意义。①

在皮埃尔·布尔迪厄（Pierre Bourdieu）、詹姆斯·科尔曼（James S. Coleman）、罗伯特·帕特南（Robert D. Putnam）、弗朗西斯·福山（Francis Fukuyama）等诸多学者的努力下，社会资本的概念在学术界行世既久、人所习知，似乎剩义无多。因此，就核心概念而言，两书无意标新立异，而在于着力阐释这一概念，对其进行言之有据的事实论证。在这点上，《构筑韧性》做得颇为成功，而《黑潮》则提供了更多侧面的启示。

第一节　《构筑韧性》的方法论启示

《构筑韧性》的立论十分简单，一言以蔽之，其基本观点是：地区共同体的社会资本对于灾难应对和灾后复兴的速度和进程产生重要影响。从正面的角度来说，较高水平的社会资本有助于加速灾后恢复，并协助幸存者开展协作，以更有效的方式着手灾后重建。

整体而言，全书在概念构建、论证过程中主要表现出以下三个方面的

（接上页）*Recovery*, Chicago: University of Chicago Press, 2012, 日译本 D·P·アルドリッチ『災害復興におけるソーシャル・キャピタルの役割とは何か：地域再建とレジリエンスの構築』、石田祐、藤澤由和訳、京都：ミネルヴァ書房、2015 年。Daniel P. Aldrich, *Black Wave: How Connections and Governance Shaped Recovery from Japan's 3/11 Disasters*, Chicago: University of Chicago Press, 2019, 日译本 D·P·アルドリッチ『東日本大震災の教訓：復興におけるネットワークとガバナンスの意義』、飯塚明子、石田祐訳、京都：ミネルヴァ書房、2021 年。

① 奥尔德里奇也曾写过两篇基于自身研究经历的方法论短文，参见 Daniel P. Aldrich, "The 800-Pound Gaijin in the Room: Strategies and Tactics for Conducting Fieldwork in Japan and Abroad," *PS: Political Science and Politics*, Vol.42, No.2, April 2009, pp.299—303; Daniel P. Aldrich, "Let the Field Be Your Guide," in Nora Kottmann and Cornelia Reiher eds., *Studying Japan: Handbook of Research Designs, Fieldwork and Methods*, Baden-Baden: Nomos, 2020, pp.43—46。

特点。

第一，强化多个层次的比较研究。奥尔德里奇分析了四场重大灾难及其对应的灾后重建：1923 年的东京大地震（日本东京市）、1995 年的阪神大地震（日本神户市）、2004 年的印度洋海啸（印度泰米尔纳德邦）、2005 年的卡特里娜飓风（美国新奥尔良市）。其中，日本的两个案例着重灾后中长期的变化，印度和美国的另两个案例则侧重中短期的灾后恢复。

这一比较不仅包括不同时间段、国别、灾难类型间的比较，更重要的还涉及案例内部不同地区间的比较。这是因为，即便是在同一个国别案例中，特定地区之间也不乏显著的差异。例如，在阪神大地震的案例中，真野与御藏两个地区的表现就颇为不同。[1]尽管两者均位于神户市长田区市中心的商住混合区，人口等各方面基础条件较类似，但在灾后自救中的表现却判若云泥。真野的居民由于在反污染运动、社会发展计划等市民参与活动中已有长期的实践，因此自发组织的消防队反应迅速，成功地扑灭了地震引起的火灾，而在御藏等邻近地区，苦于缺乏日常协作，应对失序、束手无策，只能眼睁睁地看着大火将家园付之一炬。[2]

从写作实践而言，现实与历史的比较、不同国别和国别内部的比较，都增加了概念适用的难度，但反过来也使全书对于社会资本重要性的论证显得更为立体和丰满。

第二，在定量和定性方法结合下，创造性展示量化分析的技巧。作者在书中综合运用了多种方法，除了常规的问卷、访谈之外，还涉及过程追踪、时间序列、最大似然横截面模型（cross-sectional maximum likelihood model）、倾向分数配对（propensity score matching）等。

强调社会资本在灾后重建甚至是广义社会发展进程中的重要意义，这一判断本身或许并不新奇，也较少争议，关键在于得出这一结论的推导过程和

---

[1] 值得指出的是，对于这一比较案例的选择和相关史实的陈述，其他学者基于历史梳理和现状分析，提出了颇为强烈的质疑。参见 Tom Gill, "Review: Building Resilience: Social Capital in Post-Disaster Recovery by Daniel P. Aldrich," *Social Science Japan Journal*, Vol.17, No.1, Winter 2014, pp.118—122。

[2] Daniel P. Aldrich, *Building Resilience: Social Capital in Post-Disaster Recovery*, pp.77—78.

技术路径。如何测定社会资本，又如何呈现社会资本与重建进程之间的事实关系是该书面临的重大挑战，也恰恰是其最大的学术贡献，而上述方法的综合运用正是服务于这一目的。

在既有研究的基础上，奥尔德里奇在书中将"社会资本"定义为"通过聚合型（bonding）、桥接型（bridging）和联结型（linking）社会网络获取的资源，以及通过这些联系所传递的规范和信息"。①"聚合型社会资本"主要体现在社群成员之间，如邻里和亲属，这些成员原本就具有一定的同质性；"桥接型社会资本"超越族群、人种、宗教等因素的分裂和区隔，将不同集团或网络的成员联系在一起，顾名思义起到了"桥梁"或"嫁接"的作用；与前两者相对水平的联系不同，"联结型社会资本"则发生在社会权力阶层相距较远的主体之间，具有更大的垂直型，如本地社群从上一级政府代表、境外非政府组织等处获得资源和信息。②

"韧性"出现在该书标题中，是其另一个核心关键词，与上述对"社会资本"的阐释相对应。根据奥尔德里奇的界定，"韧性是居民所在地（neighborhood）经受灾难等危机、通过协作努力和合作活动参与有效恢复和高效恢复的一种能力"。③在奥尔德里奇的笔下，灾后韧性包括五个方面：个人与家庭的社会心理福祉；组织和机构的重建；在经济和商业意义上重启服务和生产；重建基础设施体系的完整性；公共安全与政府的正常运作。在该书中，奥尔德里奇将韧性聚焦于社区层面而非个人层面，强调危机之后邻里、辖区、区域参与积极的、以网络连接的适应过程。而在具体操作中，他将人口恢复数据作为衡量灾后韧性的主要依据。

对社会资本的批评通常指摘其概念模糊，缺乏清晰的因果作用机制。为此，奥尔德里奇指出，社会资本之所以有助于克服集体行动的难题、避免公地悲剧或囚徒困境，是由于以下三种机制及其在灾后恢复中的特殊应用：其一，社会资本在网络成员之间建立关于"服从"和"参与"的新规范，从而

---

① Daniel P. Aldrich, *Building Resilience*: *Social Capital in Post-Disaster Recovery*, p.33.

② Ibid., pp.31—34.

③ Ibid., p.7.

加强网络成员的"发声"（voice），降低其"退出"（exit）的可能；其二，社会资本为集体内部的各个个体提供信息和知识，对网络中其他成员施加约束，由此在灾后起到"非正式保险"和相互援助的作用；其三，社会资本在网络成员间创造信任感，从而有助于克服那些阻挠恢复和重建的集体行动难题。[1]在书中，社会资本与社会网络基本等价，被交替使用。

奥尔德里奇考察了六个解释灾后恢复速度的变量：治理质量、外来援助、损害程度、人口密度、人口与经济社会状况、社会资本。其基本观点是，相比经济社会状况、人口密度、损害程度、外来援助等通常被提及的因素，高水平的社会资本扮演起了灾后恢复"核心引擎"的角色。换言之，拥有较强社会网络的幸存者将经历更快的灾后恢复，得到更多所需的信息、工具和援助。[2]

奥尔德里奇多次强调，社会资本的表现并不是千篇一律的，帕特南笔下意大利的社会资本，恐怕很难套用到印度的身上，反之亦然。因此，四个案例中尽管社会资本均为自变量，灾后重建或曰"灾后韧性"均为因变量，但测算社会资本的指标却各有不同。奥尔德里奇充分考虑了各个案例的社会文化特殊性，同时根据数据的可得性，利用多种指标测算社会资本的高低，并分析其对因变量的影响。在1923年东京大地震的案例中，他选取了东京警视厅39个辖区的市政选举投票率和每年的政治游行数量作为判断社会资本高低的指标。在1995年阪神大地震的案例中，选取神户市九个行政区的人均非赢利组织的数量来衡量社会资本。在2004年印度洋海啸的案例中，奥尔德里奇分析了泰米尔纳德邦内六个村庄的社会资本，测算了60个村庄得到灾后援助的速度。在此基础上，对1600名海啸幸存者作了问卷调查，发现参与红白喜事等当地仪式较为积极的个体往往能够得到来自政府和非政府部门的更多援助。在2005年卡特里娜飓风的案例中，投票率被设为考察社会资本的指标，同时，美国联邦紧急事务管理署（FEMA）安置拖车屋和移动式房屋的地点和数量被作为衡量灾后恢复的指标。结果显示，由于"邻避

① Daniel P. Aldrich, *Building Resilience*: *Social Capital in Post-Disaster Recovery*, pp.37, 46.
② Ibid., p.37.

作用"，在政治事务中较为积极的地区反而是接收拖车临时安放较少的地区。

通过对上述四个案例的缜密分析，全书的结论变得水到渠成，也较能服众：较多的社会资本能够通过协同和合作，提高从危机和灾难中恢复的效率和效能。①

第三，注重对核心概念的多角度剖析。奥尔德里奇强调，社会资本是一把双刃剑，不但可以作为一种良性的公共产品（public good），也有可能变身为恶性的公共产品或曰公害（public bad）。换言之，社会资本的"正外部性"与"负外部性"并存。这一判断，既反映了将社会资本作为公共产品的研究在学界发展变化的新趋势，也为解释特殊历史现象提供了简洁的概念辨析。

在这个意义上，如果说神户的案例是正面案例，充分展示了社会资本的正向作用，美国的案例则是负面案例，而东京和印度的案例相应地体现出混合案例的特征。吾之蜜糖、彼之砒霜，社会资本亦不例外。在印度的案例中，贱民等低种姓，妇孺、孤孀等弱势群体在灾后恢复过程中处于边缘化甚至受排斥的地位。对于熟悉日本历史的读者而言，也大多对东京大地震之后在日朝鲜人遭受虐杀的史实有所耳闻。在特定背景下，日本人社群中较高水平的社会资本，对于在日朝鲜人等其他族群而言，恰恰表现为一种具有排他性的"恶性的公共产品"。

尽管日本的案例占据了四个案例中的一半，但《构筑韧性》并不是纯粹意义上的"日本研究"。也正因如此，对于该书的书评不仅出现在日本研究与区域研究相关的学术期刊上，社会学、政治学、公共管理等学科专业类期刊也刊登了大量推介和评述。在日文学界，或许是由于救灾减灾、灾后重建问题在日本社会的重要性，同时也得益于日译本的快速问世，对《构筑韧性》一书亦有较多关注。除了小松理佐子、王文洁等学者的书评之外，相关研究的引用率颇为可观，且大多从正面的角度引述其基本观点。②大体而言，

---

① Daniel P. Aldrich, *Building Resilience: Social Capital in Post-Disaster Recovery*, p.149.

② 相关研究众多，例如佐藤嘉倫「大規模災害と社会的格差」、『社会学年報』、第 44 巻、2015 年、39—41 頁；佐々木由理、相田潤、三浦宏子「被災地におけるソーシャル・キャピタルの役割」、『保健医療科学』、第 69 巻第 1 号、2020 年、25—32 頁。

这些引述主要集中在两个角度，一是对社会资本、韧性等书中核心概念的借用和进一步阐发；二是通过自身的调查，补充或修正书中提到的例证材料和论证过程。限于篇幅，在此不作过多展开。

第二节　《黑潮》：单一案例中的比较研究

2012 年成书的《构筑韧性》没有来得及将 2011 年的 3.11 东日本大地震纳入案例，2019 年问世的《黑潮》则聚焦后者，开展了十分深入的研究。《构筑韧性》全书 232 页，但除去注释、附录和参考文献等，正文部分仅有 166 页。因此，四个案例的分析都相当简洁，并无细节的铺陈，而是通过精要的数据分析，一针见血地呈现论证和结果。这一篇幅上的遗憾在《黑潮》中得到了一定程度的弥补。全书的正文尽管也只有 194 页，但由于仅有单一案例，在阐释的广度和深度上大大加强，在资料方面，也更加游刃有余。除了综合研究开发机构（NIRA）发布的"东日本大地震恢复和重建指数"（東日本大震災復旧・復興インデックス）等既有数据之外，奥尔德里奇还通过问卷、访谈等获得诸多第一手数据。

任何一个在 You Tube 等网站上看过现场视频的读者恐怕都会同意，在地震过后和海啸来临之前转瞬即逝的时间窗口中，是否有旁人施以援手，相互提醒或彼此协助撤至高地，将会是生死之别的不同景象。如何对其进行概念提炼和学理归纳？这正是奥尔德里奇所做的。他希望辨析，为何不同地区在东日本大地震中的状况迥异，无论是死亡率还是灾后恢复程度都大相径庭。为此，他聚焦"网络"与"治理"两个关键词，其基本的结论是，拥有更强网络和更好治理的个人和社群既能提高在灾难中的生存率，也能加速灾后恢复。[1]在这里，"网络"被定义为人与人之间的联系，与前述的社会资本基本等同。奥尔德里奇始终强调，个人和地方从悲剧和苦难中恢复元气"并不是通过财富、政府援助或自上而下的领导，而是通过他们的邻

---

[1] Daniel P. Aldrich, *Black Wave: How Connections and Governance Shaped Recovery from Japan's 3/11 Disasters*, p.13.

里、联系与社会网络"。①邻里之间的横向联系"比人口状况、防波堤的基础设施、海啸高度等一般被认为决定死亡率的因素更为重要"。②

鉴于 3.11 东日本大地震包含地震、海啸、核事故三重灾难，这一案例内部事实上也存在着巨大的比较空间。同时，奥尔德里奇将全书的分析分为从小到大的五个层次：个人、地方（市町村）、区域（县）、国家、国际。每一个层次内部都有着更为微观的比较，并将其与社会资本这一核心概念挂钩。例如，在市町村等地方层次，奥尔德里奇将犯罪率作为衡量聚合型社会资本和社会信任度高低的指标。其结论是，相比犯罪率仅为 0.15‰的地方，犯罪率为 1‰～2‰的地方在这场灾难中的死亡率超过 30 倍。③而在区域层次，那些与国会议员、县议员及政治家保持人脉联系的地区，其灾后恢复速度远远高于没有这一类政治资源的地区。从现实来看，得益于较高的社会联系和治理水平，宫城县比福岛县和岩手县恢复得明显更快。换言之，是否在中央政府"朝中有人"，是否与非政府组织、国际援助组织等外部行为体"广结外缘"，是成为衡量这一纵向社会联系和治理水平的重要指标。

相比由上至下、高度集中、整齐划一的路径，奥尔德里奇显然更青睐由下至上、灵活分散、因地制宜的路径，认为后者更有助于积累社会资本，建立起有效的社会网络。为此，他在书后的政策建议中强调，要强化公私协作，遵循基于共识和公平的规划方式，构建更为紧密的社会联系和善治。

《构筑韧性》和《黑潮》相继出版后，不少学者颇受启发。无论是对社会资本、灾难治理的研究，还是将两者结合起来的分析，在日文学术界都为数众多。以山内直人、川胁康生等学者为代表，涌现了诸多作品。④例如，哈

---

① Daniel P. Aldrich, *Black Wave：How Connections and Governance Shaped Recovery from Japan's 3/11 Disasters*, p.61.

② Ibid., p.73.

③ Ibid., p.81.

④ 山内直人「防災・災害復興におけるソーシャル・キャピタルの役割」、『DIO：連合総研レポート』、No.265、2011 年 11 月 1 日、4—7 頁；Yasuo Kawawaki, "Building Resilient Coastal Communities: Role of Social Capital," *Proceedings of the Twelfth International Conference on the Mediterranean Coastal Environment, October 2015*, pp.33—43；Yasuo Kawawaki, "Role of Social Networks in Resisting Disparities in Post-disaster Life Recovery：Evidence from 2011 Great East Japan Earthquake," *International Journal of Disaster Risk Reduction*, Vol.50, November 2020.

佛大学公共卫生研究院河内一郎对 1995 年芝加哥热浪和 3.11 东日本大地震（基于日本老年学评价研究）作了对比梳理，探讨了这两个案例中社会资本与灾后恢复的关系。[1]川胁康生利用 3.11 东日本大地震后东北三县的问卷调查，从"共助"的角度，探讨了"受援"和"支援"的相互关系，及其形成的社会资本对灾后恢复的影响，特别分析了邻里交往与受灾程度和灾后恢复程度之间的关系。[2]渡边聪从"环境复兴"的视角，探究了岩手县的灾后恢复和社会资本。[3]岩垣穗大等学者从社会资本和精神健康的角度，开展了对福岛核电事故后老年人和育儿母亲的调查分析。[4]薛欣怡聚焦个人层次，对老年人在灾后恢复过程中的社会资本做了颇为深入的文献梳理。[5]高桥百合子则更进一步，通过合成控制方法（synthetic control method）和"反事实推理"的方法，分析了地震等大规模自然灾害对体制转型和民主化进程的影响。[6]这些研究都进一步印证了奥尔德里奇的研究结论，并与之形成了互补。

第三节 过犹不及：对概念论证的再思考

在对社会资本的研究中，跨学科的特征、不同的侧重点或变量差异及其

① イチロウ・カワチ「社会関係資本と災害に対するレジリエンス」、『学術の動向』、第 18 巻第 10 号、2013 年、95—99 頁。
② 川脇康生「地域のソーシャル・キャピタルは災害時の共助を促進するか：―東日本大震災被災地調査に基づく実証分析―」、『ノンプロフィット・レビュー』、第 14 巻第 1&2 号、2014 年、1—13 頁；川脇康生「東日本大震災と被災地住民の近所付き合いの変化：災害回復力ある地域コミュニティの要因分析」、『地区防災計画学会誌』、第 2 号、2015 年 1 月、49—60 頁。
③ 渡邉聡「被災地域における復興プロセスとソーシャル・キャピタルの効果―東日本大震災後の岩手県を事例に―」、『鈴鹿大学紀要』、No.22、2015 年、93—106 頁。
④ 岩垣穂大、辻内琢也、扇原淳「大災害時におけるソーシャル・キャピタルと精神的健康―福島原子力災害の調査・支援実績から―」、『心身医』、第 57 巻第 10 号、2017 年、1013—1019 頁。
⑤ 薛欣怡「個人レベルのソーシャル・キャピタルの視点から見た復旧・復興過程研究の論点整理：高齢者に焦点をあてて」、『情報学研究：東京大学大学院情報学環紀要』、第 96 巻、2019 年、75—90 頁。
⑥ 高橋百合子「大規模自然災害と体制移行：統合制御法（the synthetic control method）によるメキシコ 1985 年大地震の事例分析」、『年報政治学』、第 68 巻第 2 号、2017 年、149—172 頁。

导致的相互批评早已成为某种常态。①因此，相当一部分书评对《构筑韧性》的讨论仍不可避免地聚焦到对社会资本和韧性这两个关键词的概念界定和论证方法上，认为其测算指标的统一性和连贯性有待提高。②2013 年 3 月，《公共政策中的风险、危害与危机》(*Risk，Hazards & Crisis in Public Policy*) 杂志出版了评论该书的专刊。六位学者做了专题评论。有学者强调中央政府等"基层以上"(supra-local) 行为体的作用，认为"从下而上"与"从上而下"的路径并行不悖，应彼此结合。③有学者呼吁根据统一的的变量指标，对不同灾难案例作更为系统的比较。④有学者指出，在部分案例中，与其说存在社会资本的负面外溢效应，毋宁说是社会资本"缺位"了。⑤对此，奥尔德里奇也作了集中回应。⑥

此外，不少评论批评认为，书中对社会资本的描述时有泛化，且有将其作用刻意拔高或过分突出之嫌。⑦也有学者质疑，所谓的"社会资本"从何而来，是否完全独立于作者极力弱化的"经济社会状况"？⑧ 罗宾·勒布朗

---

① 迪特林德·施托勒：《社会资本》，载罗伯特·E. 戈定主编、拉塞尔·J. 达尔顿、汉斯·迪特尔-克林格曼编：《牛津政治行为研究手册》，王浦劬主译，人民出版社 2018 年版，第 609—627 页。

② 例如可参见 N. Emel Ganapati, "Review: Building Resilience: Social Capital in Post-Disaster Recovery by Daniel P. Aldrich," *Perspectives on Politics*, Vol. 13, No. 1, March 2015, pp. 220—221。

③ Kathleen Tierney, "'Only Connect!' Social Capital, Resilience, and Recovery," *Risk, Hazards & Crisis in Public Policy*, Vol. 4, No. 1, 2013, pp. 1—5.

④ Rieko Kage, "Social Capital and the Future of Disaster Recovery Research," *Risk, Hazards & Crisis in Public Policy*, Vol. 4, No. 1, 2013, pp. 6—10.

⑤ Ilan Noy, "Social Capital in Post-Disaster Recovery: Concepts and Measurement," *Risk, Hazards & Crisis in Public Policy*, Vol. 4, No. 1, 2013, pp. 11—16.

⑥ Daniel P. Aldrich, "Response to My Critics," *Risk, Hazards & Crisis in Public Policy*, Vol. 4, No. 1, 2013, pp. 32—43.

⑦ 例如可参见 Andreas Duit, "Review: Building Resilience: Social Capital in Post-Disaster Recovery," *Public Administration*, Vol. 92, No. 2, 2014, pp. 512—517; Kevin Fox Gotham and Bradford Powers, "Review: Building Resilience: Social Capital in Post-Disaster Recovery by Daniel P. Aldrich," *Contemporary Sociology*, Vol. 44, No. 1, January 2015, pp. 30—31。

⑧ Ma. Theresa R. Milallos, "Book Review: Building Resilience Social Capital in Post Disaster Recovery," *Journal of Contemporary Asia*, Vol. 43, Issue 3, 2013, pp. 566—568; Tom Gill, "Review: Building Resilience: Social Capital in Post-Disaster Recovery by Daniel P. Aldrich," *Social Science Japan Journal*, Vol. 17, No. 1, Winter 2014, pp. 118—122.

(Robin M. LeBlanc）则指出，书中所测算的"社会资本"事实上主要是"政治资本"，尽管两者确实存在联系，但并不能等量齐观。①

可以说，《构筑韧性》所蕴含的潜在缺陷在《黑潮》中被进一步放大了。两书的结论是高度一致的，都意在强调社会资本的重要性，但在行文中却存在着不小的差异，主要体现在以下三个方面。

首先，从方法论的角度而言，《构筑韧性》侧重于不乏争议但相对严格的量化研究，与之不同，奥尔德里奇在《黑潮》中似乎注意到了过于强调方法论所带来的弊端，有意降低其存在感，将大部分图表都移至正文之后的附录中。②因此，《黑潮》尽管也不乏与《构筑韧性》类似的方法运用和量化分析，但整体上又回到了用事例片段阐释概念和推导论证的传统路径上。一定程度上，与《构造韧性》相比，《黑潮》在研究方法上的独创性和突破性有所弱化。

其次，《黑潮》在2019年成书之时，3.11东日本大地震已过去八年。在此期间涌现的调查报告和研究成果如果用"数以百计"来形容恐怕并非夸大其词。例如，截至2022年1月10日，如果把日文"東日本大震災の教訓"（东日本大地震的教训）作为关键词输入CiNii数据库，检索所得文献就达545项之多。不仅是在日文学界，在英文学界充满细节呈现和理论反思的优秀作品也为数众多。③这些既有研究提供了异常丰富的素材，也对后续研究如何与其有所差异提出了挑战。就该书自身而言，对于细节的呈现、对于不同层次的梳理都值得称道。但这一类的研究在既有研究特别是日文出版物中并不缺乏。如何超越对既有资料的爬梳、综合、汇总，《构筑韧性》自身或许为《黑潮》提供了不小的启示。

---

① Robin M. LeBlanc, "Review: Building Resilience: Social Capital in Post-disaster Recovery by Daniel P. Aldrich," *The Journal of Japanese Studies*, Vol. 41, No. 1, Winter 2015, pp. 185—189.

② Daniel P. Aldrich, *Black Wave: How Connections and Governance Shaped Recovery from Japan's 3/11 Disasters*, p. xv.

③ 例如 Tom Gill, Brigitte Steger and David H. Slater eds., *Japan Copes with Calamity: Ethnographies of the Earthquake, Tsunami and Nuclear Disasters of March 2011*, Oxford: Peter Lang, 2013; 2nd edition, 2015。

再次，2019 年《黑潮》出版之时，相比 2012 年的《构筑韧性》又过去了七年，就社会资本概念本身而言，"李杜诗篇万口传，至今已觉不新鲜"的感觉或许更为强烈。为了充分围绕社会资本这一核心概念展开行文，该书对材料、观点的取舍存在一定的选择性风险，试举数例。其一，为了反复突出社会资本的重要性，作者提出了大量例证，但在核电、防汛墙、临时住宅安置等争论中，可以说都基本只呈现了争论的一面，或是众多声音中的一个。例如，他反复提到，相比社会资本的重要作用，原有的防波堤在扑面而来的海啸中，无论高低均遭灭顶之灾，因此，在灾后恢复中，重建防波堤并不是明智之举。众所周知，3.11 大地震中的海啸高度远远超过当时所有防波堤的预期设计，但这并不能说明这些设施对于今后较小规模的海啸完全无用。正如作者所言，在海啸中能否得以生存，取决于时机（chance）、选择（choices）、联系（connections）的结合（combination）。①社会"联系"固然重要，但并不能涵盖或凌驾于其他因素。同时，考虑到这些事态牵涉的多方利益，甚至颇为复杂的技术性因素，让更多的主体"现身说法"或许更有助于对社会资本等概念的全面论证。不然，不免给读者留下两方观点黑白对立，而其中一方又一意孤行的印象，仿佛日本政府完全站在了"社会资本"的对立面。其二，"物无美恶，过则为灾"，《构筑韧性》中所展示的社会资本的"双面性"在《黑潮》中反倒被虚化和简化了。其三，正如有学者所批评的，从理论上而言，既然书中描述了大量的冲突，为何"冲突理论"几乎不见踪影？② 换言之，对于相异理论和替代解释或许可以有更大的宽容度。奥尔德里奇在其学术的经验谈中曾强调："我们的研究应该始终是受问题驱动的，而不是受方法驱动的"。③这是颇有见地的论断，也不失为一种提醒。

---

① Daniel P. Aldrich, *Black Wave: How Connections and Governance Shaped Recovery from Japan's 3/11 Disasters*, p.29.

② Wesley Cheek, "Review: Black Wave: How Networks and Governance Shaped Japan's 3/11 Disasters by Daniel P. Aldrich," *Japan Review*, No.35, 2020, pp.235—236.

③ Daniel P. Aldrich, "Let the Field Be Your Guide," p.46.

第四节 结 语

奥尔德里奇本人及其家庭是卡特里娜飓风的受害者，在那场灾难中几乎失去了所有的家当。因此，他对于受灾群体及其灾后境遇有着异乎寻常的切身体验和情感投入。这种理性与感性的结合，使《构筑韧性》与《黑潮》等作品既追求严谨的学术论证，又饱含感情、行文流畅，具有较强的可读性。

对社会资本的批评往往认为这一定义虚无缥缈，又近乎包罗万象。奥尔德里奇的研究为其概念化、数量化、精确化作出了积极的努力。同时，该书对原始数据的精心收集、对研究数据的及时公开，得到其他学者的普遍赞赏。与近年来的不少学者一样，奥尔德里奇也将相关数据置于哈佛大学的社会科学数据库 Harvard Dataverse 中，可供免费下载。这为验证、复制其初始研究提供了便利，也有助于其他学者在定性和定量结合的基础上做出更大的学术探索。

《黑潮》完稿于 2018 年 10 月。2020 年初，席卷全球的新冠肺炎疫情突如其来。放眼未来，人类社会和世界各国恐怕还将继续面临无数难以预料的巨大灾难。对历史的梳理能在多大程度上揭示未来？在实然、应然、或然等各种层面，又该如何辨析社会资本、有效治理在灾难应对、灾后恢复中起到的作用？学术研究仍任重道远。

参考文献

一、中文文献

《附录　沟口雄三谈中国研究的认识论问题》，载孙歌：《探寻历史的"基体"：沟口雄三的中国思想史研究》，台北人间出版社 2016 年版。

《葛兆光：对于现实保持批评立场，是每一个人文学者都应秉持的》，《中国新闻周刊》第 958 期，2020 年 8 月 3 日。

《马场公彦：四本书固化了中国人的日本认识》，《东方历史评论》，2019 年 2 月 20 日。

《中国的日本研究著作目录（1993—2016）》，《日本学刊》，2016 年 12 月增刊。

J. 马克·拉姆塞耶、弗朗西丝·M. 罗森布鲁斯：《寡头政治：帝国日本的制度选择》，邱静译，江苏人民出版社 2013 年版。

Janet Hunter：《关于日本现代经济史的思考：一些基于英文文献的个人观点》，载宋志勇主编：《南开日本研究 2020》，天津人民出版社 2020 年版。

W. 拉夫伯尔：《创造新日本：1853 年以来的美日关系史》，史方正译，山西人民出版社 2021 年版。

阿尔君·阿帕杜莱：《消散的现代性：全球化的文化维度》，刘冉译，上海三联书店 2012 年版。

阿兰·梅吉尔：《历史知识与历史谬误：当代史学实践导论》，黄红霞、赵晗译，北京大学出版社 2019 年版。

埃娃·多曼斯卡编：《邂逅：后现代主义之后的历史哲学》，彭刚译，北京大学出版社 2007 年版。

爱德华·萨义德：《东方学》，王宇根译，生活·读书·新知三联书店 2019 年版。

安德鲁·戈登：《日本劳资关系的演变》，张锐、刘俊池译，江苏人民出版社 2011 年版。

北京日本学研究中心编：《中国日本学年鉴：1949—1990》，科学技术文献出版社 1991 年版。

北京日本学研究中心编：《中国日本学年鉴：1992》，科学技术文献出版社 1992 年版。

北京日本学研究中心编：《中国日本学文献总目录》，中国人事出版社 1995 年版。

彼得·伯克：《历史学与社会理论》，李康译，上海人民出版社 2019 年版。

彼得·伯克：《什么是文化史》，蔡玉辉译，北京大学出版社 2020 年版。

布莱恩·拉斯本：《访谈与定性田野调查方法：实用主义与实用性》，载珍妮特·M. 博克斯-史蒂芬斯迈埃尔、亨利·布雷迪、戴维·科利尔编：《牛津政治学研究方法手册》，臧雷振、傅琼译，人民出版社 2020 年版。

蔡勇美、萧新煌主编：《社会学中国化》，台北巨流图书公司 1986 年版。

初晓波、李尧星：《中国的日本研究：历史、现状与展望——初晓波教授访谈》，《国际政治研究》2020 年第 2 期。

初晓波：《日本地区研究的论争与发展》，《国际政治研究》2018 年第 5 期。

大贯惠美子：《作为自我的稻米：日本人穿越时间的身份认同》，石峰译，浙江人民出版社 2015 年版。

迪特林德·施托勒：《社会资本》，载罗伯特·戈定主编、拉塞尔·达尔顿、汉斯·迪特尔-克林格曼编：《牛津政治行为研究手册》，王浦劬主译，人民出版社 2018 年版。

渡边昭夫：《西方国际关系学说在东亚：日本的经验》，载袁明主编：《跨世纪的挑战：中国国际关系学科的发展》，北京大学出版社 2007 年版。

多萝西·罗斯：《美国社会科学的起源》，王楠、刘阳、吴莹译，生活·读书·新知三联书店 2019 年版。

费正清：《费正清中国回忆录》，闫亚婷、熊文霞译，中信出版社 2013 年版。

弗朗索瓦·于连、狄艾里·马尔塞斯：《（经由中国）从外部反思欧洲》，张放译，大象出版社 2005 年版。

高柏：《经济意识形态与日本产业政策：1931—1965 年的发展主义》，安佳译，上海人民出版社 2008 年版。

高柏：《日本经济的悖论：繁荣与停滞的制度性根源》，刘耳译，商务印书馆 2004 年版。

高柏：《西方社会科学理论与日本研究：清华大学日本研究中心高级培训班讲习录》，社会科学文献出版社 2013 年版。

高增杰：《日本学与日本文化研究》，《日本问题》1990 年第 1 期。

高增杰：《日本社会文化研究史上的一次变革——关于日本学研究方法论的一点思考》，《日本问题》1990 年第 3 期。

葛兆光：《思想史研究课堂讲录》（三编），生活·读书·新知三联书店 2019 年版。

龚浩群：《给予与禁忌——一个泰国村庄选举实践的民族志》，载阮云星、韩敏主编：《政治人类学：亚洲田野与书写》，浙江人民出版社 2011 年版。

龚浩群：《信徒与公民：泰国曲乡的政治民族志》，北京大学出版社 2009 年版。

沟口雄三：《中国思想和思想史研究的视角》，《文史哲》2002 年第 3 期。

沟口雄三：《日本人视野中的中国学》，李甦平、龚颖、徐滔译，中国人民大学出版社 1996 年版。

顾若鹏：《从人到鬼，从鬼到人：日本战犯与中国的审判》，台北远足文化 2021 年版。

顾若鹏：《拉面：食物里的日本史》，夏小倩译，广西师范大学出版社 2019 年版。

郭定平：《中国的日本政治研究回顾与展望》，载李薇主编：《当代中国日本研究（1981—2011）》，中国社会科学出版社 2012 年版。

郭循春：《中国改革开放 40 年来的日本研究——基于"大数据"统计的分析》，载宋志勇主编：《南开日本研究 2018》，天津人民出版社 2018 年版。

海登·怀特：《历史的和意识形态的叙事》，载海登·怀特著、罗伯特·多兰编：《叙事的虚构性：有关历史、文学和理论的论文（1957—2007）》，马丽莉、马云、孙晶姝译，南京大学出版社 2019 年版。

韩敏：《一个家乡人类学者的实践与思考》，载阮云星、韩敏主编：《政治人类学：亚洲田野与书写》，浙江人民出版社 2011 年版。

何柔宛：《清算：华尔街的日常生活》，翟宇航、宋岳、张树沁、胡凤潮译，华东师范大学出版社 2018 年版。

何亚伟：《怀柔远人：马嘎尔尼使华的中英礼仪冲突》，邓常春译，社会科学文献出版社 2019 年版。

加里·金、罗伯特·基欧汉、悉尼·维巴：《社会科学中的研究设计》，格致出版社 2014 年版。

今井耕介：《量化社会科学导论》，祖梓文、徐轶青译，上海财经大学出版社 2020 年版。

酒井直树、陈湘静：《亚洲抵抗的方式：亚洲的知识生产与文化政治——酒井直树教授访谈录》，《现代中文学刊》2016 年第 6 期。

卡瑞尔·范·沃尔夫伦：《日本权力结构之谜》，任颂华译，中信出版集团 2020 年版。

柯文：《英文平装再版序言》，载柯文：《在中国发现历史：中国中心观在美国的兴起》，林同奇译，社会科学文献出版社 2017 年版。

克莱德·普雷斯托维茨：《美日博弈：美国如何将未来给予日本，又该如何索回》，于杰、冯佳、张健译，中信出版集团 2021 年版。

克利福德·格尔茨：《地方知识：阐释人类学论文集》，杨德睿译，商务印书馆 2016 年版。

克利福德·格尔茨：《文化的解释》，韩莉译，译林出版社 2014 年版。

克利福德·格尔茨：《烛幽之光：哲学问题的人类学省思》，甘会斌译，上海人民出版社 2017 年版。

李晶：《稻作传统与社会延续：日本宫城县仙台秋保町马场村的民族志》，生活·读书·新知三联书店 2019 年版。

李零：《何枝可依》，生活·读书·新知三联书店 2009 年版。

李芒：《新中国的日本文学研究和翻译出版概况》，载中华日本学会、北京日本学研究中心编：《中国的日本研究》，社会科学文献出版社 1997 年版。

李荣荣：《美国的社会与个人：加州悠然城社会生活的民族志》，北京大学出版社 2012 年版。

李薇主编：《当代中国日本研究（1981—2011）》，中国社会科学出版社 2012 年版。

李玉、刘玉敏、张贵来主编：《中国日本学论著索引：1949—1988》，北京大学出版社 1991 年版。

李玉、汤重南、林振江主编：《中国的日本史研究》，世界知识出版社 2000 年版。

李玉主编：《新中国日本史研究的回顾与展望》，天津古籍出版社 2012 年版。

理查德·霍加特：《识字的用途》，阎嘉译，商务印书馆 2020 年版。

林昶：《中国的日本研究杂志史》，世界知识出版社 2001 年版。

林昶：《中国日本研究杂志沿革初探》，载马兴国、崔新京主编：《中国的日本研究杂志历史回顾与展望》，辽宁大学出版社1995年版。

刘岳兵：《"中国式"日本研究的实像与虚像：重建中国日本研究相关学术传统的初步考察》，中国社会科学出版社2015年版。

卢汉超：《儒学与科学：和艾尔曼一席谈》，《海外中国学评论》第5辑，上海辞书出版社2015年版。

卢凌宇：《政治学田野调查方法》，《世界经济与政治》2014年第1期。

罗安清：《末日松茸：资本主义废墟上的生活可能》，张晓佳译，华东师范大学出版社2020年版。

罗兰·巴尔特：《符号帝国》，汤明洁译，中国人民大学出版社2018年版。

马里乌斯·詹森：《坂本龙马与明治维新》，曾小楚译，上海三联书店2019年版。

马里乌斯·詹森：《日本的世界观》，柳立言译，上海三联书店2020年版。

马特·古尔丁：《米，面，鱼：日本大众饮食之魂》，谢孟宗译，广西师范大学出版社2019年版。

马歇尔·萨林斯：《文化与实践理性》，赵丙祥译，上海人民出版社2002年版。

马兴国、崔新京主编：《中国的日本研究杂志历史回顾与展望》，辽宁大学出版社1995年版。

玛丽安娜·伊丽莎白·利恩：《成为三文鱼：水产养殖与鱼的驯化》，华东师范大学出版社2021年版。

迈克尔·赫茨菲尔德：《人类学：文化和社会领域中的理论实践》，刘珩、石毅、李昌银译，华夏出版社2013年版。

孟繁之编：《罗泰访谈录》，三晋出版社2019年版。

莫里斯·布洛克：《人类学与认知挑战》，周雨霏译，商务印书馆2018年版。

南开大学日本研究院、教育部国别和区域研究基地南开大学日本研究中心：《中国的日本研究（2009—2018）参考资料》，2019年6月。

聂友军：《日本学研究的"异域之眼"：以1872—1922年〈日本亚洲学会学刊〉为主线》，北京大学出版社2016年版。

欧文·戈夫曼：《日常生活中的自我呈现》，冯钢译，北京大学出版社2008年版。

蒲岛郁夫：《酷MA萌与我》，曹逸冰译，南海出版公司2017年版。

蒲岛郁夫：《战后日本政治的轨迹：自民党体制的形成与变迁》，郭定平、田雪梅、赵日迪译，上海人民出版社2014年版。

齐藤淳：《政治分肥：自民党长期政权的政治经济学》，杨帆、张帆译，上海人民出版社2017年版。

钱存训：《近代译书对中国现代化的影响》，载钱存训：《中美书缘》，台北文华图书馆管理资讯有限公司1998年版。

乔丹·桑德：《现代日本家与居：建筑、家庭空间与中产文化》，刘珊珊、郑红彬译，北京大学出版社2021年版。

乔林生：《民主的危机：日本"世袭政治"研究》，天津人民出版社2018年版。

乔治·贝利·桑瑟姆：《日本史：分裂与统一的280年》，黄霄龙、余静颖、葛栅婷译，社会科学文献出版社2021年版。

乔治·贝利·桑瑟姆：《日本史：江户时代》，孙婧译，社会科学文献出版社

2021 年版。

乔治·贝利·桑瑟姆：《日本史：律令国家的兴衰与武家政权的建立》，石杰夫译，社会科学文献出版社 2021 年版。

乔治·贝利·桑瑟姆：《日本文化简史：从起源到江户时代》，郭玉红译，社会科学文献出版社 2020 年版。

乔治·贝利·桑塞姆：《日本史：从南北朝到战国（1334—1615）》，北京大学出版社 2021 年版。

青木保：《日本文化论的变迁》，杨伟、蒋葳译，中国青年出版社 2008 年版。

萨道义：《明治维新亲历记》，谭媛媛译，文汇出版社 2017 年版。

桑山敬己：《学术世界体系与本土人类学：近现代日本经验》，姜娜、麻国庆译，商务印书馆 2019 年版。

山室信一：《面向未来的回忆——他者认识和价值创建的视角》，载中国社会科学研究会编：《中国与日本的他者认识——中日学者的共同探讨》，社会科学文献出版社 2004 年版。

邵继勇：《新中国日本史研究六十年有感》，载李玉主编：《新中国日本史研究的回顾与展望》，天津古籍出版社 2012 年版。

邵建国、冯晓庆：《日本历史研究》，载王志松编著：《中国当代日本研究（2000—2016）》，社会科学文献出版社 2019 年版。

沈卫荣、姚霜编：《何谓语文学：现代人文科学的方法和实践》，上海古籍出版社 2021 年版。

斯蒂芬·泰勒：《后现代民族志：从关于神秘事物的记录到神秘的记录》，载詹姆斯·克利福德、乔治·马库斯编：《写文化：民族志的诗学与政治学》，商务印书馆 2006 年版。

宋成有：《从北大〈日本学〉管窥中国的日本研究》，载林昶主编：《杂志视点：中国日本研究的深化及其与世界的链接》，世界知识出版社 2012 年版。

宋成有：《近十余年来的中国日本史研究概述》，载李玉主编：《新中国日本史研究的回顾与展望》，天津古籍出版社 2012 年版。

宋成有：《新中国日本史研究 70 年综述》，载南开大学世界近现代史研究中心：《世界近现代史研究》第 16 辑，社会科学文献出版社 2020 年版。

宋志勇、郭循春、丁诺舟：《我国日本研究现状的调查与解析》，载宋志勇主编：《南开日本研究 2020》，天津人民出版社 2020 年版。

谭汝谦主编、小川博编辑：《日本译中国书综合目录》，中国香港中文大学出版社 1981 年版。

谭汝谦主编、小川博编辑：《中国译日本书综合目录》，中国香港中文大学出版社 1980 年版。

田雁：《日文图书汉译出版史》，南京大学出版社 2017 年版。

田雁主编：《汉译日文图书总书目：1719—2011》，社会科学文献出版社 2015 年版。

丸山真男：《评贝拉的〈德川宗教〉》，载贝拉：《德川宗教：现代日本的文化渊源》，王晓山、戴茸译，生活·读书·新知三联书店 2003 年版，附录三。

丸山真男：《丸山真男讲义录》第 6 册，唐永亮译，四川教育出版社 2017 年版。

丸山真男：《政治学作为一门科学——回顾与展望》，载丸山真男：《现代政治的思想与行动》，陈力卫译，商务印书馆 2018 年版。

万峰：《中国日本史研究的历史沿革胪述》，载中华日本学会、北京日本学研究中心编：《中国的日本研究》，社会科学文献出版社 1997 年版。

王铭铭：《社会人类学与中国研究》，生活·读书·新知三联书店 1997 年版。

王奇生：《民国时期的日书汉译》，《近代史研究》2008 年第 6 期。

王向远：《20 世纪中国的日本文学译本目录（1898—1999）》，载王向远：《日本文学汉译史》，宁夏人民出版社 2007 年版。

王向远：《二十世纪中国的日本翻译文学史》，北京师范大学出版社 2001 年版。

王志松编著：《中国当代日本研究（2000—2016）》，社会科学文献出版社 2019 年版。

威廉·比斯利：《明治维新》，张光、汤金旭译，江苏人民出版社 2012 年版。

维维安娜·泽利泽尔：《进入文化》，载莫洛·纪廉等编：《新经济社会学：一门新兴学科的发展》，姚伟译，社会科学文献出版社 2006 年版。

乌尔里希·贝克：《风险社会：新的现代性之路》，张文杰、何博闻译，译文出版社 2018 年版。

吴晓黎：《社群、组织与大众民主：印度喀拉拉邦社会政治的民族志》，北京大学出版社 2009 年版。

西奥多·贝斯特：《邻里东京》，国云丹译，上海译文出版社 2007 年版。

西敏司：《甜与权力：糖在近代历史上的地位》，王超、朱健刚译，商务印书馆 2010 年版。

萧新煌：《旅美中国社会学家谈社会学中国化》，载蔡勇美、萧新煌主编：《社会学中国化》，台北巨流图书公司 1986 年版。

小威廉·休厄尔：《历史的逻辑：社会理论与社会转型》，朱联璧、费滢译，上海人民出版社 2012 年版。

小熊英二：《"民主"与"爱国"：战后日本的民族主义与公共性》，黄大慧等译，社会科学文献出版社 2020 年版。

小熊英二：《单一民族神话的起源：日本人自画像的系谱》，文婧译，生活·读书·新知三联书店 2020 年版。

谢宇：《走出中国社会学本土化讨论的误区》，《社会学研究》2018 年第 2 期。

严绍璗：《日本中国学史》，江西人民出版社 1991 年版。

严绍璗：《序言》，载聂友军：《日本学研究的"异域之眼"：以 1872—1922 年〈日本亚洲学会学刊〉为主线》，北京大学出版社 2016 年版。

扬·阿斯曼：《文化记忆：早期高级文化中的文字、回忆和政治身份》，金寿福、黄晓晨译，北京大学出版社 2015 年版。

杨栋梁、郭循春：《改革开放 40 年来我国的日本史研究——基于"大数据"统计的分析》，《历史教学问题》2019 年第 3 期。

杨国枢、文崇一主编：《社会及行为科学研究的中国化》，台北"中央研究院"民族学研究所 1982 年印。

杨联陞著、蒋力编：《莲生书简》，商务印书馆 2017 年版。

杨念群：《中层理论：东西方思想会通下的中国史研究（增订本）》，北京师范大学出版社 2016 年版，第 242—243 页。

野依良治：《大数据利用和活用的前景展望》，客观日本，https://www.keguanjp.com/kgjp_jiaoyu/kgjp_jy_gdjy/pt20210914000002.html。

叶启政：《社会理论的本土化建构》，北京大学出版社 2006 年版。

伊丽莎白·简·伍德：《田野调查》，载罗伯特·E.戈定主编：《牛津比较政治学手册》，唐士其等译，人民出版社 2016 年版。

永原庆二：《20 世纪日本历史学》，王新生等译，北京大学出版社 2014 年版。

于铁军：《日本特色的地区研究及其对中国的启示》，《国际政治研究》2018 年第 5 期。

园田茂人：《现代中国的日本研究：以研究机构与研究人员变迁为基础的发展特征分析》，载宋志勇主编：《南开日本研究 2020》，天津人民出版社 2020 年版。

约翰·W.道尔：《拥抱战败：第二次世界大战后的日本》，胡博译，生活·读书·新知三联书店 2008 年版。

詹姆斯·费伦、戴维·莱廷：《定性和定量研究方法的融合》，载珍妮特·博克斯-史蒂芬斯迈埃尔、亨利·布雷迪、戴维·科利尔编：《牛津政治学研究方法手册》，臧雷振、傅琼译，人民出版社 2020 年版。

詹姆斯·克利福德：《论民族志寓言》，载詹姆斯·克利福德、乔治·马库斯编：《写文化：民族志的诗学与政治学》，商务印书馆 2006 年版。

张金岭：《公民与社会：法国地方社会的田野民族志》，北京大学出版社 2012 年版。

张磊：《〈中国译日本书综合目录〉订补刍议》，《图书馆工作与研究》2000 年第 3 期。

张杨：《冷战与学术：美国的中国学：1949—1972》，中国社会科学出版社 2019 年版。

赵晋平、王婧：《基于大数据的日本学研究现状分析》，《日本问题研究》2018 年第 6 期。

赵京华：《日本后现代与知识左翼》，生活·读书·新知三联书店 2007 年版。

中华日本学会、北京日本学研究中心编：《中国的日本研究》，社会科学文献出版社 1997 年版。

中华日本学会、南开大学日本研究院、日本国际日本交流基金：《中国的日本研究（1997—2009）参考资料》，2010 年 5 月。

周启富：《中日文化交流的硕果——〈中国译日本书综合目录〉、〈日本译中国书综合目录〉评介》，《图书馆杂志》1986 年第 1 期。

周锡瑞：《后现代式研究：望文生义，方为妥善》，《二十一世纪》第 44 期，1997 年 12 月。

周晓虹：《"中国研究"的国际视野与本土意义》，《学术月刊》2010 年第 9 期。

周星：《沉思放谈中国人类学》，载高丙中、龚浩群主编：《中国人类学的定位与规范》，北京大学出版社 2015 年版。

周星：《文化人类学在中国和日本之间的可能性》，《中山大学学报》（社会科学版）2018 年第 6 期。

周一良：《毕竟是书生》，天津人民出版社 2016 年版。

邹振环：《中日书籍交流史上第一套互译目录——〈中国译日本书综合目录〉和〈日本译中国书综合目录〉述评》，《东方翻译》2017 年第 3 期。

二、日文文献

D. P. アルドリッチ『災害復興におけるソーシャル・キャピタルの役割とは何か：地域再建とレジリエンスの構築』、石田祐、藤澤由和訳、京都：ミネルヴァ書房、2015 年。

D. P. アルドリッチ『東日本大震災の教訓：復興におけるネットワークとガバナンスの意義』、飯塚明子、石田祐訳、京都：ミネルヴァ書房、2021 年。

H. D. ハルートゥニアン「曖昧なシルエット——イデオロギー、知、そして米国における日本学の形成」（上）、遠藤克彦訳、『みすず』、1998 年 5 月号。

H. D. ハルートゥニアン「曖昧なシルエット——イデオロギー、知、そして米国における日本学の形成」（中）、遠藤克彦訳、『みすず』、1998 年 6 月号。

J. W. ホール「日本の近代化——概念構成の諸問題」、金井円・森岡清美訳、『思想』、1961 年 1 月。

J. G. ファン・ブレーメン「人類学からみた日本研究」、『対象と方法—各専門から見た日本研究の問題点—』、国際シンポジウム（報告書）第 2 集、国際日本文化研究センター、1989 年。

J. V. ネウストプニー「日本研究のパラダイム—その多様性を理解するために—」、『国際シンポジウム（報告書）』第 1 集、国際日本文化研究センター、1989 年。

M. ラムザイヤー、F. ローゼンブルース『日本政治と合理的選択：寡頭政治の制度的ダイナミクス：1868—1932』、青木一益、永山博之、斉藤淳訳、河野勝監訳、東京：勁草書房、2006 年。

N. B. セイヤー『自民党』、小林克巳訳、東京：雪華社、1968 年。

T. J. ペンペル「比較の視座から見る日本政治—日本のどこが本当にユニークなのか—」、日本比較政治学会編『日本政治を比較する』、東京：早稲田大学出版部、2005 年。

Yukiko N. Bedford「アメリカにおけるエアリア・スタデイによる日本研究と日本の近代化」、『人文地理』、第 32 巻第 6 号、1980 年。

「課題　G. カーチス（新総選挙　「代議士誕生」のいま：中）」、『朝日新聞』、1996 年 8 月 30 日夕刊。

「海外での日本研究の停滞」、『わたしの構想』、第 48 号、2020 年 6 月。

「国際政治における合理的選択」、『国際政治』、第 181 号、2015 年 9 月。

「三宅一郎　略歴」、『情報研究：関西大学総合情報学部紀要』、第 15 巻、2001 年 9 月。

「小特集　鳥取県の地方政治家」、『ソシオロジ』、第 30 巻第 1 号、1985 年。

「政治改革　G. カーチス（新総選挙　「代議士誕生」のいま：下）」、『朝日新聞』、1996 年 8 月 31 日朝刊。

「選挙運動　G. カーチス（新総選挙　「代議士誕生」のいま：上）」、『朝日新

聞』、1996 年 8 月 28 日朝刊。

「特殊体制、縺れ合い　あるいは米国による日本の形象化について」、ハリー・ハルトゥーニアン『歴史と記憶の抗争：「戦後日本」の現在』、東京：みすず書房、2010 年。

「特集　日本研究の道しるべ：必読の一〇〇冊〉」、『日本研究』、第 57 集、2018 年 3 月。

『ノモス』、第 10 巻、1999 年 12 月。

『外国人の見た日本』、東京：筑摩書房、1961—1962 年。

『現代思想』、総特集＝築地市場、臨時増刊号、2017 年 7 月。

『知日家関係文献目録』、広島：広島大学教育社会学研究室、1983 年。

『日本版総合的社会調査共同研究拠点　研究論文集』、大阪商業大学、https://jgss. daishodai. ac. jp/research/res_top. html。

アキタ　ジョージ「アメリカの日本研究の第一世代」、『世界の日本研究』、No.3、1991 年。

アンドルー・ゴードン「日本特殊論からの脱却」、日本国際教育協会東京国際交流館・神戸大学国際シンポジウム実行委員会編『世界のなかの日本学』、東京：ぺりかん社、2003 年。

イチロウ・カワチ「社会関係資本と災害に対するレジリエンス」、『学術の動向』、第 18 巻第 10 号、2013 年。

カタジーナ・チフィエルトカ、安原美帆『秘められた和食史』、東京：新泉社、2016 年。

カレル・ヴァン・ウォルフレン『日本　権力構造の謎』、篠原勝訳、東京：早川書房、1990 年。

ガイタニディス・ヤニス、小林聡子、吉野文編集『クリティカル日本学――協働学習を通して「日本」のステレオタイプを学びほぐす』、東京：明石書店、2020 年。

ジェラルド・L・カーティス『ポスト冷戦時代の日本』、東京新聞外報部訳、東京：東京新聞出版局、1991 年。

ジェラルド・L・カーチス、山本正編『日米の責任分担　下田会議リポート』、東京：サイマル出版会、1982 年。

ジェラルド・L・カーチス、神谷不二編『沖縄以後の日米関係―七〇年代のアジアと日本の役割』、東京：サイマル出版会、1970 年。

ジェラルド・L・カーティス『ジャパン・ストーリー　昭和・平成の日本政治見聞録』、村井章子訳、東京：日経 BP 社、2019 年。

ジェラルド・L・カーティス『日本の政治をどう見るか』、木村千旗訳、東京：日本放送出版協会、1995 年。

ジェラルド・L・カーティス『永田町政治の興亡』、野上やよい訳、東京：新潮社、2001 年。

ジェラルド・カーチス『代議士の誕生―日本式選挙運動の研究』、山岡清二訳、東京：サイマル出版会、1983 年。

ジェラルド・カーチス『代議士の誕生―日本保守党の選挙運動』、山岡清二、大

野一訳、東京：日経 BP 社、2009 年。

　ジェラルド・カーチス『代議士の誕生―日本保守党の選挙運動』、山岡清二訳、東京：サイマル出版会、1971 年。

　ジェラルド・カーティス、石川真澄『土建国家ニッポン―「世界の優等生」の強みと弱み』、東京：光文社、1983 年。

　ジェラルド・カーティス『「日本型政治」の本質――自民党支配の民主主義』、山岡清二訳、東京：TBSブリタニカ、1987 年。

　ジェラルド・カーティス『政治と秋刀魚――日本と暮らして四五年』、東京：日経 BP 社、2008 年。

　ジェラルド・カーティス編著『政治家の役割―「政治主導」を政治の現場から問う』、東京：日本国際交流センター、2002 年。

　スーザン・J・ファー「職場における闘争―お茶くみの反乱―」、『レヴァイアサン』、第 8 号、1991 年。

　スティーヴン・R・リード「自由民主党の固定化」、『レヴァイアサン』、第 9 号、1991 年。

　スミス・ロバート「米国における日本研究―民族学」、『民族學研究』、第 54 巻第 3 号、1989 年。

　ダニエル・Mスミス「世襲議員が異常に多い国・日本」、『中央公論』、第 133 巻第 3 号、2019 年 3 月。

　ダニエル・P・アルドリッチ『誰が負を引きうけるのか：原発・ダム・空港立地をめぐる紛争と市民社会』、京都：世界思想社、2012 年。

　テオドル ベスター『築地』、和波雅子、福岡伸一訳、東京：木楽舎、2007 年。

　テオドル・ベスター「『和食』食文化遺産とグローバル化する食文化」、『社会システム研究』、2017 特集号、2017 年 7 月。

　ドナルド・P・グリーン、イアン・シャピロ「政治学における合理的選択理論―理解深化を妨げる病理―」、『レヴァイアサン』、第 19 号、1996 年 10 月。

　ハルトゥーニアン H.酒井直樹「日本研究と文化研究」、『思想』、1997 年 7 月号。

　ハルミ・ベフ「『文明の生態史観』を通じてみた梅棹忠夫の業績評価」、ヨーゼフ・クライナー編『近代〈日本意識〉の成立―民俗学・民族学の貢献―』、東京：東京堂出版、2012 年。

　ハルミ・ベフ『イデオロギーとしての日本文化論』、東京：思想の科学社、1997 年。

　ボート・ヴィム「『日本学』の対象と方法―将来に向けての一考察―」、『日本研究―国際日本文化研究センター紀要―』、第 55 集、2017 年 5 月。

　ポーリン・ケント「ルース・ベネディクトの個人的背景と『菊と刀』の誕生」、シンポジウム報告書『よみがえるルース・ベネディクト―紛争解決・文化・日中関係―』、龍谷大学アフラシア平和開発研究センター、2008 年 12 月 6 日。

　マーガレット・マッキーン「普通理論のなかの日本社会」、『世界の中の日本文化研究という視点―日本研究の総合について―国際シンポジウム　III』、京都：国際日本文化研究センター、1991 年。

ロバート・A・スカラピーノ「アメリカにおける日本政治研究―進歩と課題―」、『年報政治学』、第 4 巻、1953 年。

ヴィクター・コシュマン「グローバル化と地域化の進む世界におけるアメリカの日本学研究」、東京外国語大学国際日本研究センター編『世界の日本語・日本学：教育・研究の現状と課題』、東京外国語大学国際日本研究センター、2010 年。

伊藤光利「自民党下野の政治過程―多元的イモビリスムにおける合理的選択―」、『日本政治學會年報政治學』、第 47 巻、1996 年。

伊藤修一郎「地方政治・政策分析」、『レヴァイアサン』、第 40 号、2007 年。

伊藤之雄「合理的選択モデルと近代日本研究」（書評、J. Mark Ramseyer & Frances M. Rosenbluth, The Politics of Oligarchy: Institutional Choice in Imperial Japan, Cambridge U. P., 1995）、『レヴァイアサン』、第 19 号、1996 年 10 月。

依田博「自民党派閥と政治家族―出世民主主義の危機―」、『社会・経済システム』、第 10 巻、1991 年。

井戸まさえ『ドキュメント　候補者たちの闘争　選挙とカネと政党』、東京：岩波書店、2018 年。

井戸正伸『経済危機の比較政治学　日本とイタリアの戦略と制度』、東京：新評論、1998 年。

井上義比古「国会議員と地方議員の相互依存力学―代議士系列の実証研究」、『レヴァイアサン』、第 10 号、1992 年。

稲井田茂『世襲議員：構造と問題点』、東京：講談社、2009 年。

稲葉哲郎、森有人「衆議院議員ウェブサイトの分析―双方向性の視点から―」、『選挙研究』、第 25 巻第 1 号、2009 年。

臼井祥子「日本研究の現状と展望―欧米、大洋州、東南アジア、中南米を中心に―」、日本研究・京都会議、京都：国際日本文化研究センター、1994 年 10 月。

臼井祥子「米国における日本研究」、『日本研究：国際日本文化研究センター紀要』、第 10 巻、国際日本文化研究センター、1994 年。

園田英弘「自国研究としての日本研究・外国研究としての日本研究――二つの日本研究の協調的競争の可能性―」、『国際シンポジウム（報告書）』第 1 集、国際日本文化研究センター、1989 年。

園田英弘「世界の日本研究」、『日本研究―国際日本文化研究センター紀要―』、第 10 集、1994 年 8 月。

遠藤晶久「後援会動員と日本の有権者―世論調査モード間比較―」、『早稲田政治公法研究』、第 100 号、2012 年。

押川文子「方法としての地域研究」、『地域研究論集』、Vol. 7、No. 1、2004 年 6 月。

王敏「『日本と日本文化に関する』調査についての報告」、『国際日本学』、第 6 号、2009 年 3 月。

王敏『日本と中国―相互誤解の構造―』、東京：中央公論新社、2008 年。

加々美光行『鏡の中の日本と中国』、東京：日本評論社、2007 年。

加藤恵津子「日本人―ネイティヴ―人類学徒：劣等感も選良意識も超えた自文化研究に向けて」、『文化人類学』、第 71 巻第 2 号、2006 年。

　加藤淳子、マイケル・レイヴァー、ケネス・A・シェプスリー「日本における連立政権の形成—ヨーロッパ連合政府分析におけるポートフォリオ・アロケーション・モデルを用いて—」、『レヴァイアサン』、第 19 号、1996 年 10 月。

　加藤淳子、川人貞史、久米郁夫「日本政治学の課題と展望」、『レヴァイアサン』、臨時増刊号、1998 年。

　加藤淳子「新制度論をめぐる論点—歴史的アプローチと合理的選択理論」、『レヴァイアサン』、第 15 号、1994 年。

　加藤淳子「比較政治学方法論と日本政治研究」、『日本比較政治学会年報』、第 7 巻、2005 年。

　加藤淳子『税制改革と官僚制』、東京：東京大学出版会、1997 年。

　加藤創太「論考「世襲議員と政策形成能力のあり方について—『政治主導』時代へのインプリケーション」」、東京財団、2009 年。

　加野芳正「アメリカにおける日本研究の発達構造」、新堀通也編著『学問の社会学』、東京：有信堂高文社、1984 年。

　河野銀子「エリート女性の輩出ルートに関する考察：衆議院議員を事例として」、『教育社会学研究』、第 56 集、1995 年。

　河野勝「九三年の政治変動—もう一つの解釈」、『レヴァイアサン』、第 17 号、1995 年。

　河野勝「自民党—組織理論からの検討」、『レヴァイアサン』、第 9 号、1991 年。

　河野勝「戦後日本の政党システムの変化と合理的選択—政治社会学からミクロ的分析へのパラダイムシフトをめざして—」、『日本政治學會年報政治學』、第 45 巻、1994 年。

　蒲島郁夫、甲斐康誠『全国市町村選挙・社会経済情報：MKKデータ・コードブック』、筑波：筑波大学多目的データ・バンク、1995 年。

　蒲島郁夫、三宅一郎、綿貫譲治、小林良彰、池田謙一『JES IIコードブック』、東京：木鐸社、1998 年。

　蒲島郁夫、山田真裕「後援会と日本の政治」、『年報政治学』、第 45 巻、1994 年。

　蒲島郁夫「政治学者と政治家のあいだで　決断・対応・目標の政治学」、『選挙研究』、第 32 巻第 1 号、2016 年。

　蒲島郁夫「選挙研究の第一人者、自らの熊本県知事選圧勝を分析　自民党の推薦を固辞した『理論』」、『中央公論』、第 123 巻第 6 号、2008 年。

　蒲島郁夫『私がくまモンの上司です—ゆるキャラを営業部長に抜擢した「皿を割れ」精神—』、東京：祥伝社、2014 年。

　蒲島郁夫『政権交代と有権者の態度変容』、東京：木鐸社、1998 年。

　関根康正「ある危機からの構築にむけて—「21 世紀の日本文化人類学会の国際化とグローバル化」に関する問題提起—」、『文化人類学』、第 79 巻第 4 号、2015 年 3 月。

　岸本一男、蒲島郁夫「合理的選択論からみた日本の政党システム」、『レヴァイアサン』、第 20 号、1997 年。

　岩垣穂大、辻内琢也、扇原淳「大災害時におけるソーシャル・キャピタルと精神的健康—福島原子力災害の調査・支援実績から—」、『心身医』、第 57 巻第 10 号、2017 年。

吉野孝、今村浩、谷藤悦史編『誰が政治家になるのか：候補者選びの国際比較』、東京：早稲田大学出版部、2001 年。

宮本又次編『アメリカの日本研究』、東京：東洋経済新報社、1970 年。

境家史郎「政治体制変動の合理的メカニズム—幕藩体制崩壊の政治過程—」、『レヴァイアサン』、第 46 号、2010 年。

金子智樹「書評 Daniel M. Smith. 2018. Dynasties and Democracy: The Inherited Incumbency Advantage in Japan」、『国家学会雑誌』、第 132 巻第 7・8 号、2019 年。

栗田靖之「解説」、ハルミ・ベフ『日本　文化人類学的入門』、栗田靖之訳、東京：社会思想社、1977 年。

桑山敬己「『現地』の人類学者—内外の日本研究を中心に—」、『民族學研究』、第 61 巻第 4 号、1997 年。

桑山敬己「アメリカの人類学から学ぶもの」、『国立民族学博物館研究報告』、第 31 巻第 1 号、2006 年。

桑山敬己「英語圏日本研究におけるイエ・モデルの形成—日本の学者の見えざる貢献—」、ヨーゼフ・クライナー編『近代〈日本意識〉の成立—民俗学・民族学の貢献—』、東京：東京堂出版、2012 年。

桑山敬己「境界を越えて—文化人類学的日本研究の場合—」、星野勉編『内と外からのまなざし』、東京：三和書籍、2008 年。

桑山敬己「第 2 次世界大戦前後のアメリカ人研究者による日本村落の研究」、『民博通信』、No.139、2012 年 12 月。

桑山敬己『ネイティヴの人類学と民俗学—知の世界システムと日本—』、東京：弘文堂、2008 年。

建林正彦「合理的選択制度論と日本政治研究」、『法学論叢』、第 137 巻第 3 号、1995 年 6 月。

建林正彦「国家論アプローチを超えて：比較政治経済学における合理的選択制度論の射程」、『公共選択の研究』、1995 巻 26 号、1996 年 1 月。

建林正彦「新しい制度論と日本官僚制研究」、『年報政治学』、第 50 巻、1999 頁。

建林正彦「中選挙区制と議員行動」、水口憲人、北原鉄也、久米郁男編著『変化をどう説明するか：政治篇』、東京：木鐸社、2000 年。

建林正彦「比較議員研究への一試論：京都大学・読売新聞共同議員調査の分析を通じて」、『レヴァイアサン』、第 63 号、2018 年。

建林正彦『議員行動の政治経済学——自民党支配の制度分析』、東京：有斐閣、2004 年。

原貴美恵編『「在外」日本人研究者がみた日本外交—現在・過去・未来—』、東京：藤原書店、2009 年。

原田三喜雄「日本の近代化と経済発展」、宮本又次編『アメリカの日本研究』、東京：東洋経済新報社、1970 年。

古森義久『透視される日本：アメリカ新世代の日本研究』、東京：文芸春秋、

1999 年。

古瀬公博「市場における規範と秩序—古物・骨董の業者間市場のフィールド・リサーチ—」、『經營學論集』、第 84 巻、2014 年。

戸邉秀明「『あいまいさ』をいかに抱きしめるか—ジョン・ダワー著『敗北を抱きしめて』と〈戦後日米関係〉の影—」、『Quadrante』、第 5 号、2003 年 3 月。

胡備「中国における『菊と刀』の翻訳」、シンポジウム報告書『よみがえるルース・ベネディクト—紛争解決・文化・日中関係—』、龍谷大学アフラシア平和開発研究センター、2008 年 12 月 6 日。

五十嵐武士「『知』としての社会科学、『愛』としての地域研究」、『地域研究論集』、Vol.1、No.2、1997 年 8 月。

御厨貴、芹川洋一編著『平成の政治』、東京：日本経済新聞出版、2018 年。

広瀬崇子、北川将之、三輪博樹編著『インド民主主義の発展と現実』、東京：勁草書房、2011 年。

荒井英治郎「歴史的制度論の分析アプローチと制度研究の展望：制度の形成・維持・変化をめぐって」、『信州大学人文社会科学研究』、第 6 巻、2012 年 3 月。

荒和雄『よい世襲、悪い世襲』、東京：朝日新聞出版、2009 年。

高橋百合子「大規模自然災害と体制移行：統合制御法（the synthetic control method）によるメキシコ 1985 年大地震の事例分析」、『年報政治学』、第 68 巻第 2 号、2017 年。

高畠通敏『地方の王国』、東京：潮出版社、1986 年。

高畠通敏『地方の王国』、東京：講談社、2013 年。

国立研究開発法人科学技術振興機構中国総合研究交流センター『中国の日本研究』、2016 年 3 月。

今谷明「欧米に於ける日本史研究の現状と動向」、『日本研究』、第 35 集、2007 年 5 月。

佐々木毅、吉田慎一、谷口将紀、山本修嗣編著『代議士とカネ—政治資金全国調査報告』、東京：朝日新聞社、1999 年。

佐々木由理、相田潤、三浦宏子「被災地におけるソーシャル・キャピタルの役割」、『保健医療科学』、第 69 巻第 1 号、2020 年。

佐藤嘉倫「大規模災害と社会的格差」、『社会学年報』、第 44 巻、2015 年。

佐藤誠三郎、松崎哲久『自民党政権』、東京：中央公論社、1986 年。

佐藤智恵『ハーバードの日本人論』、東京：中央公論新社、2019 年。

佐伯彰一、芳賀徹編『外国人による日本論の名著：ゴンチャロフからパンゲまで』、東京：中央公論社、1987 年。

砂原庸介、土野レオナード・ビクター賢「地方政党の台頭と地方議員候補者の選挙戦略：地方議会議員選挙公報の分析から」、『レヴァイアサン』、第 53 号、2013 年。

三浦まり『日本の女性議員：どうすれば増えるのか』、東京：朝日新聞出版、2016 年。

三宅一郎、綿貫譲治、嶋澄、蒲島郁夫『平等をめぐるエリートと対抗エリート』、東京：創文社、1985 年。

三宅一郎『政党支持の構造』、東京：木鐸社、1998 年。

三宅一郎編『合理的選択の政治学』、京都：ミネルヴァ書房、1981 年。

三輪洋文「Twitter データによる日本の政治家・言論人・政党・メディアのイデオロギー位置の推定」、『選挙研究』、第 33 巻第 1 号、2017 年。

山影進「地域にとって地域研究者とは何か—地域設定の方法論をめぐる覚書—」、『年報政治学』、第 37 巻、1986 年。

山口一男『働き方の男女不平等：理論と実証分析』、東京：日経 BP、2017 年。

山田真裕「書評　朴喆熙『代議士のつくられ方—小選挙区の選挙戦略』」、『選挙研究』、第 16 号、2001 年。

山田真裕「政治参加研究における計量的アプローチとフィールドワーク」、『レヴァイアサン』、第 40 号、2007 年。

山田真裕「選挙地盤と得票の動態　橋本登美三郎と額賀福志郎を中心に」、『筑波法政』、第 15 号、1992 年。

山田真裕「知事選挙における敗北と県連体制の刷新—2009 年茨城県知事選挙と自民党県連—」、『年報政治学』、第 62 巻第 2 号、2011 年。

山田真裕「農村型選挙区における政界再編及び選挙制度改革の影響—茨城新二区額賀福志郎を例として」、大嶽秀夫編『政界再編の研究』、東京：有斐閣、1997 年。

山田真裕「保守支配と議員間関係—町内 2 派対立の事例研究—」、『社会科学研究』、第 58 巻第 5・6 号、2007 年。

山田真裕『政治参加と民主政治』、東京：東京大学出版会、2016 年。

山内直人「防災・災害復興におけるソーシャル・キャピタルの役割」、『DIO：連合総研レポート』、No.265、2011 年 11 月 1 日。

山本竜大「日本の国会議員ホームページ開設に関する要因分析」、『選挙研究』、第 18 巻、2003 年。

山野井敦徳「米国の日本研究を取り巻く環境について：組織・市場・キャリア形成を中心にして」、『日本研究：国際日本文化研究センター紀要』、第 10 巻、国際日本文化研究センター、1994 年。

市川太一「衆議院議員の補充の現状と課題」、『法学研究』、第 67 巻第 12 号、1994 年。

市川太一「世襲代議士と選挙区：広島県 2 区を中心として」、『法学研究』、第 61 巻第 12 号、1988 年。

市川太一『「世襲」代議士の研究』、東京：日本経済新聞出版、1990 年。

若宮啓文「安倍政治を語る師弟たち～カーチス教授と朴喆熙教授」、『朝日新聞』、2013 年 4 月 16 日。

若田恭二『現代日本の政治と風土』、京都：ミネルヴァ書房、1981 年。

酒井亮介『雑喉場魚市場史—大阪の生魚流通—』、東京：成山堂書店、2008 年。

出井康博『民主党代議士の作られ方』、東京：新潮社、2010 年。

春木育美「韓国における政治改革運動の資源動員構造——2000 年総選市民連帯の落選運動を事例として」、『地域社会学会年報』、第 13 集、2001 年。

春木育美「韓国の選挙運動と政治的アクター」、『年報政治学』、第 56 巻第 2

号、2005 年。

小宮一夫「『熱海の山田』から『静岡2区の山田』をめざして 保守政治家・山田弥一の模索と挫折」、『選挙研究』、第 32 巻第 1 号、2016 年。

小宮一夫「日本政治史における選挙研究の新動向」、『選挙研究』、第 27 巻第 1 号、2011 年。

小宮京「第三次吉田茂内閣と緑風会―静岡県の選挙を事例に」、『年報政治学』、第 70 巻第 1 号、2019 年。

小熊英二、上野陽子『〈癒し〉のナショナリズム：草の根保守運動の実証研究』、東京：慶應義塾大学出版会、2003 年。

小山田和明『聞き書き　築地で働く男たち』、東京：平凡社、2010 年。

小松正之『築地から豊洲へ：世界最大市場の歴史と将来』、東京：マガジンランド、2018 年。

小野耕二『比較政治』、東京：東京大学出版会、2001 年。

小野泰輔『挑戦力　挑む力　向き合う覚悟』、東京：金風舎、2021 年。

小林正弥『政治的恩顧主義（クライエンテリズム）論：日本政治研究序説』、東京：東京大学出版会、2000 年。

小林良彰「わが国における選挙研究の系譜と課題・II―1999 年～2003 年」、『日本政治研究』、第 1 巻第 1 号、2007 年。

小林良彰「わが国における選挙研究の系譜と課題」、『選挙研究』、第 14 巻、1999 年。

小林良彰「五五年体制下の有権者―政治家関係に関する計量分析」、『年報政治学』、第 47 巻、1996 年。

小林良彰「政治関連アグリゲートデータベースシステムの開発と利用」、『法学研究』、第 65 巻第 1 号、1992 年。

小林良彰「社会科学データ・アーカイヴの開発」、『学術の動向』、第 23 巻第 7 号、2018 年。

小林良彰「代議制民主主義の機能に関する計量分析―日本を事例として―」、『日本比較政治学会年報』、第 14 巻、2012 年。

小林良彰『現代日本の政治過程――日本型民主主義の計量分析』、東京：東京大学出版会、1997 年。

小林良彰『日本人の投票行動と政治意識』、東京：木鐸社、1997 年。

松崎哲久『日本型デモクラシーの逆説　2 世議員はなぜ生まれるのか』、東京：冬樹社、1991 年。

松村岐夫、伊藤光利『地方議員の研究』、東京：日本経済新聞社、1986 年。

松沢成文『この目で見たアメリカ連邦議員選挙』、東京：中公新書、1986 年。

松沢成文『最年少議員の奮闘記―地方からの政治改革―』、東京：ぎょうせい、1991 年。

松沢成文『僕は代議士一年生』、東京：講談社、1994 年。

松田宏一郎「『日本研究』の本場は日本ではない」、『中央公論』、2019 年 3 月号。

沼崎一郎「書評　桑山敬己著 Native Anthropology: The Japanese Challenge to

Western Academic Hegemony」、『文化人類学』、第 70 巻第 2 号、2005 年。

鍾以江「日本研究の未来—グローバルな知識生産体系への参入—」、『日本研究—国際日本文化研究センター紀要—』、第 53 集、2016 年 6 月。

上ノ原秀晃「2013 年参議院選挙におけるソーシャルメディア—候補者たちは何を『つぶやいた』のか」、『選挙研究』、第 30 巻第 2 号、2004 年。

上ノ原秀晃「日本におけるインターネット政治——国会議員ウェブサイトを事例として」、サミュエル・ポプキン、蒲島郁夫、谷口将紀編『メディアが変える政治』、東京：東京大学出版会、2008 年。

上山和雄『陣笠代議士の研究：日記にみる日本型政治家の源流』、東京：日本経済評論社、1989 年。

上神貴佳、堤英敬「民主党政権における政策形成とマニフェスト」、前田幸男、堤英敬編著『統治の条件：民主党に見る政権運営と党内統治』、東京：千倉書房、2015 年。

上神貴佳「小選挙区比例代表並立制における公認問題と党内権力関係—1996 年総選挙を事例として—」、『本郷法政紀要』、第 8 号、1999 年。

上神貴佳『政党政治と不均一な選挙制度：国政・地方政治・党首選出過程』、東京：東京大学出版会、2013 年。

上杉隆『世襲議員のからくり』、東京：文藝春秋。

上谷直克「政治分析における『政治エスノグラフィー』の射程と有用性について：政治的クライエンテリズム研究を中心に」、「『分配政治』論の分析視角と射程：ポーク・バレルと政治的クライエンテリズム論を中心に」研究会調査研究報告書、2018 年 3 月。

上野千鶴子「グローバリゼーションと日本の社会学教育」、『社会学評論』、第 58 巻第 4 号、2008 年。

新堀通也「『日本研究』研究のわく組：科学社会学からの試論」、『日本研究：国際日本文化研究センター紀要』、第 10 集、1994 年 8 月。

新堀通也監修『知日家人名辞典』、東京：有信堂高文社、1984 年。

新堀通也編著『知日家の誕生』、東京：東信堂、1986 年。

森正「党・労組・地方議員による三位一体型集票・陳情システム—民主党三重県連を中心に」、前田幸男、堤英敬編著『統治の条件：民主党に見る政権運営と党内統治』、東京：千倉書房、2015 年。

森清杜『「築地」と「いちば」——築地市場の物語』、東京：都政新報社、2008 年。

森裕城「選挙過程の実態把握を目的とする研究について」、『レヴァイアサン』、第 40 号、2007 年。

森脇俊雅「現代政治学における政治経済学的諸研究についての一考察」、『法と政治』、第 38 巻第 4 号、1987 年。

森脇俊雅『アメリカ女性議員の誕生』、京都：ミネルヴァ書房、2001 年。

水崎節文、森裕城『総選挙の得票分析：1958—2005』、東京：木鐸社、2007 年。

杉本仁『選挙の民俗誌—日本的政治風土の基層』、東京：梟社、2007 年。

杉本仁『民俗選挙のゆくえ─津軽選挙 vs 甲州選挙』、東京：新泉社、2017 年。

世襲政治を考える会編『世襲議員ゴールデン・リスト』、東京：データハウス、2009 年。

星野勉「『国際日本学』とは何か─『翻訳』から見えてくるもの─」、法政大学国際日本学研究センター編集『国際日本学─ことばとことばを越えるもの─』、東京：法政大学国際日本学研究センター、2007 年。

星野勉「『日本研究』の研究（＝メタ・サイエンス）の理論的構築に向けて」、『国際日本学』第 3 号、2005 年 3 月。

西山真司「政治学におけるエスノメソドロジーの寄与」、『法政論集』、第 268 号、2016 年。

西村翼「政党の公認戦略と地元候補─規定要因としての選挙結果」、『年報政治学』、第 71 巻第 2 号、2020 年。

西平重喜『世論をさがし求めて：陶片追放から選挙予測まで』、京都：ミネルヴァ書房、2009 年。

西本和見「政治学における合理的選択論と経済学」、『季刊経済理論』、第 44 巻第 3 号、2007 年 10 月。

青木康容「議員職の『世襲』について─第三三回衆議院議員総選挙の場合─」、『評論・社会科学』、第 15 号、1979 年。

青木康容「国会議員の経歴─新人議員の場合─」、『評論・社会科学』、第 17 号、1980 年。

青木保「異文化の視点─国際日本研究の可能性─」、徐興慶、太田登編『国際日本学研究の基層─台日相互理解の思索と実践に向けて─』、台北：国立台湾大学出版中心、2013 年。

青木保『「文化力」の時代─21 世紀のアジアと日本─』、東京：岩波書店、2011 年。

青木保『文化の翻訳』、東京：東京大学出版会、1978 年。

斉藤淳『自民党長期政権の政治経済学：利益誘導政治の自己矛盾』、東京：勁草書房、2010 年。

石井明「税制の政治」、『レヴァイアサン』、第 18 号、1996 年。

石川一雄、大芝亮「一九八〇年代の日本における国際関係研究」、『国際政治』、第 100 号、1992 年。

石田雄『社会科学再考─敗戦から半世紀の同時代史─』、東京：東京大学出版会、1995 年。

川人貞史、川人典子「衆議院総選挙候補者選挙区統計 1890─1990」、『北大法学論集』、第 40 巻、第 5・6 合併号上巻、1990 年。

川人貞史『日本の政党政治 1890─1937 年：議会分析と選挙の数量分析』、東京：東京大学出版会、1992 年。

川脇康生「地域のソーシャル・キャピタルは災害時の共助を促進するか：─東日本大震災被災地調査に基づく実証分析─」、『ノンプロフィット・レビュー』、第 14 巻第 1&2 号、2014 年。

川脇康生「東日本大震災と被災地住民の近所付き合いの変化：災害回復力ある

地域コミュニティの要因分析」、『地区防災計画学会誌』、第 2 号、2015 年 1 月。

浅野正彦「選挙制度改革と候補者公認：自由民主党（1960—2000）、『選挙研究』、第 18 巻、2003 年。

浅野正彦『市民社会における制度改革：選挙制度と候補者リクルート』、東京：慶應義塾大学出版会、2006 年。

前田健太郎「事例研究の発見的作用」、『法学会雑誌』、第 54 巻第 1 号、2013 年。

前田幸男「世論調査と政治過程―調査方法の変化との関係を中心に―」、『年報政治学』、第 64 巻第 1 号、2013 年。

善教将大『日本における政治への信頼と不信』、東京：木鐸社、2013 年。

曽我謙悟『ゲームとしての官僚制』、東京：東京大学出版会、2005 年。

祖父江孝男、王崧興、末成道男「日本研究をどう考えるか」、『民族學研究』、第 54 巻第 3 号、1989 年。

祖父江孝男「『米国における日本研究』シンポジウムに参加して（I）」、『民俗學研究』、第 34 巻第 1 号、1969 年。

蘇徳昌「日本研究―中国の立場から―」、梅原猛編著『日本とは何なのか―国際化のただなかで―』、東京：日本放送出版協会、1990 年。

早川誠、福元健太郎「座談会・私が見たアメリカ政治学」、『日本政治研究』、第 4 巻第 2 号、2007 年。

村山皓司、三宅一郎『投票行動と政治社会化（ミシガン調査）：1967 年衆議院総選挙のパネル調査コードブック』、筑波大学多目的データ・バンク、1991 年。

村松岐夫、伊藤光利、辻中豊『戦後日本の圧力団体』、東京：東洋経済新報社、1986 年。

村松岐夫、伊藤光利『地方議員の研究：「日本的政治風土」の主役たち』、東京：日本経済新聞社。

村松岐夫、久米郁男編著『日本政治変動の30 年：政治家・官僚・団体調査に見る構造変容』、東京：東洋経済新報社、2006 年。

村松岐夫「行政過程と政治参加―地方レベルに焦点をおきながら―」、『年報政治学』、第 25 巻、1974 年。

村上勝敏『外国人による戦後日本論：ベネディクトからウォルフレンまで』、東京：窓社、1997 年。

待鳥聡史「アメリカ連邦議会研究における合理的選択制度論」、『阪大法学』、第 46 巻第 3 号、1996 年。

待鳥聡史「官邸権力の変容：首相動静データの包括的分析を手がかりに」、『選挙研究』、第 31 巻第 2 号、2015 年。

待鳥聡史「国会研究の新展開」、『レヴァイアサン』、第 28 号、2001 年。

待鳥聡史「緑風会の消滅過程―合理的選択制度論からの考察―」、水口憲人、北原鉄也、久米郁男編著『変化をどう説明するか：政治篇』、東京：木鐸社、2000 年。

大村華子「書評 フランシス・ローゼンブルース＝マイケル・ティース、徳川家広訳『日本政治の大転換：「鉄とコメの同盟」から日本型自由主義へ』」、『選挙研

究』、第 29 巻第 2 号、2013 年。

大矢根聡編『日本の国際関係論：理論の輸入と独創の間』、東京：勁草書房、2016 年。

大嶽秀夫「『レヴァイアサン』世代による比較政治学」、『日本比較政治学会年報』、第 7 巻、2005 年。

大嶽秀夫「自民党若手改革派と小沢グループ」、『レヴァイアサン』、第 17 号、1995 年。

大嶽秀夫『新装版　戦後政治と政治学』、東京：東京大学出版会、2013 年。

大嶽秀夫編『政界再編の研究：新選挙制度による総選挙』、東京：有斐閣、1997 年。

沢尻歩「書評・紹介　桑山敬己著『ネイティヴの人類学と民俗学―知の世界システムと日本』」、『北海道民族学』、第 5 号、2009 年 3 月。

谷垣真理子、伊藤徳也、岩月純一編『戦後日本の中国研究と中国認識：東大駒場と内外の視点』、東京：風響社、2018 年。

谷口将紀『現代日本の選挙政治：選挙制度改革を検証する』、東京：東京大学出版会、2004 年。

谷口将紀『現代日本の代表制民主政治：有権者と政治家』、東京：東京大学出版会、2020 年。

谷口将紀『政治とマスメディア』、東京：東京大学出版会、2015 年。

谷口将紀『政党支持の理論』、東京：岩波書店、2012 年。

谷口尚子、クリス・ウィンクラー「世界の中の日本の政党位置―政党の選挙公約に見る左右軸の国際比較研究」、『年報政治学』、第 71 巻第 1 号、2020 年。

池口明子「ベトナム・ハノイにおける鮮魚流通と露天商の取引ネットワーク」、『地理学評論』、第 75 巻第 14 号、2002 年 12 月。

池田謙一『転変する政治のリアリティ：投票行動の認知社会心理学』、東京：木鐸社、1997 年。

竹中佳彦「理論研究と歴史研究との対話は不可能なのか」、『レヴァイアサン』、第 32 号、2003 年。

中華日本学会、北京日本学研究センター監修『中国における日本研究』、北京：世界知識出版社、1999 年。

中久郎編『国会議員の構成と変化』、東京：政治広報センター、1980 年。

中根千枝「『米国における日本研究』シンポジウムに参加して（II）」、『民俗學研究』、第 34 巻第 1 号、1969 年。

中山茂「世界における日本学の成立とそれからの離脱」、『日本研究―国際日本文化研究センター紀要―』、第 10 集、1994 年 8 月。

中小企業庁編『中小企業白書・小規模企業白書』（2020 年版）、東京：日経印刷、2020 年。

中西裕二「書評　桑山敬己著『ネイティヴの人類学と民俗学―知の世界システムと日本』」、『日本民俗学』、第 281 号、2015 年。

中村宏「地域政治の構造と動態―島根の保守政治集団の考察を中心に―」、『島大法学』、第 26 巻第 2・3 号、1983 年。

中村宏「島根の地方議員調査から」、『選挙研究』、第 4 巻、1989 年。

中村勝編著『魚河岸は生きている―築地市場労働者の生活社会史』、東京：そしえて、1990 年。

中野実「『地方の時代』の地方政治像―わが国地方政治研究の最新動向―」、『レヴァイアサン』、第 2 号、1988 年。

中條美和『知事が政治家になるとき』、東京：木鐸社、2017 年。

猪口孝、蒲島郁夫、北岡伸一、小林良彰、苅部直、谷口将紀「座談会『日本政治研究』が目指すもの」、『日本政治研究』、第 1 巻第 1 号、2007 年。

猪口孝「社会科学の研究インフラ構築―紙と鉛筆論と枝豆論―」、『学術の動向』、第 9 巻第 1 号、2004 年。

猪口孝「日本における比較政治学の発展と展望」、『年報政治学』、第 37 巻、1986 年。

猪木武徳「社会科学における『人』と『人々』」、坪井秀人・白石恵理・小田龍哉編『日本研究をひらく―「国際日本研究」コンソーシアム記録集 2018―』、東京：晃洋書房、2019 年。

猪木武徳「正確で安定した日本理解を生む「学術外交」の重要性」、『をちこち』、第 27 号、2009 年 2 月。

辻中豊、伊藤修一郎編著『ローカル・ガバナンス―地方政府と市民社会』、東京：木鐸社、2010 年。

辻中豊、坂本治也、山本英弘編著『現代日本のNPO政治―市民社会の新局面』、東京：木鐸社、2012 年。

辻中豊、山本英弘編『現代日本の比較都市ガバナンス・市民社会』、東京：木鐸社、2021 年。

辻中豊、森裕城編著『現代社会集団の政治機能―利益団体と市民社会』、東京：木鐸社、2010 年。

辻中豊、ロバート・ペッカネン、山本英弘『現代日本の自治会・町内会―第 1 回全国調査にみる自治力・ネットワークガバナンス』、東京：木鐸社、2010 年。

辻本雅史「『国際日本学』研究にむけて：日本の外から日本研究を考える」、『日本思想史研究会会報』、第 32 巻、2016 年 3 月。

辻陽『戦後日本地方政治史論：二元代表制の立体的分析』、東京：木鐸社、2015 年。

堤英敬、森道哉「『保守王国』の民主党地方組織と政権交代―宮崎県の場合」、前田幸男、堤英敬編著『統治の条件：民主党に見る政権運営と党内統治』、東京：千倉書房、2015 年。

堤英敬、森道哉「民主党候補者の集票システム：2007 年参院選香川県選挙区を事例として」、『選挙研究』、第 24 巻第 1 号、2008 年。

堤英敬、森道哉「民主党地方組織の形成過程―香川県の場合」、上神貴佳、堤英敬編著『民主党の組織と政策：結党から政権交代まで』、東京：東洋経済新報社、2011 年。

田口富久治『戦後日本政治学史』、東京：東京大学出版会、2001 年。

田村秀「世襲政治の研究」、『法政理論』、第 39 巻第 2 号、2007 年。

田中愛治、河野勝、日野愛郎、飯田健『2009 年、なぜ政権交代だったのか—読売・早稲田の共同調査で読みとく日本政治の転換』、東京：勁草書房、2009 年。

田中愛治「米国における日本の投票行動研究の現状『The Japanese Voter』の意義」、『選挙研究』、第 7 巻、1992 年。

田中善一郎『日本の総選挙：1946—2003』、東京：東京大学出版会、2005 年。

渡辺将人『アメリカ政治の現場から』、東京：文藝春秋、2001 年。

渡辺将人『現代アメリカ選挙の集票過程：アウトリーチ戦略と政治意識の変容』、東京：日本評論社、2008 年。

渡邊勉「書評『日本政治と合理的選択——寡頭政治の制度的ダイナミクス1868—1932』M.ラムザイヤー＆E.ローゼンブルース著、河野勝監訳」、『理論と方法』、第 22 巻第 1 号、2007 年。

渡邉聡「被災地域における復興プロセスとソーシャル・キャピタルの効果—東日本大震災後の岩手県を事例に—」、『鈴鹿大学紀要』、No.22、2015 年。

東大法、蒲島郁夫ゼミ編『現代日本の政治家像』（第 I 巻、第 II 巻）、東京：木鐸社、2000 年。

藤村直史「政党の選挙戦略と党内の資源配分—内閣総理大臣による選挙期間中の候補者訪問—」、『年報政治学』、第 67 巻第 2 号、2016 年。

藤津滋生「外国語による日本研究文献の書誌学的研究」、『日本研究：国際日本文化研究センター紀要』、第 10 集、1994 年 8 月。

藤津滋生「年表・海外における日本研究［1868～1945］」、『日本研究：国際日本文化研究センター紀要』、第 10 集〈資料編〉、1994 年 8 月。

藤津滋生「年表・海外における日本研究［1～1867］」、『日本研究：国際日本文化研究センター紀要』、第 10 集〈資料編〉、1994 年 8 月。

内山田康「ジェンダーを囲い込む、ジェンダーを解放する、ジェンダーの奥を見る」、『中央評論』、第 231 号、2000 年 5 月。

楠精一郎「日本政治史における選挙研究」、『選挙研究』、第 14 巻、1999 年。

日下公人、松村劭、ジェラルド・L.カーチス、山本正『日本人のリーダー観』、東京：自由国民社、2003 年。

日外アソシエーツ株式会社編『「日本研究」図書目録：1985—2004 世界の中の日本』、東京：日外アソシエーツ、2005 年。

日本世論調査協会編『日本世論調査史資料』、東京：日本世論調査協会、1986 年。

馬場伸也『アイデンティティの国際政治学』、東京：東京大学出版会、1980 年。

馬渡剛『戦後日本の地方議会：1955—2008』、京都：ミネルヴァ書房、2010 年。

梅原猛「日本とは何なのか—日本研究の国際化と日本文化の本質—」、梅原猛編著『日本とは何なのか—国際化のただなかで—』、東京：日本放送出版協会、1990 年。

白鳥浩『都市対地方の日本政治：現代政治の構造変動』、東京：芦書房、2009 年。

白鳥浩編著『衆参ねじれ選挙の政治学：政権交代下の2010 年参院選』、京都：ミネルヴァ書房、2011 年。

白鳥浩編著『政権交代選挙の政治学：地方から変わる日本政治』、京都：ミネルヴァ書房、2010 年。

白鳥浩編著『統一地方選挙の政治学：二〇一一年東日本大震災と地域政党の挑戦』、京都：ミネルヴァ書房、2013 年。

白鳥浩編著『二〇一二年衆院選政権奪還選挙：民主党はなぜ敗れたのか』、京都：ミネルヴァ書房、2016 年。

畠山弘文『官僚制支配の日常構造——善意による支配とは何か』、東京：三一書房、1989 年。

八幡和郎、吉田健一『世襲だらけの政治家マップ：47 都道府県・諸藩のお家事情』、東京：廣済堂出版、2011 年。

飯田健、上田路子、松林哲也「世襲議員の実証分析」、『選挙研究』、第 26 巻第 2 号、2010 年。

比嘉理麻「変わりゆく感覚：沖縄における養豚の専業化と豚肉市場での売買を通じて」、『文化人類学』、第 79 巻第 4 号、2015 年。

尾村幸三郎『魚河岸怪物伝——築地市場を創建・隆盛にした人々とその展望』、東京：かのう書房、1994 年。

品田裕「選挙と政党に関するデータの作成について」、『レヴァイアサン』、第 40 号、2007 年。

品田裕「選挙公約政策データについて」、『日本政治研究』、第 3 巻第 2 号、2006 年。

品田裕「地元利益指向の選挙公約」、『選挙研究』、第 16 巻、2008 年。

武安隆、熊達雲『中国人の日本研究史』、東京：六興出版、1989 年。

武田興欣「参与観察という手法」、『レヴァイアサン』、第 34 号、2004 年。

武田興欣「質的・量的双方の手法を概観する政治学方法論教育の試み」、『選挙学会紀要』、第 2 号、2004 年。

武田興欣「書評論文　参与観察という手法」、『レヴァイアサン』、第 34 号、2004 年。

福井治弘「合理的選択理論とその批判」、『レヴァイアサン』、第 19 号、1996 年。

福岡政行『日本の政治風土：新潟三区にみる日本政治の原型』、東京：学陽書房、1985 年。

福元健太郎、中川馨「得票の継承に対する世襲の効果―政党投票・候補者投票との比較―」、『選挙研究』、第 29 巻第 2 号、2013 年。

福元健太郎「国会議員の入場と退場：1947〜1990」、『選挙研究』、第 19 巻、2004 年。

福元健太郎「参議院議員は衆議院議員よりもシニアか?」、『年報政治学』、第 54 巻、2003 年。

福元健太郎「増山幹高著『議会制度と日本政治　議事運営の計量政治学』（木鐸社，2003 年）をめぐって」、『レヴァイアサン』、第 35 号、2004 年。

福地享子、築地魚市場銀鱗会『築地市場　クロニクル完全版 1603—2018』、東京：朝日新聞出版、2018 年。

聞き手大嶽秀夫「〈インタビュー〉前原誠司氏に聞く―立候補の動機と後援会組織の実態―」、『レヴァイアサン』、第 17 号、1995 年。

米谷寛子「書評　朴喆熙『代議士のつくられ方』」、『日本政治研究』、第 1 巻第 1 号、2004 年。

保城広至『歴史から理論を創造する方法：社会科学と歴史学を統合する』、東京：勁草書房、2015 年。

北岡伸一「自由民主党―包括政党の合理化」、神島二郎編『現代日本の政治構造』、京都：法律文化社、1985 年。

北村文「人類学/社会学される日本女性 ―メタ・エスノグラフィーの試み―」、『明治学院大学教養教育センター紀要：カルチュール』、第 2 巻第 1 号、2008 年 3 月。

朴喆熙「クライエンテリズムの日韓比較―改革と腐敗の政治力学―」、河田潤一編著『汚職・腐敗・クライエンテリズムの政治学』、京都：ミネルヴァ書房、2008 年。

朴喆熙『代議士のつくられ方：小選挙区の選挙戦略』、東京：文藝春秋、2000 年。

本郷和人『世襲の日本史：「階級社会」はいかに生まれたか』、東京：NHK 出版、2019 年。

名取良太、岡本哲和、石橋章市朗、坂本治也、山田凱「地方議会データベースの開発と利用」、『情報研究』、第 44 巻、2016 年 8 月。

名取良太、福元健太郎、岸本一男、辻陽、堤英敬、堀内勇作「参議院議員通常選挙データベースの開発と利用」、『選挙研究』、第 30 巻第 2 号、2014 年。

綿貫譲治、三宅一郎『環境変動と態度変容』、東京：木鐸社、1997 年。

木部尚志「合理選択理論をめぐる論争と政治理論の課題――グリーンとシャピロの裁判を手がかりに」、『社会科学ジャーナル』、第 39 巻、1998 年 10 月。

野中尚人『自民党政権下の政治エリート：新制度論による日仏比較』、東京：東京大学出版会、1995 年。

野田昌吾「歴史と政治学―別離、再会、そして―」、『年報政治学』、第 50 巻、1999 年。

野本京子、坂本惠、東京外国語大学国際日本研究センター 編集『日本をたどりなおす29の方法：国際日本研究入門』、東京：東京外国語大学出版会、2016 年。

矢野暢「地域研究と政治学」、『年報政治学』、第 31 巻、1980 年。

楊棟梁「中国の日本研究の現状と展望」、国立研究開発法人科学技術振興機構中国総合研究交流センター『中国の日本研究』、2016 年 3 月。

李玉「中国の日本研究―展望―」、法政大学国際日本学研究所編集『中国人の日本研究：相互理解のための思索と実践』、東京：法政大学国際日本学研究センター、2009 年。

李玉「中国の日本史研究―日本研究論著の統計的分析を中心に―」、法政大学国際日本学研究所編集『中国人の日本研究：相互理解のための思索と実践』、東京：法政大学国際日本学研究センター、2009 年。

立本成文「地域研究の構図―名称にこだわって」、『地域研究論集』、Vol. 1、

No.2、1997 年 8 月。

　　林芳正、津村啓介『国会議員の仕事：職業としての政治』、東京：中央公論新社、2011 年。

　　鈴木基史「合理的選択新制度論による日本政治研究の批判的考察」、『レヴァイアサン』、第 19 号、1996 年。

　　鈴木基史「選挙制度の合理的選択論と実証分析」、『レヴァイアサン』、第 40 号、2007 年。

　　鈴木健二『負けてたまるか!! 代議士二世の群像』、東京：政界出版社、1984 年。

　　魯義「中国における日本研究」、『日本研究：国際日本文化研究センター紀要』、第 10 集、1994 年 8 月。

　　彭晋璋「日中両国の相互理解にむけて」、梅原猛編『対論「日本探究」—外国人の日本研究—』、東京：講談社、1987 年。

　　澤章『築地と豊洲：「市場移転問題」という名のブラックボックスを開封する』、東京：都政新報社、2020 年。

　　濱本真輔「選挙制度と議員の選挙区活動」、『日本政治研究』、第 5 巻第 1・2 号、2008 年。

　　濱本真輔『現代日本の政党政治：選挙制度改革は何をもたらしたのか』、東京：有斐閣、2018 年。

　　薛欣怡「個人レベルのソーシャル・キャピタルの視点から見た復旧・復興過程研究の論点整理：高齢者に焦点をあてて」、『情報学研究：東京大学大学院情報学環紀要』、第 96 巻、2019 年。

　　髙橋睦子、田邊和佳子「ジェンダー・バイアスの多層性と近代の屈折—島根の場合—」、『国立女性教育会館研究紀要』、第 7 号、2003 年 8 月。

三、英文文献

"Japanese Studies in the United States: A Report on the State of the Field, Prospect, Resources and Future Needs," Prepared by the SSRC-ACLS Joint Committee on Japanese Studies, New York: Social Science Research Council, February 1970.

"New Ways in History," *Times Literary Supplement*, April 7, 1966.

A Guide to Reference Books for Japanese Studies, Tokyo: International House of Japan Library, 1989.

A Guide to Reference Books for Japanese Studies, Tokyo: International House of Japan Library, 1997.

Alatas, Syed Farid, "Academic Dependency and the Global Division of Labour in the Social Sciences," *Current Sociology*, Vol.51, No.6, November 2003.

Alatas, Syed Farid, "Indigenization: Features and Problems," in Jan van Bremen, Eyal Ben-Ari and Syed Farid Alatas eds., *Asian Anthropology*, London and New York: Routledge, 2005.

Alatas, Syed Farid, *Alternative Discourses in Asian Social Science: Responses to*

Eurocentrism, SF Alatas: Sage, 2006.

Aldrich, Daniel P., "Let the Field Be Your Guide," in Nora Kottmann and Cornelia Reiher eds., *Studying Japan: Handbook of Research Designs, Fieldwork and Methods*, Baden-Baden: Nomos, 2020.

Aldrich, Daniel P., "Response to My Critics," *Risk, Hazards & Crisis in Public Policy*, Vol.4, No.1, 2013.

Aldrich, Daniel P., "The 800-Pound Gaijin in the Room: Strategies and Tactics for Conducting Fieldwork in Japan and Abroad," *PS: Political Science and Politics*, Vol.42, No.2, April 2009.

Aldrich, Daniel P., *Black Wave: How Connections and Governance Shaped Recovery from Japan's 3/11 Disasters*, Chicago: University of Chicago Press, 2019.

Aldrich, Daniel P., *Building Resilience: Social Capital in Post-Disaster Recovery*, Chicago: University of Chicago Press, 2012.

Aldrich, Daniel P., *Site Fights: Divisive Facilities and Civil Society in Japan and the West*, Ithaca and London: Cornell University Press, 2008.

Aldrich, Daniel P., Sothea Oum, and Yasuyuki Sawada eds., *Resilience and Recovery in Asian Disasters: Community Ties, Market Mechanisms, and Governance*, New York: Springer, 2014.

Alexy, Allison, and Emma E. Cook, "Reflections on Fieldwork: Exploring Intimacy," in Allison Alexy and Emma E. Cook eds., *Intimate Japan: Ethnographies of Closeness and Conflict*, Honolulu: University of Hawai'i Press, 2019.

Allison, Anne, *Nightwork: Sexuality, Pleasure, and Corporate Masculinity in a Tokyo Hostess Club*, Chicago: University of Chicago Press, 1994.

Appadurai, Arjun, "Introduction: Commodities and the Politics of Value," in Arjun Appadurai ed., *The Social Life of Things: Commodities in Cultural Perspective*, Cambridge: Cambridge University Press, 1986.

Appadurai, Arjun, "Theory in Anthropology: Center and Periphery," *Comparative Studies in Society and History*, Vol.28, No.2, April 1986.

Arase, David M., "Dealing with the Unexpected: Field Research in Japanese Politics," in Theodore C. Bestor, Patricia G. Steinhoff, and Victoria Lyon Bestor eds., *Doing Fieldwork in Japan*, Honolulu: University of Hawai'i Press, 2003.

Asad, Talal, ed., *Anthropology & the Colonial Encounter*, London: Ithaca Press, 1973.

Asada, Sadao, ed., *Japan and the World, 1853—1952: A Bibliographic Guide to Japanese Scholarship in Foreign Relations*, New York: Columbia University Press, 1989.

Babb, James D., ed., *The SAGE Handbook of Modern Japanese Studies*, London: SAGE, 2015.

Bachnik, Jane M., and Charles J. Quinn Jr. eds., *Situated Meaning: Inside and Outside in Japanese Self, Society, and Language*, Princeton, NJ: Princeton University Press, 1994.

Beardsley, Richard K., and Nakano Takashi, *Japanese Sociology and Social*

参
考
文
献

333

国际日本研究述论

Anthropology: a Guide to Japanese Reference and Research Materials, contributions by Morioka Kiyomi, Okada Yuzuru, Ann Arbor: University of Michigan Press, 1970.

Befu, Harumi, "Review on Native Anthropology: The Japanese Challenge to Western Academic Hegemony," *Pacific Affairs*, Vol.78, No.4, Winter 2005—2006.

Ben-Ari, Eyal, "Review: Crafting Selves: Power, Gender and Discourses of Identity in a Japanese Workplace by Dorinne K. Kondo," *Bulletin of the School of Oriental and African Studies*, University of London, Vol.54, No.3, 1991.

Bestor, Theodore C., "Cuisine and Identity in Contemporary Japan," in Victoria Lyon Bestor and Theodore C. Bestor, and Akiko Yamagata eds., *Routledge Handbook of Japanese Culture and Society*, London and New York: Routledge, 2011.

Bestor, Theodore C., "How Sushi Went Global," *Foreign Policy*, No.121, November/December 2000.

Bestor, Theodore C., "Inquisitive Observation: Following Networks in Urban Fieldwork," in Theodore C. Bestor, Patricia G. Steinhoff, and Victoria Lyon Bestor eds., *Doing Fieldwork in Japan*, Honolulu: University of Hawai'i Press, 2003.

Bestor, Theodore C., "Making Things Clique: Cartels, Coalitions, and Institutional Structure in the Tsukiji Wholesale Seafood Market," in W. Mark Fruin ed., *Networks, Markets, and the Pacific Rim: Studies in Strategy*, Oxford and New York: Oxford University Press, 1998.

Bestor, Theodore C., "Markets and Places: Tokyo and the Global Tuna Trade," in Setha M. Low and Denise Lawrence-Zúñiga eds., *The Anthropology of Space and Place: Locating Culture*, Malden, Mass.: Blackwell Publishing, 2003.

Bestor, Theodore C., "Supply-Side Sushi: Commodity, Market, and the Global City," *American Anthropologist*, Vol.103, No.1, March 2001.

Bestor, Theodore C., "Tsukiji, Tokyo's Pantry," *Japan Quarterly*, Vol.48, No.1, January-March 2001.

Bestor, Theodore C., "Wholesale Sushi: Culture and Commodity in Tokyo's Tsukiji Market," in Setha M. Low ed., *Theorizing the City: the New Urban Anthropology Reader*, New Brunswick, New Jersey: Rutgers University Press, 1999.

Bestor, Theodore C., *Neighborhood Tokyo*, Stanford, Calif.: Stanford University Press, 1989.

Bestor, Theodore C., Patricia G. Steinhoff, and Victoria Lyon Bestor eds., *Doing Fieldwork in Japan*, Honolulu: University of Hawai'i Press, 2003.

Bestor, Theodore C., *Tsukiji: The Fish Market at the Center of the World*, Berkeley and Los Angeles: University of California Press, 2004.

Bodet, Marc André, "SMITH Daniel M. —Dynasties and Democracy: The Inherited Incumbency Advantage in Japan," *Cahiers d'études africaines* [Online], 2019, DOI: https://doi.org/10.4000/etudesafricaines.26240.

Borovoy, Amy, "Doi Takeo and the Rehabilitation of Particularism in Postwar Japan," *The Journal of Japanese Studies*, Vol.38, No.2, Summer 2012.

Borovoy, Amy, "Robert Bellah's Search for Community and Ethical Modernity in Japan

Studies," *The Journal of Asian Studies*, Vol.75, No.2, May 2016.

Borton, Hugh, Serge Elisseeff, William W. Lockwood and John C. Pelzel, *A Selected List of Books and Articles on Japan in English, French, and German*, Cambridge: Published by the Harvard University Press for the Harvard-Yenching Institute, 1954.

Bowen, Elenore Smith, *Return to Laughter: An Anthropological Novel*, London: Victor Gollancz Ltd., 1954.

Brinton, Mary C., "Fact-Rich, Date-Poor: Japan as Sociologists' Heaven and Hell", in Theodore C. Bestor, Patricia G. Steinhoff, and Victoria Lyon Bestor eds., *Doing Fieldwork in Japan*, University of Hawai'i Press, 2003.

Brinton, Mary C., "Review: One Nation, Many Lives," *Contemporary Sociology*, Vol.21, No.2, March 1992.

Brinton, Mary C., *Women and the Economic Miracle Gender and Work in Postwar Japan*, Berkeley and Los Angeles: University of California Press, 1993.

Burawoy, Michael, *Manufacturing Consent: Changes in the Labor Process under Monopoly Capitalism*, Chicago: University of Chicago Press, 1979.

Campbell, Angus, Philip E. Converse, Warren E. Miller, and Donald E. Stokes, *The American Voter*, Chicago: University of Chicago Press, 1960.

Campbell, John C., "Hedgehogs and Foxes: The Divisive Rational Choice Debate in the Study of Japanese Politics," *Social Science Japan*, Vol.8, January 1997.

Carlson, Matthew, *Money Politics in Japan: New Rules, Old Practices*, Boulder, Colo.: Lynne Rienner Publishers, 2007.

Carroll, Walter F., "SUSHI: Globalization through Food Culture: Towards a Study of Global Food Networks," *Journal of East Asian Cultural Interaction Studies*, No.2, 2009.

Catalinac, Amy, *Electoral Reform and National Security in Japan: From Pork to Foreign Policy*, New York: Cambridge University Press, 2016.

Cave, Peter, *Schooling Selves: Autonomy, Interdependence, and Reform in Japanese Junior High Education*, Chicago: University of Chicago Press, 2016.

Cheek, Wesley, "Review: Black Wave: How Networks and Governance Shaped Japan's 3/11 Disasters by Daniel P. Aldrich," *Japan Review*, No.35, 2020.

Clemons, Steven C., "Japan Studies under Attack: How Rational Choice Theory is Undermining America's Understanding of the World," *JPRI Working Paper*, No.1, August 1994.

Comisso, Ellen, "J. Mark Ramseyer and Frances M. Rosenbluth, The Politics of Oligarchy: Institutional Choice in Imperial Japan," *Journal of Comparative Economics*, Vol.26, Issue 3, September 1998.

Corson, Trevor, *The Story of Sushi: An Unlikely Saga of Raw Fish and Rice*, New York: Harper Perennial, 2008.

Corson, Trevor, *The Zen of Fish: The Story of Sushi, from Samurai to Supermarket*, New York: Harper Collins, 2007.

Cowhey, Peter F., and Mathew D. McCubbins eds., *Structure and Policy in Japan and the United States*, Cambridge: Cambridge University Press, 1995.

参考文献

Cox, Gary W., and Mathew D. McCubbins, "Electoral Politics as a Redistributive Game," *The Journal of Politics*, Vol.48, No.2, May 1986.

Cox, Gary W., Frances McCall Rosenbluth and Michael F. Thies, "Electoral Reform and the Fate of Factions: The Case of Japan's Liberal Democratic Party," *British Journal of Political Science*, Vol.29, No.1, January 1999.

Cox, Gary W., Jon H. Fiva and Daniel M. Smith, "Measuring the Competitiveness of Elections," *Political Analysis*, Vol.28, No.2, 2020.

Cox, Gary W., Jon H. Fiva and Daniel M. Smith, "Parties, Legislators, and the Origins of Proportional Representation," *Comparative Political Studies*, Vol.52, No.1, 2019.

Crichton, Michael, *Rising Sun*, London: Arrow, 1992.

Cumings, Bruce, "Boundary Displacement: Area Studies and International Studies during and after the Cold War," *Bulletin of Concerned Asian Scholars*, Vol.29, No.1, 1997.

Curtis, Gerald L., *Election Campaigning Japanese Style*, New York and London: Columbia University Press, 1971.

Curtis, Gerald L., *Election Campaigning Japanese Style*, New York and Chichester: Columbia University Press, 2009.

Curtis, Gerald L., *The Japanese Way of Politics*, New York: Columbia University Press, 1988.

Curtis, Gerald L., *The Logic of Japanese Politics: Leaders, Institutions, and the Limits of Change*, New York: Columbia University Press, 1999.

Cwiertka, Katarzyna J., *Modern Japanese Cuisine: Food, Power and National Identity*, London: Reaktion Books, 2006.

Cwiertka, Katarzyna J., with Yasuhara Miho, *Branding Japanese Food: From Meibutsu to Washoku*, Honolulu: University of Hawai'i Press, 2020.

Dabney, Dyron, "Campaign Behavior: The Limits to Change," in Sherry L. Martin and Gill Steel eds., *Democratic Reform in Japan: Assessing the Impact*, Boulder: Lynne Rienner Publishers, 2008.

Dale, Peter N., The Myth of Japanese Uniqueness, London: Croom Helm, 1986.

Dasgupta, Romit, *Re-reading the Salaryman in Japan: Crafting Masculinities*, New York: Routledge, 2013.

de Volo, Lorraine Bayard, and Edward Schatz, "From the Inside out: Ethnographic Methods in Political Research," *PS: Political Science and Politics*, Vol.37, No.2, April 2004.

Dore, R. P., ed., *Aspects of Social Change in Modern Japan*, Princeton, New Jersey: Princeton University Press, 1967.

Dower, John W., "E. H. Norman, Japan, and the Uses of History," in John W. Dower ed., *Origins of the Modern Japanese State: Selected Writings of E. H. Norman*, New York: Pantheon Books, 1975.

Dower, John W., "Sizing up (and Breaking down) Japan," in Helen Hardacre ed.,

The Postwar Developments of Japanese Studies in the United States, Leiden and Boston: Brill, 1998.

Dower, John W., *Japanese History & Culture from Ancient to Modern Times: Seven Basic Bibliographies*, New York: M. Wiener Pub.: Distributed by Publishers International Corporation for Japan, 1986.

Dower, John W., with Timothy S. George, *Japanese History & Culture from Ancient to Modern Times: Seven Basic Bibliographies*, 2nd ed., rev. and updated, Princeton: Markus Wiener, 1995.

Duit, Andreas, "Review: Building Resilience: Social Capital in Post-Disaster Recovery," *Public Administration*, Vol.92, No.2, 2014.

Eades, Jerry S., "Anthropologists of Asia, and Anthropologists in Asia: the Academic Mode of Production in the Semi-periphery," in Jan van Bremen, Eyal Ben-Ari and Syed Farid Alatas eds., *Asian Anthropology*, London and New York: Routledge, 2005.

Emerson, Robert M., and Melvin Pollner, "Constructing Participant/Observation Relations," in Robert M. Emerson ed., *Contemporary Field Research: Perspectives and Formulations*, 2nd ed., Prospect Heights, Ill.: Waveland Press, 2001.

Emerson, Robert M., ed., *Contemporary Field Research: Perspectives and Formulations*, 2nd ed., Prospect Heights, Ill.: Waveland Press, 2001.

Eshima, Shusei, and Daniel M. Smith, "Just a Number? Voter Evaluations of Age in Candidate Choice Experiments," Working Paper, April 2021, https://papers. ssrn. com/sol3/papers.cfm?abstract_id = 3704473.

Estevez-Abe, Margarita, *Welfare and Capitalism in Postwar Japan*, Cambridge and New York: Cambridge University Press, 2008.

Fairbank, John K., "A Note of Ambiguity: Asian Studies in America," *The Journal of Asian Studies*, Vol.19, No.1, November 1959.

Farquhar, Judith B., and James L. Hevia, "Culture and Postwar American Historiography of China," *Positions: East Asia Cultures Critique*, Vol.1, No.2, Fall 1993.

Fenno, Richard E., Jr., *Congress at the Grassroots: Representational Change in the South, 1970—1998*, Chapel Hill: The University of North Carolina Press, 2000.

Fenno, Richard E., Jr., *Home Style: House Members in Their Districts*, Boston: Little, Brown and Company, 1978.

Fenno, Richard E., Jr., *Senators on the Campaign Trail: The Politics of Representation*, Norman and London: University of Oklahoma Press, 1996.

Fenno, Richard E., Jr., *The Challenge of Congressional Representation*, Cambridge, MA: Harvard University Press, 2013.

Fenno, Richard E., Jr., *Watching Politicians: Essay on Participant Observation*, Berkeley: IGS Press, 1990.

Fernández-Kelly, Maria Patricia, *For We Are Sold, I and My People: Women and Industry in Mexico's Frontier*, Albany: State University of New York Press, 1983.

Fink, Deborah, *Cutting into the Meatpacking Line: Workers and Change in the Rural Midwest*, Chapel Hill: University of North Carolina Press, 1998.

参考文献

Fiorina, Morris P., "When Stakes Are High, Rationality Kicks In," in "Making a Science out of Looking Out for No. 1 Political Scientists Debate Theory of 'Rational Choice'," *The New York Times*, February 26, 2000.

Fiva, Jon H., and Daniel M. Smith, "Political Dynasties and the Incumbency Advantage in Party-Centered Environments," *American Political Science Review*, Vol.112, No.3, 2018.

Fiva, Jon H., Askill H. Halse and Daniel M. Smith, "Local Representation and Voter Mobilization in Closed-list Proportional Representation Systems," *Quarterly Journal of Political Science*, Vol.16, No.2, 2021.

Flanagan, Scott C., and Bradley M. Richardson, *Japanese Electoral Behavior: Social Cleavages, Social Networks, and Partisanship*, Beverly Hills, Calif.: Sage, 1977.

Flanagan, Scott C., Shinsaku Kohei, Ichiro Miyake, Bradley M. Richardson, and Joji Watanuki, *The Japanese Voter*, New Haven: Yale University Press, 1991.

Folke, Olle, Johanna Rickne and Daniel M. Smith, "Gender and Dynastic Political Selection," *Comparative Political Studies*, Vol.54, No.2, 2021.

Foster, James J., "Ghost-Hunting: Local Party Organization in Japan," *Asian Survey*, Vol.22, No.9, September 1982.

Fukuda, Naomi, ed., *Bibliography of Reference Works for Japanese Studies*, Ann Arbor: Center for Japanese Studies, University of Michigan, 1979.

Fukuda, Naomi, ed., *Japanese History: a Guide to Survey Histories*, Ann Arbor: Center for Japanese Studies, University of Michigan, 1984—1986.

Fukuda, Naomi, *Libraries for Japanese Studies: a Report of a Survey*, Tokyo: International House of Japan Library, 1963.

Fukuda, Naomi, *Survey of Japanese Collections in the United States*, Ann Arbor: Center for Japanese Studies, University of Michigan, 1980.

Fukuda, Naomi, *Union Catalog of Books on Japan in Western Languages*, Tokyo: International House Library, 1967.

Fukui, Haruhiro, and Shigeko N. Fukai, "Pork Barrel Politics, Networks, and Local Economic Development in Contemporary Japan," *Asian Survey*, Vol. 36, No. 3, March 1996.

Fukui, Nanako, "Background Research for The Chrysanthemum and the Sword," *Dialectical Anthropology*, Vo.24, Issue 2, 1999.

Fukuoka UNESCO Association, Overseas Japanese Studies Institutions, Fukuoka: Fukuoka UNESCO Association, http://fukuoka-unesco.or.jp/fukuoka-unesco-1%ef%bd%9e47%e5%8f%bd%b7.html.

Ganapati, N. Emel, "Review: Building Resilience: Social Capital in Post-Disaster Recovery by Daniel P. Aldrich," *Perspectives on Politics*, Vol.13, No.1, March 2015.

Geertz, Clifford, *Works and Lives: The Anthropologist as Author*, Stanford, Calif.: Stanford University Press, 1988.

Geys, Benny, and Daniel M. Smith, "Political Dynasties in Democracies: Causes, Consequences, and Remaining Puzzles," *The Economic Journal*, Vol. 127, Issue 605,

2017.

Gill, Tom, "Review: Building Resilience: Social Capital in Post-Disaster Recovery by Daniel P. Aldrich," *Social Science Japan Journal*, Vol.17, No.1, Winter 2014.

Gill, Tom, Brigitte Steger and David H. Slater eds., *Japan Copes with Calamity: Ethnographies of the Earthquake, Tsunami and Nuclear Disasters of March 2011*, Oxford: Peter Lang, 2013; 2nd edition, 2015.

Glazer, Nathan, "From Ruth Benedict to Herman Kahn: The Postwar Japanese Image in the American Mind," in Akira Iriye ed., *Mutual Images: Essays in American-Japanese Relations*, Cambridge, Mass. & London: Harvard University Press, 1975.

Glenn, David, "The Power of Everyday Life: Political Scientists, Taking Their Cue from Anthropologists, Try Fieldwork," *Chronicle of Higher Education*, September 25, 2009.

Gomes, Alberto G., "Review on Native Anthropology," *Journal of Intercultural Studies*, Vol.26, No.3, August 2005.

Gordon, Andrew, "Studying the Social History of Contemporary Japan," in Theodore C. Bestor, Patricia G. Steinhoff and Victoria Lyon Bestor eds., *Doing Fieldwork in Japan*, University of Hawai'i Press, 2003.

Gordon, Andrew, "Taking Japanese Studies Seriously," in Helen Hardacre ed., *The Postwar Developments of Japanese Studies in the United States*, Leiden and Boston: Brill, 1998.

Gotham, Kevin Fox, and Bradford Powers, "Review: Building Resilience: Social Capital in Post-Disaster Recovery by Daniel P. Aldrich," *Contemporary Sociology*, Vol.44, No.1, January 2015.

Gownder, Joseph P., and Robert Pekkanen, "Review: The End of Political Science? Rational Choice Analyses in Studies of Japanese Politics," *The Journal of Japanese Studies*, Vol.22, No.2, Summer 1996,

Graham, Laurie, *On the Line at Subaru-Isuzu: The Japanese Model and the American Worker*, Ithaca: ILR Press, 1995.

Gulzar, Saad, "Who Enters Politics and Why?" *Annual Review of Political Science*, Vol.24, 2021.

Gupta, Akhil, and James Ferguson, "Discipline and Practice: 'The Field' as Site, Method, and Location in Anthropology," in Akhil Gupta and James Ferguson eds., *Anthropological Locations: Boundaries and Grounds of a Field Science*, Berkeley: University of California Press, 1997.

Hall, John W., "Terms and Concepts in Japanese Medieval History: An Inquiry into the Problems of Translation," *Journal of Japanese Studies*, Vol.9, No.1, Winter 1983.

Hall, John W., "Thirty Years of Japanese Studies in America," Transactions of the International Conference of Orientalists in Japan, 1971.

Hall, John W., and Richard K. Beardsley, *Twelve Doors to Japan*, New York: McGraw-Hill, 1965.

Hamabata, Matthews Masayuki, *Crested Kimono: Power and Love in the Japanese*

Business Family, Ithaca: Cornell University Press, 1990.

Hammond, Ellen H., "Thoughts on Teaching Japanese Bibliography/Research Methods Courses," North American Coordinating Council on Japanese Library Resources, August 2002.

Hardacre, Helen, "Introduction," in Helen Hardacre ed., *The Postwar Developments of Japanese Studies in the United States*, Leiden and Boston: Brill, 1998.

Hardacre, Helen, "Japanese Studies in The United States: Present Situation and Future Prospects," *Asia Journal*, Vol.1, No.1, June 1994.

Hardacre, Helen, and Adam L. Kern eds., *New Directions in the Study of Meiji Japan*, Leiden and Boston: Brill, 1997.

Hardacre, Helen, ed., *The Postwar Developments of Japanese Studies in the United States*, Leiden and Boston: Brill, 1998.

Harding, Harry, "The Study of Chinese Politics: Toward a Third Generation of Scholarship," *World Politics*, Vol.36, No.2, January 1984.

Harootunian, H. D., "America's Japan / Japan's Japan," in Masao Miyoshi and H. D. Harootunian eds., *Japan in the World*, Duke: Duke University Press, 1993.

Harootunian, Harry D., and Naoki Sakai, "Japan Studies and Cultural Studies," *Positions: East Asia Cultures Critique*, Vol.7, No.2, Fall 1999.

Harris, Marvin, *Cows, Pigs, Wars & Witches: the Riddles of Culture*, New York: Random House, 1974.

Harris, Marvin, *Good to Eat: Riddles of Food and Culture*, New York: Simon and Schuster, 1985.

Hastrup, Kirsten, "Anthropological Theory as Practice," *Social Anthropology*, Vol.4, No.1, 1996.

Hastrup, Kirsten, "Native Anthropology: A Contradiction in Terms?" *Folk: Journal of the Danish Ethnographic Society*, Vol.35, 1993.

Hastrup, Kirsten, "The Native Voice—and the Anthropological Vision," *Social Anthropology*, Vol.1, No.2, 1993.

Heckelman, Jac C., and Robert Whaples, "Are Public Choice Scholars Different?" *PS: Political Science & Politics*, Vol.36, No.4, October 2003.

Helms, Ludger, "Leadership Succession in Politics: The Democracy/autocracy Divide Revisited," *The British Journal of Politics and International Relations*, Vol.22, No.2, 2020.

Hendry, Joy, "Building Bridges, Common Ground, and the Role of the Anthropologist," *An Anthropological Lifetime in Japan: The Writings of Joy Hendry*, Leiden: Brill, 2016.

Hendry, Joy, *Wrapping Culture: Politeness, Presentation, and Power in Japan and Other Societies*, Oxford: Clarendon, 1993.

Herzfeld, Michael, *The Body Impolitic: Artisans and Artifice in the Global Hierarchy of Value*, Chicago and London: University of Chicago Press, 2004.

Hibbing, John R., "Forward," in Richard F. Fenno, *Home Style: House Members in*

Their Districts, New York: Pearson Longman, 2003.

Hideo, Otake, ed., *How Electoral Reform Boomeranged: Continuity in Japanese Campaigning Style*, Tokyo and New York: Japan Center for International Exchange, 1998.

Horiuchi, Yusaku, Daniel M. Smith and Teppei Yamamoto, "Identifying Voter Preferences for Politicians' Personal Attributes: A Conjoint Experiment in Japan," *Political Science Research and Methods*, Vol.8, 2020.

Horiuchi, Yusaku, *Institutions, Incentives and Electoral Participation in Japan: Cross-level and Cross-national Perspectives*, London: Routledge, 2012.

Hsiao, Kung-Chuan, "Chinese Studies and the Disciplines—the Twins Shall Meet," *The Journal of Asian Studies*, Vol.24, No.1, November 1964.

Hunter, Janet, *Women and the Labour Market in Japan's Industrialising Economy: The Textile Industry before the Pacific War*, London and New York: RoutledgeCurzon, 2003.

Ichimura, Shin-ichi, and Toru Yano, *Books on Japan: an Assorted Bibliography*, Kyoto: Center for Southeast Asian Studies, Kyoto University, 1974.

Ikeda, Keiko, "Review: Crafting Selves: Power, Gender, and Discourses of Identity in a Japanese Workplace by Dorinne K. Kondo and Crested Kimono: Power and Love in the Japanese Business Family by Matthews Masayuki Hamabata," *American Journal of Sociology*, Vol.98, No.6, May 1993.

Ikeguchi, Akiko, "Development of Freshwater Fish Wholesale Market in Hanoi, Vietnam," *Geographical Review of Japan*, Vol.80, No.5, April 2007.

Imamura, Anne E., ed., *Re-imaging Japanese Women*, Berkeley: University of California Press, 1996.

Imamura, Anne E., *Urban Japanese Housewives at Home and in the Community*, Honolulu: University of Hawai'i Press, 1987.

Institute of Medicine, *Healthy, Resilient and Sustainable Communities after Disasters: Strategies, Opportunities, and Planning for Recovery*, Washington D. C.: The National Academy of Sciences, 2015.

Ishibashi, Michihiro, and Steven R. Reed, "Second-Generation Diet Members and Democracy in Japan: Hereditary Seats," *Asian Survey*, Vol.32, No.4, April 1992.

Ishikawa, Kazuo, and Ryo Oshiba, "International Studies in Japan," *Hitotsubashi Journal of Law and Politics*, Vol.19, February 1991.

Iwao, Sumiko, *The Japanese Woman: Traditional Image and Changing Reality*, New York: Free Press, 1993.

Jacobs, A. J., "Review: Tsukiji: The Fish Market at the Center of the World by Theodore C. Bestor," *Contemporary Sociology*, Vol.34, No.4, July 2005.

Jansen, Marius B., ed., *Changing Japanese Attitudes toward Modernization*, Princeton, New Jersey: Princeton University Press, 1965.

Jansen, Marius B., et al., "Sir George Sansom: An Appreciation," *The Journal of Asian Studies*, Vol.24, No.4, August 1965.

参
考
文
献

342

Johnson, Chalmers, "Dysfunctional Japan: The Perspective of the Japan Policy Research Institute," *Asian Perspective*, Vol.24, No.4, 2000.

Johnson, Chalmers, "Omote (Explicit) and Ura (Implicit): Translating Japanese Political Terms," *The Journal of Japanese Studies*, Vol.6, No.1, Winter 1980.

Johnson, Chalmers, "Preconception vs. Observation, or the Contributions of Rational Choice Theory and Area Studies to Contemporary Political Science," *PS: Political Science and Politics*, Vol.30, No.2, June 1997.

Johnson, Chalmers, "Review: 'Kansei' no keisei: Nihon kanryosei no kozo (Creating 'Kansei': The Structure of Japan's Bureaucratic System) by Akagi Suruki," *The Journal of Japanese Studies*, Vol.18, No.1, Winter 1992.

Johnson, Chalmers, "Review: Against the State: Politics and Social Protest in Japan by David E. Apter and Nagayo Sawa," *The Journal of Asian Studies*, Vol.44, No.3, May 1985.

Johnson, Chalmers, "Review: Korean Dynasty: Hyundai and Chung Ju Yung by Donald Kirk," *The Journal of Asian Studies*, Vol.54, No.4, November 1995.

Johnson, Chalmers, "Review: The New Rich in Asia: Mobile Phones, McDonalds and Middle-Class Revolution by Richard Robison and David S. G. Goodman," *The Journal of Asian Studies*, Vol.56, No.1, February 1997.

Johnson, Chalmers, and E. B. Keehn, "Disaster in the Making: Rational Choice and Asian Studies," *The National Interest*, No.36, Summer 1994.

K. B. S. Bibliography of Standard Reference Books for Japanese Studies with Descriptive Notes, Tokyo: Kokusai Bunka Shinkokai (The Society for International Cultural Relations).

Kage, Rieko, "Social Capital and the Future of Disaster Recovery Research," *Risk, Hazards & Crisis in Public Policy*, Vol.4, No.1, 2013.

Kage, Rieko, Frances M. Rosenbluth and Seiki Tanaka, "What Explains Low Female Political Representation? Evidence from Survey Experiments in Japan," *Politics & Gender*, Vo.15, No.2, 2019.

Kapiszewski, Diana, Lauren M. MacLean, and Benjamin L. Read, *Field Research in Political Science: Practices and Principles*, Cambridge: Cambridge University Press, 2015.

Kato, Junko, *The Problem of Bureaucratic Rationality: Tax Politics in Japan*, Princeton, New Jersey: Princeton University Press, 1994.

Kawato, Sadafumi, "Nationalization and Partisan Realignment in Congressional Elections," *The American Political Science Review*, Vol.81, No.4, December 1987.

Kawawaki, Yasuo, "Building Resilient Coastal Communities: Role of Social Capital," Proceedings of the Twelfth International Conference on the Mediterranean Coastal Environment, October 2015.

Kawawaki, Yasuo, "Role of Social Networks in Resisting Disparities in Post-disaster Life Recovery: Evidence from 2011 Great East Japan Earthquake," *International Journal of Disaster Risk Reduction*, Vol.50, November 2020.

Kelly, William W., "Directions in the Anthropology of Contemporary Japan," *Annual Review of Anthropology*, Vol.20, 1991.

Kelly, William W., "Fear and Loathing of Americans Doing Japan Anthropology," in Joy Hendry and Heung Wah Wong eds., *Dismantling the East-West Dichotomy: Essays in Honour of Jan van Bremen*, London and New York: Routledge, 2006.

Key, V. O., with the assistance of Alexander Heard, *Southern Politics in State and Nation*, Knoxville: University of Tennessee Press, 1984.

Kida, Dani Daigle, *Local Political Participation in Japan: A Case Study of Oita*, London: Routledge, 2018.

Kishima, Takako, *Political Life in Japan: Democracy in a Reversible World*, Princeton, New Jersey: Princeton University Press, 1991.

Kohno, Masaru, "Rational Foundations for the Organization of the Liberal Democratic Party in Japan," *World Politics*, Vol.44, No.3, April 1992.

Kohno, Masaru, "The Politics of Coalition Building in Japan: The Case of the Katayama Government Formation in 1947," *British Journal of Political Science*, Vol.24, No.1, January 1994.

Kondo, Dorinne K., "(Un) Disciplined Subjects: (De) Colonizing the Academy?" in Kandice Chuh and Karen Shimakawa eds., *Orientations: Mapping Studies in the Asian Diaspora*, Durham and London: Duke University Press, 2001.

Kondo, Dorinne K., "Gender, Self and Work in Japan Some Issues in the Study of Self and Other," *Culture, Medicine and Psychiatry*, Vol.9, 1985.

Kondo, Dorinne K., "Poststructuralist Theory as Political Necessity," *Amerasia Journal*, Vol.21, No.1—2, 1995.

Kondo, Dorinne K., "Review: Becoming Japanese: The World of the Pre-School Child by Joy Hendry," *The Journal of Asian Studies*, Vol.47, No.1, February 1988.

Kondo, Dorinne K., "Review: Work and Lifecourse in Japan by David W. Plath," *The Journal of Asian Studies*, Vol.44, No.1, November 1984.

Kondo, Dorinne K., *About Face: Performing Race in Fashion and Theater*, New York: Routledge, 1997.

Kondo, Dorinne K., *Crafting Selves: Power, Gender and Discourses of Identity in a Japanese Workplace*, Chicago: University of Chicago Press, 1990.

Kondo, Dorinne K., *Worldmaking: Race, Performance and the Work of Creativity*, Durham, NC: Duke University Press, 2018.

Kottmann, Nora, and Cornelia Reiher eds., *Studying Japan: Handbook of Research Designs, Fieldwork and Methods*, Baden-Baden: Nomos, 2020.

Krauss, Ellis S., and Robert Pekkanen, *The Rise and Fall of Japan's LDP: Political Party Organizations as Historical Institutions*, Ithaca: Cornell University Press, 2011.

Krauss, Ellis, "Review: Election Campaigning, Japanese Style by Gerald L. Curtis," *Journal of East Asian Studies*, Vol.14, No.2, May-August 2014.

Kubota, Akira, "Review: Election Campaigning Japanese Style by Gerald L. Curtis," *The American Political Science Review*, Vol.66, No.4, December 1972.

Kuwayama, Takami, "Anthropological Fieldwork Reconsidered: With Japanese Folkloristics as a Mirror," in Joy Hendry and Heung Wah Wong eds., *Dismantling the East-West Dichotomy: Essays in Honour of Jan van Bremen*, London and New York: Routledge, 2006.

Kuwayama, Takami, "The 'World-System' of Anthropology: Japan and Asia in the Global Community of Anthropologies," in Shinji Yamashita, Joseph Bosco, and J. S. Eades eds., *The Making of Anthropology in East and Southeast Asia*, New York: Berghahn Books, 2004.

Kuwayama, Takami, "The Ainu in the Ethnographic Triad: From the Described to the Describer," in Joy Hendry and Laara Fitznor eds., *Anthropologists, Indigenous Scholars and the Research Endeavour Seeking Bridges Towards Mutual Respect*, New York: Routledge, 2012.

Kuwayama, Takami, "The Discourse of Ie (Family) in Japan's Cultural Identity and Nationalism: A Critique," *Japanese Review of Cultural Anthropology*, Vol.2, 2001.

Lanciaux, Bernadette, "Book Review: The Politics of Oligarchy: Institutional Choice in Imperial Japan," *Review of Radical Political Economics*, Vol.30, No.1, March 1998.

Laukmane, Santa, "The Niku joshi Phenomenon: Meat-eating and Gender inside the Contemporary Japanese Workplace," *Japanese Review of Cultural Anthropology*, Vol.20, No.2, 2019.

LeBlanc, Robin M., "Review: Building Resilience: Social Capital in Post-disaster Recovery by Daniel P. Aldrich," *The Journal of Japanese Studies*, Vol.41, No.1, Winter 2015.

LeBlanc, Robin M., *Bicycle Citizens: The Political World of the Japanese Housewife*, Berkeley, Los Angeles and London: University of California Press, 1999.

LeBlanc, Robin M., *The Art of the Gut: Manhood, Power, and Ethics in Japanese Politics*, Berkeley: University of California Press, 2010.

Lebra, Takie Sugiyama, ed., *Japanese Women: Constraint and Fulfillment*, Honolulu, HI: University of Hawai'i Press, 1984.

Lebra, Takie Sugiyama, *The Japanese Self in Cultural Logic*, Honolulu: University of Hawai'i Press, 2004.

Little, Daniel, "Rational-Choice Models and Asian Studies," *The Journal of Asian Studies*, Vol.50, No.1, February 1991.

Lo, Jeannie, *Office Ladies, Factory Women: Life and Work at a Japanese Company*, New York: Armonk, 1990.

Lockwood, William W., ed., *The State and Economic Enterprise in Japan: Essays in the Political Economy of Growth*, Princeton, New Jersey: Princeton University Press, 1965.

Machidori, Satoshi, "Book Review of Dynasties and Democracy: The Inherited Incumbency Advantage in Japan," *Social Science Japan Journal*, Vol.24, No.1, 2021.

Maki, John M., "Review: Election Campaigning Japanese Style by Gerald L. Curtis," *Political Science Quarterly*, Vol.88, No.2, June 1973.

Makino Yasuko, and Masaei Saito, *A Student Guide to Japanese Sources in the Humanities*, Ann Arbor, Mich.: Center for Japanese Studies, University of Michigan, 1994.

Makino Yasuko, and Mihoko Miki, *Japan and the Japanese: A Bibliographic Guide to Reference Sources*, Westport, Conn.: Greenwood Pub Group, 1996.

Massey, Elizabeth T., and Joseph A. Massey, "CULCON Report on Japanese Studies at Colleges and Universities in the United States in the Middle-70s," published by the Japan Society for the Subcommittee on Japanese Studies, New York, 1977.

Mathews, Gorden, "On the Tension between Japanese and American Anthropological Depictions of Japan," in Shinji Yamashita, Joseph Bosco, and J. S. Eades eds., *The Making of Anthropology in East and Southeast Asia*, New York: Berghahn Books, 2004.

Mathews, Gorden, "The Globalization of Anthropology, and Japan's Place within It," *Japanese Review of Cultural Anthropology*, Vol.16, 2015.

Mathews, Gorden, "Why Japanese Anthropology is Ignored beyond Japan," *Japanese Review of Cultural Anthropology*, Vol.9, 2008.

Matsunaga, Louella, *The Changing Face of Japanese Retail*, London: Routledge, 2000.

McClean, Charles T., "Does It Matter That Politicians Are Older Than Their Constituents? Yes," Working paper, The Program on U. S. -Japan Relations, Harvard University, 2019.

McClean, Charles T., "The Element of Surprise: Election Timing and Opposition Preparedness," *Comparative Political Studies*, First Published on March 10, 2021.

McClean, Charles T., and Yoshikuni Ono, "How Do Voters Evaluate the Age of Politicians?" RIETI Discussion Paper Series 20-E-069, August 2020.

McClean, Charles T., and Yoshikuni Ono, "Too Young to Run? Voter Evaluations of the Age of Candidates," Working Paper, June 2021.

Milallos, MA. Theresa R., "Book Review: Building Resilience Social Capital in Post Disaster Recovery," *Journal of Contemporary Asia*, Vol.43, Issue 3, 2013.

Minear, Richard H., "Cross-Cultural Perception and World War II: American Japanists of the 1940s and Their Images of Japan," *International Studies Quarterly*, Vol.24, No.4, December 1980.

Miyoshi, Masao, *Off Center: Power and Culture Relations between Japan and the United States*, Cambridge and London: Harvard University Press, 1991.

Moeran, Brian, *Folk Art Potters of Japan: Beyond an Anthropology of Aesthetics*, Richmond, Surrey: Curzon Press, 1997.

Morley, James, *Dilemmas of Growth in Prewar Japan*, Princeton, New Jersey: Princeton University Press, 1971.

Morris-Suzuki, Tessa, "Anti-area Studies," *Communal/Plural*, Vol.8, No.1, 2000.

Morris-Suzuki, Tessa, *Re-inventing Japan: Time, Space, Nation*, Armonk, N. Y.: M. E. Sharpe, 1998.

Mosbah-Natanson, Sébastien, and Yves Gingras, "The Globalization of Social

Sciences? Evidence from a Quantitative Analysis of 30 Years of Production, Collaboration and Citations in the Social Sciences (1980—2009)," *Current Sociology*, Vol. 62, No. 5, 2014.

Mulgan, Aurelia George, *Ozawa Ichirō and Japanese Politics: Old versus New*, London: Routledge, 2017.

Mulgan, Aurelia George, *Power and Pork: A Japanese Political Life*, Canberra: ANU Press, 2006.

Nakamaki, Hirochika, " Joint Research Projects as a Tradition in Japanese Anthropology: A Focus on the 'Civilization Studies' of the Taniguchi Symposia," in Joy Hendry and Heung Wah Wong eds., *Dismantling the East-West Dichotomy: Essays in Honour of Jan van Bremen*, London and New York: Routledge, 2006.

Neri, Rita E., *U. S. /Japan Foreign Trade: An Annotated Bibliography of Socioeconomic Perspectives*, New York and London: Garland Publishing Inc. 1988; Abingdon: Routledge, 2018.

Neustupný, J. V., "On Paradigms in the Study of Japan," *The International Journal of Anthropology*, No. 5/6, December 1980.

Noguchi, Paul H., "Review: Crafting Selves: Power, Gender, and Discourses of Identity in a Japanese Workplace by Dorinne K. Kondo," *American Anthropologist*, New Series, Vol. 94, No. 1, March 1992.

Noguchi, Paul H., *Delayed Departures, Overdue Arrivals: Industrial Familialism and the Japanese National Railways*, Honolulu: University of Hawai'i Press, 1990.

Noy, Ilan, "Social Capital in Post-Disaster Recovery: Concepts and Measurement," *Risk, Hazards & Crisis in Public Policy*, Vol. 4, No. 1, 2013.

O'Brien, Kevin J., "Studying Chinese Politics in an Age of Specialization," *Journal of Contemporary China*, Vol. 20, No. 71, September 2011.

Ogasawara, Yuko, *Office Ladies and Salaried Men: Power, Gender, and Work in Japanese Companies*, Berkeley, Calif.: University of California Press, 1998.

Ohnuki-Tierney, Emiko, " 'Native' Anthropologists," *American Ethnologist*, Vol. 11, No. 3, August 1984.

Ohnuki-Tierney, Emiko, *Rice as Self: Japanese Identities through Time*, Princeton, New Jersey: Princeton University Press, 1993.

Oka, Takashi, *Policy Entrepreneurship and Elections in Japan: A Political Biography of Ozawa Ichirō*, London and New York: Routledge, 2011.

Okano, Kaori H., *Young Women in Japan: Transitions to Adulthood*, London: Routledge, 2009.

Okano, Kaori, "Rethinking 'Eurocentrism' and Area Studies: Japanese Studies in the Asia-Pacific," in Kaori Okano and Yoshio Sugimoto eds., *Rethinking Japanese Studies: Eurocentrism and the Asia-Pacific Region*, London: Routledge, 2018.

Ölschleger, Hans D., ed., *Theories and Methods in Japanese Studies: Current State and Future Developments: Papers in Honor of Josef Kreiner*, Bonn: Bonn University Press, 2008.

Ong, Aihwa, *Spirits of Resistance and Capitalist Discipline : Factory Women in Malaysia*, Albany: State University of New York Press, 1987.

Pachirat, Timothy, "The Political in Political Ethnography: Dispatches from the Kill Floor," in Edward Schatz ed., *Political Ethnography : What Immersion Contributes to the Study of Power*, Chicago: University of Chicago Press, 2009.

Pachirat, Timothy, *Every Twelve Seconds : Industrialized Slaughter and the Politics of Sight*, New Haven: Yale University Press, 2011.

Park, Cheol Hee, "Electoral Strategies in Urban Japan: How Institutional Change Affects Strategic Choices," Columbia University, Ph. D. Dissertation, 1998.

Park, Cheol Hee, "Factional Dynamics in Japan's LDP since Political Reform: Continuity and Change," *Asian Survey*, Vol.41, No.3, May/June 2001.

Paxson, Heather, *The Life of Cheese : Crafting Food and Value in America*, Berkeley: University of California Press, 2012.

Pekkanen, Robert J., ed., *Critical Readings on the Liberal Democratic Party in Japan*, 4 volumes, Leiden: Brill, 2018.

Pekkanen, Robert, Steven R. Reed, and Ethan Scheiner eds., *Japan Decides 2012 : The Japanese General Election*, London: Palgrave Macmillan, 2013.

Pekkanen, Robert, Steven R. Reed, and Ethan Scheiner eds., *Japan Decides 2014 : The Japanese General Election*, London: Palgrave Macmillan, 2016.

Pekkanen, Robert, Steven R. Reed, Ethan Scheiner and Daniel M. Smith eds., *Japan Decides 2017 : The Japanese General Election*, London: Palgrave Macmillan, 2018.

Perren, Richard, *Japanese Studies from Pre-History to 1990 : a Bibliographical Guide*, Manchester and New York: Manchester University Press, Distributed exclusively in the USA and Canada by St. Martin's Press, 1992.

Pharr, Susan J., *Losing Face : Status Politics in Japan*, Berkeley: University of California Press, 1990.

Pitman, Lesley, *Supporting Research in Area Studies : A Guide for Academic Libraries*, Oxford: Chandos Publishing, 2015.

Plath, David W., "Review: Crafting Selves: Power, Gender, and Discourses of Identity in a Japanese Workplace by Dorinne K. Kondo: Crested Kimono: Power and Love in the Japanese Business Family by Matthews Masayuki Hamabata: Office Ladies, Factory Women: Life and Work at a Japanese Company by Jeannie Lo," *The Journal of Japanese Studies*, Vol.17, No.2, Summer 1991.

Plath, David W., ed., *Work and Lifecourse in Japan*, Albany, New York: State University of New York Press, 1983.

Purcell, Kate, "Review: Research on Gender: Understanding the World in Order to Change It," *Work, Employment & Society*, Vol.4, No.4, December 1990.

Ramseye, J. Mark, and Frances M. Rosenbluth, *The Politics of Oligarchy : Institutional Choice in Imperial Japan*, Cambridge and New York: Cambridge University Press, 1995.

Ramseye, J. Mark, and Frances McCall Rosenbluth, *Japan's Political Marketplace*,

348

Cambridge, MA: Harvard University Press, 1993.

Rath, Eric C., and Stephanie Assmann eds., *Japanese Foodways, Past and Present*, Urbana: University of Illinois Press, 2010.

Reed, Steven R., *Japan Election Data: the House of Representatives, 1947—1990*, Ann Arbor: Center for Japanese Studies, the University of Michigan, 1992.

Reed, Steven R., *Making Common Sense of Japan*, Pittsburgh: University of Pittsburgh Press, 1993.

Reischauer, Edwin O., and John K. Fairbank, "Understanding the Far East through Area Study," *Far Eastern Survey*, Vol.17, No.10, May 1948.

Roberson, James E., *Japanese Working Class Lives: An Ethnographic Study of Factory Workers*, New York: Routledge, 1998.

Roberts, Glenda S., *Staying on the Line: Blue-collar Women in Contemporary Japan*, Honolulu: University of Hawai'i Press, 1994.

Robertson, Jennifer, "Introduction: Putting and Keeping Japan in Anthropology," in Jennifer Robertson ed., *A Companion to the Anthropology of Japan*, Malden, MA: Blackwell Pub., 2005.

Robertson, Jennifer, "Review: Crafting Selves: Power, Gender, and Discourses of Identity in a Japanese Workplace by Dorinne K. Kondo," *Anthropological Quarterly*, Vol.64, No.3, July 1991.

Rogala, Joseph, *A Collector's Guide to Books on Japan in English: a Select List of over 2500 Titles*, Richmond: Japan Library, 2001.

Rosenberger, Nancy R., *Dilemmas of Adulthood: Japanese Women and the Nuances of Long-term Resistance*, Honolulu: University of Hawai'i Press, 2013.

Rosenberger, Nancy R., ed., *Japanese Sense of Self*, London: Cambridge University Press, 1994.

Rosenberger, Nancy R., *Gambling with Virtue: Japanese Women and the Search for Self in a Changing Nation*, Honolulu: University of Hawai'i Press, 2001.

Rosenbluth, Frances McCall, and Michael F. Thies, *Japan Transformed: Political Change and Economic Restructuring*, Princeton, New Jersey: Princeton University Press, 2010.

Ryang, Sonia, *Japan and National Anthropology: A Critique*, New York: Routledge, 2004.

Saito, Jun, "Pork Barrel Politics in Contemporary Japan," Yale University, Ph. D. Dissertation, 2006.

Sansom, George, "Address Delivered by Sir George Sansom at the Annual Ceremony 1956," *The Journal of Asian Studies*, Vol.24, No.4, August 1965.

Sasada, Hironori, "Review of Dynasties and Democracy: The Inherited Incumbency Advantage in Japan," *Japanese Studies*, Vol.39, No.3, 2019.

Saso, Mary, *Women in the Japanese Workplace*, London: Hilary Shipman, 1990.

Schafer, Edward H., "Communications," *The Journal of Asian Studies*, Vol. 17, No.3, May 1958.

Schafer, Edward H., "Open Letter to the Editors, Journal of the American Oriental Society, Journal of Asian Studies," *Journal of the American Oriental Society*, Vol. 78, No. 2, April-June 1958.

Schaffer, Frederic C., *Democracy in Translation: Understanding Politics in an Unfamiliar Culture*, Ithaca, New York: Cornell University Press, 1998.

Scheiner, Ethan, *Democracy without Competition in Japan: Opposition Failure in a One-party Dominant State*, Cambridge and New York: Cambridge University Press, 2007.

Schlesinger, Jacob M., *Shadow Shoguns: the Rise and Fall of Japan's Postwar Political Machine*, Stanford, Calif.: Stanford University Press, 1999.

Schwartz, Benjamin I., "Presidential Address: Area Studies as a Critical Discipline," *The Journal of Asian Studies*, Vol. XL, No. 1, November 1980.

Schwartz, Benjamin I., "The Fetish of the 'Disciplines'," *The Journal of Asian Studies*, Vol. 23, No. 4, August 1964.

Sedgwick, Mitchell W., "Review: The Marketing Era: From Professional Practice to Global Provisioning by Kalman Applbaum; Tsukiji: The Fish Market at the Center of the World by Theodore C. Bestor; Supply-Side Sushi: Commodity, Market, and the Global City by Theodore C. Bestor," *The Journal of the Royal Anthropological Institute*, Vol. 13, No. 4, December 2007.

Sedgwick, Mitchell W., *Globalisation and Japanese Organisational Culture: An Ethnography of a Japanese Corporation in France*, London: Routledge, 2007.

Seidensticker, Edward, "How They Have Looked to Us," *Daedalus*, Vol. 119, No. 3, Summer 1990.

Shively, Donald, ed., *Tradition and Modernization in Japanese Culture*, Princeton, New Jersey: Princeton University Press, 1971.

Shulman, Frank Joseph, *Doctoral Dissertations on Japan and Korea, 1969—1974, a Classified Bibliographical Listing of International Research*, Ann Arbor, Mich.: University Microfilms International, 1973.

Shulman, Frank Joseph, *Doctoral Dissertations on Japan and on Korea, 1969—1979: An Annotated Bibliography of Studies in Western Languages*, Seattle: University of Washington Press, 1982.

Shulman, Frank Joseph, *Japan and Korea: An Annotated Bibliography of Doctoral Dissertations in Western Languages, 1877—1969*, Chicago: American Library Association, 1970.

Shulman, Frank Joseph, *Japan*, World Bibliographical Series v. 103, Oxford, England: Clio Press, 1989.

Singleton, John, ed., *Learning in Likely Places: Varieties of Apprenticeship in Japan*, Cambridge: Cambridge University Press, 1998.

Skinner, G. William, "What the Study of China Can Do for Social Science," *The Journal of Asian Studies*, Vol. 23, No. 4, August 1964.

Smith, Daniel M., and Hidenori Tsutsumi, "Candidate Selection Methods and Policy Cohesion in Parties: The Impact of Open Recruitment in Japan," *Party Politics*, Vol. 22,

No.3, 2016.

Smith, Daniel M., and Shane Martin, "Political Dynasties and the Selection of Cabinet Ministers," *Legislative Studies Quarterly*, Vol.42, No.1, 2017.

Smith, Daniel M., *Dynasties and Democracy: The Inherited Incumbency Advantage in Japan*, Stanford: Stanford University Press, 2018.

Smith, Sheila A., "Review of Dynasties and Democracy: The Inherited Incumbency Advantage in Japan," *The Journal of Asian Studies*, Vol.79, Issue 1, February 2020.

Special Issue: Fieldwork in Japan: New Trends and Challenges, *ASIEN—The German Journal on Contemporary Asia*, Nr. 149, Oktober 2018.

Stalker, Nancy K., *Devouring Japan: Global Perspectives on Japanese Culinary Identity*, Oxford: Oxford University Press, 2018.

Steele, M. William, "Japanese Intellectual History in the 1990s: Modernity, National Identity, and the Contemporary," in Martin Collcutt, Katō Mikio, and Ronald P. Toby eds., *Japan and Its Worlds: Marius B. Jansen and the Internationalization of Japanese Studies*, Tokyo: I-House Press, 2007.

Steinhoff, Patricia G., "Japanese Studies In, Of, From, and Through the United States," in Martin Collcutt, Katō Mikio, and Ronald P. Toby eds., *Japan and Its Worlds: Marius B. Jansen and the Internationalization of Japanese Studies*, Tokyo: I-House Press, 2007.

Steinhoff, Patricia G., "Review on The Postwar Development of Japanese Studies in the United States by Helen Hardacre," *The Journal of Japanese Studies*, Vol. 26, No. 2, Summer 2000.

Stevens, Carolyn S., "Review: Tsukiji: The Fish Market at the Center of the World by Theodore C. Bestor," *The Journal of Asian Studies*, Vol.64, No.4, November 2005.

Stockwin, Arthur, "Review of Dynasties and Democracy: The Inherited Incumbency Advantage in Japan by Daniel M. Smith," *The Journal of Japanese Studies*, Vol. 47, No.1, Winter 2021.

Striffler, Steve, *Chicken: The Dangerous Transformation of America's Favorite Food*, New Haven: Yale University Press, 2005.

Suehiro, Akira, and Robert J. J. Wargo, "Review: Tsukiji: The Fish Market at the Center of the World by Theodore C. Bestor," *Social Science Japan Journal*, Vol. 11, No.2, Winter 2008.

Sugimoto, Yoshio, "Turning toward a Cosmopolitan Japanese Studies," in Kaori Okano and Yoshio Sugimoto eds., *Rethinking Japanese Studies: Eurocentrism and the Asia-Pacific Region*, London: Routledge, 2018.

Sugimoto, Yoshio, *An Introduction to Japanese Society* (Fourth Edition), Melbourne: Cambridge University Press, 2014.

Sugimoto, Yoshio, and Ross E. Mouer, "Reappraising Images of Japanese Society," *Social Analysis: The International Journal of Anthropology*, No.5/6, December 1980.

Sunahara, Yosuke, "Book Review of Daniel M. Smith, Dynasties and Democracy: The Inherited Incumbency Advantage in Japan," *Japanese Journal of Political Science*, Vol.20,

2019.

Swedberg, Richard, "Review: Tsukiji: The Fish Market at the Center of the World by Theodore C. Bestor," *American Journal of Sociology*, Vol.111, No.4, January 2006.

Szanton, David L., "Introduction: The Origin, Nature, and Challenges of Area Studies in the United States," in David L. Szanton ed., *The Politics of Knowledge: Area Studies and the Disciplines*, Berkeley: University of California Press, 2004.

Takagi, Yasaka, "A Survey of Japanese Studies in the Universities and Colleges in the United States," Institute of Pacific Relations, 1935.

Tamanoi, Mariko Asano, "Women's Voices: Their Critique of the Anthropology of Japan," *Annual Review of Anthropology*, Vol.19, 1990.

Tanaka, Stefan, *Japan's Orient: Rendering Pasts into History*, Berkeley, Calif.: University of California Press, 1993.

Taniguchi, Naoko, "Diet Members and Seat Inheritance: Keeping It in the Family," in Sherry L. Martin and Gill Steel eds., *Democratic Reform in Japan: Assessing the Impact*, Boulder: Lynne Rienner Publishers, 2008.

Tansman, Alan, "Japanese Studies: The Intangible Act of Translation," in David L. Szanton ed., *The Politics of Knowledge: Area Studies and the Disciplines*, Berkeley: University of California Press, 2004.

Terrio, Susan J., *Crafting the Culture and History of French Chocolate*, Berkeley: University of California Press, 2000.

Thayer, Nathaniel B., "Review: Reviewed Work: The Politics of Oligarchy: Institutional Choice in Imperial Japan by J. Mark Ramseyer, Frances M. Rosenbluth," *The Journal of Asian Studies*, Vol.55, No.3, August 1996.

Thayer, Nathaniel Bowman, *How the Conservatives Rule Japan*, New Jersey: Princeton University Press, 1969.

The Center for Japanese Studies, the University of Michigan ed., *Japan in the World, the World in Japan: Fifty Years of Japanese Studies at Michigan*, Ann Arbor, Mich.: Center for Japanese Studies, The University of Michigan, 2001.

The Japan Foundation, *Directory of Japan Specialists and Japanese Studies Institutions in the United States and Canada: Japanese Studies in the United States*, Tokyo, Ann Arbor, MI: Association for Asian Studies, 1989, 1995, 2007.

The Japan Foundation, *Japanese Studies in the United States and Canada: Continuities and Opportunities*, composition by Patricia G. Steinhoff, Tokyo: Japan Foundation, 2007.

The Japan Foundation, *Japanese Studies in the United States: the 1980's*, Tokyo: The Japan Foundation, 1984.

The Japan Foundation, *Japanese Studies in the United States: the 1990s*, Tokyo: The Japan Foundation and Ann Arbor, MI.: Association for Asian Studies, 1996.

The Japan Foundation, *Japanese Studies in the United States: The View from 2012*, Japanese Studies Series XXXX, Tokyo: The Japan Foundation, 2013.

The Nippon Foundation, "100 Books for Understanding Contemporary Japan," 2008.

Tierney, Kathleen, " 'Only Connect!' Social Capital, Resilience, and Recovery," *Risk, Hazards & Crisis in Public Policy*, Vol.4, No.1, 2013.

Tilly, Charles, "Afterword: Political Ethnography as Art and Science," in Lauren Joseph, Matthew Mahler and Javier Auyero eds., *New Perspectives in Political Ethnography*, New York: Springer, 2007.

Tsuda, Takeyuki, "Ethnicity and the Anthropologist: Negotiating Identities in the Field," *Anthropological Quarterly*, Vol.71, No.3, July 1998.

Tsuda, Takeyuki, *Strangers in the Ethnic Homeland: Japanese Brazilian Return Migration in Transnational Perspective*, New York: Columbia University Press, 2003.

Tsurumi, E. Patricia, *Factory Girls: Women in the Thread Mills of Meiji Japan*, Princeton, New Jersey: Princeton University Press, 1992.

Turner, Christena L., *Japanese Workers in Protest: an Ethnography of Consciousness and Experience*, Berkeley: University of California Press, 1995.

Verba, Sidney, Steven Kelman, Gary R. Orren, Ichiro Miyake, Joji Watanuki, Ikuo Kabashima and G. Donald Ferree, Jr., *Elites and the Idea of Equality: A Comparison of Japan, Sweden, and the United States*, Cambridge, MA: Harvard University Press, 1987.

Vogel, Ezra F., *Japan's New Middle Class: the Salary Man and His Family in a Tokyo Suburb*, Berkeley: University of California Press, 1963.

Wakata, Kyoji, "Japanese Diet Members: Social Background, General Values, and Role Perception," Ph. D. Dissertation, Rice University, 1977.

Ward, Robert E., and Frank Joseph Shulman eds., *The Allied Occupation of Japan, 1945—1952: An Annotated Bibliography of Western-Language Materials*, Chicago: American Library Association, 1974.

Ward, Robert, ed., *Political Development in Modern Japan*, Princeton, New Jersey: Princeton University Press, 1968.

Webb, Herschel, with the assistance of Marleigh Ryan, *Research in Japanese Sources: A Guide*, New York: Columbia University Press, 1965.

Wedeen, Lisa, "Reflections on Ethnographic Work in Political Science," *The Annual Review of Political Science*, Vol.13, June 2010.

White, James W., "Review: Tradition and Politics in Studies of Contemporary Japan," *World Politics*, Vol.26, No.3, April 1974.

White, Merry Isaacs, *Perfectly Japanese: Making Families in an Era of Upheaval*, Berkeley: University of California Press, 2002.

Wixted, John Timothy, "Reverse Orientalism," *Sino-Japanese Studies*, Vol.2, No.1, December 1989.

Wolferen, Karel van, *The Enigma of Japanese Power: People and Politics in a Stateless Nation*, New York: Knopf, 1989.

Wong, Heung Wah, "Eastern and Western Anthropologists Unite in Culture: A Personal Note," in Joy Hendry and Heung Wah Wong eds., *Dismantling the East-West Dichotomy: Essays in Honour of Jan van Bremen*, London and New York: Routledge,

2006.

Yamaguchi, Kazuo, *Gender Inequalities in the Japanese Workplace and Employment*: *Theories and Empirical Evidence*, Singapore: Springer, 2019.

Yamanouchi, Yuriko, "Comments on Gordon Mathews: On Being Semi-Peripheral," *Japanese Review of Cultural Anthropology*, Vol.16, 2015.

Yamashita, Shinji, "Reshaping Anthropology: A View from Japan," in Gustavo Lins Ribeiro and Arturo Escobar eds., *World Anthropologies*: *Disciplinary Transformations within Systems of Power*, Oxford: Berg Publishers, 2006.

Yamashita, Shinji, "Somewhere in between: Towards an Interactive Anthropology in a World Anthropologies Project," in Joy Hendry and Heung Wah Wong eds., *Dismantling the East-West Dichotomy*: *Essays in Honour of Jan van Bremen*, London and New York: Routledge, 2006.

Yanagisako, Sylvia Junko, *Producing Culture and Capital*: *Family Firms in Italy*, Princeton: Princeton University Press, 2002.

Yelvington, Kevin A., *Producing Power*: *Ethnicity*, *Gender*, *and Class in a Caribbean Workplace*, Philadelphia: Temple University Press, 1995.

Young, Louise, *Japan's Total Empire*: *Manchuria and the Culture of Wartime Imperialism*, Berkeley: University of California Press, 1998.

后 记

本书有幸忝列复旦大学日本研究中心"冷战后的日本与中日关系研究"系列丛书，深表感激。

本书第三章、第五章、第六章、第十章的初稿曾分别发表于《日本学刊》《中国社会科学评价》《日本文论》。感谢各刊责任编辑、评审专家的批评指教。其余篇章的初稿则见于《澎湃新闻》的"上海书评"、日本国际交流基金会北京日本文化中心的"海外日本研究推介"、复旦大学日本研究中心的"国际日本研究经典作品析论"等网络媒体和机构公众号。鉴于原文详略互见、体例参差，所有篇章在收入书稿时删校润色、均作改易。

如目录所示，全书共分为三部分。第一部分意在从文献与数据的视角切入学术史，侧重梳理美国学界日本研究的代际转换和学术流变，并将其置于中国—日本—美国的"三角学术体系"中加以考察。第二部分关注译介与出版，从定量和定性两个角度分析国内出版的国际日本研究译著，探究其第三方镜鉴的意义。第三部分为书稿的主体，涉及篇章超过全书的一半。这一部分聚焦理论与方法，析论国际日本研究的若干经典作品。书目的甄选主要基于以下三个考量：其一，作品本身具有较高质量，在国际学界的影响力和知名度有目共睹；其二，中国国内对其关注或了解相对较少，或在日美等不同学界境遇迥然，值得探究其背后的褒贬臧否；其三，作品反映出较强的典型性和样本意义，能够尝鼎一脔，透视不同学科在特定时期的发展脉络和学术风格。在行文中，着意以下几点。首先，"以点带面"，以一部作品为借力点，进而引发对该研究领域或某一类主题的讨论。其次，"时空延续"，将这一作品问世之后的反响争鸣、学术进展纳入介绍，因此，各篇的注解亦非虚饰，力争起到补充说明、文献提示的作用。再次，"述论结合"，将该作品置于学科史和学术史的背景下，希图解析其在国际日本研究中的理论价值与方法论意义。

日本东芝国际交流财团曾惠予"多语种中译日本研究数据库"的项目资助，谨致谢意。书稿的问世，也离不开选修和旁听《当代日本研究的理论与方法》课程、参加"外译日本研究读书会"和"薪火计划"的各位同学，多谢你们的鼓励和支持。

图书在版编目(CIP)数据

国际日本研究述论/贺平著.—上海:上海人民
出版社,2022
(冷战后的日本与中日关系研究丛书)
ISBN 978 - 7 - 208 - 17721 - 5

Ⅰ.①国…　Ⅱ.①贺…　Ⅲ.①日本-研究　Ⅳ.
①K313.07

中国版本图书馆 CIP 数据核字(2022)第 103004 号

责任编辑　王　吟
封面设计　零创意文化

冷战后的日本与中日关系研究丛书

国际日本研究述论
贺　平　著

出　　版　上海人民出版社
　　　　　　(201101　上海市闵行区号景路 159 弄 C 座)
发　　行　上海人民出版社发行中心
印　　刷　上海商务联西印刷有限公司
开　　本　720×1000　1/16
印　　张　23
插　　页　4
字　　数　332,000
版　　次　2022 年 8 月第 1 版
印　　次　2022 年 8 月第 1 次印刷
ISBN 978 - 7 - 208 - 17721 - 5/D · 3953
定　　价　98.00 元